ここは天界
数多くの天使が神に
仕えていますが

その中で
もっとも美しく強い
のが四大天使です

4人には、これから
生まれるすべての
赤ちゃんを祝福し

ギフトをあたえ送り出す
という仕事があります

ミカエル

オレが送り出した子が
明るくて
1番かわいいな！

毎日の誕生日うらないの見方

性格バランス
性格を「天然ボケ度」「コミュ力」「マジメ度」「パワフル度」「オシャレ度」「セクシー度」で計って、グラフにしたよ。高いほど外側の目もりに、低いと内側の目もりに。

ラッキーアイテム
幸運を引き寄せてくれるアイテム。イラストや写真でもOKだよ。

ラッキーカラー
何かを選ぶときの参考にしてみてね。あなたを守り、幸運をもたらすカラーだよ。

ラッキーナンバー
あなたに幸運をもたらす数字だよ。数を選ぶ必要があるときはこれらの数字を参考にして。

ラッキールーン
あなたを守る力を持つシンボル。くわしい意味はp417〜を見てね。

ラブ運&フレンド運
あなたの恋運と、友だち運の特ちょうをしょうかいするよ!

うれしい!ひと言
この子がうれしいと感じる言葉だよ♪

イヤ!NGワード
注意して! 言われたくない言葉だよ。

ラッキーファッション
あなたをミリョク的に見せるコーデを星うらない&イラストでしょうかい!

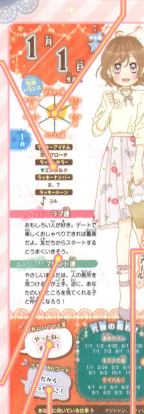

天使のおくりもの
あなたが持つ長所を表すよ。それは天使から受け取った宝物。自信を持とうね！

天使のメッセージ
あなたが気をつけるべき点。ウィークポイントをこくふくして、毎日をスムーズにするアドバイス★

BOY'Sホンネ
この日生まれの男の子のうらない。24タイプに分けたアニマルキャラで、好きなタイプとニガテなタイプをさぐるよ！

ウシ
のんびり
おぼっちゃま

ライオン
じつは
オレ様男子

モグラ
もの知りで
するどいカレ

キツネ
意外にも
おしゃべり好き

クマ
いつも前向きで
明るいカレ

ウマ
スピーディーで
情熱的なカレ

イルカ
愛されキャラ
No.1♡

ラクダ
安定感は
バツグン！

アルパカ
マニアックな
個性派男子

ネズミ
負けない心を
持つ努力家

ネコ
自分の世界を
守る番人

ゾウ
せい実な
しっかり者

キリン
真実を見ぬく
観察者

コアラ
ナゾの多い
ひみつ主義

アザラシ
さびしがり屋
の少年

パンダ
注目を集める
人気者

カンガルー
勝つために
戦うファイター

タヌキ
やさしい
あまえんぼう

トリ
さわやかな
コミュ上手

ペンギン
ジェントル
マン！

ウサギ
ゆめ見がちな
乙女系男子!?

トラ
たよりがいある
お兄さん

イヌ
ルールを守る
ガンコ者

シカ
あせらず
確実に進むカレ

究極の相性
「運命のカレ」「キズナの友」「ライバル！」はだれ？
知りたい相手の誕生日が当てはまれば、それはすごい相性！

あなたに向いている仕事
持っている才能から、実力をハッキできる分野を調べたよ。
好きな仕事を選ぼうね！

誕生日は天使の祝福に満ちた
ハッピー&ラッキーデー☆
さて、天使があなたにおくった
プレゼントは何かな?

もくじ CONTENTS

- 天使からのおくりもの ……… 2
- 毎日の誕生日うらないの見方 ……… 14

- 1月生まれ ……… 17
- 2月生まれ ……… 49
- 3月生まれ ……… 81
- 4月生まれ ……… 113
- 5月生まれ ……… 145
- 6月生まれ ……… 177
- 7月生まれ ……… 209
- 8月生まれ ……… 241
- 9月生まれ ……… 273
- 10月生まれ ……… 305
- 11月生まれ ……… 337
- 12月生まれ ……… 369

- エレメントで見る相性うらない ……… 401
- ルーンうらない&おまじない ……… 417

▼ バースデー☆ナビ ▼

1. とっておき! バースデーOMA♡ ……… 79
2. 知ってびっくり! マメ知識♪ ……… 144
3. ズバリ的中!? 誕生日当てマジック ……… 208
4. グローバル! 世界の祝い方☆ ……… 304
5. 幸運を運ぶ!? ジンクス♡ ……… 368

巻末付録 切り取って使おう! ルーンカード

1月生まれ January
睦月

1月生まれのキミへ

1月生まれのキミはとても心の強い子だ。ピンチになっても絶対にあきらめず、最後までがんばりぬくことができるよ。

1月の幸せおまじない

1月の太陽の光には、ラッキーパワーがつまっているよ。ちょっぴり寒いけど早起きして、朝日の光を浴びようね。「イヤなことは全部なくなれ！」と思いながら思い切り息をはき出して。次に、光が自分の中に入ってくるのをイメージしながら、息を思い切り吸いこんで。そして両手をにぎり、むねに当てればOK。やる気がグングンわいてきて、前向きな気持ちになれるよ。

1月の行事

お正月

これから新しい1年が始まるという希望に満ちたお正月。お年玉、初もうで、書き初めなど、のんびりとお正月らしさを楽しみながら、1年の目標を立ててみてね！

1月1日生まれ

やぎ座

明るい笑顔で幸せをよぶ心やさしい子

性格バランス
- 天然ボケ度
- コミュ力
- マジメ度
- パワフル度
- オシャレ度
- セクシー度

1月
- **ラッキーアイテム** 花のブローチ
- **ラッキーカラー** ♥エメラルド
- **ラッキーナンバー** 2、7
- **ラッキールーン** ユル

🤍 ラブ運
おもしろい人が好き。デートで楽しくおしゃべりできれば最高だよ。友だちからスタートするとうまくいきそう。

FRIEND フレンド運
やさしいあなたは、人の長所を見つけるのが上手。逆に、あなたのいいところを見てくれる子と仲良くなろう！

ラッキーファッション
かれんで品があるヤマトナデシコガール♡

天使のおくりもの
楽しい仲間を引き寄せる力
心やさしく、明るいあなた。天使はあなたに、みんなをハッピーにする力をあたえたよ。いつも周りに楽しい友だちが集まってくるはず。あなたといると、自然とみんなが笑顔になれるよ！

天使のメッセージ
素直な気持ちをわすれないで！
元気がないときも、ムリしてほほえもうとするあなた。友だちには心を打ち明けてみて！

うれしい！ひと言
やったね、すごい！

イヤ！NGワード
だから言ったのに！

究極の相性！
運命のカレ
1/1 2/2 4/22 5/1 6/30
7/1 7/2 9/1 12/26

キズナの友
1/1 2/24 3/1 2 5/1 5/4
9/1 9/2 10/1 11/2

ライバル！
4/1 4/2 6/1 6/2 6/9
8/1 8/2 8/3 10/1

1/1生まれのBOY'Sホンネ
好きなタイプ
「さわやかな女の子が好きだな。気軽に声をかけられるふんいきがあるから♡」

ニガテなタイプ
「うじうじしている子がニガテ。自分の意見は、ちゃんと言ってほしいな！」

あなたに向いている仕事 ▶ マジシャン、パティシエ、スポーツ選手、先生、医者、検察官、弁護士

友だち思いで気配りできる人気者!

やぎ座 **1月2日生まれ**

天使のおくりもの
人の気持ちを考えられる力

あなたは友だちを大切にする子。それはあなたが天使から、思いやりの心をもらっているからだよ。相手の気持ちになって考えることができるから、みんなから信らいされているよ。

天使のメッセージ
できないことは引き受けないで

友だちにたのまれたら「イヤ」と言えないあなた。つらいときには、断る勇気を持とう。

性格バランス
天然ボケ度／セクシー度／コミュ力／オシャレ度／マジメ度／パワフル度

1月

ラッキーアイテム
携帯電話

ラッキーカラー
♥青

ラッキーナンバー
3、8

ラッキールーン
ベオース

ラッキーファッション
カジュアルコーデは小物でオシャレ上級者

ラブ運
相性がいいのは、あなたをやさしくリードしてくれる人。思いやりの気持ちを大事にすれば、カレとの仲を深められるよ。

フレンド運
だれにでも心を開けるあなたは、仲良しグループの中心でかがやく人。親友とよべる友だちがたくさんできそう。

1/2生まれのBOY'Sホンネ

好きなタイプ
「ふだんおとなしいけど、イザというときにダイタンになる子って印象的!」

ニガテなタイプ
「考えていることがバレバレな子。ミステリアスな子のほうがドキドキする!」

究極の相性!

運命のカレ
1/2 1/3 4/23 5/2 7/1
7/2 7/3 9/2 12/27

キズナの友
1/2 2/25 3/3 5/2 5/5
9/2 9/3 11/2 11/3

ライバル!
4/2 4/3 6/2 6/3 6/10
8/2 8/3 8/4 10/2

うれしい!ひと言
「いつもありがとう!」

イヤ!NGワード
「みんなやってるよ」

あなたに向いている仕事 ▶ アーティスト、デザイナー、プロデューサー、俳優、美術商、経営者

1月3日生まれ

やぎ座 ★

才能豊かで自分の道を歩いていく子

性格バランス
- 天然ボケ度
- セクシー度
- コミュ力
- オシャレ度
- マジメ度
- パワフル度

1月

ラッキーアイテム
外国のコイン

ラッキーカラー
♡アイボリー

ラッキーナンバー
4、7

ラッキールーン
Ϝ エオロー

ラッキーファッション
カラフルコーデをナチュラルに着こなすよ

LOVE ラブ運
心の中が夢でいっぱいのあなた。おおらかでロマンティストの人となら、物語のようにキラキラした恋ができるよ。

FRIEND フレンド運
友だちの前で、負けんな顔をしていると、少し近よりにくいと思われることも。笑顔で話しかければ、うまくいくよ。

天使のおくりもの
オシャレで多才なセンス
きれいなものや美しいものが大好き。天使はそんなあなたに、豊かな感性をあたえてくれたよ。友だちも、あなたのセンスの良さと、好きなことに打ちこむすがたにあこがれているみたい。

天使のメッセージ
ありあまる元気。周りも見よう
あなたの元気に、みんながついていけないことも。ときにはペースを合わせてあげて。

うれしい！ひと言
「いっしょだよ！」

イヤ！NGワード
「なんだ、ガッカリ」

究極の相性！
運命のカレ
1/3 1/4 4/24 5/3 7/2
7/3 7/4 9/3 12/28

キズナの友
1/3 2/26 3/4 5/3 5/6
9/3 9/4 11/3 11/4

ライバル！
4/3 5/6 6/4 6/11
8/3 8/4 8/5 10/3

1/3生まれのBOY'Sホンネ

好きなタイプ
「明るくて人気者の、目立つ子が好きだな。いっしょにいると楽しいから♡」

ニガテなタイプ
「暗い子がニガテかも……。どうしたらいいのかわからなくなっちゃう！」

あなたに向いている仕事 ▶ タレント、パティシエ、コンサルタント、カウンセラー、弁護士、先生

大きな夢を
むねにひめて
がんばれる子

天使のおくりもの
夢に向かって がんばる力

心に大きな夢を持っているあなた。天使があたえてくれたのは、こまったことがあっても最後までやり通す強さだよ。夢をかなえるためにがんばるあなたを、友だちも応えんしているはず。

天使のメッセージ
たまには周りをたよってみて

ひとりでがんばるあなたは、友だちの前でも強がっちゃう。もっとみんなにあまえてね！

やぎ座

1月 / 4日生まれ

性格バランス
- 天然ボケ度
- セクシー度
- コミュ力
- オシャレ度
- マジメ度
- パワフル度

1月

- ラッキーアイテム：楽器
- ラッキーカラー：黄緑
- ラッキーナンバー：5、8
- ラッキールーン：シゲル

ラッキーファッション
カッコかわいいお姉さんコーデが好き！

ラブ運
好きな人の前で、うまく話せないことはない？ 素直になれば、あなたのミリョクが伝わるよ。おだやかな人がお似合い！

フレンド運
気の強い子だと思われがちだけど、本当はデリケートでやさしいあなた。じっくり話せば、わかってもらえるよ。

1/4生まれの BOY'Sホンネ

好きなタイプ
「たくさんしゃべれる、やさしくてしっかりした、かわいい子が好きだな！」

ニガテなタイプ
「あんまり笑わない子がニガテかな。おもしろくないのかなって不安になる」

究極の相性！

運命のカレ
1/4　1/5　4/25　5/4　7/3
7/4　7/5　9/4　12/29

キズナの友
1/4　2/27　3/5　5/4　5/7
9/4　9/5　11/4　11/5

ライバル！
4/4　4/5　6/4　6/5　6/12
8/4　8/5　8/6　10/4

うれしい！ひと言

「たよりにしてるよ！」

イヤ！NGワード

「めんどくさいなー」

あなたに向いている仕事▶ マンガ家、クリエイター、エンジニア、プログラマー、科学者、検察官

1月5日生まれ

やぎ座

静かに自分を見つめられる知的な女の子

性格バランス
- 天然ボケ度
- セクシー度
- コミュ力
- オシャレ度
- マジメ度
- パワフル度

1月
- **ラッキーアイテム** きなこ
- **ラッキーカラー** ♥桃色
- **ラッキーナンバー** 6、8
- **ラッキールーン** ↑ティール

LOVE ラブ運
好きな人も冷静に観察できる、クールなあなた。でも恋は、頭で考えているだけじゃ動かないよ！ 正直な気持ちを伝えてね。

FRIEND フレンド運
何でもひとりで決めてしまうあなた。友だちはあなたの力になりたいと思っているよ。たまにはみんなに相談してみて。

ラッキーファッション
むずかしいアイテムも着こなすお嬢様♡

天使のおくりもの
正しい答えを見つける力

天使があなたにあたえてくれたのは、冷静に物事を見つめる目。こまったときも、冷静に考えて、正しい答えを出せるよ。そんなあなただから、友だちからもよく相談されるはず。

天使のメッセージ
強がらないでもっと正直に

クールなイメージがあるけど、本当はなみだもろいところも。素直な自分を見せよう。

うれしい！ひと言
てんさい
天才だ！

イヤ！NGワード
つかれるからイヤ

究極の相性！
運命のカレ
1/5 1/6 4/26 5/5 7/4
7/5 7/6 9/5 12/30

キズナの友
1/5 2/28 3/6 5/5 5/8
9/5 9/6 11/5 11/6

ライバル！
4/5 5/5 6/6 5/6 6/13
8/5 8/6 8/7 10/5

1/5生まれのBOY'Sホンネ

好きなタイプ
「好きなのは、勉強ができる頭のいい子！ 自信のある感じがいいなー♡」

ニガテなタイプ
「すぐにおこる子はニガテだな。ケンカになっちゃいそうでちょっとこわい」

あなたに向いている仕事▶ アニメーター、ミュージシャン、陶芸家、小説家、料理研究家、研究者

みんなをリードする信念の強い子

やぎ座 1月/6日生まれ

天使のおくりもの

公平さと強い信念

周りの意見に流されない女の子。天使はそんなあなたに、強い信念をあたえてくれたよ。自分をしっかりと持っているから、リーダーとしてみんなを引っぱっていくのがトクイみたい。

天使のメッセージ

人のまちがえも受け止めて

少しガンコなところがあるあなた。友だちがまちがっていても、許してあげよう。

ラッキーファッション
カラーアクセとヘアで遊ぶファッショニスタ！

性格バランス
- 天然ボケ度
- セクシー度
- コミュ力
- オシャレ度
- マジメ度
- パワフル度

1月

ラッキーアイテム	絵本
ラッキーカラー	♥ダークブラウン
ラッキーナンバー	7、8
ラッキールーン	ᛒ ベオーク

ラブ運 LOVE
好きな人には、特に世話を焼きたくなるあなた。でもたまには、カレのリードにまかせると、仲が深まりそうだよ。

フレンド運 FRIEND
正義の味方のようなあなたは、曲がったことが大キライ。でも友だちの前では、もっと気楽にリラックスして楽しもう！

1/6生まれのBOY'Sホンネ

好きなタイプ
「思いやりのある子が好きだよ。相手のことを考えるよゆうのある子がいいな！」

ニガテなタイプ
「すぐ泣く子はちょっとニガテなんだよね。目の前で泣かれるとこまっちゃう」

究極の相性！

運命のカレ
1/6 1/7 4/27 5/6 7/5
7/6 7/7 9/6 12/31

キズナの友
1/6 2/29 3/7 5/6 5/9
9/6 9/7 11/6 11/7

ライバル！
4/6 4/7 5/6 6/7 6/14
8/6 8/7 8/8 10/6

うれしい！ひと言
カッコイイね！

イヤ！NGワード
どうせわたしなんか……

あなたに向いている仕事▶ カウンセラー、ショップオーナー、ツアーコンダクター、通訳、流通業

1月7日生まれ やぎ座

コツコツと努力を重ねて成長できる子

性格バランス
- 天然ボケ度
- セクシー度
- コミュ力
- オシャレ度
- マジメ度
- パワフル度

1月
- **ラッキーアイテム** ジャケット
- **ラッキーカラー** ♥オリーブ色
- **ラッキーナンバー** 5、7
- **ラッキールーン** M エオー

LOVE ラブ運
がんばり屋のあなたには、やさしくはげましてくれる人がピッタリ。カレのひと言で、すぐに元気になれそう。

FRIEND フレンド運
あなたの努力を見ていてくれる友だちを大切にしよう。みんなで楽しくおしゃべりすると、元気いっぱいになれるよ！

ラッキーファッション
上品でキュートなオシャレさん！

天使のおくりもの
夢と希望を持ち続ける力
あなたは、心に夢と希望を持っている女の子。そんなあなたに、天使はやりとげる力をあたえてくれたよ。少し時間がかかっても、あきらめなければ、いつか理想の自分になれるはず。

天使のメッセージ
今できることは今やろう！
「明日やればいいや」なんて、先のばしにすることも。やるべきことは早く終わらせて！

うれしい！ひと言
やればできる！

イヤ！NGワード
どうでもいいよ

究極の相性！
運命のカレ
1/1 1/7 1/8 4/28 5/7
7/6 7/7 7/8 9/7

キズナの友
1/7 3/1 3/8 5/7 5/10
9/7 9/8 11/7 11/8

ライバル！
4/7 4/8 6/7 6/8 6/15
8/7 8/8 8/9 10/7

1/7生まれのBOY'Sホンネ
好きなタイプ
「がんばる子が好きだよ♡何だか応えんしてあげたくなっちゃうからさ！」

ニガテなタイプ
「やると言っておいて、結局何もしない子！ウソつきみたいでイヤだなぁ」

あなたに向いている仕事 ▶ ファイナンシャルプランナー、ハンドメイド作家、科学者、先生、弁護士

行動の早さでチャンスをつかめる子

やぎ座 ☆ **1月8日生まれ**

天使のおくりもの
考える力と実行できる力
明るくて、元気いっぱいのあなたが天使にもらったのは、バツグンの行動力だよ。よく考えて行動して、だれよりも早くチャンスをつかむことができるので、うまくいくことが多いよ。

天使のメッセージ
周りとペースを合わせよう
みんなで行動するとき、足なみがそろわないことがあるかも。周りとペースを合わせようね。

性格バランス
- 天然ボケ度
- セクシー度
- コミュ力
- オシャレ度
- マジメ度
- パワフル度

1月

ラッキーアイテム
キラキラブローチ
ラッキーカラー
ベージュ
ラッキーナンバー
7、9
ラッキールーン
ᛗ マン

ラッキーファッション
ガーリーカジュアルならおまかせだよ！

ラブ運
相手の見た目に引かれがちだけど、外見よりも、じっくりと中身を見てね。マジメで、しっかりしたカレと相性バツグン。

フレンド運
友だちは、気軽に何でも話せる子がピッタリだよ。楽しくおしゃべりするだけで、あなたも友だちも元気になれるはず。

1/8生まれのBOY'Sホンネ

好きなタイプ
「元気な子がいいな。いっしょにいるとこっちまでなんか楽しくなるから♡」

ニガテなタイプ
「ハッキリしない態度の子がニガテ！ イエスなのかノーなのか教えてほしい」

究極の相性！

運命のカレ
1/2 1/8 1/9 4/29 5/8
7/7 7/8 7/9 9/8

キズナの友
1/8 3/2 3/9 5/8 5/11
9/8 9/9 11/8 11/9

ライバル！
4/8 4/9 6/8 6/9 6/16
8/8 8/9 8/10 10/8

うれしい！ひと言
いるだけで安心する

イヤ！NGワード
ほっといて！

あなたに向いている仕事 ▶ ジャーナリスト、タレント、コメディアン、政治家、経営者、宗教家

1月9日生まれ

やぎ座

自然に人が集まってくる天性の人気者

性格バランス
- 天然ボケ度
- コミュ力
- マジメ度
- パワフル度
- オシャレ度
- セクシー度

1月
- **ラッキーアイテム** 水玉グッズ
- **ラッキーカラー** ♥朱色
- **ラッキーナンバー** 1、8
- **ラッキールーン** ラーグ

LOVE ラブ運
まっすぐな心のあなた。好きになったら、カレしか見えなくなっちゃうかも。たまに自分を見つめ直すとうまくいくよ♡

FRIEND フレンド運
ニガテだな、と思う子にも勇気を持って話しかけてみよう。本当はとっても話が合う、おもしろい子かもしれないよ。

ラッキーファッション　流行にビンカンで何でも着こなすよ

天使のおくりもの
だれとでも打ち解ける力
いつもみんなの中心にいるあなた。それは天使があなたに、人を集める力をあたえたからだよ。自分とちがうタイプの人とも、すぐ仲良くなれるし、こまったときは、助けてもらえるよ。

天使のメッセージ
自分の意見をちゃんと伝えて
いろいろな友だちの間にはさまれて、苦労するかも。あなたの気持ちをハッキリ伝えて。

うれしい！ひと言
がんばったね！

イヤ！NGワード
まだですか〜？

究極の相性！
運命のカレ
1/3　1/9　1/10　4/30　5/9
7/8　7/9　7/10　9/9

キズナの友
1/9　3/3　3/10　5/9　5/12
9/9　9/10　11/9　11/10

ライバル！
4/9　4/10　6/9　6/10　6/17
8/9　8/10　8/11　10/9

1/9生まれのBOY'Sホンネ

好きなタイプ
「だれからも好かれているような、やさしくて、センスのいい子が好きだよ」

ニガテなタイプ
「気のきかない子ってニガテなんだ。空気を読んでほしいなって思っちゃう」

あなたに向いている仕事 ▶ パティシエ、スポーツ選手、エンジニア、製造業、職人、公務員、薬剤師

夢とロマンがいっぱいの元気な自由人

やぎ座

1月10日生まれ

性格バランス
天然ボケ度・コミュ力・マジメ度・パワフル度・オシャレ度・セクシー度

天使のおくりもの
するどいひらめきの力

のびのびした心を持っているあなた。天使はそんなあなたに、するどい直感力をあたえたよ。豊かな発想力で、アイデアがどんどんうかびそう。夢を形にすれば、理想の自分になれるよ♪

ラッキーファッション
ロマンティックコーデ スカートが基本だよ！

1月
- ラッキーアイテム：ストラップ
- ラッキーカラー：♡オフホワイト
- ラッキーナンバー：2、7
- ラッキールーン：✕ イング

ラブ運
大人のふりをしたかと思ったら、急に子どもっぽくふるまったりするあなた。意外なところがいっぱいでモテるタイプだよ♡

フレンド運
自由なおしゃべりを楽しめる友だちがピッタリ。大人になっても仲良くできるよ。シュミがちがう子のほうが相性◎。

天使のメッセージ
たまには周りを見よう

思いついたら、すぐに行動するあなた。自由気ままずぎると、周りがこまることもあるよ。

1/10生まれのBOY'Sホンネ

好きなタイプ
「女の子らしい感じの、かわいい子が好き。絶対やさしくしてあげたい♡」

ニガテなタイプ
「ニガテなのは、ガミガミうるさい子。なんだか、お母さんといるみたい」

究極の相性！

運命のカレ
1/4 1/10 1/11 5/1 5/10
7/9 7/10 7/11 9/10

キズナの友
1/10 3/4 3/11 5/10 5/13
9/10 9/11 10/11 11/11

ライバル！
4/10 4/11 5/10 6/11 6/18
8/10 8/11 8/12 10/10

うれしい！ひと言
「チャレンジしよう！」

イヤ！NGワード
「そんなの意味ないよ」

あなたに向いている仕事 ▶ アーティスト、ショップオーナー、宝石鑑定士、美術商、不動産鑑定士

1月11日生まれ

やぎ座

おとなしくて やさしいけど ブレない子

性格バランス
- 天然ボケ度
- セクシー度
- コミュ力
- オシャレ度
- マジメ度
- パワフル度

1月
- **ラッキーアイテム**：和小物
- **ラッキーカラー**：♡クリーム色
- **ラッキーナンバー**：3、7
- **ラッキールーン**：⊗ オセル

ラッキーファッション
ラブリー全開！ かわいいが一番

LOVE ラブ運
好きな人の前では、かたくなっちゃうあなた。いつもどおりのあなたでいればだいじょうぶだよ♡ 自信を持って！

FRIEND フレンド運
友だちの前でも、ありのままの自然体でいることを心がけよう。あなたの笑顔で、みんな幸せな気持ちになるよ。

天使のおくりもの
あきらめない力強い心

ふんわりムードに包まれたやさしいあなたは、おとなしいけど、何事もあきらめないしっかりした女の子。天使がプレゼントしてくれた、人に流されない強い心を持っているよ。

天使のメッセージ
大切なことはちゃんと伝えて

おとなしすぎて、大切なことを言えなくなることも。自分の気持ちはちゃんと伝えよう。

うれしい！ひと言
やればできる子

イヤ！NGワード
早くして！

究極の相性！

運命のカレ
1/5 1/11 1/12 5/2 5/11
7/10 7/11 8/11 9/11

キズナの友
1/11 3/5 3/12 5/11 5/14
9/11 9/12 11/11 11/12

ライバル！
4/11 4/12 6/11 6/12 6/19
8/11 8/12 8/13 10/11

1/11生まれのBOY'Sホンネ

好きなタイプ
「きちんとあいさつのできる、礼ぎ正しいすがたを見ると、見直しちゃう！」

ニガテなタイプ
「ちゃんとお礼を言えない子はちょっとなー。マナーが悪いのはマイナスだよ」

あなたに向いている仕事 ▶ プログラマー、ジャーナリスト、俳優、生活文化研究家、政治家、建築家

みんなを笑顔にするやさしい子

やぎ座

1月12日生まれ

性格バランス
- 天然ボケ度
- セクシー度
- コミュ力
- オシャレ度
- マジメ度
- パワフル度

天使のおくりもの
人をはげますいやしの心

心やさしいあなた。天使はそんなあなたに、人を元気にする力をあたえたよ。あなたのやさしさに助けられ、笑顔になる人も多いはず。人につくすほど、あなたはかがやいて見えるよ。

1月

- ラッキーアイテム：カードケース
- ラッキーカラー：♥緑
- ラッキーナンバー：4、8
- ラッキールーン：⋈ ダエグ

ラッキーファッション
ゆったりシルエットを着こなす上級者

天使のメッセージ
相手の反応は気にしないで

親切にしても、感謝されないことも。でも、そんなあなたを見ている人も必ずいるよ。

ラブ運
好きな人にはとことんやさしくするあなた。でもそれがおせっかいになることも。たまには好きな人のリードにまかせてみて。

フレンド運
やさしいあなただから、友だちになりたい子はたくさんいるよ。そばにいるだけで楽しい子となら親友になれそう。

1/12生まれのBOY'Sホンネ

- **好きなタイプ**：「しっかりした子がいい！ やると決めたことをちゃんとできる子がいいな」
- **ニガテなタイプ**：「だらしない子はぜったいダメ！ 整理やそうじができないのはちょっとね」

究極の相性！

運命のカレ
1/6　1/12　1/13　5/3　5/12
7/11　7/12　7/13　9/12

キズナの友
1/12　3/6　3/13　5/12　5/15
9/12　9/13　11/12　11/13

ライバル！
4/12　4/13　6/12　6/13　6/20
8/12　8/13　8/14　10/12

うれしい！ひと言
「おもしろいね！」

イヤ！NGワード
「ちえ、つまんない」

あなたに向いている仕事 ▶ デザイナー、プログラマー、ジャーナリスト、国際機関職員、理学療法士

1月13日生まれ

やぎ座

コツコツと がんばる 努力家少女

性格バランス
- 天然ボケ度
- セクシー度
- コミュ力度
- オシャレ度
- マジメ度
- パワフル度

1月

ラッキーアイテム
ショルダーバッグ

ラッキーカラー
♥アップルグリーン

ラッキーナンバー
5、7

ラッキールーン
ᚠ フェオ

LOVE ラブ運
好きな人に思いを伝えるのはニガテかも。あと少しの勇気と自信を持てば、あなたの気持ちは伝わるはずだよ。

FRIEND フレンド運
正直で、ウソをつかないあなた。周りの子は、あなたといっしょにいると、安心するみたい。みんなに信らいされているよ。

ラッキーファッション
目指すはパリジェンヌのさわやかガール

天使のおくりもの
手間と努力を おしまない

物静かで、マジメなあなた。天使はそんなあなたに、熱い心をさずけてくれたよ。人が見えないところでコツコツがんばるから、みんなが知らない間に夢をかなえて、びっくりされそう。

天使のメッセージ
ひかえめに なりすぎないで

「わたしなんか」とエンリョしていると、チャンスを見のがすかも。もっと自分を信じよう。

うれしい!ひと言

わあ、おんなじだね。

イヤ!NGワード
もー、つかれたー

究極の相性!
運命のカレ
1/7 1/13 1/14 5/4 5/13
7/12 7/13 7/14 9/13

キズナの友
1/13 3/7 3/14 5/13 5/16
7/13 9/14 11/13 11/14

ライバル!
4/13 4/14 5/13 6/14 6/21
8/13 8/14 8/15 10/13

1/13生まれのBOY'Sホンネ

好きなタイプ
「いつもニコニコしている子が好きかな♡ だって、ホッとするから安心♡」

ニガテなタイプ
「ずーっとしゃべっている子はニガテ。いっしょにいて落ち着くほうがいいな」

あなたに向いている仕事 ▶ ミュージシャン、タレント、俳優、伝統工芸士、職人、小説家、研究者

一生けん命に人のためにがんばれる子

やぎ座
1月14日生まれ

天使のおくりもの
人に愛される明るい心

友だちを大切にするあなた。そんなあなたのために、天使が用意してくれたのは、人の心を明るくする力。あなたといっしょだと元気になれるから、あなたはどんどん人気者になっていくよ。

天使のメッセージ
思い切って前に進もう！

チャレンジする前からあきらめがちなあなた。新しい自分になるために、前進しよう。

性格バランス
天然ボケ度／コミュ力／マジメ度／パワフル度／オシャレ度／セクシー度

1月

ラッキーアイテム 香り小物
ラッキーカラー ♥チェリーピンク
ラッキーナンバー 6、7
ラッキールーン ᚢ ウル

ラブ運
好きな人を見ているだけでは気持ちが伝わらないよ。自分からアピールすれば、カレもふり向いてくれるよ！

フレンド運
友だちが悲しそうな顔をしていたら、あなたから声をかけてみて。あなたのやさしさが、友情を大きく育てるはず。

ラッキーファッション
スニーカーに合わせてコーディネートするよ

1/14生まれのBOY'Sホンネ

好きなタイプ
「友だちがいっぱいいる子が好きだよ。きっとデートも楽しそうだよね～！」

ニガテなタイプ
「ハッキリ答えてくれない子がニガテ。意見をちゃんと伝えてほしいな」

究極の相性！

運命のカレ
1/8 1/14 1/15 5/5 5/14
7/13 7/14 7/15 9/14

キズナの友
1/14 3/8 3/15 5/14 5/17
9/14 9/15 11/14 11/15

ライバル！
4/14 4/15 6/14 6/15 6/22
8/14 8/15 8/16 10/14

うれしい！ひと言
ジマンの友だち

イヤ！NGワード
かんべんして！

あなたに向いている仕事 ▶ デザイナー、プログラマー、武道家、茶道家、華道家、落語家、金融業

1月15日生まれ

やぎ座

大きな希望を心にだいて前に進む子

性格バランス
- 天然ボケ度
- セクシー度
- コミュカ度
- オシャレ度
- マジメ度
- パワフル度

1月

ラッキーアイテム
音楽プレーヤー

ラッキーカラー
♥モスグリーン

ラッキーナンバー
7、8

ラッキールーン
▷ ソーン

LOVE ラブ運
あなたの夢を応えんしてくれる、やさしい男の子がオススメ。そばにいてはげましてもらうと、自信が持てるよ。

FRIEND フレンド運
大切な友だちとは、心と心でつながれるあなた。こまったときには、真けんに力になってくれるはずだよ！

ラッキーファッション
タイトスカートで作るたて長シルエットが好き

天使のおくりもの
夢を信じて進められる力

大きな夢を持っているあなた。天使はそんなあなたに、強い信念をあたえたよ。あなたの世界を大切にして、自信を持って進めば、必ず夢をかなえられるよ。自分の心にウソはつかないでね。

天使のメッセージ
落ちこんでも乗りこえよう

人から何かを言われると大きく落ちこむことも。でも、乗りこえたら強くなれるはず！

うれしい！ひと言
「あなたを信じるよ」

イヤ！NGワード
「もう信じられない！」

究極の相性！

運命のカレ
1/9　1/15　1/16　5/6　5/15
7/14　7/15　7/16　9/15

キズナの友
1/15　3/9　3/16　5/15　5/18
9/15　10/15　11/15　11/16

ライバル！
4/15　4/16　5/16　6/16　6/23
8/15　8/16　8/17　10/15

1/15生まれのBOY'Sホンネ

好きなタイプ
「頭が良くて、するどい子が好き。そういう子は話も楽しそうだからさ」

ニガテなタイプ
「話の通じない子はニガテ。全部説明するのは、めんどうなんだよね……」

あなたに向いている仕事▶ タレント、アナウンサー、スポーツ選手、政治家、映画監督、起業家

いつも冷静で落ち着いたしっかり者

やぎ座
1月16日生まれ

天使のおくりもの
正しいものを見きわめる力

いつも落ち着いているあなた。天使はあなたに、真実を見る目をプレゼントしてくれたよ。周りに流されずに、正しいものを見ぬけるしっかり者だから、みんなに信らいされているよ。

天使のメッセージ
初めてのことに飛びこもう

もっと新しいことにチャレンジしてみて。少し勇気を出せば、新しい自分に出会えるよ。

ラッキーファッション
上品なお嬢様っぽいコーデが似合うよ！

性格バランス
天然ボケ度／コミュ力／マジメ度／パワフル度／オシャレ度／セクシー度

ラッキーアイテム
帽子

ラッキーカラー
♥ココアブラウン

ラッキーナンバー
1、8

ラッキールーン
ᚾ アンスール

ラブ運
幸せな恋をするなら、外見よりも中身が大切。見る目があるあなたが選んだ男子は、きっと素敵な人のはず。

フレンド運
会ったばかりの子とは、自然に話せないかも。それでもがんばって話しかけてみて。長く続く友情が育ちそう！

1/16生まれのBOY'sホンネ

好きなタイプ
「勉強もできる、かしこい子が好きだな～。いろいろ教え合えそうだから♡」

ニガテなタイプ
「キャーキャー言って、すぐにパニックになる子はちょっとニガテかも」

究極の相性！

運命のカレ
1/10　1/16　1/17　5/7　5/16
7/15　7/16　7/17　9/16

キズナの友
1/16　3/10　3/17　5/16　5/19
9/16　9/17　11/16　11/17

ライバル！
4/16　5/16　6/17　6/24
8/16　8/17　8/18　10/16

うれしい！ひと言
がんばったね！

イヤ！NGワード
えー、がっかり

あなたに向いている仕事 ▶ トリマー、カウンセラー、ミュージシャン、美容師、文芸評論家、営業

1月17日生まれ

やぎ座

前を見つめて自分の道を歩いていく子

性格バランス
- 天然ボケ度
- コミュ力
- マジメ度
- パワフル度
- オシャレ度
- セクシー度

1月
- ラッキーアイテム：リング
- ラッキーカラー：♥黒
- ラッキーナンバー：8、9
- ラッキールーン：R ラド

LOVE ラブ運
性格がカッコイイ男の子が好き。いつもクールだけど、恋をしたら、びっくりするほど情熱的でラブラブになりそう。

FRIEND フレンド運
こまったときには、いつもサポートしてくれる友だちがいるはずだよ。「ありがとう」のひと言をわすれないでね！

ラッキーファッション
アイドルみたいなあまい着こなしが好き♥

天使のおくりもの
あきらめずにつらぬく力

あなたは、まっすぐな心を持っている子。天使はそんなあなたに、あきらめない強い心をプレゼントしてくれたよ。いつも冷静に物事を見ているすがたが、クールでカッコイイ！

天使のメッセージ
人の意見は気にしないで

周りの声が気になることもあるけど、自信を持って。前を向いて、堂々としていよう！

1/17生まれのBOY'Sホンネ

好きなタイプ
「自分からどんどん行動を起こすような、強気でカッコイイ女の子が好き♡」

ニガテなタイプ
「何でもいっしょにやろうとして、やたらくっついてくる子はイマイチ……」

うれしい！ひと言
いつもありがとう

イヤ！NGワード
勉強だるい

究極の相性！

運命のカレ
1/11 1/17 1/18 5/8 5/17
7/16 7/17 7/18 9/17

キズナの友
1/17 3/11 3/18 5/17 5/20
9/17 9/18 11/17 11/18

ライバル！
4/17 4/18 6/17 6/18 6/25
8/17 8/18 8/19 10/17

あなたに向いている仕事：ミュージシャン、エンジニア、プログラマー、美容師、臨床検査技師

やぎ座

1月18日生まれ

夢のために一生けん命がんばる子

天使のおくりもの
ポジティブに努力する力

あなたは、大きな夢を持っている子。天使はそんなあなたに、コツコツ努力するねばり強さをあたえたよ。いつもがんばっているあなたのことを、周りの子もそんけいしてくれているよ。

天使のメッセージ
周りの力を借りてみて

がんばり屋だから、全部自分でやろうとすることも。ムリしないで、友だちにもたよろう。

ラッキーファッション
カラフルで元気なストリートカジュアル

性格バランス
天然ボケ度／セクシー度／コミュ力／オシャレ度／マジメ度／パワフル度

- **ラッキーアイテム** ミニタオル
- **ラッキーカラー** ♥カーキ
- **ラッキーナンバー** 1、7
- **ラッキールーン** ᚲ ケン

ラブ運
リラックスしておつき合いできる、明るい人がおすすめ。楽しくおしゃべりできる相手となら、素敵な恋ができそうだよ。

フレンド運
気どらないで、本音のトークができる友だちを大切にしてね。大人になっても、ずっと仲良しでいられるはず。

1/18生まれのBOY'Sホンネ

好きなタイプ
「目標があって、しっかりがんばっている子が好き。信用できるから！」

ニガテなタイプ
「自分の意見のない子がよくわかんない。ハッキリ考えを伝えてほしいな」

究極の相性！

運命のカレ
1/12 1/18 1/19 5/9 5/18
7/17 7/18 7/19 9/18

キズナの友
1/18 3/12 3/19 5/18 5/21
9/18 9/19 11/18 11/19

ライバル！
4/18 4/19 6/18 6/19 6/26
8/18 8/19 8/20 10/18

うれしい！ひと言
だいじょうぶだよ！

イヤ！NGワード
ほっといて

あなたに向いている仕事 ▶ ケースワーカー、タレント、カウンセラー、介護福祉士、弁護士、警察官

1月/19日生まれ

計画を立てて夢を目指してがんばる子

性格バランス
- 天然ボケ度
- セクシー度
- コミュ力
- オシャレ度
- マジメ度
- パワフル度

1月
- **ラッキーアイテム**：リボン
- **ラッキーカラー**：♥ライトブラウン
- **ラッキーナンバー**：2、8
- **ラッキールーン**：✕ギューフ

LOVE ラブ運
恋をしたら、好きな男の子のことしか考えられなくなるタイプ。真けんなあなたにじっと見つめられたら、カレもドキドキ♡

FRIEND フレンド運
友だちからどう思われているのか気になるあなた。でもみんなから好かれているからだいじょうぶ。もっと友だちを信じて！

ラッキーファッション：レースやリボンなどオトメ系が好きっ♡

天使のおくりもの
夢にむかって一直線！

自分で決めたことはきちんと守る女の子。天使はそんなあなたに、夢をかなえる力をくれたよ。目標に向かって計画どおりに進めていくから、気がついたときには、達成しているかも！

天使のメッセージ
心配しないでリラックス

計画どおりに進まないと、不安になるかも。心配しすぎず、ときにはなりゆきにまかせて。

うれしい！ひと言
これからもいっしょだよ

イヤ！NGワード
何にもしたくない

究極の相性！
運命のカレ
1/13 1/19 1/20 5/10 5/19
7/18 7/19 7/20 9/1

キズナの友
1/19 3/13 3/20 5/19 5/22
9/19 9/20 11/19 11/20

ライバル！
4/19 4/20 6/19 6/20 6/27
8/19 8/20 8/21 10/19

1/19生まれのBOY'Sホンネ
好きなタイプ：「自分のやりたいことをやれている子が好き。見てるとうれしくなるんだ♪」

ニガテなタイプ：「人の悪口を言っている子はいやだな。こわいなーって思っちゃう」

あなたに向いている仕事▶コンサルタント、ジャーナリスト、デザイナー、検察官、国際機関職員

みずがめ座

1月/20日生まれ

直感パワーで何でも解決！ミラクル少女

ラッキーファッション
さわやかで女の子らしい好感度高めコーデが◎

天使のおくりもの
しっかりと決断できる力

自分で、しっかりと判断ができるあなた。天使はそんなあなたに、するどい直感力をあたえてくれたよ。もし迷ったときは、心の声を聞いて「これ！」と思ったほうに進んでね。

天使のメッセージ
ガンコにならず素直になって

まちがったときには、意地を張らずに素直に謝ろう。ガンコすぎるとソンをすることも。

性格バランス
天然ボケ度／セクシー度／コミュ力／オシャレ度／マジメ度／パワフル度

1月

- ラッキーアイテム：鈴
- ラッキーカラー：♥紺色
- ラッキーナンバー：3、5
- ラッキールーン：ウィン

ラブ運
男の子のことをきびしい目でチェックしてしまいがち。いいところを見つけるようにすると、素敵な恋ができるよ！

フレンド運
同じ夢を持つ友だちが、自然に集まってくるよ。その中には、一生つき合える親友がいるよ。何でも相談してね。

1/20生まれのBOY'Sホンネ

好きなタイプ
「イザっていうときに、いいアイデアを出せる子が好きだよ。カッコイイ♪」

ニガテなタイプ
「何でも人にたよる子はニガテ。この子、だいじょうぶかなって思っちゃう」

究極の相性！

運命のカレ
1/14 1/20 1/21 5/11
5/20 7/19 7/20 7/21 9/20

キズナの友
1/20 3/14 3/21 5/20 5/23
9/20 9/21 10/21 11/21

ライバル！
4/20 4/21 6/20 6/21 6/28
8/20 8/21 8/22 10/20

うれしい！ひと言
わたしを信じて！

イヤ！NGワード
そんなのムリ！

あなたに向いている仕事 ▶ タレント、デザイナー、リサーチャー、小説家、先生、企画開発、流通業

1月21日生まれ

みずがめ座

がんばり屋でハキハキしたリーダー！

性格バランス

天然ボケ度 / セクシー度 / コミュ力 / オシャレ度 / マジメ度 / パワフル度

1月
- **ラッキーアイテム**　ソーダキャンディ
- **ラッキーカラー**　♥コバルトブルー
- **ラッキーナンバー**　4、5
- **ラッキールーン**　N ハガル

LOVE ラブ運
あなたの自由をみとめてくれる、心の広い男の子がピッタリ！夢を持っている人なら、はげまし合う恋ができるよ。

FRIEND フレンド運
まとめ役のあなたのことを、友だちがサポートしてくれるよ。助けてもらったら、感謝の気持ちをちゃんと伝えてね。

ラッキーファッション　はなやかなカラーを取り入れて注目度MAX

天使のおくりもの
みんなをまとめる力

自分の意見をハッキリ言えるあなた。天使はそんなあなたに、みんなをまとめる力をくれたよ。リーダーになって、物事を進めることも多いから、みんなに信らいされているよ。

天使のメッセージ
もっとみんなをたよろう

みんなのためにがんばりすぎちゃう。友だちは、もっとたよってほしいと思っているよ。

うれしい！ひと言
ずっと友だちだよ

イヤ！NGワード
もう知らない！

究極の相性！

運命のカレ
1/15　1/21　1/22　5/12
5/21　7/20　7/21　7/22　9/21

キズナの友
1/21　3/15　3/22　5/21　5/24
9/21　9/22　11/21　11/22

ライバル！
4/21　4/22　6/21　6/22　6/29
8/21　8/22　8/23　10/21

1/21生まれのBOY'Sホンネ

好きなタイプ
「自分のことを自分で決める、ハッキリした性格の子はそんけいできるよ」

ニガテなタイプ
「文句ばっかり言ってる子はニガテ。もっと前向きな子のほうがいいなー」

あなたに向いている仕事 ▶ デザイナー、プログラマー、エンジニア、俳優、先生、研究者、建築家

いいところを見つけられる心豊かな子

みずがめ座

1月22日生まれ

性格バランス
- 天然ボケ度
- コミュ力
- マジメ度
- パワフル度
- オシャレ度
- セクシー度

ラッキーアイテム
蛍光ペン

ラッキーカラー
♥グレー

ラッキーナンバー
4、5

ラッキールーン
ニイド

天使のおくりもの
いいところを見つける力

きれいなものが大好きなあなた。天使はそんなあなたに、素敵なものを発見できる目をあたえたよ。友だちの長所をたくさん見つけてあげれば、みんながハッピーであなたも人気者に!

天使のメッセージ
自分をかくさず正直になって

はずかしがって、本当の気持ちをかくしてしまうことも。もっと自信を持って発言しよう。

ラッキーファッション
小悪魔コーデでモテ度がアップしちゃう♥

ラブ運
いつも運命の恋の相手をさがしているあなた。だれかを好きになったら、1日中、ずーっとカレのことを考えちゃうかも!?

フレンド運
同じシュミを持つ友だちが自然に集まってくるよ。大人になっても変わらずに、楽しくおしゃべりできそう。

1/22生まれのBOY'Sホンネ

好きなタイプ
「ボクのことをよくわかってくれる子が好き♥ それだけで安心できるから」

ニガテなタイプ
「カンちがいで決めつける子はニガテ。思いこみで言われるとイヤだなー」

究極の相性!

運命のカレ
1/16 1/22 1/23 5/13
5/22 7/21 7/23 9/22

キズナの友
1/22 3/16 5/23 5/25
9/22 9/23 11/22 11/23

ライバル!
4/22 4/23 6/22 6/23 6/30
8/22 8/23 8/24 10/22

うれしい!ひと言
いつもありがとう

イヤ!NGワード
もう帰りたい

あなたに向いている仕事▶ フライトアテンダント、エンジニア、デザイナー、宇宙飛行士、研究者

1月23日生まれ

みずがめ座

大きな夢に向かって進むロマンティスト

性格バランス

- 天然ボケ度
- コミュ力
- マジメ度
- パワフル度
- オシャレ度
- セクシー度

1月
- **ラッキーアイテム**　ピンキーリング
- **ラッキーカラー**　ベビーピンク
- **ラッキーナンバー**　4、6
- **ラッキールーン**　イス

LOVE ラブ運
ロマンティックな恋愛にあこがれるあなたには、大人っぽい男の子がピッタリ。見た目よりも性格で選ぶと◎！

FRIEND フレンド運
ピュアな心を持っているあなたには、やさしい友だちがたくさんできるはず。何でも話せる友だちを大事にしよう。

ラッキーファッション
ウエストのフリルで脚長に 女の子らしさ全開♥

天使のおくりもの
キラキラした夢を見る力

心の中はロマンでいっぱい。そんなあなたに、天使は理想に向かって進む勇気をあたえたよ。計画を立てて行動したら、夢は実現するはず！ 夢を見るあなたの目は、かがやいているよ。

天使のメッセージ
ニガテなことにチャレンジして

トクイなことだけでなく、ニガテなことにもチャレンジ！ 大きく成長できるはずだよ。

うれしい！ひと言
「いっしょに行こう！」

イヤ！NGワード
「わたし、ダメな子だから」

究極の相性！
運命のカレ
1/17　1/23　1/24　5/14
5/23　7/22　7/23　7/24　9/23

キズナの友
1/23　3/17　3/24　5/23　5/26
9/23　10/23　11/23　11/24

ライバル！
4/23　4/24　6/23　6/24　7/1
8/23　8/24　8/25　10/23

1/23生まれのBOY'Sホンネ

好きなタイプ
「自分は自分って、思っている子が好きだな。人と比べないのカッコイイよね」

ニガテなタイプ
「人に合わせてばっかりで、何でも良さそうな、意見のない子にはイヤだな」

あなたに向いている仕事 ▶ パイロット、カウンセラー、ツアーコンダクター、弁護士、企画開発

自由な心で夢をつらぬくカッコイイ子

1月24日生まれ みずがめ座

性格バランス: 天然ボケ度／セクシー度／コミュ力／オシャレ度／マジメ度／パワフル度

天使のおくりもの
のびのびした元気な心

のびのびした心を持っているあなた。天使はそんなあなたに、夢をつらぬく力をあたえたよ。自分が決めた道を、元気に進んでいくあなたのことを、みんなもカッコイイと思っているよ。

天使のメッセージ
こまったときは周りに聞いて

なやんだときは、ムリしないで周りの人に聞いてみよう。きっとうまくいくはずだよ。

1月

ラッキーアイテム　クローバー
ラッキーカラー　マリンブルー
ラッキーナンバー　4、7
ラッキールーン　ヤラ

ラッキーファッション
きちんとコーデをショートパンツで元気に!

ラブ運 LOVE
大好きなカレでも、いつもいっしょにいなくても平気なタイプ。ところが、デートのときには超ラブラブモードになっちゃう♡

フレンド運 FRIEND
何でもひとりでできるから、気軽に話しかけにくいと思われているかも。あなたから声をかけて楽しくおしゃべりしてみて!

1/24生まれのBOY'Sホンネ

好きなタイプ
「ずっとひとつのことをがんばれる子が好きだよ。正直、そんけいするよ」

ニガテなタイプ
「何でもすぐにあきちゃう子とか、あれもこれもって気が多い子はニガテ」

究極の相性!

運命のカレ
1/18　1/24　1/25　5/15
5/24　7/23　7/24　7/25　9/24

キズナの友
1/24　3/18　3/25　5/24　5/27
9/24　9/25　11/24　11/25

ライバル!
4/24　4/25　6/24　6/25　7/2
8/24　8/25　8/26　10/24

うれしい！ひと言
「カッコイイ！」

イヤ！NGワード
「勝手にすれば？」

あなたに向いている仕事 ▶ タレント、アナウンサー、プロデューサー、評論家、秘書、古美術商

1月25日生まれ

みずがめ座

自分の力で夢への道を切りひらく子

性格バランス
- 天然ボケ度
- セクシー度
- コミュ力
- オシャレ度
- マジメ度
- パワフル度

1月
- **ラッキーアイテム** ウメ味のキャンディ
- **ラッキーカラー** ♥ゴールド
- **ラッキーナンバー** 4、8
- **ラッキールーン** ♪ユル

ラッキーファッション
キリッとカッコイイ愛され優等生！

天使のおくりもの
自分を信じてがんばる力

自分の夢を、大切にするあなた。天使はそんなあなたに、自分を信じてつき進む力をくれたよ。他人をたよらず、がんばって道を切りひらいていくすがたは、かがやいて見えるよ！

天使のメッセージ
友だちの声も聞いてみよう

何でも自分の力で解決しようとしちゃうみたい。こまったときは友だちをたよってみて！

LOVE ラブ運
ふだんはあまり恋に興味がないみたい。でもだれかを好きになったら、とてもドラマティックな恋をするはずだよ。

FRIEND フレンド運
クールなイメージで、カッコイイあなた。周りの子たちは、あなたが声をかけてくれるのを待っているはずだよ！

うれしい！ひと言
夢はかなうよ！

イヤ！NGワード
そんなのムリだよ

究極の相性！
運命のカレ
1/19 1/25 1/26 5/16
5/25 7/24 7/25 7/26 9/25

キズナの友
1/25 3/19 3/26 5/25 5/28
8/25 9/26 11/25 11/26

ライバル！
4/25 4/26 5/25 6/26 7/3
8/25 8/26 8/27 10/25

1/25生まれのBOY'Sホンネ

好きなタイプ
「へこたれない強い子が好き。見てるといっしょにがんばろうって思える♡」

ニガテなタイプ
「すぐに弱音をはく子がニガテかも。もっとがんばればいいのにって思うよ」

あなたに向いている仕事 ▶ カウンセラー、アドバイザー、童話作家、幼稚園教諭、医者、介護福祉士

周りの子の幸せを願う平和の使者

みずがめ座

1月26日生まれ

性格バランス
天然ボケ度・コミュ力・マジメ度・パワフル度・オシャレ度・セクシー度

1月

ラッキーアイテム
シュシュ

ラッキーカラー
♥赤

ラッキーナンバー
5、9

ラッキールーン
ペオース

天使のおくりもの
周りの人を思いやる心

大切な人たちの幸せをいつも願っているあなた。天使はそんなあなたに、気配りできる心をあたえたよ。やさしくて友だち思いのあなたのもとには、たくさんの仲間が集まってくるよ。

ラッキーファッション
キュートでナチュラルいやし系ガール☆

ラブ運
自分の直感を信じるとうまくいくよ。「この人だ!」とビビッとハートにひびいたら、勇気を出して声をかけてみて。

天使のメッセージ
流されないで自分を持って

相手の気持ちを大切にしすぎて、エンリョしすぎることも。自分の心をかくさないでね。

フレンド運
みんなで仲良く、楽しくしていたいあなた。そんなあなたのやさしい気持ちを、友だちもわかってくれているよ。

1/26生まれのBOY'Sホンネ

好きなタイプ
「ムリをしている感じがしない、自然な感じの子が好き。いやされるね♡」

ニガテなタイプ
「わざとらしい子がニガテ。ぶりっこしたり、ウソをついたりする子はNGだよ」

究極の相性!

運命のカレ
1/20 1/26 1/27 5/17
5/26 7/25 7/26 7/27 9/26

キズナの友
1/26 3/20 3/27 5/26 5/29
9/26 9/27 11/26 11/27

ライバル!
4/26 4/27 6/26 6/27 7/4
8/26 8/27 8/28 10/26

うれしい!ひと言
「わたしもうれしいよ!」

イヤ!NGワード
「もうイヤ!」

あなたに向いている仕事 ▶ ガーデンプランナー、フライトアテンダント、文化財修復師、研究者

1月27日生まれ

みずがめ座

努力家でたくさんの才能がある子

性格バランス
- 天然ボケ度
- セクシー度
- コミュ力
- オシャレ度
- マジメ度
- パワフル度

1月

ラッキーアイテム
せっけん

ラッキーカラー
♥ オレンジ

ラッキーナンバー
1、4

ラッキールーン
ᛖ エオロー

ラッキーファッション
黒やグレーを着こなすセクシーな女の子♥

天使のおくりもの
好きなことでかがやく力

あなたは、前向きに努力する子。天使はそんなあなたに、豊かな才能をあたえたよ。歌やダンス、イラストや楽器など、トクイな分野もたくさんあるよ。いろんな場所で活やくできそう。

天使のメッセージ
大事なことはありのままに

友だちを喜ばせたくて、大げさな話をしちゃいそう。大事なことは、正確に伝えようね。

ラブ運
笑顔が素敵で、あなたを大切にしてくれる男の子との相性がピッタリ。好きになったら情熱的な恋をするよ。

フレンド運
いろんなタイプの友だちがいて、どんな子とも仲良くできる人。そんなあなたのファンも、たくさんいるみたい。

うれしい！ひと言

感動した！

イヤ！NGワード
おもしろくない

究極の相性！

運命のカレ
1/21 1/27 1/28 5/18
5/27 7/26 7/27 7/28 9/27

キズナの友
1/27 3/21 3/28 5/27 5/30
8/27 9/28 11/27 11/28

ライバル！
4/27 4/28 6/27 6/28 7/5
8/27 8/28 8/29 10/27

1/27生まれのBOY'Sホンネ

好きなタイプ
「みんなと仲良くできる子が好き♡ いつも笑顔でいてくれるからいいよね」

ニガテなタイプ
「何かツンツンしている子がニガテ。キゲンが悪いのかな？って思っちゃう」

あなたに向いている仕事 ▶ タレント、ディーラー、薬剤師、科学者、政治家、新聞記者、弁護士

いつでも冷静に動けるしっかり者

1月28日生まれ みずがめ座

天使のおくりもの
強い責任感と動じない心

とても責任感が強いあなた。天使はそんなあなたに、冷静に考える頭と行動力をあたえたよ。自分のやるべきことがわかっているしっかり者だから、友だちにもたよられるよ。相談も多そう。

天使のメッセージ
あきらめないで続けよう

むずかしそうなことも、あきらめずにもう少しがんばろう。続けていくと、結果が出るよ。

ラッキーファッション
ピンクを大人っぽく着こなすのがトクイ☆

性格バランス
天然ボケ度・セクシー度・コミュ力・オシャレ度・マジメ度・パワフル度

ラッキーアイテム 色つきリップ
ラッキーカラー ♥スカイブルー
ラッキーナンバー 2、5
ラッキールーン ⚡シゲル

ラブ運
あなたのがんばりを見てくれているカレが最高。いつもしっかりしているあなたも、好きな人には思い切ってあまえちゃおう。

フレンド運
いつも友だちを助けているあなた。でもときには、あなたも友だちをたよってみて。おたがいさまで友情が深まりそう。

1/28生まれのBOY'Sホンネ

好きなタイプ「やると決めたことを、最後までがんばれる子が大好き！ 気が合いそう！」

ニガテなタイプ「人のことをうらやましがるだけで、自分では何もしない子にはがっかり……」

究極の相性！

運命のカレ
1/22　1/28　1/29　5/19
5/28　7/27　7/28　7/29　9/28

キズナの友
1/28　3/22　3/29　5/28　5/31
9/28　10/28　11/28　11/29

ライバル！
4/28　4/29　6/28　6/29　7/6
8/28　8/29　8/30　10/28

うれしい！ひと言
がんばろうね

イヤ！NGワード
そんなの勝手でしょ

あなたに向いている仕事 ▶ インテリアプランナー、フローリスト、農業、編集者、先生、保育士

1月29日生まれ

みずがめ座

好きなことに夢中になれるまっすぐな子

性格バランス
- 天然ボケ度
- コミュ力
- マジメ度
- パワフル度
- オシャレ度
- セクシー度

1月
- **ラッキーアイテム**：キーリング
- **ラッキーカラー**：水色
- **ラッキーナンバー**：3、4
- **ラッキールーン**：↑ ティール

LOVE ラブ運
男の子から、ナゾめいた女の子だと思われているみたい♡ 好きな人ができたら、あなたから話しかけてみてね。

FRIEND フレンド運
友だちから相談されることが多いあなた。ちゃんと考えてから意見を伝えるから、みんなにたよりにされているよ。

ラッキーファッション
キュートでポップな個性派スタイル♥

天使のおくりもの
好きなことをきわめる力

好きなことにとことんうちこむ子。天使はそんなあなたに、物事を観察する力をあたえたよ。知りたいことをしっかり追求するあなたは、その道のプロフェッショナルになるかも。

天使のメッセージ
イヤなものから早くやろう

ニガテなものは、早く片づけよう。後に残すと、もっとイヤになっちゃいそうだよ。

うれしい！ひと言
「何でも知ってるね！」

イヤ！NGワード
「ズルい」

究極の相性！

運命のカレ
1/23　1/29　1/30　5/20　5/29
7/28　7/29　7/30　9/29

キズナの友
1/29　3/23　3/30　5/29　6/1
9/29　9/30　11/29　11/30

ライバル！
4/29　4/30　6/29　6/30　7/7
8/29　8/30　8/31　10/29

1/29生まれのBOY'Sホンネ

好きなタイプ
「新しいことを見つけるのがうまい子が好き♡ いっしょにいたら楽しそう！」

ニガテなタイプ
「ずーっと同じことを言ってる子がニガテ。話していてあきちゃう……」

あなたに向いている仕事▶ ミュージシャン、カウンセラー、タレント、映画監督、公務員、科学者

楽しいことが大好きで元気な女の子

みずがめ座

1月30日生まれ

天使のおくりもの
新しいことに飛びこむ勇気

ワクワクするようなことが大好き。天使はそんなあなたに、新しいことにチャレンジする勇気をくれたよ。おもしろそうな話を聞いたときのあなたの目は、キラキラかがやいているよ。

性格バランス
- 天然ボケ度
- セクシー度
- コミュ力
- オシャレ度
- マジメ度
- パワフル度

1月

- ラッキーアイテム: 銀色の雑貨
- ラッキーカラー: ♥シルバー
- ラッキーナンバー: 4、8
- ラッキールーン: ᛒ ベオーク

天使のメッセージ
強がらないで素直になって

本当のあなたは、なみだもろくてデリケート。友だちには、本当の気持ちを打ち明けて。

ラッキーファッション
柄シャツをこしに巻いてこなれカジュアルガール

ラブ運
あなたの夢を心から応えんしてくれるような、情熱的な男の子との相性がピッタリ。友だちづき合いから恋が始まりそう。

フレンド運
友だちから勇気をもらうことが多いよ。はげましてくれる子には、「ありがとう」とお礼をストレートに伝えようね。

1/30生まれのBOY'Sホンネ

好きなタイプ
「意外とダイタンな子が好きかも♡ びっくりするたびに好きになるから！」

ニガテなタイプ
「おとなしい子……。何も話してくれない子がニガテ。だって、気まずいよ」

究極の相性！

運命のカレ
1/24　1/30　1/31　5/21
5/30　7/29　7/30　7/31　9/30

キズナの友
1/30　3/24　3/31　5/30　6/2
9/30　10/1　11/30　12/1

ライバル！
4/30　5/1　6/30　7/1　7/8
8/30　8/31　9/1　10/30

うれしい！ひと言
「いつも元気だね」

イヤ！NGワード
「何でわたしだけ？」

あなたに向いている仕事 ▶ タレント、ツアーコンダクター、バイヤー、翻訳家、建築家、研究者

1月31日生まれ

みずがめ座

みんなの心を元気にする才能豊かな子

性格バランス
天然ボケ度／コミュ力／マジメ度／パワフル度／オシャレ度／セクシー度

1月

- **ラッキーアイテム** 塩味のお菓子
- **ラッキーカラー** ♥ミントグリーン
- **ラッキーナンバー** 5、8
- **ラッキールーン** M エオー

ラブ運
理想は、ありのままのあなたを好きになってくれる男の子。いっしょにいるだけで、安心できる相手が一番だよ。

フレンド運
友だちのいいところをたくさん見つけられる、やさしいあなた。友だちもそんなあなたのことを大切にしてくれるよ。

ラッキーファッション　ベージュとピンクのやさしいカラーコーデ♥

天使のおくりもの
やさしさとアートの才能

ロマンティックなことや、きれいなものが大好きなあなた。天使はそんなあなたに、アートの才能をあたえてくれたよ。いつか、多くの人の心を元気にできるアーティストになれるかも！

天使のメッセージ
流されないで自分を出して

やさしいあなたは、周りの意見に合わせがち。もっと、自分の意見を伝えていこう。

うれしい！ひと言
もう最高！

イヤ！NGワード
それぐらいがまんしなよ

究極の相性！

運命のカレ
1/25　1/31　2/1　5/22　5/31
7/30　7/31　8/1　10/1

キズナの友
1/31　3/25　4/1　5/31　6/3
10/1　10/2　12/1　12/2

ライバル！
4/30　5/1　7/1　7/2　7/9
8/31　9/1　9/2　10/31

1/31生まれのBOY'Sホンネ

好きなタイプ
「だれとでも友だちになれる、性格のいい子！　やさしい子が好きだよ♡」

ニガテなタイプ
「イジワルな子は絶対イヤだ！　友だちにもなりたくないと思っちゃう」

あなたに向いている仕事　ミュージシャン、ディーラー、リサーチャー、俳優、研究者、冒険家

2月生まれ
February
如月

2月生まれのキミへ

一見クールでも、心の中は情熱的なキミ。
人から何を言われても「わたしはわたし！」と、自分をつらぬくよ。

2月の幸せおまじない

バレンタインのある2月は、カレや友だちとのキズナが深まるシーズン。もっと仲良しになりたい人には、チョコの他にペアのグッズをプレゼント☆ ペアのグッズを別々に持つと、ひとつに戻ろうと引きよせ合って、ふたりのキョリもグンとちぢまるよ。男の子&女の子キャラのグッズなど、「ホントはペアだけどひとつで持ってもヘンじゃない」っていうグッズがオススメ。

2月の行事 バレンタイン

バレンタインは全世界のラブイベント♡ でも海外では、「男性から女性」に、「チョコ」ではなく「花」をおくるんだって。両思いのカレには、花をもらうのもありかも。

2月1日生まれ

みずがめ座

人の気持ちを最初に考える心やさしい子

性格バランス
- 天然ボケ度
- コミュ力度
- マジメ度
- パワフル度
- オシャレ度
- セクシー度

2月
- **ラッキーアイテム**：ファー小物
- **ラッキーカラー**：♥ダークグレー
- **ラッキーナンバー**：3、8
- **ラッキールーン**：マン

ラブ運
カレの気持ちがわかるやさしいあなた。おつき合いしたら、いつまでもラブラブカップルでいられるよ！

フレンド運
友だちのことを大切にするから、みんなもあなたを大切にするよ。一度めばえた友情は、大人になっても長く続くはず。

ラッキーファッション
みんなに好かれる★気分ガルルンコーデ

天使のおくりもの
友だち思いのやさしい心

あなたはだれにでもやさしくできる女の子。天使があなたにあたえたのは、周りを幸せにする力だよ。いつも友だちの気持ちを考えてあげられるから、みんなあなたのことが大好き！

天使のメッセージ
本当の気持ちをかくさないで

とってもやさしいあなたは自分の心をかくしちゃうことがあるよ。友だちには打ち明けて。

うれしい！ひと言
「ずっといっしょだよ」

イヤ！NGワード
「ハッキリして！」

究極の相性！

運命のカレ
1/26 2/1 2/2 5/23 6/1
7/31 8/1 8/2 10/1

キズナの友
2/1 3/26 4/2 5/31 6/3
10/1 10/2 12/1 12/2

ライバル！
5/1 5/2 7/1 7/2 7/10
9/1 9/2 9/3 11/1

2/1生まれのBOY'Sホンネ

好きなタイプ
「いつも笑顔でいる、明るい子が好き。いっしょにいたいと思っちゃうよ♡」

ニガテなタイプ
「ツンとした子はニガテかも。おこってるのかなって思うと、こわいし」

あなたに向いている仕事　エッセイスト、デザイナー、アナリスト、コンサルタント、企画開発

自分は後回し
友だち応えん
親切ガール

みずがめ座

2月2日生まれ

天使のおくりもの
みんなを思って気配りする心

みんなのことが大好きなあなた。そんなあなたに天使は、気配りの心を授けたよ。自分のことを後回しにしても、友だちのためにがんばるから、とてもたよりにされているよ。

天使のメッセージ
断る勇気も必要 無理はしないで

友だちにたのまれたら断れないあなた。できないことはできないと言っていいんだよ。

ラッキーファッション
ほんわかやさしめおたやかファッション♡

性格バランス
天然ボケ度／セクシー度／コミュ力／オシャレ度／マジメ度／パワフル度

ラッキーアイテム
カラーペン
ラッキーカラー
♥ターコイズブルー
ラッキーナンバー
4、8
ラッキールーン
↑ ラーグ

ラブ運
好きな人の前ではキンチョーしちゃいそう。あなたから勇気を出して話しかけてね。きっと素敵な恋ができるよ。

フレンド運
はげまし上手のあなたから、元気をもらう友だちはいっぱい。あなたのピンチには、みんなが助けてくれるよ！

2/2生まれのBOY'Sホンネ

好きなタイプ
「親切な子が好きだな。こまっている人を助けたり、やさしくしたりする子」

ニガテなタイプ
「人がこまっているのに気づかないふりする子は、冷たいな〜って思う」

究極の相性！
運命のカレ
1/27 2/2 2/3 5/24 6/2
8/1 8/2 8/3 10/2

キズナの友
2/2 3/27 4/3 6/1 6/4
10/2 10/3 12/2 12/3

ライバル！
5/2 5/3 7/2 7/3 7/11
9/2 9/3 9/4 11/2

うれしい！ひと言
ホッとするね

イヤ！NGワード
知らなーい

あなたに向いている仕事 ▶ タレント、イベントプランナー、カウンセラー、俳優、看護師、秘書

2月3日生まれ

みずがめ座

頭が良くて たよりになる カッコイイ子

性格バランス

- 天然ボケ度
- セクシー度
- コミュ力
- オシャレ度
- マジメ度
- パワフル度

ラッキーアイテム
はちみつキャンディ

ラッキーカラー
♥ミントグリーン

ラッキーナンバー
5、8

ラッキールーン
✕ イング

ラブ運 LOVE
あなたは正直な女の子。友だちにだまってカレとつき合っても、すぐにみんなにバレちゃいそう。堂々と恋をしよう！

フレンド運 FRIEND
気がつくと女子のまとめ役になっているあなた。1人ひとりの声を聞いてあげるから、みんなにたよられているよ。

ラッキーファッション
きっちりオシャレで優等生チックに！

天使のおくりもの
かしこさと高い集中力

しっかり者のあなた。天使はそんなあなたに、シャープな知性をあたえたよ。むずかしい勉強も、本気になったらスラスラと解けちゃう。クラスのみんなも、「さすが！」と思っているよ。

天使のメッセージ
言いすぎはダメ！

思ったことをズバッと言っちゃうことも。相手の気持ちを考えてあげればカンペキだよ！

うれしい！ひと言
さすが！
すごいね！

イヤ！NGワード
ダメみたい

究極の相性！

運命のカレ
1/28 2/3 2/4 6/2 6/3
8/2 8/3 8/4 10/3

キズナの友
1/28 3/28 4/4 5/25 6/5
10/3 10/4 12/3 12/4

ライバル！
5/3 5/4 7/3 7/4 7/12
9/3 9/4 9/5 11/3

2/3生まれのBOY'Sホンネ

好きなタイプ
「どんなときでも明るい、素直な子かな♡ いっしょにがんばれそうだよね！」

ニガテなタイプ
「意地っぱりな子はニガテだよ。"つまりどうしたいんだよ？"って思っちゃう」

あなたに向いている仕事▶ ライター、マンガ家、小説家、研究者、裁判官、弁護士、医者、看護士

楽しいことが大好きなパワフル女子

みずがめ座
2月4日生まれ

天使のおくりもの
直感力と明るいキャラ

人がやらないことにチャレンジするあなた。天使はそんなあなたに、するどい直感力をあたえたよ。だれも考えつかないユニークなアイデアをたくさん出せるあなたは、みんなの人気者。

天使のメッセージ
素敵な人をマネしてみて

人と同じことをするのはイヤなあなた。でもいいところはどんどんマネしてみて！

性格バランス
- 天然ボケ度
- セクシー度
- コミュ力
- オシャレ度
- マジメ度
- パワフル度

ラッキーアイテム ばんそうこう
ラッキーカラー ♡桜色
ラッキーナンバー 4、6
ラッキールーン ✕ オセル

2月

ラッキーファッション
アクセいっぱいのハッピーファッション♪

ラブ運
明るくておもしろいあなたは、モテるはず。楽しいことが好きなカレと両思いになったら、毎日はしゃいじゃうよ。

フレンド運
明るいあなたは失敗やハプニングも笑い話にしちゃうよ。いつも元気をふりまいて、みんなもハッピーになれそう。

2/4生まれのBOY'Sホンネ

好きなタイプ
「マジメなのに、ドジっぽかったりする子って、キュートだよね！ 好きだー」

ニガテなタイプ
「マジメに見せて、じつは不マジメっていう子はダメ。ただのウソつきじゃん！」

究極の相性！

運命のカレ
1/29 2/4 2/5 5/26 6/4
8/3 8/4 8/5 10/4

キズナの友
2/4 3/29 4/5 6/3 6/6
10/4 10/5 12/4 12/5

ライバル！
5/5 5/5 7/4 7/5 7/13
9/4 9/5 9/6 11/4

うれしい！ひと言

楽しいね

イヤ！NGワード

つまんない

あなたに向いている仕事 ▶ エンジニア、ミュージシャン、クリエイター、小説家、研究者、起業家

2月5日生まれ

みずがめ座

素直さがミリョクの正直な女の子

性格バランス
- 天然ボケ度
- コミュ力
- マジメ度
- パワフル度
- オシャレ度
- セクシー度

ラッキーアイテム
ポーチ

ラッキーカラー
♥黄緑

ラッキーナンバー
7、8

ラッキールーン
⋈ ダエグ

LOVE ラブ運
そばにいると明るい気持ちになれる男の子と情熱的な恋をするよ。もしかしたら運命の人は、すぐ近くにいるかも！

FRIEND フレンド運
今まで話したことがない子にも、勇気を出して話しかけて。大人になってもつき合える大親友になるかもしれないよ。

ラッキーファッション
ロングワンピースであまめクラシカル♡

天使のおくりもの
正直さと発言する勇気

どんなときも正直なあなた。天使があなたにあたえたのは、自由に意見を言う勇気。一生けん命気持ちを伝えるすがたがカッコイイ！好きなことを極めて、有名になるかもよ。

天使のメッセージ
ニガテなことも最後までやろう

ニガテだと思うと、投げ出したくなるあなた。でも、それを乗りこえると心が強くなるよ。

うれしい！ひと言
のびのびしてるね

イヤ！NGワード
勝手にすれば？

究極の相性！

運命のカレ
1/30 2/5 2/6 5/27 6/5
8/4 8/5 8/6 10/5

キズナの友
2/5 3/30 4/6 6/4 6/7
10/5 10/6 10/6 12/5 12/6

ライバル！
5/5 5/7 7/6 7/14
9/5 9/6 9/7 11/5

2/5生まれのBOY'Sホンネ

好きなタイプ
「いつでも自分らしくいる、マイペースでかざらない子が好き♡ 自然な子♡」

ニガテなタイプ
「何でもめんどくさそうにやる、感じの悪い子はニガテ。イライラしてくる！」

あなたに向いている仕事 ▶ プログラマー、デザイナー、エンジニア、マンガ家、小説家、医者、先生

未来目指して元気に前進！パワフル少女

みずがめ座 **2月/6日** 生まれ

性格バランス
天然ボケ度／コミュ力／マジメ度／パワフル度／オシャレ度／セクシー度

ラッキーアイテム おさいふ
ラッキーカラー ♥ゴールド
ラッキーナンバー 4、8
ラッキールーン ᚠ フェオ

天使のおくりもの
正しい判断力と努力の才能
夢に向かってがんばるあなた。天使はそんなあなたに、正しい判断力と努力する才能をあたえたよ。努力を積み重ねて一歩ずつ前に進むから気がついたときには大きな夢をかなえているよ。

天使のメッセージ
素直に人の話を聞いてみて
自分の意見をつらぬくあなた。でも、カベにぶつかったときは、人の意見も聞いてみてね。

ラッキーファッション
シンプル＆カジュアルでさわやかにキメ！

ラブ運
あなたとよく似たカレが相性バッチリ。勉強やスポーツをがんばる男の子となら、はげまし合える明るい恋人同士になれそう。

フレンド運
いつも冷静なあなたは、友だちの相談相手にピッタリ！　ちゃんと話を聞いて、みんなのなやみを解決してあげよう。

2/6生まれのBOY'Sホンネ

好きなタイプ
「一生けん命な子は、ちゃんと見守ってあげたくなるし、イイ子だって思う！」

ニガテなタイプ
「いろいろしつこく聞いてくる子がニガテ。ちょっとめんどくさい……」

究極の相性！

運命のカレ
1/31　2/6　2/7　5/28　6/6
8/5　8/6　8/7　10/6

キズナの友
2/6　3/31　4/7　6/5　6/8
10/6　10/7　12/6　12/7

ライバル！
5/6　5/7　7/6　7/7　7/15
9/6　9/7　9/8　11/6

うれしい！ひと言
「カッコイイ！」

イヤ！NGワード
「今やろうと思ってたの！」

あなたに向いている仕事 ▶ ハンドメイド作家、タレント、プログラマー、美容師、俳優、サービス業

2月7日生まれ

みずがめ座

何でもできる 物知りで カッコイイ子

性格バランス
- 天然ボケ度
- セクシー度
- コミュ力度
- オシャレ度
- マジメ度
- パワフル度

2月
- **ラッキーアイテム**：思い出の写真
- **ラッキーカラー**：♥ワインレッド
- **ラッキーナンバー**：8、9
- **ラッキールーン**：ᚢ ウル

LOVE ラブ運
クールだけど、好きになったら情熱的に変身。自分とは正反対のタイプのカレと、ラブラブなおつき合いができそう。

FRIEND フレンド運
大人数でさわぐより、仲のいい友だちと静かに会話するのが好き。そんなあなたを理解してくれる友だちを大切にして。

天使のおくりもの
何でもできる器用な才能
いろいろなことにチャレンジしたいあなた。天使はそんなあなたに、何でも器用にこなす才能をくれたよ。ひとりで何でもできて物知りだから、友だちは「すごいな」って思っているよ。

ラッキーファッション：ブラック×チェックでかっこかわいいコーデ

天使のメッセージ
人の力を借りることも大切！
何でもひとりでやっちゃうあなた。みんなで協力したほうが楽しいこともあるんだよ。

うれしい！ひと言
すごい！
頭いい！

イヤ！NGワード
そんなのジョーシキ

究極の相性！
運命のカレ
2/1 2/7 2/8 5/29 6/7
8/6 8/7 8/8 10/7

キズナの友
2/7 4/1 4/8 6/6 6/9
10/7 10/8 11/8 12/7 12/8

ライバル！
5/7 5/8 5/7 7/8 7/16
9/7 9/8 9/9 11/7

2/7生まれのBOY'Sホンネ
好きなタイプ：「何かたのむと、気軽にうん、いいよって言ってくれる子が好きだなー♡」

ニガテなタイプ：「エラそうにしたり、知ったかぶったりする子はニガテかも……」

あなたに向いている仕事 ▶ デザイナー、ソーシャルワーカー、俳優、宗教家、小説家、社会福祉士

明るく元気☆ニコニコ笑顔がまぶしい子

みずがめ座 2月8日生まれ

天使のおくりもの
笑顔を引き出す会話の力

いつも明るくて、元気な女の子。天使はそんなあなたに、楽しくおしゃべりする力をあたえたよ。おもしろい話でみんなを笑わせるあなたはクラスの人気者。友だちもたくさんいるはず。

天使のメッセージ
最後までやってみて

つまらないと、とちゅうで投げ出しちゃうところが。最後までやると、意外と楽しいよ。

性格バランス
- 天然ボケ度
- セクシー度
- コミュ力
- オシャレ度
- マジメ度
- パワフル度

ラッキーアイテム　キラキラシール
ラッキーカラー　♡オレンジ
ラッキーナンバー　1、4
ラッキールーン　▶ソーン

ラッキーファッション
イエローが映える！元気ガールコーデ

ラブ運
カレができたときは、ヒミツにしないで、友だちに発表しちゃおう。みんなも、ふたりの恋を応えんしてくれるはず！

フレンド運
笑顔と楽しいおしゃべりで、いつも人気者のあなた。みんなといっしょにいるあなたは、キラキラがやいているよ。

2/8生まれのBOY'Sホンネ

好きなタイプ
「しっかりしていて安心できるやさしい子が好き。ホッとできるから♡」

ニガテなタイプ
「その場のノリで動く子がニガテ。あぶなっかしくって見てられないよ〜」

究極の相性！

運命のカレ
2/2 2/8 2/9 5/30 6/8
8/7 8/8 8/9 10/8

キズナの友
2/8 4/2 4/9 6/7 6/10
10/9 10/10 12/8 12/9

ライバル！
5/8 5/9 7/8 7/9 7/17
9/8 9/9 9/10 11/8

うれしい！ひと言

おもしろすぎ！

イヤ！NGワード

ちょーめんどくさい

あなたに向いている仕事 ▶ マンガ家、デザイナー、コンサルタント、先生、建築家、政治家、起業家

2月9日生まれ

みずがめ座

やさしい心でみんなを包むいやし系女子

性格バランス
- 天然ボケ度
- コミュカ度
- マジメ度
- パワフル度
- オシャレ度
- セクシー度

2月
- **ラッキーアイテム** 無地のノート
- **ラッキーカラー** ♥グレー
- **ラッキーナンバー** 2、4
- **ラッキールーン** ᚨ アンスール

ラッキーファッション
ふんわりラブリー♡ガーリーファッション

天使のおくりもの
なやみを聞きはげます力

悲しんでいる人を見たら、自分もつらくなっちゃう。天使はあなたに、人を思いやる心をあたえたよ。もし、友だちがなやんでいたら、そばで話を聞いて、はげましてあげてね。

LOVE ラブ運
王子様タイプの男の子を好きになりそう。カレがあなたのやさしさに気づいたら、ハッピーエンドかも！

天使のメッセージ
自分にやさしくしてあげて！

無理なたのみ事まで引き受けてつかれちゃうことに。たまには、自分を一番に考えてね。

FRIEND フレンド運
いつも友だちの相談に乗っているから、みんながあなたをたよりにしているよ。でも、たまには友だちにあまえてみてね。

うれしい！ひと言
「ずっと、そばにいるよ」

イヤ！NGワード
「どうでもいいや」

究極の相性！
運命のカレ
2/3 2/9 2/10 6/1 6/9
8/8 8/9 8/10 10/9

キズナの友
2/9 4/3 4/10 6/8 6/11
10/9 10/10 11/10 12/9 12/10

ライバル！
5/9 5/10 7/9 7/10 7/18
9/9 9/10 9/11 11/9

2/9生まれのBOY'Sホンネ

好きなタイプ
「自分の考えを持った、しっかりした子が好き。そんけいできるから♡」

ニガテなタイプ
「人に合わせて意見が変わる子はニガテかな。自分がないっていうか……」

あなたに向いている仕事 ▶ カウンセラー、ミュージシャン、先生、社会福祉士、学芸員、図書館司書

自分を信じて まっすぐに がんばる子

みずがめ座

2月/10日生まれ

性格バランス

天然ボケ度・セクシー度・コミュ力・オシャレ度・マジメ度・パワフル度

天使のおくりもの
夢をかなえる まっすぐ強い心

あなたは、信じる道をまっすぐ歩いていく子。天使はそんなあなたに、迷わない心をあたえてくれたよ。つらくてもあきらめずにチャレンジする勇気があるから、夢をかなえられるよ！

天使のメッセージ
あせらないで 話を聞いてね！

しっかりしているけど、ときどき早とちりすることが。もっと落ち着いて人の話を聞こうね。

ラッキーファッション
シャツでさわやか★キリッとかっこいい！

ラッキーアイテム イヤリング
ラッキーカラー 水色
ラッキーナンバー 1、3
ラッキールーン R ラド

ラブ運
やさしくて、マジメな男の子が理想。時間をかけて、ゆっくり恋を育てよう。いつまでもラブラブでいられるよ！

フレンド運
正直だから、思ったことをハッキリ言っちゃう。それでときどきケンカするけど、友だちはみんな、あなたを信じているよ。

2/10生まれのBOY'Sホンネ

好きなタイプ
「ムリって思ったときでも、あきらめない子が好き。助けてあげたくなる♡」

ニガテなタイプ
「めんどうがって、投げやりな感じの子はニガテ。最後までがんばろうよー」

究極の相性！

運命のカレ
2/4 2/10 2/11 6/2 6/10
8/9 8/10 8/11 10/10

キズナの友
2/10 4/4 4/11 6/9 6/12
10/10 11/11 12/10 12/11

ライバル！
5/10 5/11 6/11 7/11 7/19
9/10 9/11 9/12 11/10

うれしい！ひと言
やればできるよ！

イヤ！NGワード
言いすぎじゃない？

あなたに向いている仕事 ▶ モデル、ミュージシャン、タレント、コンシェルジュ、俳優、弁護士

2月11日生まれ

みずがめ座

正義の味方で責任感が強いしっかり者

性格バランス
- 天然ボケ度
- コミュ力
- マジメ度
- パワフル度
- オシャレ度
- セクシー度

2月
- **ラッキーアイテム**: ぬいぐるみ
- **ラッキーカラー**: ♥シルバー
- **ラッキーナンバー**: 1、4
- **ラッキールーン**: ㄑ ケン

天使のおくりもの
最後までやるリーダーの才能

とってもマジメな正義の味方。天使があなたにあたえてくれたのは、物事を最後までやりぬく力だよ。クラスのリーダーになってがんばるから、家族や先生からもたよられているはず。

ラッキーファッション: スクールガール風で優等生ムード♪

天使のメッセージ
ひとりぼっちでなやまないで

なやみがあってもひとりでがんばっちゃうあなた。ガマンしないで友だちに相談しようね。

ラブ運
キリッとして、しっかり者のあなた。でもカレの前ではのびのびできるみたい。やさしいなごみ系の男の子が相性◎だよ。

フレンド運
ハキハキしているあなた。話し合いのときは、どんどん発言してみてね。あなたの意見をみんなが待っているよ。

うれしい！ひと言
「いっしょに遊ぼう」

イヤ！NGワード
「よくわかんない」

究極の相性！

運命のカレ
2/5　2/11　2/12　6/3　6/11
8/10　8/11　9/12　10/11

キズナの友
2/11　4/5　4/12　6/10　6/13
10/11　11/12　12/11　12/12

ライバル！
5/11　5/12　5/11　7/12　7/20
9/11　9/12　9/13　11/11

2/11生まれのBOY'Sホンネ

好きなタイプ
「やる気のある子が好きだな♡　いっしょにがんばろうぜって思うから♪」

ニガテなタイプ
「すぐあきらめる子がニガテ。"できない""ムリ"とか言うのは、ちょっとね」

あなたに向いている仕事 ▶ ミュージシャン、カウンセラー、伝統工芸士、義肢装具士、画家、研究者

友だち思いで かわいい♡ あまえんぼう

2月/12日生まれ

みずがめ座

天使のおくりもの
やさしさと思いやり

友だちのことが大好きなあなた。天使はそんなあなたに、人を思いやる力と、あまえ上手な一面を授けたよ。みんなの気持ちを考えるし、おちゃめでかわいいから、友だちもいっぱい。

天使のメッセージ
ちょっぴりさびしがり屋

ひとりになると不安になりがち。さびしい気持ちはムリにかくさなくていいんだよ。

性格バランス
- 天然ボケ度
- セクシー度
- コミュ力
- オシャレ度
- マジメ度
- パワフル度

ラッキーアイテム
くつした

ラッキーカラー
♥ライムグリーン

ラッキーナンバー
4、5

ラッキールーン
× ギューフ

ラッキーファッション
ピンクのパーカーで注目を集めちゃう!

ラブ運
ライバルの男の子が運命のカレかも。運動や勉強で、「負けたくない」と思ったときから、ふたりの恋が始まるよ♡

フレンド運
友だちの笑顔を見るだけで、ハッピーになれるあなた。そんなあなたのことを、友だちはとても大切に思っているよ。

2/12生まれのBOY'Sホンネ

好きなタイプ
「人気のあるタイプの子が好き♡ みんなから好かれるやさしい子にときめく」

ニガテなタイプ
「人のことをすぐに悪く言う子や、ネガティブなことばっかり考える子は×」

究極の相性!

運命のカレ
2/6 2/12 2/13 6/4 6/12
8/11 8/12 8/13 10/12

キズナの友
2/12 4/6 4/13 6/11 6/14
10/12 10/13 12/12 12/13

ライバル!
5/12 5/13 7/12 7/13 7/21
9/12 9/13 9/14 11/12

うれしい!ひと言
「楽しいね!」

イヤ!NGワード
「やめちゃえば?」

あなたに向いている仕事 ▶ アナウンサー、ジャーナリスト、シェフ、通関士、通訳、政治家、裁判官

2月13日生まれ

みずがめ座

一生けん命に努力ができるタフガール

性格バランス

天然ボケ度／セクシー度／コミュ力／オシャレ度／マジメ度／パワフル度

ラッキーアイテム　ペンダント
ラッキーカラー　♡ローズピンク
ラッキーナンバー　1、6
ラッキールーン　ウィン

LOVE ラブ運
恋をするとオシャレになり、もっとかわいくなるあなた。いちずなあなたは、好きな人しか見えなくなりそう！

FRIEND フレンド運
友だちがなやんでいたら、せいいっぱい助けてあげようとするあなた。そのすがたをみんなが見て、感動しているよ。

ラッキーファッション　いつもラブリー♡ピンクが大好き！

天使のおくりもの
チャレンジするタフなハート
小さなことからコツコツがんばれるあなた。天使はそんなあなたに、チャレンジする力とタフなハートをあたえたよ。一生けん命努力するあなたのすがたは、とってもカッコイイよ！

天使のメッセージ
人と自分を比べないで
人と自分を比べて、自信をなくしそう。あなたはあなただよ！ 笑顔をわすれないでね。

うれしい！ひと言
がんばるからね！

イヤ！NGワード
やる気ないでしょ

究極の相性！
運命のカレ
2/7　2/13　2/14　6/5　6/13
8/12　8/13　8/14　10/13

キズナの友
2/13　4/7　4/14　6/12　6/15
10/13　10/14　12/13　12/14

ライバル！
5/13　5/14　7/13　7/14　7/22
9/13　9/14　9/15　11/13

2/13生まれのBOY'Sホンネ
好きなタイプ
「ひとつのことをちゃんとやりとげる、マジメな子が好き。気が合うと思う」

ニガテなタイプ
「あきっぽいっていうか、集中できない子がイヤ。こっちが落ち着かないよ〜」

あなたに向いている仕事 ▶ パイロット、カメラマン、タレント、小説家、作曲家、評論家、研究者

いつも明るくポジティブでおおらかな子

2月14日生まれ

みずがめ座

天使のおくりもの

明るい心で立ち直る強さ

楽しいことが大好きなあなた。天使はそんなあなたに、前向きな強い心をあたえたの。失敗しても、すぐに立ち直るから、つねに元気いっぱい。友だちも明るくて強いあなたを信じているよ。

天使のメッセージ

めんどうなことは先にやって

めんどうなことは後回しのあなた。宿題やお手伝いなどは先にすませちゃおうね。

ラッキーファッション
カジュアルコーデで動きやすく!

性格バランス
天然ボケ度 / コミュ力 / マジメ度 / パワフル度 / オシャレ度 / セクシー度

ラッキーアイテム
ハートの小物

ラッキーカラー
♥モスグリーン

ラッキーナンバー
4、7

ラッキールーン
N ハガル

ラブ運

恋をしたら、カレのことしか考えられなくなりそう。勉強や部活のときも、カレのことで頭がいっぱいに!

フレンド運

友だち思いのあなたは、プレゼント選びが上手。落ちこんでいる友だちにはサプライズでおくりものをするのもありだよ。

2/14生まれのBOY'Sホンネ

好きなタイプ
「すごいなって思える子が好き♡ そんけいできるところがないとダメ!」

ニガテなタイプ
「ふつうの女の子って感じの子は正直、興味ないかも。個性的な子がいいな」

究極の相性!

運命のカレ
2/8 2/14 2/15 6/6 6/14
8/13 8/14 8/15 10/14

キズナの友
2/14 4/8 4/15 6/13 6/16
10/14 10/15 12/14 12/15

ライバル!
5/14 5/15 7/14 7/15 7/23
9/14 9/15 9/16 11/14

うれしい!ひと言
だいじょうぶだよ!

イヤ!NGワード
つまんなーい

あなたに向いている仕事 ▶ ミュージシャン、アナリスト、コンサルタント、マンガ家、外資系企業

2月15日生まれ

みずがめ座

おしとやかでミステリアスな女の子

性格バランス
天然ボケ度／セクシー度／コミュ力／オシャレ度／マジメ度／パワフル度

ラッキーアイテム
リンゴの雑貨

ラッキーカラー
♡アイボリー

ラッキーナンバー
1、8

ラッキールーン
ᚾ ニイド

ラブ運
一生けん命がんばる男の子が大好き！ カレも応えんしてくれるあなたが気になるみたい。勇気を出して話しかけてみて。

フレンド運
いつもおとなしいけれど、仲がいい子の前ではリラックスしてあまえるよ。大勢よりも少人数のほうが楽しめるみたい。

ラッキーファッション
タイトスカートで大人ファッション♡

天使のおくりもの
冷静な頭と行動する力

静かな時間を愛するあなた。天使はそんなあなたに、冷静に考える力を授けてくれたよ。トラブルやハプニングがあっても、落ち着いて行動できるから、友だちからそんけいされているよ。

天使のメッセージ
自分の気持ちを伝えてみて

思ったことを口に出さずにためこむあなた。仲がいい友だちには、気持ちを打ち明けて！

うれしい！ひと言
教えてくれてありがとう

イヤ！NGワード
知らない、そんなの！

究極の相性！
運命のカレ
2/9 2/15 2/16 6/7 6/15
8/14 8/15 8/16 10/15

キズナの友
2/15 4/9 4/16 6/14 6/17
10/15 11/16 12/15 12/16

ライバル！
5/15 5/16 7/15 7/16 7/24
9/15 9/16 9/17 11/15

2/15生まれのBOY'Sホンネ

好きなタイプ
「しっかりしてる、努力家な子が好きだね。何でもできそうであこがれるよ」

ニガテなタイプ
「やるやるって言って、なかなかやらない子はニガテ。信じられないよー！」

あなたに向いている仕事 ▶ デザイナー、ミュージシャン、シェフ、美容師、外交官、サービス業

小さな変化によく気がつくしっかりさん

みずがめ座 2月16日生まれ

天使のおくりもの
マジメな心と観察する力

計画性があって、マジメな女の子。天使はそんなあなたに、するどい観察力をあたえたの。いつもキチンとしていて、友だちの変化にもすぐに気がつくから、たよりにされているよ。

天使のメッセージ
心も時間もゆとりを持って

計画どおりに物事が進まないとパニックに。いつでも心と時間にゆとりを持とうね。

性格バランス
天然ボケ度／セクシー度／コミュ力／オシャレ度／マジメ度／パワフル度

ラッキーアイテム 紅茶味のお菓子
ラッキーカラー ♥赤
ラッキーナンバー 1、9
ラッキールーン イス

ラッキーファッション
チェックワンピで上品な英国風！

ラブ運
大好きなカレとふたりになると頭が真っ白に。あわててヘンなことを口走らないように、しんこきゅうするといいかも。

フレンド運
みんなが喜ぶ計画を立てるのがトクイ！ 話し合いのときには、どんどん発言してみて。みんなが期待しているよ。

2/16生まれのBOY'Sホンネ

好きなタイプ
「冷たい感じのする子が好き。そういう子が特別あつかいしてくれると♡」

ニガテなタイプ
「だれにでもニコニコしてる子は信用できないな～。ウワキしそうじゃない!?」

究極の相性！

運命のカレ
2/10 2/16 2/17 6/8 6/16
8/15 8/16 8/17 10/16

キズナの友
2/16 4/10 4/17 6/15 6/18
10/16 10/17 12/16 12/17

ライバル！
5/16 5/17 7/6 7/17 7/25
9/16 9/17 9/18 11/16

うれしい！ひと言
やっぱりカンペキ

イヤ！NGワード
ふつうはこうだよ

あなたに向いている仕事 ▶ クリエイター、アーキビスト、童話作家、占い師、図書館司書、俳優

2月17日生まれ

みずがめ座

キレイ好きで手先も器用なエレガント女子

性格バランス

天然ボケ度 / コミュ力 / マジメ度 / パワフル度 / オシャレ度 / セクシー度

2月
- **ラッキーアイテム** スプーン
- **ラッキーカラー** ♥アプリコット
- **ラッキーナンバー** 1、4
- **ラッキールーン** ヤラ

ラブ運
友だちからスタートするとうまくいくよ。あなたからアタックしてみて！ つき合ったらラブラブカップルに。

フレンド運
大失敗も、かくさないで友だちに発表しちゃおう。あなたのドジなところもかわいいと思ってくれているよ。

ラッキーファッション
ラベンダーカラーでおしとやかコーデ

天使のおくりもの
手先の器用さと女の子らしさ

あなたはお嬢様っぽい品のある子。天使はそんなあなたに、手先の器用さもあたえたよ。おうちの手伝いも大好きだし、お料理もおそうじもとても上手だから、いつも感謝されているはず。

天使のメッセージ
そのままのあなたが素敵

大人っぽく見せたくて、せのびすることも。そのままでミリョク的だから、自信を持って！

うれしい！ひと言
天才かも

イヤ！NGワード
わたし、ダメな子だから

究極の相性！

運命のカレ
2/11　2/17　2/18　6/9　6/17
8/16　8/17　8/18　10/17

キズナの友
2/17　4/11　4/18　6/16　6/19
10/17　10/18　12/17　12/18

ライバル！
5/17　5/18　7/17　7/18　7/26
9/17　9/18　9/19　11/17

2/17生まれのBOY'Sホンネ

好きなタイプ
「何でもできちゃう器用な子ってあこがれだな。たよりになりそう！」

ニガテなタイプ
「何をやってもテキトーな子はニガテ。やる気あるのかなって思うな」

あなたに向いている仕事 ▶ ミュージシャン、タレント、指揮者、先生、弁護士、公務員、不動産業

毎日楽しい♪ ひらめき光る アイデア女子

みずがめ座

2月/18日生まれ

天使のおくりもの
マネできない アイデア力

あなたは、楽しいことが大好きな女の子。そんなあなたに、天使があたえたのはあなただけのユニークなひらめき力。みんながおどろくアイデアで、遊びも勉強も運動も、楽しめるよ！

天使のメッセージ
思い切って チャレンジして

いろいろなことに興味があるから、迷うことも。一番楽しいと思うことにチャレンジして。

性格バランス
- 天然ボケ度
- セクシー度
- コミュ力
- オシャレ度
- マジメ度
- パワフル度

ラッキーアイテム チョコレート
ラッキーカラー ♥マリンブルー
ラッキーナンバー 2、4
ラッキールーン ♪ユル

ラッキーファッション
スリムでかっこよく！ハットがポイント★

ラブ運 LOVE
モテモテのあなた。大好きなカレにも、照れずに話しかけて。ロマンティックな場所で告白するとうまくいきそう♡

フレンド運 FRIEND
最初は声をかけにくいと思っていた子でも、つき合っていくうちに親友になれるもの！勇気を出してさそってみて。

2/18生まれの BOY'Sホンネ

好きなタイプ
「ひらめきのある、カンのいい子が好き。新しい発見がありそうで楽しい！」

ニガテなタイプ
「言われたことしかやってくれない子は困るよ。もっと周りを見てって思う」

究極の相性！

運命のカレ
2/12 2/18 2/19 6/10
6/18 8/17 8/18 8/19 10/18

キズナの友
2/18 4/12 4/19 6/17 6/20
10/18 10/19 12/18 12/19

ライバル！
5/18 5/19 7/18 7/19 7/27
9/18 9/19 9/20 11/18

うれしい！ひと言

すごい、天才！

イヤ！NGワード

ありがちだよね

あなたに向いている仕事 ▶ デザイナー、スタイリスト、カメラマン、パティシエ、編集者、美容師

2月19日生まれ

うお座 ♓

未来に向かい元気に進む前向き少女

性格バランス
- 天然ボケ度
- コミュ力
- マジメ度
- パワフル度
- オシャレ度
- セクシー度

2月
- ラッキーアイテム: ミネラルウォーター
- ラッキーカラー: ラベンダー
- ラッキーナンバー: 3、9
- ラッキールーン: ペオース

ラブ運
恋をしたらおくびょうになりそう。カレの前でも、いつもと同じようにおしゃべりしてみて。あなたの良さが伝わるはず。

フレンド運
明るくて楽しいあなたの周りには、自然に友だちが集まってくるよ。その中にはずっとつき合える親友もいるはず！

ラッキーファッション
元気印のキュートなおだんごヘア！

天使のおくりもの
チャレンジをする勇気

自分を信じて前に進むあなた。天使はそんなあなたに、勇気と強い心をあたえるよ。ちょっと失敗したくらいでは、夢をあきらめない！そんな前向きな子だから、将来は有名人かも。

天使のメッセージ
親友には素直にホンネで話してね

なやんだとき、ひとりで解決するのは大変。親友に相談すると、気持ちが楽になるよ。

うれしい！ひと言
また遊ぼうね！

イヤ！NGワード
気をつけなよ

究極の相性！

運命のカレ
2/13 2/19 2/20 6/11 6/19
8/18 8/19 8/20 10/19

キズナの友
2/19 4/13 4/20 6/18 6/21
10/19 10/20 12/19 12/20

ライバル！
5/19 5/20 7/19 7/20 7/28
9/19 9/20 9/21 11/19

2/19生まれのBOY'Sホンネ

好きなタイプ
「ラッキーなことがよく起きる子ってすごいよね。運をもらえそうだよ♡」

ニガテなタイプ
「自分のことを、かわいそうって言ってもらおうとする子。めんどうだよ〜」

あなたに向いている仕事 ▶ スポーツ選手、イラストレーター、エンジニア、発明家、研究者、政治家

センス最高♪ オシャレが大好きな子

うお座 ♓

2月/20日生まれ

天使のおくりもの
ファッションの才能

オシャレが大好きなあなた。天使はそんなあなたに、バツグンのセンスをあたえたよ。あなたを見ると、他の女の子もオシャレがしたくなるから不思議。周りの女の子までかわいくしちゃう。

ラッキーファッション
ピンクがかわいい♡キュートコーデ

天使のメッセージ
好きキライをやめてみて

ニガテだなと思っていたことにもトライしてみて。自分の新しいミリョクが見つかるよ。

性格バランス
天然ボケ度／セクシー度／コミュ力／オシャレ度／マジメ度／パワフル度

ラッキーアイテム 時計
ラッキーカラー ♥紺色
ラッキーナンバー 4、9
ラッキールーン ⛆ エオロー

2月

ラブ運
好きになる男の子は、あなたとはちがうタイプ。カレ好みになろうとする、けなげなあなたに、男の子もキュンとするはず。

フレンド運
相性がいいのは、同じくオシャレ好きな女の子。ファッションの話でもり上がって、さらにセンスがみがかれるよ。

2/20生まれのBOY'Sホンネ

好きなタイプ
「友だちを大切にする子は信用できる。ボクのことも大切にしてくれそう♡」

ニガテなタイプ
「ウソをついたり、うらぎったりする、ずるい子はダメ。信用できないよ！」

究極の相性！

運命のカレ
2/14 2/20 2/21 6/12 6/20
8/19 8/20 8/21 10/20

キズナの友
2/20 4/14 4/21 6/19 6/22
10/20 10/21 12/21

ライバル！
5/20 5/21 7/20 7/21 7/29
9/20 9/21 9/22 11/20

うれしい！ひと言

オシャレだね！

イヤ！NGワード

ついていけない

あなたに向いている仕事▶ バイヤー、クリエイター、ミュージシャン、雑誌編集者、先生、企画開発

2月21日生まれ

うお座

幸せをよぶ笑顔がミリョクの子

性格バランス

天然ボケ度／コミュ力／マジメ度／パワフル度／オシャレ度／セクシー度

ラッキーアイテム
スニーカー

2月 ラッキーカラー
♥すみれ色

ラッキーナンバー
5、7

ラッキールーン
シゲル

ラブ運

人を元気にする力があるあなた。もしカレが落ちこんでいたら、明るくはげまして。カレの気持ちがあなたに近づくよ。

フレンド運
友だちのいいところを、たくさん見つけられるあなた。友だちはそんなあなたと、ずっと仲良くしたいと思っているよ。

ラッキーファッション
イエローカラーでニコニコ元気★

天使のおくりもの
かがやく笑顔のパワー

あなたは心が広い女の子。天使はそんなあなたに、幸せをよぶ笑顔をあたえたよ。あなたがほほえみかけるだけで、みんな笑顔になるくらい、パワーがあるよ！その笑顔は運まで味方に！

天使のメッセージ
笑顔で意見を伝えよう

周りに意見を合わせることが多いけれど、たまにはホンネトークで。笑顔で話せば伝わるよ。

うれしい！ひと言
「うれしい、ありがとう！」

イヤ！NGワード
「何度言えばわかるの」

究極の相性！

運命のカレ
2/15　2/21　2/22　6/13　6/21
8/20　8/21　8/22　10/21

キズナの友
2/21　4/15　4/22　6/20　6/23
10/21　10/22　12/21　12/22

ライバル！
5/21　5/22　7/21　7/22　7/30
9/21　9/22　9/23　11/21

2/21生まれのBOY'Sホンネ

好きなタイプ
「明るくて元気な、かわいい子が好き♡ アイドルっぽい子がサイコーだー！」

ニガテなタイプ
「うれしいのか、悲しいのかがわかりづらい、表情が少ない子はニガテ」

あなたに向いている仕事 ▶ イラストレーター、プロデューサー、アーティスト、通訳、翻訳家、先生

なぜか守ってあげたくなる好かれガール

うお座 2月22日生まれ

性格バランス
天然ボケ度 / コミュ力 / マジメ度 / パワフル度 / オシャレ度 / セクシー度

ラッキーアイテム
ハーブ
ラッキーカラー
♥チェリーピンク
ラッキーナンバー
6、9
ラッキールーン
↑ ティール

天使のおくりもの
しっかり者で愛されるキャラ
あなたはしっかりした女の子。ちゃんと考えて行動できるよ。天使は、そんなあなたに意外な親しみやすさをあたえてくれたの。だからみんなは、あなたを守ってあげたいと思うみたい。

天使のメッセージ
やさしいのはあなたの長所
おこるのがニガテなやさしいあなた。そのやさしさがミリョクだから、そのままでOK。

ラッキーファッション
あま〜いコーデならおまかせっ♡

ラブ運
クラスの人気者を好きになりそう。ライバルが多いから心配だけど、笑顔で話しかければ、あなたをイシキしてくれるよ！

フレンド運
いつもあなたをフォローしてくれる友だちのことは、あなたも助けてあげて、おん返しを。おたがいに支え合おうね。

2/22生まれのBOY'Sホンネ

好きなタイプ
「笑顔のかわいい子は素敵。そんな子にたよってもらえたらうれしい♡」

ニガテなタイプ
「何でも自分でできる子はニガテ。負けられないってつい意地になっちゃう」

究極の相性！
運命のカレ
2/16 2/22 2/23 6/14 6/22
8/21 8/22 8/23 10/22

キズナの友
2/22 4/16 4/23 6/25 6/24
10/22 10/23 12/22 12/23

ライバル！
5/22 5/23 7/22 7/23 7/31
9/22 9/23 9/24 11/22

うれしい！ひと言
あなたもかわいいよ

イヤ！NGワード
何でもいい

あなたに向いている仕事 ▶ タレント、ミュージシャン、ダンサー、プランナー、小説家、占い師

2月23日生まれ

うお座

大人っぽくて いつも冷静な カッコイイ子

性格バランス

- 天然ボケ度
- セクシー度
- コミュ力
- オシャレ度
- マジメ度
- パワフル度

2月
- **ラッキーアイテム**　バラのグッズ
- **ラッキーカラー**　♥エメラルド
- **ラッキーナンバー**　7、9
- **ラッキールーン**　ベオーク

LOVE ラブ運
カレにいろいろ聞いてみて。勉強でわからないところを聞くか、カレが好きなスポーツや音楽の話を聞くのもよさそう。

FRIEND フレンド運
友だちがなやんでいたら、相談に乗ってあげて。あなたはアドバイスが上手だから、みんなを助けてあげられるはず。

ラッキーファッション
ブーツがジマンの大人ファッション！

天使のおくりもの
気配りできる やさしい心

同じ学年の子より、大人っぽく見える女の子。天使はそんなあなたに、広くてやさしい心をあたえたよ。こまっている子がいたら声をかけてあげるし、アクシデントにも対応できるよ。

天使のメッセージ
わからないとき は正直に

わからないことは、強がらないで「わからない」って言おう。そのほうが信らいされるよ。

うれしい！ひと言
「みんなでやろう！」

イヤ！NGワード
「たいしたことないね」

究極の相性！

運命のカレ
2/17　2/23　2/24　6/15　6/23
8/22　8/23　8/24　10/23

キズナの友
2/23　4/17　4/24　6/23　6/25
10/23　10/24　12/23　12/24

ライバル！
5/23　5/24　5/31　7/24　8/1
9/23　9/24　9/25　11/23

2/23生まれのBOY'Sホンネ

好きなタイプ
「ふだんはやさしいけど、イザというときに強い子が好き♡　安心できる」

ニガテなタイプ
「ズケズケと言いたいことを言う子はニガテ。こわい女子ってダメだと思う」

あなたに向いている仕事 ▶ ラジオパーソナリティ、ライター、クリエイター、タレント、企画開発

人の心にビンカンなやさしい少女

うお座 ♓

2月/24日生まれ

性格バランス
天然ボケ度 / コミュ力 / マジメ度 / パワフル度 / オシャレ度 / セクシー度

天使のおくりもの
直感力とせんさいな心

心がじゅんすいでせんさいなあなた。天使はそんなあなたに、直感力をあたえたよ。友だちがなやんでいるとすぐに気づくから、あなたのそばにいると友だちも安心するみたい。

天使のメッセージ
話しすぎに注意してね！
聞かれると何でも答えちゃうあなた。本当に言っていいことかどうか、先に考えてみてね。

ラッキーアイテム
マグカップ
ラッキーカラー
♥紫
ラッキーナンバー
8、9
ラッキールーン
M エオー

2月

ラッキーファッション
ちょっぴり個性派フレンチスタイル

ラブ運
運命のカレとドラマティックな恋をするよ！ ロマンティックな場所で告白されて両思いに！ラブラブなカップルになるよ♡

フレンド運
ニガテなタイプの子とは、あまり話さないあなた。もっといろんな人と友だちになると、世界が広がるよ。勇気を出して。

2/24生まれのBOY'Sホンネ

好きなタイプ
「さっぱりした性格で、頭のいい子が好きだな。話をしてもおもしろそう♡」

ニガテなタイプ
「グチが多くて、しつこい子はニガテ……。こっちまで暗い気分になるよ！」

究極の相性！
運命のカレ
2/18　2/24　2/25　6/16　6/24
8/23　8/24　8/25　10/24

キズナの友
2/24　4/18　4/25　6/25　6/26
10/24　10/25　12/24　12/25

ライバル！
5/24　5/25　7/24　7/25　8/2
9/24　9/25　9/26　11/24

うれしい！ひと言

「ホント、良かったね！」

イヤ！NGワード

「だれでもできそう」

あなたに向いている仕事 ▶ ミュージシャン、デザイナー、アーティスト、映像作家、小説家、研究者

2月/25日生まれ

うお座 ♓

空気を読んでバランスよくまとめる子

性格バランス
- 天然ボケ度
- セクシー度
- コミュ力
- オシャレ度
- マジメ度
- パワフル度

ラッキーアイテム
ハンドクリーム

ラッキーカラー
♥ルビーレッド

ラッキーナンバー
7、9

ラッキールーン
ᛗ マン

ラッキーファッション
アイドルコーデで注目されちゃう♡

天使のおくりもの
人の気持ちや空気を読む力

天使があなたにあたえたのは、その場の空気を読む力だよ。だからあなたは、友だちが考えていることや、求めていることがすぐにわかるみたい。あなたがいると和やかな空気になるよ。

天使のメッセージ
あなたの心も休ませてあげて

周りの気持ちがわかるからつかれることもあるあなた。ひとりの時間があるといいみたい。

ラブ運
あなたの目標は、カレの理想の女の子になること。がんばるあなたを、カレもみとめているよ。ときには、カレにあまえてね。

フレンド運
みんなと楽しくおしゃべりできるあなたは人気者。どんなタイプの子とも気さくに話せるから、どんどん友だちが増えるよ。

うれしい！ひと言
「たよりになるね！」

イヤ！NGワード
「関係ないでしょ」

究極の相性！

運命のカレ
2/19　2/25　2/26　6/17　6/25
8/24　8/25　8/26　10/25

キズナの友
2/25　4/19　4/26　6/24　6/27
10/25　10/26　12/25　12/26

ライバル！
5/25　5/26　7/25　7/26　8/3
9/25　9/26　9/27　11/25

2/25生まれのBOY'Sホンネ

好きなタイプ
「相手に合わせられる気配りの子が好き♡ こういう子、友だちも多いよね」

ニガテなタイプ
「自分のことばっかり言う、ワガママな子はニガテ。話すだけでつかれちゃうよ」

あなたに向いている仕事 ▶ スポーツ選手、セラピスト、ピアニスト、クリエイター、占い師、研究者

思いやりと やさしさで サポートする子

うお座 ♓
2月26日生まれ

性格バランス
天然ボケ度 / コミュ力 / マジメ度 / パワフル度 / オシャレ度 / セクシー度

天使のおくりもの
思いやりとサポート力

あなたは、思いやりがある、やさしい女の子。天使はそんなあなたに、みんなを助ける力をあたえたよ。こまっている人にすぐ気がついてサポートしてあげるから、感謝されているはず。

天使のメッセージ
休み時間はのんびりしよう

みんなのために、ずっとがんばっちゃうあなた。休み時間はのんびり過ごしてね。

ラッキーファッション
いつもお似合いのトラッドスタイル！

ラッキーアイテム
メモ帳

ラッキーカラー
♥朱色

ラッキーナンバー
1、7

ラッキールーン
↑ ラーグ

ラブ運
大好きなカレの前では強がっちゃうみたい。それでケンカになることも多いよ。素直になって、あなたから謝るのが正解。

フレンド運
友だちになかなか反対意見が言えないあなた。正直になるほうが、友情も長続きするよ。落ち着いて話せばだいじょうぶ。

2/26生まれの BOY'Sホンネ

好きなタイプ
「センスのいい子が好きだな～♡ オシャレで、絵や歌がうまい子がイイ！」

ニガテなタイプ
「たとえばハンカチを持ってないとか、だらしない子はニガテかも」

究極の相性！

運命のカレ
2/20 2/26 2/27 6/18 6/26
8/25 8/26 8/27 10/26

キズナの友
2/26 4/20 4/27 6/25 6/28
10/26 10/27 12/26 12/27

ライバル！
5/26 5/27 7/26 7/27 8/4
9/26 9/27 9/28 11/26

うれしい！ひと言
がんばってるね！

イヤ！NGワード
わたし、悪くないよ

あなたに向いている仕事 ▶ シェフ、デザイナー、アーティスト、作曲家、小説家、発明家、企画開発

2月21日生まれ

うお座

夢見ることが大好きなロマンティスト

性格バランス

- 天然ボケ度
- コミュ力度
- マジメ度
- パワフル度
- オシャレ度
- セクシー度

2月
ラッキーアイテム レースのハンカチ
ラッキーカラー ♥コバルトブルー
ラッキーナンバー 2、9
ラッキールーン ✕ イング

LOVE ラブ運
ドラマティックな恋や、運命の出会いにあこがれそう。もしかしたら理想の王子様は、すぐそばにいる男の子かも♡

FRIEND フレンド運
話上手なあなたの周りには、友だちがいっぱい。ときどきマイペースすぎて、みんなをびっくりさせることもありそう。

ラッキーファッション
ロマンティックなラブリーコーデ

天使のおくりもの
集中力と豊かな想像力

あなたはロマンティックな女の子。天使はそんなあなたに、豊かな想像力をあたえたよ。だから楽しい世界を夢見るのが大好き。勉強も運動も、頭の中でイメージトレーニングしちゃう!

天使のメッセージ
ボーッとする時間を選んで

空想に夢中で、先生に指されてもすぐに気づかないかも! 授業中は勉強に集中しようね。

うれしい!ひと言
センスいいよね

イヤ!NGワード
みんなやってるよ

究極の相性!

運命のカレ
2/21 2/27 2/28 6/19 6/27
8/26 8/27 8/28 10/27

キズナの友
2/24 4/21 4/28 6/25 9/27
10/27 10/28 12/27 12/28

ライバル!
5/27 5/28 7/27 7/28 8/5
9/27 9/28 9/29 11/27

2/27生まれのBOY'Sホンネ

好きなタイプ
「ボクのことを信じてくれる子は絶対大事にする。守りたいって思うから♡」

ニガテなタイプ
「質問の多い子はニガテだなー。さぐられてるみたいでイヤな感じがする」

あなたに向いている仕事 ▶ マンガ家、イラストレーター、カメラマン、俳優、小説家、建築家、営業

せい実さで みんなを幸せ にする女の子

うお座

2月/28日生まれ

性格バランス
- 天然ボケ度
- コミュ力度
- マジメ度
- パワフル度
- オシャレ度
- セクシー度

ラッキーアイテム シャープペン
ラッキーカラー ♥青
ラッキーナンバー 3、7
ラッキールーン ♀ オセル

天使のおくりもの
正しいことを伝える正義の力

天使があなたにあたえたのは、みんなを導く正義の力だよ。いつも冷静だから、ケンカをやめさせるのもトクイ。授業中にうるさい子にも注意ができる、カッコイイ女の子だよ。

ラッキーファッション クールにキメてボーイッシュ！

天使のメッセージ
がんばりすぎないこと！

トラブルがあるとあなたがよばれるけど、すべてを解決しようとするとつかれちゃうよ！

ラブ運
恋をしたら1日中カレのことを考えてしまいそう。両思いになったらカレをとても大切にする素敵なカノジョになるよ♡

フレンド運
友だちがなやんでいたら、いっしょになやんであげる、やさしいあなた。熱い友情が長〜く続くタイプだよ。

2/28生まれのBOY'sホンネ

好きなタイプ
「自分の考えをしっかり持っている子が好きだよ。話してててもおもしろいし」

ニガテなタイプ
「何でもいいとかいう子って、ウソくさいな。"ほんとかー？"って思っちゃう」

究極の相性！

運命のカレ
2/22 2/28 2/29 6/20 6/28
8/27 8/28 8/29 10/28

キズナの友
2/28 4/22 4/29 6/27 6/30
10/28 10/29 11/28 12/29

ライバル！
5/28 5/29 7/28 7/29 8/6
9/28 9/29 9/30 11/28

うれしい！ひと言
いつもいっしょだよ

イヤ！NGワード
ガッカリだよ

あなたに向いている仕事 ▶ イラストレーター、カウンセラー、アナウンサー、占い師、小説家、医者

2月29日生まれ

うお座

どんなことも集中力で乗りこえる子

性格バランス
- 天然ボケ度
- コミュ力
- マジメ度
- パワフル度
- オシャレ度
- セクシー度

2月
- ラッキーアイテム：ミントタブレット
- ラッキーカラー：ライムイエロー
- ラッキーナンバー：4、9
- ラッキールーン：ダエグ

LOVE ラブ運
あなたはとても正直な子。好きになったら、カレへの気持ちをかくせないよ。両思いになったとたん、照れ屋になりそう。

FRIEND フレンド運
おもしろい友だちがたくさん集まってくるよ。おしゃべりしていると、楽しくて時間をわすれちゃうことも！

ラッキーファッション：**パステルカラーのスポーツMIX♡**

天使のおくりもの
続ける力と楽しむ力

天使があなたにあたえたのは、すごい集中力。好きなことをやり始めたら、時間をわすれて熱中しちゃう。勉強も習いごとも、トクイな分野はとことんハマるよ。才能が目覚める可能性大☆

天使のメッセージ
楽しむためには準備も大切！

やりたい！と思ったら、よく考えないで動き出すあなた。ちゃんと準備をしようね！

うれしい！ひと言
「また遊ぼうね」

イヤ！NGワード
「つかれるなー」

究極の相性！

運命のカレ
2/23 2/29 3/1 6/21 6/29
8/28 8/29 9/1 10/29

キズナの友
2/29 4/23 5/1 6/28 7/1
10/29 11/1 12/29 12/30

ライバル！
5/29 5/30 7/29 7/30 8/7
9/29 9/30 10/1 11/29

2/29生まれのBOY'Sホンネ

好きなタイプ
「トクイなことがある子はいいよね。すごいなって、そんけいしちゃうよ♡」

ニガテなタイプ
「好きなこととか、シュミが何もない子とは、気が合わないだろうな」

あなたに向いている仕事▶ タレント、スポーツ選手、俳優、絵本作家、陶芸家、彫刻家、研究者

バースデー① とっておき！
バースデーOMA♡

誕生日は、その日に生まれた人のエネルギーがみなぎる日。ここでは、誕生日にまつわるおまじないや、一年に一回、誕生日当日にできるおまじないをしょうかいするよ。誕生日のパワーを借りれば、効果テキメン！

誕生日にかけるおまじない

かんらん車で運気アップ！

誕生日にかんらん車に乗ると、その日から一年、運気がアップ。さらに、一番高いところで願いを唱えるとかないやすいよ。ちなみにピンクのゴンドラならラブ運、緑ならフレンド運、黄色なら金運、青なら勉強運に効果バツグン。

前がみカットでカレもドキドキ♡

カレの誕生日に、少しだけでもいいので、自分で前がみを切ろう。カレのことを思いうかべて、「○○くんがふり向いてくれますように」と、唱えながら切るのがポイント。あなたのミリョクにカレが引きつけられるよ。

花がさいたら願いがかなう♪

誕生日の朝に、プランターに植物の種を植えてね。黒いペンで白い紙に願いごとを書いて、4つ折りにしたら、その紙をプランターの下に置こう。水をあげて、植物を大事に育ててね。花がさくころには、願いごとがかなうよ。

誕生日パワーを使うおまじない

手帳からパワーきゅうしゅう！

試験や試合で力を出したいときや、元気がなくてパワーがほしいときにおすすめのおまじないだよ。手帳の誕生月のページを開いて、誕生日の日付のところに、両手の薬指を当てよう。そして、目をとじて心を落ち着けてね。薬指から力が入ってくるはずだよ。静かな部屋で、人に見られないようにやるとさらに効果的！

カレとあなたをつなぐリング♡

カレの誕生月と誕生日を足して（1月10日生まれなら1＋10＝11）、その数だけ赤いビーズを用意。次に、自分の誕生月と誕生日を足して、その数だけ青いビーズを用意してね。赤、青、赤、青……と順番に糸に通したら、結んでリングにしよう（どちらかの色のビーズが余ったら、最後にまとめてOK）。このリングをいつも持ち歩くと、カレと仲良くなれるよ！

誕生日をお守りに♪

自分の誕生日の数字はお守りになるよ。いつも持ち歩くものに、誕生日の数字を書こう。（4月1日生まれなら41）。数字の周りにイラストをかいたり、ハートで囲んだりしてもOK。あなたのお守りになるよ。

3月生まれ
March
弥生

3月生まれのキミへ

だれかがこまっているといっしょになやんであげるやさしいキミ。
男の子から見るとつい気になっちゃうんだよね。

3月の幸せおまじない

3月は卒業式やお別れ会など、メッセージカードを送ることが多いシーズン。おまじないのパワーを借りてキズナを深めようね。両思いのカレや大親友には、赤いペンでハートを書いて。あなたの「大好きな気持ち」があの人のハートにとどくよ。片思いさんはピンクで書くと相手のほうから好きになってもらえるよ。友情にはブルー、感謝はグリーンで書くと気持ちが通じるよ。

3月の行事 ひなまつり

ひな人形は立春（2月4日ごろ）を過ぎたころにかざり、3月4日には片づけて。もしも片づけがおくれると、およめにいくのがおそくなるという言い伝えも!?

3月1日生まれ (うお座)

性格バランス
天然ボケ度／セクシー度／コミュ力／オシャレ度／マジメ度／パワフル度

ラッキーアイテム カラーペン
ラッキーカラー ♥マリンブルー
ラッキーナンバー 2、4
ラッキールーン ﬞ フェオ

あきらめず全力を出してがんばる子

天使のおくりもの
高い目標でもなしとげる力

いつもベストをつくすあなた。天使はそんなあなたに最後までやりとげる力をあたえたよ。高い目標に向かって努力するあなたは、とてもカッコイイ！ 友だちにもそんけいされているよ。

天使のメッセージ
ガマンしないで人に相談しよう

みんなに心配をかけたくなくて、つらくてもガマンしちゃうことが。友だちには相談して。

ラッキーファッション
さわやかコーデでおすましポーズ☆

LOVE ラブ運
恋もベストをつくすあなた。好きになったら、一日中カレのことばかり考えちゃう！ 一生けん命な男の子と相性◎だよ。

FRIEND フレンド運
友だちがこまっていれば、すかさず助けてあげるあなた。とても感謝されているよ。あなたがこまったら助けてもらえるはず。

うれしい！ひと言
がんばろうね！

イヤ！NGワード
それはムリでしょ

究極の相性！
運命のカレ
2/24 3/1 3/2 6/22 7/1
8/31 9/1 9/2 11/1

キズナの友
1/1 1/2 3/1 4/24 5/2
6/30 7/1 11/1 11/2

ライバル！
6/1 6/2 8/1 8/2 8/8
10/1 10/2 10/3 12/1

3/1生まれのBOY'Sホンネ
好きなタイプ
「明るくてやさしい、がんばり屋の子が好きだよ。応えんしたくなるもん」

ニガテなタイプ
「とちゅうであきらめる子はダメだよ。もう少しがんばれって思っちゃう」

あなたに向いている仕事▶ コメディアン、ミュージシャン、カウンセラー、小説家、脚本家、医者

ひかえめでも たよりになる やさしい子

3月/2日生まれ うお座

天使のおくりもの
人を助けるやさしさ

あなたは思いやりがある女の子。そんなあなたに天使がくれたのは、人をサポートするやさしさ。人の気持ちがわかるあなたは、友だちからも、先生からも、とてもたよりにされているよ。

天使のメッセージ
エンリョせずホンネも言って

やさしすぎて、自分の意見を言えないことも。友だちは正直な気持ちを聞きたいはずだよ。

性格バランス
天然ボケ度・セクシー度・コミュ力度・オシャレ度・マジメ度・パワフル度

ラッキーアイテム　キラキラアクセ
ラッキーカラー　♥ミントグリーン
ラッキーナンバー　2、5
ラッキールーン　♪ウル

ラッキーファッション
ロマンティックな着こなしのピュア少女♥

ラブ運
好きなカレの前では、はずかしくて何も言えなくなるあなた。でも話しかけなきゃ、恋はスタートしないよ。勇気を出して！

フレンド運
相手の気持ちを考えるから、みんなに好かれているはず。仲良しの子とは、クラスが変わっても、ずっとつき合えるよ。

3/2生まれのBOY'Sホンネ

好きなタイプ
「さりげなく親切にされるとうれしい♡ ボクのことをわかってくれそう♡」

ニガテなタイプ
「乱ぼうな子はニガテだよ。男みたいだと、ちょっと引いちゃうよー」

究極の相性！

運命のカレ
2/25　3/2　3/3　6/23　7/2
9/1　9/2　9/3　11/2

キズナの友
1/2　1/3　3/2　4/25　5/3
7/1　7/4　11/2　11/3

ライバル！
6/2　8/2　8/3　8/9
10/2　10/3　10/4　12/2

うれしい！ひと言
いつもありがとう

イヤ！NGワード
考えるのめんどくさい

あなたに向いている仕事 ▶ ソムリエ、タレント、俳優、栄養士、研究者、医者、介護福祉士、小説家

3月3日生まれ

うお座

いつも明るく人を元気にする女の子!

性格バランス

- 天然ボケ度
- セクシー度
- コミュ力
- オシャレ度
- マジメ度
- パワフル度

ラッキーアイテム
オレンジジュース

ラッキーカラー
♥桃色

ラッキーナンバー
2、6

ラッキールーン
3月 ▶ ソーン

ラブ運
おしゃべりが楽しい男の子を好きになりそう。友だちのノリでつき合い始めるけど、カップルになったらラブラブに♡

フレンド運
だれにでも親切で、じっくり話を聞いてあげるあなた。あなたに話を聞いてもらえるだけで、友だちは安心するみたい。

ラッキーファッション
カッコかわいいスポーティカジュアル!

天使のおくりもの
明るく楽しくもり上げる力

明るくてノリがいいあなた。天使はそんなあなたに、人を元気にする力をプレゼントしたよ。あなたがいるだけで、周りは楽しい気持ちに。友だち作りが上手だから楽しい仲間がいっぱい!

天使のメッセージ
意見をクルクル変えないで

少し気が変わりやすいところが。急に計画を変えたら、友だちがついてこれなくなるよ〜。

うれしい!ひと言
「だいじょうぶだよ」

イヤ!NGワード
「そんなの聞いてない」

究極の相性!

運命のカレ
2/26 3/3 3/4 6/24 7/3
9/2 9/3 9/4 11/3

キズナの友
1/3 1/4 3/4 4/26 5/4
7/2 7/5 11/3 11/4

ライバル!
6/3 6/4 8/3 8/4 8/10
10/3 10/4 10/5 12/3

3/3生まれのBOY'Sホンネ

好きなタイプ
「まず、周りの人のことを考える子っていいよね。オトナな感じがいい♡」

ニガテなタイプ
「せっかくみんなで楽しくしてるときに、イヤなことを言う子はこまるな……」

あなたに向いている仕事 ▶ パイロット、フライトアテンダント、ツアーコンダクター、外交官、通訳

まっすぐ夢を追いかける！ひたむき少女

うお座
3月/4日生まれ

性格バランス
天然ボケ度／コミュ力／マジメ度／パワフル度／オシャレ度／セクシー度

ラッキーアイテム
恋愛小説

ラッキーカラー
紫

ラッキーナンバー
2、7

ラッキールーン
ᚾ アンスール

3月

ラッキーファッション：周りと差がつく大人カジュアルがトクイ

天使のおくりもの
夢を目指して努力する情熱

ワクワクすることが大好きなあなた。天使がそんなあなたにあたえたのは、ねばり強くがんばる力。かなえたい夢があったら、一生けん命に努力を重ねるよ。大きな夢もかなえられるはず。

天使のメッセージ
あんまり心配しないで

つい悪い結果を想像して心配になることが多そう。考えすぎないで、おおらかな気持ちで！

ラブ運
好きなカレの前では、ドキドキして思わずにげたくなるかも。まずは会話だよ♪ 朝や帰りにあいさつの声かけから始めて。

フレンド運
友だちの役に立ちたくてムリをしがち。最高の心がけだけど、がんばりすぎてつかれちゃったら×。笑顔をわすれないでね。

うれしい！ひと言
「いけるよ！」

イヤ！NGワード
「もうぜんぜんダメ」

3/4生まれのBOY'Sホンネ

好きなタイプ
「やりたいことに一生けん命になっている子を見てるのが好き♡」

ニガテなタイプ
「あきっぽい子はニガテ。自分のやりたいことがないのかなーって思っちゃう」

究極の相性！

運命のカレ
2/27 3/4 3/5 6/25 7/4
9/3 9/4 9/5 11/4

キズナの友
1/4 1/5 3/4 4/27 5/5
7/3 7/6 11/4 11/5

ライバル！
6/4 6/5 8/4 8/5 8/11
10/4 10/5 10/6 12/4

あなたに向いている仕事 ▶ マジシャン、カウンセラー、宇宙飛行士、俳優、作曲家、宗教家、科学者

3月5日生まれ

うお座

ピンチでも大切なものは守りぬく子☆

性格バランス

- 天然ボケ度
- コミュ力
- マジメ度
- パワフル度
- オシャレ度
- セクシー度

ラッキーアイテム
パールのヘアゴム

ラッキーカラー
♥スカイブルー

ラッキーナンバー
2、8

ラッキールーン
R ラド

天使のおくりもの

いざというとき勇かんに戦う心

あなたはやさしい女の子。天使はやさしさに加えて勇かんな心もあたえたよ。ふだんはおとなしくて、おだやかだけど、イザというときには、すごい勇気を出して大切な人を守る子！

ラッキーファッション
女の子らしさ全開のワンピースが好き！

ラブ運

思いやりがあってめんどう見のいいあなた。カレもそんなやさしさに感動するはず。親切が恋のきっかけになりそう♡

フレンド運

こまっている人がいれば、何とか助けようとする思いやりがミリョク。人の話をたくさん聞いてあげるとさらに人気アップ。

天使のメッセージ

あきらめないで続けることが大事

少しあきっぽいところも。投げ出さないで続ければ、むずかしい夢だってかなうはず！

うれしい！ひと言
「これからもいっしょだよ！」

イヤ！NGワード
「ほっといて！」

究極の相性！

運命のカレ
2/28 3/5 3/6 6/26 7/5
9/4 9/5 9/6 11/5

キズナの友
1/5 1/6 3/5 4/28 5/6
7/4 7/7 11/6 11/6

ライバル！
6/5 6/6 8/5 8/6 8/12
10/5 10/6 10/7 12/5

3/5生まれのBOY'Sホンネ

好きなタイプ
「自分のことは自分でやろうとする強い子♡ そんな子をボクは守りたい♡」

ニガテなタイプ
「できないとか、むずかしいとか言って、言いわけする子はガッカリかも……」

あなたに向いている仕事▶ タレント、デザイナー、小説家、編集者、図書館司書、学芸員、獣医師

カンが良くて器用さも持つ万能ガール！

うお座 **3月6日生まれ**

天使のおくりもの
先を見る目とクールな直感

天使があなたにあたえたものは、するどい直感力と器用さ。カンがいいから、たいていのことはうまくできちゃうみたい。あわてないクールさもミリョク。みんなによられる子だよ。

天使のメッセージ
理想をあきらめないで

理想が高いから、現実との差にガッカリすることも。夢や希望を実現する努力は続けて。

性格バランス
天然ボケ度／コミュ力／マジメ度／パワフル度／オシャレ度／セクシー度

ラッキーアイテム カメラ
ラッキーカラー ♥ワインレッド
ラッキーナンバー 2、9
ラッキールーン ク ケン

ラブ運
恋のチャンスをつかむのが上手な子。素直な気持ちで好きなカレに話しかけてみてね。案外すぐにカップルになれそう♡

フレンド運
友だちの変化にビンカン。すぐに「何かあったの？」って声をかけてあげられるから、友だちは安心していられるの。

ラッキーファッション：個性的なヘアと服でオシャレをアピール

3/6生まれのBOY'Sホンネ

好きなタイプ：「守ってあげたくなる女の子らしい子が好き。いっしょに夢をかなえたい♡」

ニガテなタイプ：「失敗した人に文句を言ったりするような、冷たい子ってニガテだなー」

究極の相性！

運命のカレ
2/29 3/6 4/6 6/27 7/6
9/5 9/6 9/7 11/6

キズナの友
1/6 1/7 3/6 4/29 5/7
7/5 7/8 11/6 11/7

ライバル！
6/6 8/6 8/7 8/13
10/6 10/7 10/8 12/6

うれしい！ひと言

つながってるよ

イヤ！NGワード

何度言ったらわかるの？

あなたに向いている仕事 ▶ イラストレーター、ミュージシャン、ダンサー、俳優、画家、美術評論家

3月7日生まれ

うお座

豊かな感性で芸術の才能にあふれる子

性格バランス
- 天然ボケ度
- コミュ力度
- マジメ度
- パワフル度
- オシャレ度
- セクシー度

ラッキーアイテム
コスメポーチ

ラッキーカラー
♥朱色

ラッキーナンバー
1、2

ラッキールーン
ギューフ

ラブ運
直感で恋をするタイプだよ。ビビッときたカレが運命の相手みたい。やさしいタイプの男の子なら幸せまちがいなし。

フレンド運
やさしいから、ケンカや競争がニガテ。友だちグループの中でも平和を保つ役目になると、みんなが仲良くできるよ。

ラッキーファッション: お嬢様っぽいおめかしコーデ♥

天使のおくりもの
素直さとせんさいな心
素直な性格のあなた。天使はあなたに、豊かな感性もあたえたよ。それは人の気持ちをビンカンに感じ取る心。せんさいな感性は、絵や音楽、物語などアートの才能にもハッキされるはず。

天使のメッセージ
人の後ろにかくれないで
目立つことがニガテで、つい気配を消しちゃう。チャンスをつかみに行くことも大事だよ！

うれしい！ひと言
「やさしいね！」

イヤ！NGワード
「どうせわたしなんか……」

究極の相性！

運命のカレ
3/1 3/7 6/28 7/7
9/6 9/7 9/8 11/7

キズナの友
1/7 1/8 3/7 4/30 5/8
7/6 7/7 9/7 11/8

ライバル！
6/7 7/7 8/7 8/8 8/14
10/7 10/8 10/9 12/7

3/7生まれのBOY'Sホンネ

好きなタイプ
「絵がうまくて、声のきれいな子がサイコーに理想的。あこがれるねー♡」

ニガテなタイプ
「正直に言うと、センスの悪い子はもったいない。かわいくても気づかれないよ」

あなたに向いている仕事 ▶ ミュージシャン、マンガ家、詩人、画家、映画監督、看護師、介護福祉士

うお座 **3月/8日生まれ**

人の気持ちを想像できる気配り上手！

性格バランス
- 天然ボケ度
- セクシー度
- コミュ力
- オシャレ度
- マジメ度
- パワフル度

ラッキーアイテム
鏡

ラッキーカラー
♥シルバー

ラッキーナンバー
2、7

ラッキールーン
ᚹ ウィン

天使のおくりもの
人の気持ちを感じ取る力
細かいところにもよく気がつく女の子。そんなあなたに、天使は想像力もあたえてくれたよ。そのため人の見えないホンネにも気づいて気配りができる、最高のサポート力がそなわったの。

天使のメッセージ
計画はむねにひめておこう
口出しされると、やりたいこととちがってくるから、計画はナイショにしたほうがイイよ。

ラッキーファッション
アイドルみたいなかわいい服が好きっ♪

ラブ運
相性のいい男の子は直感でわかるみたい。気になる男の子がいたら、いっしょの係になるとチャンスが増えるよ。

フレンド運
人のいたみも自分のことのようにわかるから、一度友だちになると信らいされて親友に。長いおつき合いになるよ。

好きなタイプ
「ひとつのことにこだわらないで、いろんなことを考えられる子はいいよね」

ニガテなタイプ
「ガンコな子はつまらないよ。会話のキャッチボールができないじゃん！」

3/8生まれのBOY'Sホンネ

究極の相性！
運命のカレ
3/2 3/8 3/9 6/29 7/8
9/7 9/8 9/9 11/8

キズナの友
1/8 1/9 3/8 5/1 5/9
7/7 7/10 11/8 11/9

ライバル！
6/8 6/9 8/8 8/9 8/15
10/8 10/9 10/10 12/8

うれしい！ひと言
いっしょに行こうよ

イヤ！NGワード
カンベンして〜

あなたに向いている仕事▶ タレント、カウンセラー、ケアマネージャー、公務員、美容師、陶芸家

3月9日生まれ

うお座

光るセンスと豊かな才能のキラキラ女子

性格バランス
- 天然ボケ度
- セクシー度
- コミュ力
- オシャレ度
- マジメ度
- パワフル度

ラッキーアイテム
ポストカード

ラッキーカラー
♥すみれ色

ラッキーナンバー
3、7

ラッキールーン
3月 N ハガル

LOVE ラブ運
現実の男の子じゃものたりなくて理想のタイプを空想するのが好き。でもおしゃべりが楽しい相手を好きになる予感♡

FRIEND フレンド運
センスのいいあなたにあこがれる子はいっぱい♪ あなたから話しかけるのが一番だよ。親友を見つけるのも早いはず。

ラッキーファッション
ちょっぴりパンク系カッコイイキャラ！

天使のおくりもの
夢をかなえるセンスの良さ

あなたには、きらめくセンスと才能があるみたい。天使はそんなあなたに、アピール力もあたえたよ。やりたいことを言葉にするほど、夢がかなう確率が高まるはず。有名人になれるかも！

天使のメッセージ
人と張り合って落ちこまないで

ちょっと負けずぎらいなところがあるけど、人と自分を比べすぎないほうがハッピーだよ。

うれしい！ひと言
すごい！
かっこいい！

イヤ！NGワード
おそーい！！

究極の相性！
運命のカレ
3/3 3/9 3/10 6/30 7/9
9/8 9/9 9/10 11/9

キズナの友
1/9 1/10 4/9 5/2 5/10
7/8 7/11 11/9 11/10

ライバル！
6/9 6/10 8/9 8/10 8/16
10/9 10/10 10/11 12/9

3/9生まれのBOY'Sホンネ

好きなタイプ
「かっこよくて目立つ子が好きだな。ひとりだけ100点取るとかサイコー♡」

ニガテなタイプ
「他の子と同じようなかっこうはミリョクなし。だれだか覚えられない……」

あなたに向いている仕事 ▶ ダンサー、タレント、デザイナー、小説家、建築家、画家、医師、看護士

大きな夢を かなえられる ラッキー少女

うお座

3月10日生まれ

性格バランス
- 天然ボケ度
- コミュ力
- マジメ度
- パワフル度
- オシャレ度
- セクシー度

天使のおくりもの
支えてくれる 心強い仲間

大きな夢を持っている女の子。天使はそんなあなたに友だちと仲良くできる力をあたえたよ。応えんしてくれる友だちがどんどん増えていけば、夢は必ずかなうはず。友だちを大事にね!

ラッキーアイテム
ブックカバー
ラッキーカラー
♥ライムグリーン
ラッキーナンバー
2、4
ラッキールーン
ニイド

3月

天使のメッセージ
ひとりでも さびしがらないで
おしゃべりが大好きなあなた。ひとりだと心細くなるけど、友だちをどくせんするのは×。

ラッキーファッション
シンプルなデザインは明るいカラーをチョイス

ラブ運
素敵な男の子にあこがれるけど、本当は近くにいて、はげましてくれる、やさしい男の子が運命のカレ。広い心の持ち主が◎。

フレンド運
友だちといっしょにいる時間が一番幸せなあなた。親友こうほはいつも話を聞いてくれて、いっしょに考えてくれる子。

3/10生まれのBOY'Sホンネ

好きなタイプ
「できなかったことをやってのける、努力家の子が好き♡ 助けてあげたい!」

ニガテなタイプ
「人の言うことばっかりやる子がニガテだよ。自分の考えはないのかなー?」

究極の相性!

運命のカレ
3/4 3/10 3/11 7/1 7/10
9/9 9/10 9/11 11/10

キズナの友
1/10 1/11 3/10 5/3 5/11
7/9 7/12 11/10 11/11

ライバル!
6/10 6/11 8/10 8/11 8/17
10/10 10/11 10/12 12/10

うれしい!ひと言
もう少し話そう♪

イヤ!NGワード
もっとがんばって

あなたに向いている仕事▶ コメディアン、アナウンサー、プロデューサー、経営者、政治家、弁護士

3月11日生まれ

うお座

空想好きだけど ふだんは しっかり者

性格バランス
- 天然ボケ度
- セクシー度
- コミュ力
- オシャレ度
- マジメ度
- パワフル度

ラッキーアイテム
ミニふうとう

ラッキーカラー
♥ラベンダー

ラッキーナンバー
2、5

ラッキールーン
3月 ― イス

ラブ運
やさしくて、いつもいっしょにいてくれる男の子がベスト。つき合いはじめたら、あまえんぼなカノジョになりそう♡

フレンド運
あこがれの友だちといっしょにいると、あなたのミリョクもアップ。親友は、お手本になるような、カッコイイ子かも！

ラッキーファッション
トラッドコーデで上級オシャレさん☆

天使のおくりもの
夢見る心と豊かな感性

天使があなたにあたえたのは、だれよりも豊かな感性。だからあなたの空想はとてもロマンティック。でも、ふだんは礼ぎ正しく、人の話をちゃんと聞いているから、信らいされてるよ。

天使のメッセージ
考え過ぎずに一歩引いてみて

人の心を感じやすく、ちょっとしたことで目がウルウル。同情しすぎないようにね。

うれしい！ひと言
さすが！すごい！

イヤ！NGワード
ムリしてない？

究極の相性！

運命のカレ
3/5　3/11　3/12　7/2　7/11
9/10　9/11　9/12　11/11

キズナの友
1/11　1/12　3/11　5/4　5/12
7/10　7/11　11/11　12/11

ライバル！
6/11　6/12　8/11　8/12　8/18
10/11　10/12　10/13　12/11

3/11生まれのBOY'Sホンネ

好きなタイプ

「やることはやるけど、遊ぶときも一生けん命な子って、かっこいいよな！」

ニガテなタイプ

「ちゅうとハンパな子が一番ダメ。心配ばかりしている子を見ると、つられる」

あなたに向いている仕事▶ アロマセラピスト、ダンサー、スポーツ選手、タレント、モデル、経営者

話上手で気持ちを伝える天才

うお座

3月12日生まれ

性格バランス
- 天然ボケ度
- コミュ力
- マジメ度
- パワフル度
- オシャレ度
- セクシー度

天使のおくりもの
思いを伝える表現力

あなたは、友だちを大切にする子。天使はそんなあなたに表現力をあたえたよ。言葉や態度、作品などで、自分の思いや考えを伝えるのが上手なあなたは、注目されやすいタイプだよ。

ラッキーアイテム
ビーズアクセ

ラッキーカラー
♥ サーモンピンク

ラッキーナンバー
6、7

ラッキールーン
〈 ヤラ

3月

天使のメッセージ
あきる前に工夫しよう

同じことのくり返しはニガテみたい。やらないといけないときは少し工夫してみて。

ラッキーファッション
ゆるふわワンピをウエストマーク！

ラブ運
話しやすいからモテるタイプ。でも好きなカレの前では、はずかしくて口がきけなくなるかも。がんばって話しかけて！

フレンド運
前向きな子と相性バツグン！あなたも友だちも、おたがいに相手のいいところを見習って、成長していける仲だよ。

3/12生まれのBOY'Sホンネ

好きなタイプ
「みんなのこともちゃんと考えてくれる、やさしい子とならつき合いたい！」

ニガテなタイプ
「自分のことばっかりのワガママな子は、勝手にしろよー！って思っちゃう」

究極の相性！

運命のカレ
3/6 3/12 3/13 7/3 7/12
9/11 9/12 9/13 11/12

キズナの友
1/12 1/13 3/12 5/5 5/13
7/11 7/14 11/12 11/13

ライバル！
6/12 6/13 8/12 8/13 8/19
10/12 10/13 10/14 12/12

うれしい！ひと言
元気がもらえる〜！

イヤ！NGワード
言いわけしないで

あなたに向いている仕事 ▶ コメディアン、タレント、カウンセラー、通訳、外交官、先生、流通業

3月13日生まれ

うお座

思いやりと やさしさで 愛される子

性格バランス

- 天然ボケ度
- セクシー度
- コミュ力
- オシャレ度
- マジメ度
- パワフル度

ラッキーアイテム
リボン

ラッキーカラー
水色

ラッキーナンバー
2、7

ラッキールーン
3月 ユル

ラブ運
男の子の見た目よりも中身をちゃんと見るあなた。勉強かスポーツをがんばっているカレなら、相性ピッタリだよ!

フレンド運
友だちにたのまれたら断れなくなっちゃう。でもムリなことは「ごめんね」って言おう。友だちもわかってくれるよ。

ラッキーファッション
ジャストサイズの大人カジュアル

天使のおくりもの

たよられる アドバイス力

とても思いやりがある女の子。天使はあなたに、相手の身になって考えられる力をあたえたよ。聞き上手だし、なやみのアドバイスもトクイだよ。友だちからの相談には乗ってあげてね!

天使のメッセージ
自分のことも 大切にしよう

人の気持ちを先に考えて、自分の気持ちは後回しにしがち。自分の気持ちも大切に!

うれしい!ひと言
うれしい!
ありがとう

イヤ!NGワード
しかたないでしょ!

究極の相性!

運命のカレ
3/7 3/13 3/14 7/4 7/13
9/12 9/13 9/14 11/1

キズナの友
1/13 1/14 3/13 5/6 5/14
7/12 7/15 11/13 11/14

ライバル!
6/13 6/14 8/13 8/14 8/20
10/13 10/14 10/15 12/13

3/13生まれのBOY'Sホンネ

好きなタイプ
「こまっている子を思わず助けちゃうような、めんどう見のいい子が好き♡」

ニガテなタイプ
「カゲで弱い者いじめをして、いい子ぶってる子。案外わかっちゃうからね」

あなたに向いている仕事 ▶ ミュージシャン、エンジニア、ハンドメイド作家、詩人、IT研究者、先生

新しいことを ひらめく 個性派ガール

天使のおくりもの
楽しませる アイデア力

個性的なあなたに、天使があたえたのは、ワクワクするアイデアを考える力だよ。楽しいことをひらめくから、だれもが、あなたが次に何を考えるのか、ひそかに楽しみにしているみたい。

天使のメッセージ
自分の個性に自信を持って

人に「変わっている」と言われることも。それもあなたの個性だから、自信を持ってね！

ラッキーファッション
個性をいかしたオシャレ上級者

うお座

3月／14日生まれ

性格バランス
天然ボケ度／セクシー度／コミュ力／オシャレ度／マジメ度／パワフル度

ラッキーアイテム
ペンケース

ラッキーカラー
♥モスグリーン

ラッキーナンバー
7、8

ラッキールーン
ペオース

3月

ラブ運

「好き♡」とイシキすると、いつものように気さくに話せなくなりそう。気を落ち着かせて、笑顔で話しかけるのが大事。

フレンド運

初めて会う子の前でも、すんなりおしゃべりできちゃうよ。あなたと意見や考え方がちがう子とつき合うのも、上手だよ！

3/14生まれの BOY'Sホンネ

好きなタイプ
「話のおもしろい子が一番いいな〜♡ いっしょにいると楽しいからさ！」

ニガテなタイプ
「無口でもじもじしてる子ってニガテ。こっちも気を使って無言になるよ〜」

究極の相性！

運命のカレ
3/8　3/14　3/15　7/5　7/14
9/13　9/14　9/15　11/14

キズナの友
1/14　1/15　3/14　5/7　5/15
7/13　7/16　11/14　11/15

ライバル！
6/14　6/15　7/14　8/14　8/21
10/14　10/15　10/16　12/14

うれしい！ひと言
ずっと友だちだよ！

イヤ！NGワード
うっそ〜!!

あなたに向いている仕事▶ タレント、クリエイター、カウンセラー、宇宙飛行士、先生、科学者

3月15日生まれ

うお座

あきらめない強さを持った前向きな子

性格バランス
天然ボケ度・コミュ力・マジメ度・パワフル度・オシャレ度・セクシー度

ラッキーアイテム
折りたたみカサ

ラッキーカラー
♥赤

ラッキーナンバー
2、9

ラッキールーン
3月 / エオロー

ラブ運
行動的な男の子と相性がいいみたい。友だちから始めて、気がついたらカップルになっているような恋が最高だよ！

フレンド運
友だちといっしょにいるほど元気になるよ。おたがいになやみを相談したりされたりして、友情を深めていくの。

天使のおくりもの
ねばり強さと前向きさ

いつも前向きなあなた。天使はそんなあなたに、最後までやりぬくねばり強さをあたえたよ。ピンチになってもあきらめないし、時間がかかっても前に進む！だから夢をかなえられるよ。

天使のメッセージ
周りのことも気にしてね！

夢中になると、のめりこんじゃうあなた。勉強やお手伝いもわすれないようにしよう。

ラッキーファッション
ビタミンカラーで元気なフレッシュコーデ

うれしい！ひと言
「いっしょに遊ぼう！」

イヤ！NGワード
「ガッカリだよ」

究極の相性！

運命のカレ
3/9 3/15 3/16 7/6 7/15
9/14 9/15 9/16 11/15

キズナの友
1/15 1/16 3/15 5/16 8/16
7/14 7/17 11/15 11/16

ライバル！
6/15 6/16 8/15 8/16 8/22
10/15 10/16 10/17 12/15

3/15生まれのBOY'Sホンネ

好きなタイプ
「みんなのためにがんばっちゃう、スーパーウーマンみたいな子が好き」

ニガテなタイプ
「だれかががんばってるときに、何もしないで見てる子ってニガテだな」

あなたに向いている仕事 ▶ マンガ家、ミュージシャン、デザイナー、小説家、映像作家、研究者

豊かな個性と大きな夢を持っている子

うお座

3月／16日生まれ

性格バランス
- 天然ボケ度
- セクシー度
- コミュ力
- オシャレ度
- マジメ度
- パワフル度

天使のおくりもの
夢をかなえる強さと才能

やりたいことをやりぬく強さがある女の子。天使はそんなあなたに、個性的な才能をあたえたの。みんながびっくりするアイデアを思いつくから、将来は、きっと大きな夢をかなえるはず。

天使のメッセージ
ホントの気持ちを打ち明けて

ちょっぴりシャイなあなた。友だちに気持ちを言えないことも。でも親友には打ち明けて。

ラッキーアイテム 花モチーフの小物
ラッキーカラー ♥アプリコット
ラッキーナンバー 1、7
ラッキールーン ⚡シゲル

3月

ラブ運

カレのためにかわいくなろうとがんばるよ。そんなけなげさに、カレはドキドキして、両思いになるきっかけがおとずれそう♡

フレンド運

好きなことや考え方がちがうタイプの子とも、話してみよう。大人になっても続くような友情を深められるはずだよ。

ラッキーファッション こだわりアクセを主役にコーディネート

3/16生まれの BOY'Sホンネ

好きなタイプ
"すごいね！"って、思わず言っちゃうほどパワーのある子は応えんする！」

ニガテなタイプ
「元気がないっていうか、おとなしすぎる子は、泣かれそうでエンリョしちゃう」

究極の相性！

運命のカレ
3/10 3/16 3/17 7/7 7/16
9/15 9/16 9/17 11/16

キズナの友
1/16 1/17 3/16 5/9 5/17
7/15 7/16 7/18 11/16 11/17

ライバル！
6/16 6/17 8/16 8/17 8/23
10/16 10/17 10/18 12/16

うれしい！ひと言
それ最高だよ！

イヤ！NGワード
えー、本気？

あなたに向いている仕事 ▶ アニメーター、クリエイター、ピアニスト、俳優、映像作家、彫刻家

3月17日生まれ

うお座

集中力あり！一生けん命に打ちこむ子

性格バランス

- 天然ボケ度
- セクシー度
- コミュ力
- オシャレ度
- マジメ度
- パワフル度

ラッキーアイテム　ビー玉
ラッキーカラー　♥ターコイズブルー
ラッキーナンバー　2、7
ラッキールーン　3月 ↑ ティール

ラブ運
恋すると積極的。自分からどんどん話しかけていこうね。気楽におしゃべりできる男の子と相性がいいはずだよ♡

フレンド運
初めて会う子には話しかけづらいみたい。おしゃべり上手よりも聞き上手を目指そう。ニコニコと笑顔で聞くだけでもOK。

ラッキーファッション
気どらないのに目を引くナチュラルガール

天使のおくりもの
一度決めたらやりぬく強さ

とても意志が強い女の子。天使は、バツグンの集中力をあたえたの。一度決めたら、わき目もふらずに取り組むよ。みんなが遊んでいるときもがんばるから、グングン成長できるよ！

天使のメッセージ
あわてないで落ち着いて！

あせってパニックになったときは深こきゅうをしよう。落ち着けばきっとうまくいくよ！

うれしい！ひと言
さすが！すごいね

イヤ！NGワード
自分勝手

究極の相性！

運命のカレ
3/11　3/17　3/18　7/9　7/17
9/16　9/17　9/18　11/17

キズナの友
1/17　1/18　3/17　5/10　5/18
7/16　7/17　7/19　11/17　11/18

ライバル！
6/17　6/18　8/17　8/18　8/24
10/17　10/18　10/19　12/17

3/17生まれのBOY'Sホンネ

好きなタイプ
「天才的な子ってものすごくミリョク的だよ。マネできないな〜って思う」

ニガテなタイプ
「最初からダメって決めちゃう子はつまんない。こっちもやる気をなくしちゃう」

あなたに向いている仕事 ▶ カウンセラー、コンサルタント、アロマセラピスト、美容師、介護福祉士

あれもこれも興味シンシン物知りガール

うお座

3月18日生まれ

天使のおくりもの
ねばり強く調べる情熱
好奇心を持っていろんなことを知ろうとするあなたに、天使はねばり強さをあたえたよ。知りたいことは、とことん調べるから、いつのまにか知識や情報が増えていくみたい！

天使のメッセージ
ひとつずつ取り組もう
同時にふたつのことをやろうとすると、失敗するかも。ひとつずつ順番に終わらせようね。

性格バランス
- 天然ボケ度
- セクシー度
- コミュ力
- オシャレ度
- マジメ度
- パワフル度

ラッキーアイテム
トランプ
ラッキーカラー
♥ ボルドー
ラッキーナンバー
2、3
ラッキールーン
ᛒ ベオーク

ラッキーファッション
個性派コーデでモードにおめかし♡

ラブ運
カレににっこり笑顔で話しかけるとうまくいきそう♪ 静かな場所でおしゃべりするほどラブラブになれるよ。

フレンド運
あなたは、友だちの相談に乗るのが上手。でもあなたがこまったときにも、友だちに素直に話してみて。友情が深まるよ。

3/18生まれのBOY'Sホンネ
好きなタイプ
「どんなときでも笑顔のかわいい子が好き♡ 見てるだけでうれしくなる！」

ニガテなタイプ
「表情があんまり変わんない子がニガテ。何を考えてるのかがナゾすぎるー」

究極の相性！
運命のカレ
3/12 3/18 3/19 7/10 7/18
9/17 9/18 9/19 11/18

キズナの友
1/18 1/19 3/18 5/11 5/19
7/17 7/20 11/18 11/19

ライバル！
6/18 7/18 8/19 8/25
10/18 10/19 10/20 12/18

うれしい！ひと言
やったね！最高

イヤ！NGワード
もう、やだな……

あなたに向いている仕事 ▶ ダンサー、カメラマン、エステティシャン、スポーツ選手、政治家、営業

3月19日生まれ

うお座

やさしさと せい実さで 人を助ける子

性格バランス
天然ボケ度 / コミュ力 / マジメ度 / パワフル度 / オシャレ度 / セクシー度

ラッキーアイテム
手鏡

ラッキーカラー
ライムイエロー

ラッキーナンバー
4、7

ラッキールーン
3月 Mエō

LOVE ラブ運
シュミが同じ人と気が合いそう。話してみて、ピンと来たら、積極的にアピールしよう。話しやすい男の子が正解だよ♡

FRIEND フレンド運
めんどう見がいいので、たよりにされているよ。でも自分のなやみはだまっていることも。親友は話してほしいはず。

ラッキーファッション
お姉さんカジュアルで気どらないかっこよさ☆

天使のおくりもの
こまっている人を助ける心

せい実に生きたいあなた。天使はそんなあなたに、やさしい心をあたえたよ。こまっている人はほうっておけない子。将来は、好きなことで人の役に立ちたいと強く思うようになるはず。

天使のメッセージ
授業中のぼんやりに注意

空想好きで、いつも夢を見ているみたい。でも人が話しているときはちゃんと聞こうね。

うれしい！ひと言
相談してよかった！

イヤ！NGワード
運が悪いね

究極の相性！

運命のカレ
3/13　3/19　3/20　7/11　7/19
9/18　9/19　9/20　11/19

キズナの友
1/19　1/20　3/19　5/12　5/20
7/18　7/21　11/19　11/20

ライバル！
6/19　6/20　8/19　8/20　8/26
10/19　10/20　10/21　12/19

3/19生まれのBOY'Sホンネ

好きなタイプ
「自分らしさを持っている子がタイプだよ♡ 他の子とちがうのがいい」

ニガテなタイプ
「男子の前でだけかわい子ぶる女子はニガテ。意外にだまされないけどね」

あなたに向いている仕事 ▶ ミュージシャン、カウンセラー、リハビリテーション師、画家、福祉業界

いつも前向きな好感度の高いがんばり女子

うお座
3月20日生まれ

性格バランス
天然ボケ度／コミュ力／マジメ度／パワフル度／オシャレ度／セクシー度

天使のおくりもの
自分らしく生きる力

明るく元気なあなた。天使はそんなあなたに、自分らしく生きる力をあたえたよ。失敗をがんばる力に変えるあなたはとても前向き！ムリなせのびはしないから、周りの好感度も高いはず。

天使のメッセージ
変わりやすい感情をセーブ

気持ちの波が大きくて友だちをビックリさせることも。いきなり行動する前に相談して。

ラッキーファッション
ついかまいたくなるあまくてキュートなコーデ♥

- **ラッキーアイテム** カバン
- **ラッキーカラー** 黄緑
- **ラッキーナンバー** 2、5
- **ラッキールーン** マン　3月

ラブ運
恋をすると、カレのことしか見えなくなりそう。運命の相手は、おだやかでやさしい男の子。おたがいにいちずな恋だよ♡

フレンド運
時間をかけて心を通い合わせた人とは、親友になりそう。ゆっくりと友情を育てていくから、大人になっても仲良し！

3/20生まれのBOY'Sホンネ

好きなタイプ
「がんばったときに、明るくほめてくれる子。好きになるしかないっ！」

ニガテなタイプ
「"女の子だからぁ～"とかってあまえる子はニガテ。言われてもこまるよ……」

究極の相性！

運命のカレ
3/14 3/20 3/21 7/12 7/20
9/19 9/20 9/21 11/20

キズナの友
1/20 1/21 3/20 5/13 5/21
7/19 7/22 11/20 11/21

ライバル！
6/20 6/21 8/20 8/21 8/27
10/20 10/21 10/22 12/20

うれしい！ひと言
「やればできるね！」

イヤ！NGワード
「本当？信じられない」

あなたに向いている仕事 ▶ エンジニア、デザイナー、ウェブコンテンツプランナー、研究者、起業家

3月21日生まれ

おひつじ座

正直で信用されるリーダー！

性格バランス
- 天然ボケ度
- セクシー度
- コミュ力
- オシャレ度
- マジメ度
- パワフル度

ラッキーアイテム ケーキ
ラッキーカラー ♥チェリーピンク
ラッキーナンバー 6、9
ラッキールーン 3月 ᛗ マン

ラッキーファッション
チェックが主役の元気な着こなし♥

天使のおくりもの

みんなをまとめる力

ウソがつけないあなた。天使はそんなあなたに、みんなをまとめる力をあたえたの。正直で世話好きだから、みんなを引っぱるリーダーにピッタリ！先生からも信らいされているよ。

天使のメッセージ

一番でなくてもいいんだよ！

じつは負けずぎらいで、一番になりたいタイプ。いつもトップじゃなくてもいいんだよ！

ラブ運

好みのタイプじゃない男の子からだと告白されても興味なし。好きになるのは、何でも話せる明るい男の子みたい。

フレンド運

親しみやすいあなたは、いろんなタイプの子と仲良くなれるよ。自分からどんどん話しかけて、友だちを増やしてね！

うれしい！ひと言
すっごく話しやすい！

イヤ！NGワード
どうせうまくいかないよ

究極の相性！

運命のカレ
3/15 3/21 3/22 7/13 7/21
9/20 9/21 9/22 11/21

キズナの友
1/21 1/22 3/21 5/14 5/22
7/20 7/23 11/21 11/22

ライバル！
6/21 6/22 8/21 8/22 8/28
10/21 10/22 10/23 12/21

3/21生まれのBOY'Sホンネ

好きなタイプ
「ふたりでいても、みんなでいても、楽しくて明るい子が好きだよ♡」

ニガテなタイプ
「ウソをつく子がニガテかな。"どうして？"ってガッカリしちゃう」

あなたに向いている仕事 ▶ スポーツ選手、モデル、デザイナー、タレント、雑誌記者、先生、建築家

勇気いっぱい
チャレンジを
おそれない子

おひつじ座

3月/22日生まれ

性格バランス
天然ボケ度／コミュ力／マジメ度／パワフル度／オシャレ度／セクシー度

天使のおくりもの
目標に向かうひたむきさ

目標に向かってがんばるあなたに、天使は新しいことにチャレンジする勇気をあたえたよ。知りたいことは、わかるまで調べて、知識を増やしていくから、グングン成長するタイプ。

ラッキーファッション
柄ワンピが好き！上品ガーリーコーデ♪

天使のメッセージ
周りのペースに合わせてね

いつも動いていたいパワフルガール。ときには、みんなに合わせることも必要だよ。

- ラッキーアイテム　星柄のグッズ
- ラッキーカラー　♥ルビーレッド
- ラッキーナンバー　5、7
- ラッキールーン　↑ラーグ

3月

ラブ運
あなたのことをよく知っていて、何でも話せる男の子が理想的。幼なじみや同じクラスの子に運命の相手がいるかも♡

フレンド運
おしゃべりが大好きで、いつも楽しい話をさがしているあなた。自然におもしろい仲間が集まってくるみたい♪

3/22生まれの
BOY'Sホンネ

好きなタイプ
「夢を大切にしている子ってかわいいよね♡ かなうといいなって思うよ〜」

ニガテなタイプ
「人の夢をばかにして、からかう子はニガテ。それだけで話したくなくなる」

究極の相性！

運命のカレ
3/16 3/22 3/23 7/14 7/22
9/21 9/22 9/23 11/22

キズナの友
1/22 1/23 3/22 5/15 5/23
7/21 7/24 11/22 11/23

ライバル！
6/22 6/23 8/22 8/23 8/29
10/22 10/23 10/24 12/22

うれしい！ひと言
「すごく楽しいね！」

イヤ！NGワード
「しっかりしてよ！」

あなたに向いている仕事 ▶ ダンサー、コメディアン、タレント、俳優、小説家、翻訳家、新聞記者

3月23日生まれ

おひつじ座

友だちの いいところを 見つける天才

性格バランス
- 天然ボケ度
- セクシー度
- コミュ力度
- オシャレ度
- マジメ度
- パワフル度

ラッキーアイテム
ノート

ラッキーカラー
♡ローズピンク

ラッキーナンバー
8、9

ラッキールーン
3月　✕ イング

天使のおくりもの
みんなを笑顔にする才能

みんなを笑顔にしたいと思っている、やさしいあなた。天使はそんなあなたに、人の長所を見つける力をあたえたよ。友だちのいいところをたくさん見つけるから、みんなを元気にできるよ！

天使のメッセージ
ニガテにもチャレンジ！

楽しいことが好きで、たいくつがキライなあなた。ニガテなことでも、がんばってみよう。

ラッキーファッション
タックインコーデでオシャレアピール☆

LOVE ラブ運
だれとでも平等につき合うあなた。でも好きなカレは、特別あつかいしてあげて♡ 気持ちが伝わって両思いになれるよ！

FRIEND フレンド運
友だちがピンチのときには、すぐにかけつけるよ。だから友だちとは、強い信らいのキズナで結ばれるの！

うれしい！ひと言
「たのんでよかった！」

イヤ！NGワード
「勝手にやれば？」

究極の相性！

運命のカレ
3/17　3/23　3/24　7/15　7/23
9/22　9/23　9/24　11/23

キズナの友
1/23　1/24　3/25　5/16　5/24
7/22　7/25　11/23　11/24

ライバル！
6/23　8/23　8/24　8/30
10/23　10/24　10/25　12/23

3/23生まれのBOY'Sホンネ

好きなタイプ
「どんな子とも公平に仲良くなれる子が好き。ゼッタイ、いい子だよねー♡」

ニガテなタイプ
「人のアラさがしをする、イジワルな子はニガテ。そういうの引いちゃうよ」

あなたに向いている仕事 ▶ スポーツ選手、アナウンサー、リポーター、エンジニア、新聞記者、先生

おひつじ座

3月／24日生まれ

まっすぐな心で進んでいく ピュアガール

ラッキーファッション
コーデのポイントは バッグのピンクカラー♪

天使のおくりもの
すくすく成長する素直さ

天使があなたにあたえたのは、素直でまっすぐな心。先生や友だちの言うことを素直に聞けるから、みんなに好かれるよ。人からのアドバイスを大事にして、すくすく成長する素敵な子。

天使のメッセージ
やりたいことをあきらめないで

素直だから、反対されるとついあきらめてしまいがち。やりたいことを、つらぬこう！

性格バランス
天然ボケ度／コミュ力／マジメ度／パワフル度／オシャレ度／セクシー度

- **ラッキーアイテム** ミニクリップ
- **ラッキーカラー** 黄色
- **ラッキーナンバー** 5、9
- **ラッキールーン** オセル

ラブ運
恋では、友だちにたよりっぱなしはダメ！ 自分で考えて行動するのが一番。笑顔であいさつするのが両思いへの第一歩だよ。

フレンド運
友だちと意見が合わないときに、ガマンしてだまらないで。落ち着いてちゃんと話せば、きっと友だちもわかってくれるはず。

3/24生まれのBOY'Sホンネ

好きなタイプ
「正直に何でも言ってくれる子とつき合いたいと思うよ。信らいできるから」

ニガテなタイプ
「素直じゃない、ガンコな子はニガテ。何も変えようとしないのはつまらない」

究極の相性！

運命のカレ
3/18　3/24　3/25　7/16　7/24
9/23　9/24　9/25　11/24

キズナの友
1/24　1/25　3/24　5/17　5/25
7/23　7/26　11/24　11/25

ライバル！
6/24　6/25　8/24　8/25　8/31
10/24　10/25　10/26　12/24

うれしい！ひと言
がんばったねー！

イヤ！NGワード
あんまり変わらない

あなたに向いている仕事 ▶ アナウンサー、タレント、デザイナー、俳優、美容師、先生、サービス業

3月25日生まれ

おひつじ座

笑顔と不思議なミリョクで愛される子

性格バランス

天然ボケ度／コミュ力／マジメ度／パワフル度／オシャレ度／セクシー度

ラッキーアイテム　ブローチ
ラッキーカラー　オレンジ
ラッキーナンバー　1、5
ラッキールーン　3月　ダエグ

ラブ運
情熱的な恋にあこがれそう。カレとおしゃべりするときには、目をまっすぐに見つめて。きっと恋がかなうはずだよ！

フレンド運
初めて会った子にもやさしくできるから、いろんなタイプの友だちができそう。みんなからも、相談されることが多いよ。

ラッキーファッション
ピンクや赤が好き　あまいヒロインコーデ

天使のおくりもの

みんなを明るくする力

だれにでも親切なあなた。天使はあなたに、人に好かれる不思議なミリョクをあたえたよ。あなたといっしょにいると、気持ちが明るくなるみたい。だから、自然と人が集まってくるよ。

天使のメッセージ

ていねいな言葉で話そう

先生や先ぱいにも自分の意見を言えるところは◎。ていねいな言葉で気持ちを伝えてね。

うれしい！ひと言

仲良くしようね

イヤ！NGワード
どっちでもいいよ

究極の相性！

運命のカレ
3/19　3/25　3/26　7/17　7/25
9/24　9/25　9/26　11/25

キズナの友
1/25　1/26　3/25　5/18　5/26
7/24　7/27　11/25　11/26

ライバル！
6/25　6/26　8/25　8/26　9/1
10/25　10/26　10/27　12/25

3/25生まれのBOY'Sホンネ

好きなタイプ

「とにかくかわいい子が大好きだよ♡ 理由？ かわいいからだよー！」

ニガテなタイプ

「自分のことばっかり話したり、アピールしたりする子はニガテ」

あなたに向いている仕事▶ トリマー、小説家、俳優、自然保護団体職員、児童相談員、先生、政治家

ひたむきに夢をかなえるいちずな少女

おひつじ座

3月26日生まれ

性格バランス
天然ボケ度 / セクシー度 / コミュ力 / オシャレ度 / マジメ度 / パワフル度

天使のおくりもの
大きな夢とチャレンジ精神

いつも元気な女の子。天使はあなたに、夢に向かうパワーをあたえたよ。目標に向かって一生けん命がんばるし、とちゅうで投げ出さない子。そんないちずなところがミリョク的だよ。

ラッキーファッション
元気カジュアルのおてんばレディ♡

ラッキーアイテム
リンゴ

ラッキーカラー
♡ベビーピンク

ラッキーナンバー
2、9

ラッキールーン
フェオ　3月

天使のメッセージ
落ちこんだら歌をうたおう

落ちこんだときは、大きな声で大好きな歌をうたってみて！ すぐに元気になれるよ。

ラブ運

カレの前だと、キンチョーしてうまく話せないかも。そんなときは、だまってニッコリ。あなたの笑顔に、カレもキュン♡

フレンド運

やさしいあなたは、なやみの相談役だよ！ でもたまには自分のなやみも話してみてね。友情がもっと深くなるよ。

3/26生まれのBOY'Sホンネ

好きなタイプ
「自分で決めたことを一生けん命守る、いちずな子が好き。本気を感じる♡」

ニガテなタイプ
「さっき言っていたことと、今言っていることがちがう子はこまっちゃう」

究極の相性！

運命のカレ
3/20　3/26　3/27　7/18　7/26
9/25　9/26　9/27　11/26

キズナの友
1/26　1/27　3/26　5/19　5/27
7/25　7/28　11/26　11/27

ライバル！
6/26　6/27　8/26　8/27　9/2
10/26　10/27　10/28　12/26

うれしい！ひと言
「いっしょにやろうね！」

イヤ！NGワード
「みんなやってるよ」

あなたに向いている仕事 ▶ ダンサー、スポーツ選手、ファイナンシャルプランナー、医者、裁判官

3月27日生まれ

おひつじ座

始めたことは最後までやる全力少女

性格バランス
- 天然ボケ度
- コミュ力
- マジメ度
- パワフル度
- オシャレ度
- セクシー度

ラッキーアイテム
目薬

ラッキーカラー
♥青

ラッキーナンバー
3、5

3月 ラッキールーン
ウル

天使のおくりもの
ひたむきなねばり強さ

目の前のことに全力投球する女の子。天使はそんなあなたに、ねばり強さをあたえたよ。目標を決めたら、それに向かってがんばるから、好きなことでは一番になれるよ！

ラッキーファッション
ジャケットをかたにかけてクールなスタイル☆

LOVE ラブ運
カレの前でいいところを見せようと思うとうまくいかないかも。いつもどおりに、ニッコリ笑うだけでOKだよ。

FRIEND フレンド運
あなたによく似たタイプの子と友だちになりやすいみたい。タイプがちがう子にも話しかけてみると、世界が広がるよ！

天使のメッセージ
失敗したらすぐに謝って

友だちとトラブルを起こしたら、すぐに謝ろう。勇気を持ってやり直せばだいじょうぶ！

うれしい！ひと言
何でもできるね！

イヤ！NGワード
あなたのせいかも

究極の相性！

運命のカレ
3/21 3/27 3/28 7/19 7/27
9/26 9/27 9/28 11/27

キズナの友
1/27 1/28 3/27 5/20 5/28
7/26 7/29 11/27 11/28

ライバル！
6/27 6/28 8/27 8/28 9/3
10/27 10/28 10/29 12/27

3/27生まれのBOY'Sホンネ

好きなタイプ
「スーパーポジティブでチャレンジする気まんまんのパワフルな子が好き♡」

ニガテなタイプ
「何もしないくせに、言いわけばっかりしている子は、かっこ悪いと思う」

あなたに向いている仕事 ▶ スポーツ選手、カメラマン、タレント、アナリスト、小説家、政治家

新しいことにチャレンジ！元気な女の子

3月/28日生まれ
おひつじ座

天使のおくりもの
前向きな心と勇かんさ

新しいことが大好きなあなた。天使はそんなあなたに、前向きな心をあたえたよ。今までやったことがないことにも、勇かんにチャレンジするよ。友だちも、あなたをそんけいしているよ。

天使のメッセージ
かくしごとはNGだよ

とても正直な子。かくしごとをしても、すぐに顔に表れるから、わかっちゃいそう。

ラッキーファッション
丸メガネがポイント 個性派レトロガール

性格バランス
天然ボケ度／コミュ力／マジメ度／パワフル度／オシャレ度／セクシー度

ラッキーアイテム ボディソープ
ラッキーカラー ♥ショッキングピンク
ラッキーナンバー 4、9
ラッキールーン ▷ ソーン

ラブ運
恋には積極的！　好きになったら、堂々とアプローチしそう。やさしくて、はげましてくれるカレがベストだよ！

フレンド運
気さくだから、いろんなタイプの子と友だちになれるよ。おとなしい子の味方になってあげることが多いみたい。

3/28生まれのBOY'Sホンネ

好きなタイプ
「カンが良くて、するどいところがある子が好きだな。ドキドキしちゃう☆」

ニガテなタイプ
「ドンカンな子はニガテ。いいかげんに気づいてーって思っちゃう！」

究極の相性！

運命のカレ
3/22　3/28　3/29　7/20　7/28
9/27　9/28　9/29　11/28

キズナの友
1/28　1/29　3/28　5/21　5/29
7/27　7/30　11/28　11/29

ライバル！
6/28　6/29　8/28　8/29　9/4
10/28　10/29　10/30　12/28

うれしい！ひと言
「いっしょにやろう！」

イヤ！NGワード
「言わないでよ！」

あなたに向いている仕事 ▶ マンガ家、プロデューサー、ツアーコンダクター、研究者、記者、通訳

3月29日生まれ おひつじ座

遊びも勉強も全部楽しむおおらかな子

性格バランス

- 天然ボケ度
- コミュ力度
- マジメ度
- パワフル度
- オシャレ度
- セクシー度

ラッキーアイテム
携帯音楽プレイヤー

ラッキーカラー
♥ エメラルド

ラッキーナンバー
5、9

ラッキールーン
3月 アンスール

LOVE ラブ運
好きなカレの前ではとても素直になるよ。そんなまっすぐさがカレの心を動かすみたい。両思いになる確率も高そう♡

FRIEND フレンド運
気が合う仲間は、大切なそん在だよ！ みんなと力を合わせれば、ひとりではできないことだって、できちゃいそう！

ラッキーファッション
ゆったりしたサイズ感のナチュラルコーデ♡

天使のおくりもの
毎日を楽しむ天性の明るさ

天使はあなたに、毎日を楽しむ明るい心をあたえたよ。いやなことがあっても、クヨクヨしないように気持ちを切りかえちゃう。だから遊びやシュミはもちろん、勉強だって楽しんじゃう！

天使のメッセージ
笑顔でやる気を出して

あれこれ禁止されるとテンションが下がるみたい。そんなときはスマイルで乗り切って。

うれしい！ひと言
おそろいだね！

イヤ！NGワード
ほっといて！

究極の相性！

運命のカレ
3/23 3/29 3/30 7/21 7/29
9/28 9/29 9/30 11/29

キズナの友
1/29 1/30 3/29 5/22 5/30
7/31 9/29 11/29 11/30

ライバル！
6/29 6/30 7/29 8/30 9/5
10/29 10/30 10/31 12/29

3/29生まれのBOY'Sホンネ

好きなタイプ
「何でも器用にこなしちゃう子が好き♡ スマートなのがかっこいいからね」

ニガテなタイプ
「いつもいっぱいいっぱいで、せっぱつまった感じの子はニガテ」

あなたに向いている仕事 ▶ カウンセラー、クリエイター、発明家、看護士、獣医師、政治家、起業家

おもしろくて元気で人気！テキパキ少女

おひつじ座

3月30日生まれ

天使のおくりもの
明るさと気配り力

明るくてユーモアがある女の子。天使はそんなあなたに、気配りできる力をあたえたよ。みんなをフォローしながら、テキパキ行動しちゃう！ みんなからたよりにされるよ。

天使のメッセージ
ケンカしたら素直に謝ろう！

ときどきゴカイされてケンカになることもあるみたい。素直に謝って仲直りしようね。

ラッキーファッション
好感度高めなフレンドリーコーデ

性格バランス

天然ボケ度／コミュ力／マジメ度／パワフル度／オシャレ度／セクシー度

ラッキーアイテム
ビーズのグッズ

ラッキーカラー
♡桜色

ラッキーナンバー
5、6

ラッキールーン
R ラド

ラブ運
好きになったら、カレの気持ちを考えて行動できる女の子。そのやさしさにカレが気づいたら、すぐに両思いになれそう♡

フレンド運
カンがするどいので、友だち選びも上手だよ。気が合う子とは、自然に仲良くなれるみたい。友情も長〜く続きそう。

3/30生まれのBOY'Sホンネ

好きなタイプ
「自分で考えて、自分から行動する子が好きだよ。そんけいできる♡」

ニガテなタイプ
「人から言われないと何もしない子はあんまり好きじゃないな」

究極の相性！

運命のカレ
3/24 3/30 3/31 7/22 7/30
9/29 9/30 10/1 11/30

キズナの友
1/30 1/31 3/30 5/23 5/31
7/29 8/1 11/30 12/1

ライバル！
6/30 7/1 8/30 8/31 9/6
10/30 10/31 11/1 12/30

うれしい！ひと言
すごい、天才かも

イヤ！NGワード
もう知らないよ！

あなたに向いている仕事▶ スポーツ選手、カメラマン、ツアーコンダクター、冒険家、外交官、先生

3月31日生まれ

おひつじ座

何にでもチャレンジ！元気な女の子

性格バランス

- 天然ボケ度
- コミュ力
- マジメ度
- パワフル度
- オシャレ度
- セクシー度

ラッキーアイテム
ししゅうのハンカチ

ラッキーカラー
♥紺色

ラッキーナンバー
7、9

ラッキールーン
3月　ク／ケン

ラブ運
好きな人の前でも正直。目を見て「好き」って言えば、すぐ両思いになれそう♡　友だちから恋人になることが多いよ。

フレンド運
ケンカしてもすぐに仲直りできる素直な子。いつもニコニコしているから、友だちが自然に集まる人気者だよ！

ラッキーファッション
女優さんみたいなさわやかガール

天使のおくりもの

何でも試す好奇心

天使があなたにあたえたのは、チャレンジする気持ちだよ。本で知ったり、人から話を聞いたりするより、自分で体験したいと思うみたい。体当たりでトライして、大きく成長する女の子。

天使のメッセージ

行動する前に下調べを！

元気いっぱいだから、考える前に行動しちゃいそう。しっかり準備することも大切だよ！

うれしい！ひと言
最高。
おもしろいね！

イヤ！NGワード
教えないよ

究極の相性！

運命のカレ
3/25　3/31　4/1　7/23　7/31
9/29　9/30　10/1　12/1

キズナの友
1/31　2/1　3/31　5/24　6/1
7/30　8/2　10/1　12/2

ライバル！
6/30　7/1　8/31　9/1　9/5
10/31　11/1　11/2　12/31

3/31生まれのBOY'Sホンネ

好きなタイプ
「どんなことにも"やってみようよ！"って賛成してくれる子が好き♡」

ニガテなタイプ
「"あぶないからやめなさいよ"とか、お母さんみたいに言ってくる子」

あなたに向いている仕事　ダンサー、エンジニア、デザイナー、宇宙飛行士、研究者、先生、政治家

4月生まれ
April
卯月

4月生まれのキミへ

明るくてハキハキ話せるキミは、だれからも好印象。
クラスがえがあっても、はじめから人気者になれるから安心しろよ。

4月の幸せおまじない

クラスの人気者になりたいあなたに、おすすめのお守りだよ。まず、正方形に切った白い紙を用意。紙の中心に円を書き、太陽をイメージしたオレンジか黄色でぬりつぶして。そしてその周りに、光が広がるみたいにクラスメイトの名前を書いてね。最後に、円の中にあなたの名前を書いて、それを持ち歩いてね。グループの中心人物になり、クラスの人気者にもなれるよ。

4月の行事　タネまき

4月はたくさんの植物の「タネまき月」。特に、「ワイルドストロベリー」は、タネから育てて無事に実がなると、幸せな結婚ができるんだって！　ぜひ育ててみようね。

4月1日生まれ

おひつじ座

あきらめずに やりとげる がんばり屋

性格バランス
- 天然ボケ度
- セクシー度
- コミュ力
- オシャレ度
- マジメ度
- パワフル度

4月

ラッキーアイテム
ヘアアクセ

ラッキーカラー
♥オリーブ色

ラッキーナンバー
5、8

ラッキールーン
✕ ギューフ

LOVE ラブ運
恋をすると、積極的にアプローチするタイプ。カレとふたりのときには素直にあまえてみて。キズナが深まるよ♡

FRIEND フレンド運
しっかり者だから、たよられることが多いよ。気がついたら、みんなのリーダー役や世話役になっていることも。

ラッキーファッション
清けつ感ばっちりの
お嬢様スタイル

天使のおくりもの

ねばり強くやりぬく力

みんなのことが大好きなあなた。天使はあなたに、最後までやりとげる力をあたえたよ。目標に向かってつき進むから、結果を出せるはず。がんばるすがたを、みんなが見てくれているよ。

天使のメッセージ

落ち着いてやさしく話そう

元気がありすぎて声が大きくなっちゃうことも。落ち着いて、やさしく話そうね。

うれしい!ひと言
「がんばるね!」

イヤ!NGワード
「これやっといて」

究極の相性!

運命のカレ
3/26 4/1 4/2 7/24 8/1
9/30 10/1 10/2 12/1

キズナの友
2/1 2/2 4/5 5/25 6/2
7/31 8/3 12/2 12/3

ライバル!
1/1 7/1 7/2 9/1 9/2
9/8 11/1 11/2 11/3

4/1生まれのBOY'Sホンネ

好きなタイプ
「その子だけができる、みたいなトクイワザを持ってる子ってすごいよね!」

ニガテなタイプ
「すぐにメソメソする子はニガテ。泣いてもどうにもならないんだよね」

あなたに向いている仕事　スポーツ選手、タレント、ジャーナリスト、小説家、弁護士、経営者

夢見る少女♡不思議好きで聞き上手！

おひつじ座 **4月2日生まれ**

ラッキーファッション: いちごがキュートなあまめコーデ♡

性格バランス
- 天然ボケ度
- セクシー度
- コミュ力
- オシャレ度
- マジメ度
- パワフル度

4月

ラッキーアイテム
自分の写真
ラッキーカラー
♥ライムイエロー
ラッキーナンバー
6、8
ラッキールーン
⚑ ウィン

ラブ運
ロマンティックな恋にあこがれそう。理想の王子様は、もしかしたら、あなたのすぐ近くにいる男の子かもしれないよ！

フレンド運
いつも人の気持ちを考えられるから、みんなにたよられているよ。あなたの周りには、友だちが自然と集まってくるみたい。

天使のおくりもの
話を聞いてまとめる力
不思議大好きなロマンティスト。そんなあなたに天使があたえたのは、意外にもみんなの話を聞いて、まとめあげる力。笑顔で話を聞いてくれるから、クラスで人気のリーダーだよ！

天使のメッセージ
悪いうらないは気にしないで
うらない好きなあなた。運勢が悪いと気にしすぎちゃうかも？　いい結果だけ信じてみて！

4/2生まれのBOY'sホンネ
好きなタイプ: 「夢や目標を持っている子がいいと思うし、好きだな。いろいろ話したい♡」

ニガテなタイプ: 「人と自分を比べて、いじけていないで、がんばればいいのにって思うよ〜」

究極の相性！
運命のカレ
3/27　4/2　4/3　7/25　8/2
10/1　10/2　10/3　12/2
キズナの友
2/2　2/3　4/2　5/26　6/3
8/1　8/1　12/3　12/4
ライバル！
1/2　5/2　7/3　9/2　9/3
9/9　11/2　11/3　11/4

うれしい！ひと言
やさしいね

イヤ！NGワード
そういうの、興味ない

あなたに向いている仕事 ▶ マンガ家、デザイナー、ミュージシャン、鑑定士、作詞家、先生、経営者

4月3日生まれ

おひつじ座 ♈

大きな夢と理想を持ったチャレンジャー

性格バランス
- 天然ボケ度
- コミュ力
- マジメ度
- パワフル度
- オシャレ度
- セクシー度

4月

ラッキーアイテム
音楽プレーヤー

ラッキーカラー
♡ピンクベージュ

ラッキーナンバー
7、8

ラッキールーン
ᚺ ハガル

LOVE ラブ運
夢見る気持ちが強いから、実際の恋をするのは、少し先かも。自分みがきをしているうちに、素敵な人が現れるはず♡

FRIEND フレンド運
くじけそうなときも友だちとおしゃべりすれば、元気いっぱい。明るいあなたといっしょにいると、友だちも楽しくなるよ♪

ラッキーファッション
ビタミンカラーで元気アピール★

天使のおくりもの

どんなこともトライする勇気

やりたいことがたくさんあって、いつもワクワクしているあなた。天使はあなたに、トライしてみる勇気をあたえたよ。いろいろなことを試して、「これだ！」と思う夢を見つけてね。

天使のメッセージ

準備をしてから行動しよう

じっとしていられなくて、考える前に動きがち。ちゃんと準備したほうがうまくいくよ！

4/3生まれのBOY'Sホンネ

好きなタイプ
「何でもチャレンジしてみる子がかっこいい。シゲキし合えるのが理想♪」

ニガテなタイプ
「こっちがやろうとしてるとき、"そんなのムリに決まってるよ"って言う子……」

うれしい！ひと言
やってみよう！

イヤ！NGワード
早くして！

究極の相性！

運命のカレ
3/28 4/3 4/4 7/26 8/3
10/2 10/3 10/4 12/3

キズナの友
2/3 2/4 4/3 6/3 6/4
5/27 8/5 12/4 12/5

ライバル！
1/3 7/3 7/4 9/3 9/4
9/10 11/3 11/4 11/5

あなたに向いている仕事 ▶ デザイナー、エンジニア、ツアーコンダクター、研究者、通訳、外交官

目標目指して全力投球するがんばり屋☆

おひつじ座

4月4日生まれ

性格バランス
天然ボケ度／コミュ力／マジメ度／パワフル度／オシャレ度／セクシー度

4月

ラッキーアイテム
ガラス小物

ラッキーカラー
♥赤

ラッキーナンバー
8、9

ラッキールーン
ᚾ ニイド

天使のおくりもの
ねばり強く集中する力

何でも一生けん命がんばるあなた。天使がそんなあなたにあたえたのは、すごい集中力。一度目標を決めたら、ねばり強くがんばれるよ！だから友だちからもそんけいされているみたい。

ラッキーファッション
ほっこりやさしいいやし系ガール！

天使のメッセージ
こわがらずに自分を信じて！
「失敗したらどうしよう」って考えすぎかも。もっと自分を信じてだいじょうぶだよ！

ラブ運
大好きなカレのためなら、何でもしてあげたくなっちゃう♡ カレも、あなたのやさしい心に感動するはずだよ。

フレンド運
友だちをとても大切にするよ。そのやさしさで、自分を後回しにすることも。あなた自身のことも大切にしてね。

4/4生まれのBOY'Sホンネ

好きなタイプ
「"できないからこそがんばる！"という子が好きだな。応えんしたくなる♡」

ニガテなタイプ
「自分ができるからって、できない子のことを笑う子って感じ悪いと思うよ」

究極の相性！

運命のカレ
3/29 4/4 6/7 7/27 8/4
10/3 10/4 10/5 12/4

キズナの友
2/4 2/5 4/4 5/28 6/5
8/3 8/6 12/5 12/6

ライバル！
1/4 3/4 7/5 9/4 9/5
9/11 11/4 11/5 11/6

うれしい！ひと言

いっしょにやろう

イヤ！NGワード

どうでもいいよ

あなたに向いている仕事 ▶ カメラマン、タレント、宇宙飛行士、俳優、小説家、研究者、発明家

4月5日生まれ

おひつじ座

みんなとのつながりを大事にする子

性格バランス
- 天然ボケ度
- セクシー度
- コミュ力
- オシャレ度
- マジメ度
- パワフル度

4月

- ラッキーアイテム：時計
- ラッキーカラー：♥桃色
- ラッキーナンバー：8、9
- ラッキールーン：イス

ラブ運
好きなカレの前では、素直になれないタイプ。友だちから一歩進むために、勇気を出して、気持ちを伝えてみようね。

フレンド運
友だちは大切にするけど、必要以上にベタベタしないあなた。そんなさわやかな性格が好かれて、友だちも多いはず。

ラッキーファッション
ギンガムチェックのフレンドリーコーデ

天使のおくりもの
明るさと笑顔にする力

人とのつながりを大切にするあなた。天使はそんなあなたに、みんなを笑顔にできる力をあたえたよ。明るくて気さく。それでいてひかえめな子だから、みんなに好かれているみたい。

天使のメッセージ
心配しないで友だちを信じて

友だちにきらわれたらどうしよう、と心配しすぎることも。もっと友だちを信じてあげて。

うれしい！ひと言
ありがとう

イヤ！NGワード
くやしい！

究極の相性！

運命のカレ
3/30 4/5 4/6 7/28 8/5
10/4 10/5 10/6 12/5

キズナの友
2/5 2/6 4/5 5/29 6/6
8/4 8/7 10/6 12/7

ライバル！
1/5 7/6 7/6 9/5 9/6
9/12 11/5 11/6 11/7

4/5生まれのBOY'Sホンネ

好きなタイプ
「大人になっても友だちや仲間でいられるような、そんな期待が持てる子♡」

ニガテなタイプ
「ちょっと口ゲンカしただけで、はげしく態度を変える子って、こわいよ！」

あなたに向いている仕事：スタイリスト、アナウンサー、アナリスト、気象予報士、雑誌編集者

明るくて おおらかな 人気者♪

4月6日生まれ おひつじ座

天使のおくりもの
みんなをなごませる力

明るくのんびりしている女の子。天使はそんなあなたに、周りの人をなごませる力をあたえたよ。ひかえめで、おとなしいあなただけど、気がついたらみんなの輪の中心にいるみたい。

天使のメッセージ
ときにはチャレンジ！

安定した道を選ぶことが多いあなた。ときには、思い切って冒険をしてみようよ！

性格バランス
天然ボケ度／コミュ力／マジメ度／パワフル度／オシャレ度／セクシー度

4月

- ラッキーアイテム：リップクリーム
- ラッキーカラー：♡アプリコット
- ラッキーナンバー：1、9
- ラッキールーン：〈〉ヤラ

ラブ運 LOVE
友情から恋がめばえそうだよ。カレとはゆっくり時間をかけて心を通わせてね。両思いになれる確率がアップするよ♡

フレンド運 FRIEND
男の子でも女の子でも、みんなと仲良くつき合える、フレンドリーなあなた。恋のなやみを相談されることも多そう！

ラッキーファッション：カジュアルキュートなサロペットスカート

4/6生まれの BOY'Sホンネ

好きなタイプ
「女子からも男子からも好かれる、性格のいい子がやっぱり一番いい♡」

ニガテなタイプ
「人に命令してる子がニガテ。いばっている子は、やっぱりこわい感じ……」

究極の相性！

運命のカレ
3/31 4/6 4/7 7/29 8/6
10/5 10/6 10/7 12/6

キズナの友
2/6 2/7 4/6 5/30 6/7
8/5 8/8 12/7 12/8

ライバル！
1/6 7/7 9/6 9/7
9/13 11/6 11/7 11/8

うれしい！ひと言
「たよりになるね！」

イヤ！NGワード
「もういいよ」

あなたに向いている仕事 ▶ モデル、デザイナー、コーディネーター、フローリスト、美容師、研究者

4月7日生まれ

おひつじ座

100%の力でがんばる全力ガール☆

性格バランス
- 天然ボケ度
- セクシー度
- コミュ力
- オシャレ度
- マジメ度
- パワフル度

4月
- **ラッキーアイテム** アロマキャンドル
- **ラッキーカラー** ♥ショッキングピンク
- **ラッキーナンバー** 2、9
- **ラッキールーン** ♪ユル

天使のおくりもの
本気で取り組む力

いつも一生けん命なあなた。天使はそんなあなたに、最後までがんばる力をあたえてくれたよ。目標に向かって100%全力を出すあなたは、みんなのあこがれ。友だちも応えんしているよ！

ラッキーファッション
きっちりスタイルでマジメモード！

天使のメッセージ
用心しすぎずちょうせんを

あぶないことには手を出さないあなた。用心しすぎてチャンスをのがさないようにね。

ラブ運
好きになったら、カレのことで頭がいっぱい。イシキしないで気楽に話すほうが、あなたのミリョクが伝わるよ♡

フレンド運
がんばり屋のあなたのすがたに、あこがれている友だちも多いよ。いっしょに何かをがんばると、もっとうまくいくはず。

うれしい！ひと言
「いい感じだね」

イヤ！NGワード
「信じられない……」

究極の相性！

運命のカレ
4/1 4/7 4/8 7/30 8/7
10/6 10/7 10/8 12/7

キズナの友
2/7 2/8 4/7 5/31 6/8
8/9 11/9 12/8 12/9

ライバル！
1/7 7/7 7/8 9/7 9/8
9/14 11/7 11/8 11/9

4/7生まれのBOY'Sホンネ

好きなタイプ
「まるでアスリートみたいにいちずにがんばる子が好きだな。応えんしたい」

ニガテなタイプ
「人が見ていないと、すぐにさぼろうとする子。いや、それ、ズルだから！」

あなたに向いている仕事▶ デザイナー、アーティスト、俳優、彫刻家、映像作家、小説家、経営者

勇気を持って夢をかなえるアイデア少女

おひつじ座

4月8日生まれ

天使のおくりもの
チャレンジを続ける勇気

大きな夢に向かって歩いていく女の子。天使はそんなあなたに、チャレンジする勇気をあたえたの。たとえ失敗しても、くじけずに工夫して取り組むから、いつか夢をかなえられるはず!

天使のメッセージ
あなたの考えをみんなに伝えて

アイデアがうかんだら、もっと周りに話してみよう。あなたの考えにみんなおどろくかも♪

性格バランス
天然ボケ度／コミュ力／マジメ度／パワフル度／オシャレ度／セクシー度

4月

ラッキーアイテム
ペンケース

ラッキーカラー
♡スカイブルー

ラッキーナンバー
3、8

ラッキールーン
ペオース

ラッキーファッション
チェックスカートでさわやかガール♪

ラブ運
カレを意識しすぎて、素直になれないことも。かたの力をぬいてリラックスして! そのままのあなたがミリョク的だよ♡

フレンド運
ちょっぴりドジなところも。でも、そこがまた好かれるポイントだよ。友だちを大切にするところも、好感度アップに♪

4/8生まれのBOY'Sホンネ

好きなタイプ
「細かいことを気にしない、やさしい子が好きだよ。安心できるからね♡」

ニガテなタイプ
「がさつな言葉使いで、乱ぼうな、さわがしい感じの子がニガテだなあ」

究極の相性!

運命のカレ
4/2 4/8 4/9 7/31 8/8
10/7 10/8 10/9 12/8

キズナの友
2/8 2/9 4/8 6/1 6/9
8/7 8/10 12/9 12/10

ライバル!
1/8 7/8 7/9 9/8 9/9
9/15 11/8 11/9 11/10

うれしい!ひと言
大成功だね!

イヤ!NGワード
やっちゃったね

あなたに向いている仕事▶ タレント、エンジニア、占い師、伝統工芸士、先生、法律家、不動産業

4月9日生まれ

おひつじ座

元気いっぱい 自分を信じる 前向きな子！

性格バランス
天然ボケ度 / コミュ力 / マジメ度 / パワフル度 / オシャレ度 / セクシー度

4月
- **ラッキーアイテム**: とうめいなネイル
- **ラッキーカラー**: ♥ライムグリーン
- **ラッキーナンバー**: 4、9
- **ラッキールーン**: ᚨ エオロー

ラッキーファッション：赤をきかせたパンクガール風！

ラブ運
あなたのがんばりをすぐ近くで見守ってくれる男の子が理想的。素直にカレの好意を受け入れられたら、幸せな恋ができそう♡

フレンド運
前向きなあなたは、周りの友だちを元気にするよ。相談されたときは、親身に話を聞くから、たよりにされているはず。

天使のおくりもの

ポジティブにがんばる力

天使があなたにあたえたのは、自分の力を信じる前向きな心。最初から人の力を当てにしないで、自分でがんばるよ。そんなあなたのことを、友だちみんなが応えんしているみたい。

天使のメッセージ

つらいときには ムリをしないで

つらいのに、ガマンして笑うことも。ムリしないで、泣きたいときは泣いてもいいんだよ。

うれしい！ひと言
「やればできる！」

イヤ！NGワード
「それ、意味ある？」

究極の相性！

運命のカレ
4/3 4/9 4/10 8/1 8/9
10/8 10/9 10/10 12/9

キズナの友
2/9 2/10 4/9 6/2 6/10
8/8 8/11 12/10 12/11

ライバル！
1/9 7/9 9/1 9/9 9/10
9/16 11/9 11/10 11/11

4/9生まれの BOY'Sホンネ

好きなタイプ: 「何となくナゾっぽい子が好きだな～。何でも知ってそう。教えてほしい♡」

ニガテなタイプ: 「人が話しているときにジャマする子がニガテ。ボクにもしゃべらせて～！」

あなたに向いている仕事 ▶ カメラマン、ツアーコンダクター、冒険家、政治家、外交官、経営者

人の笑顔が大好きなやさしい子

おひつじ座 ★ **4月/10日** 生まれ

性格バランス
天然ボケ度／セクシー度／コミュカ／オシャレ度／マジメ度／パワフル度

4月

ラッキーアイテム
コミック本

ラッキーカラー
♥緑

ラッキーナンバー
4、5

ラッキールーン
⚡ シゲル

天使のおくりもの
人を気づかうやさしい心
天使があなたにあたえたのは、人の気持ちを考えるやさしい心。みんなのためなら、自分のことは後回し。周りの人の笑顔を見ることが、あなたの元気のもとになっているんだね☆

天使のメッセージ
友だちのことをしっかり支えて
泣いている友だちを見ると、もらい泣きしそう。そんなときこそあなたがしっかりして!

ラッキーファッション
やさしいふんいきのスカートスタイル

ラブ運
カレが喜ぶ顔を見るのが幸せ。やさしい男の子とハッピーな恋ができるタイプだよ。ライバルがいても、あきらめないで!

フレンド運
友だちを大切にするから、みんなに好かれているよ。あなたがピンチのときは、友だちがかけつけてくれるはず!

4/10生まれのBOY'Sホンネ

好きなタイプ
「人に"やさしい"って言われている子が好き。本当にやさしいんだろうな♡」

ニガテなタイプ
「ただ目立てばいいって思っていそうな、ハデな女の子はニガテだな〜」

究極の相性!

運命のカレ
4/4 4/10 4/11 8/2 8/10
10/9 10/10 10/11 12/10

キズナの友
2/10 2/11 4/10 6/3 6/11
8/9 8/12 12/11 12/12

ライバル!
1/10 7/10 7/11 9/10 9/11
9/17 11/10 11/11 11/12

うれしい!ひと言
うれしいな。ありがとう

イヤ!NGワード
だれも見てないよ

あなたに向いている仕事▶ アーティスト、タレント、小説家、裁判官、政治家、経営者、発明家

4月11日生まれ

おひつじ座 ♈

夢に向かって真正面からチャレンジ

性格バランス
- 天然ボケ度
- セクシー度
- コミュ力
- オシャレ度
- マジメ度
- パワフル度

4月

ラッキーアイテム カメラ
ラッキーカラー ♥ルビーレッド
ラッキーナンバー 4、6
ラッキールーン ↑ ティール

LOVE ラブ運
恋にも積極的なあなた。ライバルが現れても一歩も引かないよ。「負けるもんか！」と、もっとアピールするかも！

FRIEND フレンド運
大事な友だちを守るためなら、一生けん命がんばるたのもしい子。仲間をキズつける人がいたら、許さないよ！

ラッキーファッション
ジャケットを羽織ってちょっぴり品良く

天使のおくりもの
夢をかなえる行動力☆

自分の気持ちに正直なあなた。天使がそんなあなたにあたえたのは、ダイタンな行動力。ほしいものやかなえたい夢があったら、人の目を気にせずにチャレンジできる、強い心の持ち主。

天使のメッセージ
負けずぎらいな性格を生かして

いつも一番でいたいあなた。その負けずぎらいの心を、勉強やスポーツに向けると◎。

4/11生まれのBOY'Sホンネ

好きなタイプ
「ちゃんと考えて行動する、頭のいい子が好きだな。仲間になると安心〜♪」

ニガテなタイプ
「自分の意見がない子は、いっしょにいてもあんまり話が続かないよ」

うれしい！ひと言
「何でも言って！」

イヤ！NGワード
「ここだけの話だけど……」

究極の相性！

運命のカレ
4/5 4/11 4/12 8/3 8/11
10/10 10/11 10/12 12/11

キズナの友
2/11 2/12 4/11 6/4 6/12
8/10 8/13 12/12 12/13

ライバル！
1/11 7/11 7/12 9/11 9/12
9/18 11/11 11/12 11/13

あなたに向いている仕事 ▶ タレント、カメラマン、ジャーナリスト、旅行作家、冒険家、起業家

人の気持ちが よくわかる リーダー役☆

おひつじ座

4月12日生まれ

性格バランス

天然ボケ度／セクシー度／コミュ力／マジメ度／パワフル度／オシャレ度

天使のおくりもの

みんなと仲良くできる力

天使があなたにあたえたのは、だれとでもコミュニケーションが取れる力。自分の気持ちを伝えるのも上手だし、人の気持ちもよく理解できるよ。みんなのリーダータイプのはず！

天使のメッセージ

無理しないできちんと休もう

いつもみんなのために一生けん命。がんばりすぎてつかれる前にちゃんと休んでね。

ラッキーファッション
ポップスタイルで注目度ナンバーワン！

4月

- ラッキーアイテム：カラーペン
- ラッキーカラー：♥コバルトブルー
- ラッキーナンバー：7、9
- ラッキールーン：ᛒ ベオーク

ラブ運

いつもみんなにたよられているから、あなたをあまえさせてくれる男の子を好きになりそう。上の学年のカレがおすすめ♡

フレンド運

物知りなあなたと話すのを、みんなが楽しんでいるよ。おしゃべり上手だから、気づけばみんなの中心にいるはず。

4/12生まれのBOY'Sホンネ

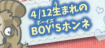

好きなタイプ
「責任感があってやさしいけど、じつはあまえんぼうみたいな子が理想的♡」

ニガテなタイプ
「何でも自分ひとりでやるって意地を張る子。もっとたよってほしいよ！」

究極の相性！

運命のカレ
4/6 4/12 4/13 8/4 8/12
10/11 10/12 10/13 12/12

キズナの友
2/12 2/13 4/12 6/5 6/13
8/11 8/14 12/13 12/14

ライバル！
1/12 7/12 8/13 9/12 9/13
9/19 11/12 11/13 11/14

うれしい！ひと言

ずっとおしゃべりしたいな

イヤ！NGワード

その話知ってるよ

あなたに向いている仕事▶ スポーツ選手、カフェオーナー、医者、介護福祉士、編集者、外交官

4月13日生まれ おひつじ座

チャンスをつかむのが上手な子♪

性格バランス
- 天然ボケ度
- セクシー度
- コミュ力
- オシャレ度
- マジメ度
- パワフル度

4月
- **ラッキーアイテム** 星モチーフの雑貨
- **ラッキーカラー** ♡オフホワイト
- **ラッキーナンバー** 4、8
- **ラッキールーン** M エオー

LOVE ラブ運
好きになったら、すぐアタックするあなた。どんどんアプローチするから、カレもあなたが気になってくるみたい。

FRIEND フレンド運
じっくり考えて行動するタイプの子と、いいコンビになれそうだよ。大人になってもずっと親友でいられるはず！

ラッキーファッション
はかなげキュートなピュアコーデ♡

天使のおくりもの
すばやく決断できる力
頭の回転が速いあなた。天使はそんなあなたに、強い決断力をあたえたよ。何かを決めるのも、実行に移すのもとってもスピーディー。だからチャンスを上手につかむことができるよ。

天使のメッセージ
周りにペースを合わせよう
ペースは人それぞれ。ゆっくりな子がいるときは、急かさないで合わせてあげようね。

うれしい！ひと言
「頭、いいね！」

イヤ！NGワード
「何を言ってるの？」

究極の相性！
運命のカレ
4/7 4/13 4/14 8/5 8/13
10/12 10/13 10/14 12/13

キズナの友
2/13 2/14 4/13 6/6 6/13
8/12 8/15 12/14 12/15

ライバル！
1/13 7/13 7/14 9/13 9/14
9/20 11/13 11/14 11/15

4/13生まれのBOY'Sホンネ

好きなタイプ
「人の話を最後まで聞いてくれるやさしい子がいいな。思いやりを感じる♡」

ニガテなタイプ
「話をすぐにさえぎって、"そんなこと知ってる"って言われると悲しい！」

あなたに向いている仕事▶ クリエイター、マンガ家、イラストレーター、ミュージシャン、発明家

アート大好き！感性と才能にめぐまれた子

おひつじ座

4月14日生まれ

性格バランス
天然ボケ度／セクシー度／コミュ力／オシャレ度／マジメ度／パワフル度

4月

- ラッキーアイテム: ラベンダーの小物
- ラッキーカラー: ♥チェリーピンク
- ラッキーナンバー: 4、9
- ラッキールーン: ♈ マン

天使のおくりもの
個性的なミリョク

光る感性と、豊かな才能がある女の子。天使はそんなあなたに、人を引きつける不思議なミリョクをあたえたよ。音楽や絵にも興味があるから、いつかアートの世界で有名になれるかも！

ラッキーファッション
ベレー帽がポイント おすましコーデ★

天使のメッセージ
あなたの個性を大切にしてね

人と同じことをするのがニガテなあなた。無理に合わせるのはやめて、個性を大切にね。

ラブ運 LOVE
じつはとってもモテるタイプ。でも、自分から人を好きになることは少なそう。相手のアプローチから、恋が始まるよ♡

フレンド運 FRIEND
そのやさしさと個性で、みんなに好かれるあなた。ちょっぴりワガママを言っても許されちゃう、トクなタイプだよ。

4/14生まれのBOY'Sホンネ
 好きなタイプ
「だれとでもすぐに友だちになれる子が好き。そのコミュ力がミリョク的☆」

 ニガテなタイプ
「"これキライ"とか好きキライをアピールしてくる女の子はニガテだなぁ」

究極の相性！

運命のカレ
4/8 4/14 4/15 8/6 8/14
10/13 10/14 10/15 12/14

キズナの友
2/14 2/15 4/14 6/7 6/15
8/13 8/16 12/15 12/16

ライバル！
1/14 7/14 8/15 9/14 9/15
9/21 11/14 11/15 11/16

うれしい！ひと言
すごい、天才！

イヤ！NGワード
勝手にやらないで

あなたに向いている仕事 ▶ ツアーコンダクター、コンシェルジュ、都市プランナー、外交官、政治家

4月15日生まれ

おひつじ座

才能豊か！何でもできるミラクル少女

性格バランス
天然ボケ度・コミュ力・マジメ度・パワフル度・オシャレ度・セクシー度

4月
- **ラッキーアイテム** ダイアリー
- **ラッキーカラー** ♥オレンジ
- **ラッキーナンバー** 1、4
- **ラッキールーン** ラーグ

LOVE ラブ運
はなやかでモテるあなた。おだやかで、やさしい男の子がピッタリ。恋が長続きするし、あなたを大切にしてくれるよ。

FRIEND フレンド運
あなたは友だちをとても大切にするタイプ。大事な友だちがなやんでいたら相談に乗ってあげるから、信らいされているよ。

ラッキーファッション
きちんとかわいい♥優等生スタイル！

天使のおくりもの
めぐまれたマルチな才能

天使はあなたに、あらゆる才能をあたえてくれたよ。芸術のセンスもあるし、コミュニケーションも上手。それに体力もあるみたい。あなたが本気になれば、何でもできちゃうはず！

天使のメッセージ
才能を生かす努力も大事

すごい才能を生かすためには、自分の努力も大切！　夢中になれることに打ちこんでみて。

うれしい！ひと言
いっしょにいてね

イヤ！NGワード
わたし知らないよ

究極の相性！
運命のカレ
4/9　4/15　4/16　8/7　8/15
10/14　10/15　10/16　12/15

キズナの友
2/15　2/16　7/15　8/6　8/15
8/14　8/17　12/16　12/17

ライバル！
1/15　7/15　7/16　9/15　9/16
9/22　11/15　11/16　11/17

4/15生まれのBOY'Sホンネ

好きなタイプ
「いろいろできるセンスのいい子って、かっこ良くてあこがれちゃうねー♡」

ニガテなタイプ
「"できなーい"ってあまえる子。ちょっとは自分でがんばってほしい！」

あなたに向いている仕事 ▶ スタイリスト、アロマセラピスト、デザイナー、美容師、起業家、研究者

何でもチャレンジ！行動力が◎

天使のおくりもの
前向きさと行動力

好奇心いっぱいの女の子。天使はそんなあなたに、前向きな行動力をあたえたよ。やってみたいと思うことがあったら、どんどんチャレンジして、その中からピッタリなものを選ぼうね。

天使のメッセージ
スケジュールを立てよう！

予定がいっぱいだと、頭の中がこんがらがりそう。スケジュールを整理して、計画的に！

おひつじ座

4月16日生まれ

性格バランス
- 天然ボケ度
- セクシー度
- コミュ力
- オシャレ度
- マジメ度
- パワフル度

ラッキーファッション
エネルギッシュな元気っ子コーデ♪

ラッキーアイテム
携帯ゲーム機

ラッキーカラー
♥シルバー

ラッキーナンバー
2、4

ラッキールーン
✕ イング

ラブ運
いっしょに遊びながら、カレと急接近！ 友だちみたいなカップル同士になるよ。明るくておもしろい男の子がピッタリ。

フレンド運
いつも元気で、みんなをふり回すことも！？ でも約束を守るし、友だち思いだから、周りのみんなから好かれているよ。

4/16生まれのBOY'Sホンネ

 好きなタイプ
「こわがらずにチャレンジする子を見ていると、目がはなせなくなるんだ♪」

 ニガテなタイプ
「失敗したときだけ、人のせいにする子は、ズルイって思っちゃうんだよね」

究極の相性！

運命のカレ
4/10 4/16 4/17 8/8 8/16
10/15 10/16 10/17 12/16

キズナの友
2/16 2/17 4/16 6/9 6/17
8/15 8/18 12/17 12/18

ライバル！
1/16 7/16 7/17 9/16 9/17
9/23 11/16 11/17 11/18

うれしい！ひと言
「おもしろかった！」

イヤ！NGワード
「ハッキリしてよ！」

あなたに向いている仕事▶ タレント、クリエイター、童話作家、占い師、建築家、先生、経営者

4月17日生まれ

おひつじ座

想像力で幸せをよぶアイデア少女

性格バランス
- 天然ボケ度
- セクシー度
- コミュ力度
- オシャレ度
- マジメ度
- パワフル度

4月
- **ラッキーアイテム** ソーダ水
- **ラッキーカラー** 水色
- **ラッキーナンバー** 3、9
- **ラッキールーン** ⚥ オセル

ラッキーファッション　かわいさ満点！ガーリースタイル

LOVE ラブ運
恋を夢見るあなたが好きになるのは、あなたの話を何でも聞いてくれるやさしい男の子。目が合ったら笑顔で話しかけて。

FRIEND フレンド運
明るい未来を夢見る、前向きなあなた。その夢に共感してくれる友だちとなら、大人になってもずっと親友でいられるよ。

天使のおくりもの
楽しいことを考える力
ロマンティックなことが大好きなあなた。天使はそんなあなたに、豊かな想像力をあたえたよ。楽しいアイデアを考えることがトクイで、周りのみんなを笑顔にする力があるよ♡

天使のメッセージ
ニガテなことを先にやろう！

ニガテなことを後回しにしがち。先にイヤなことを終わらせちゃうと気持ちがいいよ！

うれしい！ひと言
あなたでよかった！

イヤ！NGワード
めんどくさそう

究極の相性！

運命のカレ
4/11　4/17　4/18　8/9　8/17
10/16　10/17　10/18　12/17

キズナの友
2/17　2/18　4/17　6/10　6/18
8/16　8/19　12/18　12/19

ライバル！
1/17　7/17　7/18　9/17　9/18
9/24　11/17　11/18　11/19

4/17生まれのBOY'Sホンネ

好きなタイプ
「自分を信じている子って信らいできるよ。もっと知りたいって思うなぁ」

ニガテなタイプ
「ずうずうしい子がニガテ。"ありがとう"も言わない子とか、ニガテ！」

あなたに向いている仕事▶ ファイナンシャルプランナー、発明家、医者、裁判官、起業家、研究者

パワフルで前向きなみんなの味方

おひつじ座 4月18日生まれ

性格バランス
天然ボケ度／コミュ力／マジメ度／パワフル度／オシャレ度／セクシー度

4月

ラッキーアイテム
ブレスレット

ラッキーカラー
♥ワインレッド

ラッキーナンバー
4、9

ラッキールーン
⋈ ダエグ

天使のおくりもの
人を助ける行動力！

明るくて前向きなあなた。天使がそんなあなたにあたえたのは、パワフルな行動力。こまっている友だちを見たら、進んで助けてあげるよ。でも自分のことは自分でやる、しっかり者！

天使のメッセージ
たまにはゆっくり休んで

ときどきがんばりすぎてつかれちゃうことも。そんなときはひとりで静かに休もうね。

ラッキーファッション
かっこかわいい★アクティブガール

ラブ運
カレの前で、ついはりきっちゃうことも。でも、いつものあなたのままで十分、素敵だよ♡ やさしい男の子と相性◎。

フレンド運
しっかりしていて、友だちからたよられているあなた。真けんに話を聞いてあげるから、みんなの人気者だよ！

4/18生まれのBOY'Sホンネ

好きなタイプ
「ちゃんと協力し合う子がいいと思う。そういうところが信らいできる感じ」

ニガテなタイプ
「メソメソしてて、何もしない子はニガテ。どうしたらいいか、こまっちゃう」

究極の相性！

運命のカレ
4/12 4/18 4/19 8/10 8/18
10/17 10/18 10/19 12/18

キズナの友
2/18 2/19 4/18 6/11 6/19
8/17 8/20 10/19 12/20

ライバル！
1/18 1/19 7/18 7/19 9/18 9/19
9/25 11/18 11/19 11/20

うれしい！ひと言
「いっしょに！」

イヤ！NGワード
「早く！早くして！」

あなたに向いている仕事 ▶ スポーツマン、アナリスト、コンサルタント、政治家、経営者、不動産業

4月19日生まれ

おひつじ座

パワフルさとクールさの両方を持つ子

性格バランス
- 天然ボケ度
- セクシー度
- コミュ力
- オシャレ度
- マジメ度
- パワフル度

4月
- **ラッキーアイテム**　クッション
- **ラッキーカラー**　♥ミントグリーン
- **ラッキーナンバー**　5、9
- **ラッキールーン**　ϼ フェオ

LOVE ラブ運
好きな相手を大切にするから、カレからも大事にしてもらえるよ。男の子からの告白で恋が始まると、幸せになれそう♡

FRIEND フレンド運
さびしがり屋だけど、友だちがいっしょなら、元気100倍！だから友だち同士のトラブルを解決するのもトクイ。

ラッキーファッション
センスあふれる小物使いが上手！

天使のおくりもの
周りを冷静に見る力
エネルギッシュな女の子。天使はそんなあなたに、元気と冷静さの両方をあたえたよ。遊ぶときははしゃぐけど、しっかりしていてクールな面もあるから、友だちからたよられるはず。

天使のメッセージ
自分のことをわすれずに！
友だちにたよられると、自分のことを後回しにしちゃう。やるべきことはわすれずに！

うれしい！ひと言
・助かったー！

イヤ！NGワード
まだやってるの？

究極の相性！

運命のカレ
4/13　4/19　4/20　8/11　8/19
10/18　10/19　10/20　12/19

キズナの友
2/19　2/20　4/19　6/12　6/20
8/18　8/21　12/20　12/21

ライバル！
1/19　7/19　9/19　9/20
9/26　11/19　11/20　11/21

4/19生まれのBOY'Sホンネ

好きなタイプ
「ハッキリしている子が好きかも。イエスとノーがわかったほうが話せる♡」

ニガテなタイプ
「気持ちを言ってくれない子が一番こまる。どうしていいかわからないよ〜」

あなたに向いている仕事 ▶ カウンセラー、スポーツ選手、先生、警察官、検察官、監督、経営者

おうし座

4月20日生まれ

思いやりとやさしさで好かれる子♡

天使のおくりもの
コツコツと努力する力

あなたは、思いやりがあるやさしい女の子。天使はそんなあなたに、コツコツがんばる力をあたえたよ。周りの人を喜ばせるためにも一生けん命に努力するから、みんなに好かれるよ♪

天使のメッセージ
自分の意見をちゃんと伝えて
みんなの気持ちを考えすぎて、言いたいことを引っこめることも。あなたの意見も大切！

性格バランス
天然ボケ度／セクシー度／コミュ力／オシャレ度／マジメ度／パワフル度

ラッキーファッション
ふわっとやわらかガーリーファッション

4月
- **ラッキーアイテム** ヘアゴム
- **ラッキーカラー** ♥黄緑
- **ラッキーナンバー** 1、6
- **ラッキールーン** ウル

ラブ運
とてもモテるあなた。マイペースな恋をするよ。両思いになるまで時間がかかるけど、そのぶん恋が長続きしそう♡

フレンド運
あなたのやさしさをわかってくれる友だちと仲良くできるよ。意見が自然と合う友だちなら、ずっと親友でいられそう。

4/20生まれのBOY'Sホンネ

好きなタイプ
「おとなしそうなのにダイタンなことする子が好き。意外なところがいい♡」

ニガテなタイプ
「本当におとなしいだけの子って、話してもおもしろくないかも……」

究極の相性！
運命のカレ
4/14 4/20 4/21 8/12 8/20
10/19 10/20 10/21 12/20

キズナの友
2/20 2/21 4/20 6/13 6/21
8/19 8/22 12/21 12/22

ライバル！
1/20 7/20 8/21 9/20 9/21
9/27 11/20 11/21 11/22

うれしい！ひと言
「わたしも同じだよ！」

イヤ！NGワード
「何でやらないの？」

あなたに向いている仕事 ▶ マンガ家、デザイナー、プロデューサー、作詞家、先生、編集者、冒険家

4月21日生まれ

おうし座

性格バランス
天然ボケ度／セクシー度／コミュ力／マジメ度／パワフル度／オシャレ度

4月
- **ラッキーアイテム**: のどあめ
- **ラッキーカラー**: ♡アイボリー
- **ラッキーナンバー**: 1、7
- **ラッキールーン**: ソーン

ラブ運
カレとケンカをしたら、自分のせいだと思いがち。おだやかで思いやりのある男の子となら、ハッピーになれるよ♡

フレンド運
友だち思いで聞き上手。あなたになやみを聞いてもらった友だちは、みんないやされて元気になれちゃうはずだよ！

ラッキーファッション: ピュアでラブリー♡ドーリースタイル

ピュアな心で人を信じるやさしい子

天使のおくりもの
みんなと仲良くつき合える心
おだやかでやさしいあなた。天使はそんなあなたに、やさしくフレンドリーな心をあたえたよ。いろんなタイプの友だちと仲良くできるから、どんどん知り合いが増えていくはず！

天使のメッセージ
注意深さも持とう
ピュアで、人をうたがわないあなた。信じる心を利用されないように、注意深さを持とう。

うれしい！ひと言
ホッとする〜

イヤ！NGワード
わたしのせい？

究極の相性！
運命のカレ
4/15 4/21 4/22 8/13 8/21
10/20 10/21 10/22 12/21

キズナの友
2/21 2/22 4/21 6/14 6/25
8/20 8/23 12/22 12/23

ライバル！
1/21 7/21 7/22 9/21 9/22
9/28 11/21 11/22 11/23

4/21生まれのBOY'Sホンネ

好きなタイプ
「そりゃあ、かわいくてやさしい子が好きだよ♡大切にしてあげたいです」

ニガテなタイプ
「ズルいことを考えていそうな子はニガテ。後でわかったとき、頭にくる！」

あなたに向いている仕事 ▶ プロデューサー、デザイナー、コーディネーター、保育士、先生、起業家

思い立ったらすぐに行動☆元気な女の子

4月22日生まれ
おうし座

性格バランス
天然ボケ度／コミュ力／マジメ度／パワフル度／オシャレ度／セクシー度

天使のおくりもの
どこにでも行く行動力

おいしいものや、きれいなものが大好きな女の子。天使はそんなあなたに、バツグンの行動力をあたえたよ。どんなところにも出かけるから、とても物知り。流行のものにもくわしいよ。

ラッキーアイテム: 楽器
ラッキーカラー: サーモンピンク
ラッキーナンバー: 1、8
ラッキールーン: アンスール

天使のメッセージ
ガマンして、ときには節約！

ほしいものはすぐ買っちゃいそう。おこづかいがなくなる前に、節約上手になろう！

ラッキーファッション: カジュアルにキメ！アクティブガール♪

ラブ運

恋よりも、夢中になることがたくさんあるあなた。シュミが同じ男の子なら、いっしょに楽しめて最高のデートができそう♡

フレンド運

気が合う子と長くつき合うタイプ。時間とともにキズナも深まるから、大人になっても親友でいられるはず！

4/22生まれのBOY'Sホンネ

好きなタイプ:「言葉がていねいな子が好きだな。女の子らしくていいなって思うから♡」

ニガテなタイプ:「何でもテキトーにすませちゃうような、いいかげんな子がニガテ」

究極の相性！

運命のカレ
4/16 4/22 4/23 8/14 8/22
10/21 10/22 10/23 12/22

キズナの友
2/22 2/23 4/22 6/15 6/23
8/21 8/24 12/23 12/24

ライバル！
1/22 7/22 8/22 9/22 9/23
9/29 11/22 11/23 11/24

うれしい！ひと言
「さすが!!」

イヤ！NGワード

「何かイライラする」

あなたに向いている仕事 ▶ エンジニア、ミュージシャン、俳優、作曲家、先生、気象予報士、発明家

4月23日生まれ

おうし座

性格バランス
天然ボケ度 / セクシー度 / コミュ力 / オシャレ度 / マジメ度 / パワフル度

4月
- **ラッキーアイテム**　えんぴつ
- **ラッキーカラー**　♥ブラウン
- **ラッキーナンバー**　6、9
- **ラッキールーン**　R ラド

ラブ運
おしゃべりしているうちに恋が生まれるような、気軽なつき合いが安心！　話しやすい男の子なら、相性もいいよ♡

フレンド運
自分も無理をしないし、友だちにも無理をさせないよ！　リラックスしてつき合えるから、いつまでも仲良しでいられそう。

ラッキーファッション
お花がキュートなふんわりスタイル♡

ナチュラルでおだやかな落ち着いた子

天使のおくりもの
冷静な目で判断する力
いつも自然体。ナチュラル女子のあなたに天使があたえたのは、冷静な判断力。こまったことがあっても、落ち着いて対応できるよ。あなたといっしょにいると、みんな安心するみたい。

天使のメッセージ
素直になって人の話を聞こう
自分が正しいと思ったら、こだわってガンコになっちゃう。友だちの意見も聞いてみよう。

うれしい！ひと言
「信じてるよ」

イヤ！NGワード
「ちゃんと考えてよ」

究極の相性！
運命のカレ
4/17　4/23　4/24　8/15　8/23
10/22　10/23　10/24　12/23

キズナの友
2/23　2/24　4/23　6/16　6/23
8/22　8/25　12/24　12/25

ライバル！
1/23　7/23　7/24　9/23　9/24
9/30　11/23　11/24　11/25

4/23生まれのBOY'Sホンネ

好きなタイプ
「のんびりマイペースな、いやし系の子が好きだよ。ほんわかするよね♡」

ニガテなタイプ
「キャーキャーと声が大きくてさわがしい子は、かんべんして〜ってなるよ」

あなたに向いている仕事 ▶ ミュージシャン、プログラマー、俳優、政治家、弁護士、先生、刑務官

いつも正直でニコニコ♪たよれる子

おうし座 ★
4月24日生まれ

性格バランス
天然ボケ度 / セクシー度 / コミュ力 / オシャレ度 / マジメ度 / パワフル度

天使のおくりもの
まっすぐで素直な心！

いつもニコニコ笑顔の女の子。天使はそんなあなたに、正直に生きる力をあたえたの。ウソをつかないから、みんなに好かれているよ。約束も守るので、先生からも信らいされるみたい。

天使のメッセージ
ニガテなことも楽しむ努力を

やりたくないことはやらないタイプ。ニガテなことの中から、楽しいことをさがしてみて。

ラッキーファッション
大人のふんいきのエレガントコーデ

4月
- **ラッキーアイテム** 香り小物
- **ラッキーカラー** ♥モスグリーン
- **ラッキーナンバー** 1、6
- **ラッキールーン** く ケン

ラブ運 LOVE
好きなカレの前ではモジモジしそう。勇気を出して話しかけてみよう。ニッコリ笑えば、カレに気持ちが伝わるよ♡

フレンド運 FRIEND
あなたが友だちをとても大切にするから、友だちもあなたのことを大事にするよ。大人になっても友情がずっと続くタイプ。

4/24生まれのBOY'Sホンネ

好きなタイプ
「素直な感じで、笑顔のかわいい子が好きだな～♪ドキドキする～♡」

ニガテなタイプ
「カゲで友だちの悪口を言う子が超ニガテ！ 友だちじゃないの？って思うよ」

究極の相性！

運命のカレ
4/18 4/24 4/25 8/16 8/24
10/23 10/24 10/25 12/24

キズナの友
2/24 2/25 4/24 6/17 6/25
8/23 8/26 12/25 12/26

ライバル！
1/24 7/24 8/25 9/24 9/25
10/1 11/24 11/25 11/26

うれしい！ひと言
何でも言って

イヤ！NGワード

それはない

あなたに向いている仕事▶ モデル、デザイナー、クリエイター、詩人、宝石商、鑑定士、伝統工芸士

4月25日生まれ

おうし座

性格バランス
- 天然ボケ度
- セクシー度
- コミュ力度
- オシャレ度
- マジメ度
- パワフル度

4月
- **ラッキーアイテム**: 人形
- **ラッキーカラー**: ♥ゴールド
- **ラッキーナンバー**: 2、6
- **ラッキールーン**: × ギューフ

ラッキーファッション
やさしさ満点！ガーリースタイル

みんなに好かれる親切ガール♪

天使のおくりもの
人の心をいやせる力

親切でみんなにやさしい子。天使はそんなあなたに、人の心をいやす力をあたえたよ。あなたと話すだけで、なやんでいる子も不思議と元気になるみたい。だから、みんなに好かれるよ。

天使のメッセージ
イヤなことは断ろう！

相手の気持ちを考えて、「ノー」と言えないことも。イヤなことは、ハッキリ断ろう。

ラブ運
一度好きになると、ずっと思い続けるけなげなあなた。やさしくてマジメな男の子となら、きっとハッピーになれるよ♡

フレンド運
今の友だちも昔の友だちも大切にするよ。だから仲のいい友だちの輪が、どんどん広がるね。大人になっても友情は続くよ。

うれしい！ひと言

ずっと親友だよ

イヤ！NGワード
どうせ、わたしなんか

究極の相性！

運命のカレ
4/19 4/25 4/26 8/17 8/25
10/24 10/25 10/26 12/25

キズナの友
2/25 2/26 4/25 6/18 6/25
8/24 8/27 12/26 12/27

ライバル！
1/25 7/25 7/26 9/25 9/26
10/2 11/25 11/26 11/27

4/25生まれのBOY'Sホンネ

好きなタイプ
「親切でやさしい、おだやかな子が好き。おこらない子っていい感じだよ〜」

ニガテなタイプ
「人の悪口を言う子。自分に自信がなくてビクビクする子。どっちもニガテ」

あなたに向いている仕事 ▶ イラストレーター、カウンセラー、ケアマネジャー、小説家、画家、先生

ピュアできれいな心のアーティスト

おうし座

4月/26日生まれ

性格バランス
天然ボケ度 / コミュ力 / マジメ度 / パワフル度 / オシャレ度 / セクシー度

天使のおくりもの
感動させるアートの才能

人の幸せをいっしょに喜んであげられる、ピュアな心の持ち主。天使はそんなあなたに、芸術の才能をあたえたよ。心がきれいなあなたの作品は、きっとたくさんの人を感動させるはず。

天使のメッセージ
断ることも大切だよ！

相手の気持ちを考えすぎて、意見を言わないことも。あなたの気持ちも伝えようね。

ラッキーファッション
オシャレカジュアルでフレンドリー★

ラッキーアイテム
携帯電話のアクセ

ラッキーカラー
♥紺色

ラッキーナンバー
1、3

ラッキールーン
ウィン

ラブ運
好きな人ができても、アプローチできないあなた。思い切って、自分から話しかけることも大事。勇気を出してみよう！

フレンド運
友だちが落ちこんでいるときは、だまってそばにいてあげるよ。友だちはそんなあなたのことを大切に思っているはず。

4/26生まれのBOY'Sホンネ

好きなタイプ
「思いやりがあって、しっかりした子が好き。それだけでかわいいと思う♡」

ニガテなタイプ
「人のことをうらやましがってばかりいる子は、ミリョク的じゃないなぁ」

究極の相性！

運命のカレ
4/20 4/26 4/27 8/18 8/26
10/25 10/26 10/27 12/26

キズナの友
2/26 2/27 4/26 6/19 6/27
8/25 8/28 12/27 12/28

ライバル！
1/26 7/26 7/27 9/26 9/27
10/3 11/26 11/27 11/28

うれしい！ひと言
「わたしも同じ！」

イヤ！NGワード
「いらないよ」

あなたに向いている仕事 ▶ デザイナー、エンジニア、ミュージシャン、経営者、医者、先生、弁護士

4月27日生まれ

おうし座

みんなを なごませる 人気者☆

性格バランス
- 天然ボケ度
- セクシー度
- コミュ力
- オシャレ度
- マジメ度
- パワフル度

4月

ラッキーアイテム
レモンジュース

ラッキーカラー
♥ピンク

ラッキーナンバー
4、6

ラッキールーン
ᚺ ハガル

LOVE ラブ運
恋にはしんちょうなタイプ。カレの性格で好きになるよ。時間をかけてゆっくり仲良くなって、恋を実らせよう♡

FRIEND フレンド運
「早く！ 早く！」と急かされるとアセってドジをしてしまうかも。のんびりした友だちのほうが楽だし、気が合うみたい。

ラッキーファッション
ロングカーデがコーデのポイント！

天使のおくりもの
人を明るくする力

天使があなたにあたえたのは、人を安心させるおだやかな心だよ。あなたといると、みんなが明るい気持ちになれるみたい。いろんなタイプの友だちができるし、だれからも好かれそう。

天使のメッセージ
ゆとりを持ってしたくしよう

登校や出かける前に、時間がなくてあわてそう。したくをするときはよゆうを持とうね。

うれしい！ひと言
すごく楽

イヤ！NGワード
いそいで！

究極の相性！

運命のカレ
4/21 4/27 4/28 8/19 8/27
10/26 10/27 10/28 12/27

キズナの友
2/27 2/28 4/27 6/20 6/28
8/26 8/29 12/28 12/29

ライバル！
1/27 7/27 7/28 9/27 9/28
10/4 11/27 11/28 11/29

4/27生まれの BOY'Sホンネ

好きなタイプ
「ふつうに見えて、じつは中身が個性的な子が理想。なかなかいないけど」

ニガテなタイプ
「話の合わない子がニガテ。いっしょにいるとつらくて、にげたくなるかも……」

あなたに向いている仕事 ▶ アーティスト、シェフ、パティシエ、アクチュアリー、銀行員、先生

しんちょうで準備バッチリなしっかり者!

おうし座
4月28日生まれ

性格バランス
天然ボケ度／コミュ力／マジメ度／パワフル度／オシャレ度／セクシー度

ラッキーファッション：シンプルファッションでさわやかスタイル♪

天使のおくりもの
信らいされる強い責任感

あなたはとてもしんちょうな子。天使はそんなあなたに、強い責任感をあたえたよ。きちんと準備をするから、失敗も少ないの。係や委員もがんばって、先生にも信らいされているはず。

天使のメッセージ
大事なときはすばやく決断

しんちょうすぎて、チャンスに気づかないことも。大事なことは、すばやく決断だよ!

4月
- ラッキーアイテム：エコバッグ
- ラッキーカラー：♥エメラルド
- ラッキーナンバー：5、6
- ラッキールーン：ニイド

ラブ運
好きな人がいても、なかなか気持ちを伝えられないかも。思い切って話しかけることが、恋をかなえるポイント!

フレンド運
考え方がぜんぜんちがう子とも仲良くなれそう。細かいところまで気がつくから、友だちからもたよられるよ。

4/28生まれのBOY'Sのホンネ

好きなタイプ
「マジメでしっかりしてて、気がきく子が好きかなぁ。気が合うと思うから」

ニガテなタイプ
「わすれものをしたり、宿題をしてこなかったり、いつもだらしない子は×」

究極の相性!

運命のカレ
4/22 4/28 4/29 8/20 8/28
10/27 10/28 10/29 12/28

キズナの友
2/28 2/29 4/28 6/21 6/29
8/27 8/30 12/29 12/30

ライバル!
1/28 7/28 7/29 9/28 9/29
10/5 11/28 11/29 11/30

うれしい!ひと言
「いつもありがとう!」

イヤ!NGワード
「それでいいの?」

あなたに向いている仕事 ▶ ミュージシャン、デザイナー、詩人、先生、宗教家、哲学者、裁判官

4月29日生まれ

おうし座 ♉

本番に強く負けない心で実力ハッキ

性格バランス
- 天然ボケ度
- コミュ力
- マジメ度
- パワフル度
- オシャレ度
- セクシー度

4月
- **ラッキーアイテム**: ミルク
- **ラッキーカラー**: ♡桜色
- **ラッキーナンバー**: 1、6
- **ラッキールーン**: イス

ラブ運
恋も真けん勝負。ライバルが現れても、あきらめないよ。あなたのけなげさがカレの心を動かして、両思いになれそう♡

フレンド運
うそをつかない正直な子だから、みんなに信らいされるよ。あなたをたよって集まる子が、周りにたくさんいるみたい。

ラッキーファッション: ちょっぴりせのびの大人ファッション

天使のおくりもの
トラブルにも負けない心

おっとりしていてピュアな女の子。天使はそんなあなたに、本番に強い心をあたえたよ。試合や発表をするときも、実力をハッキできるはず。トラブルが起きても、負けずにがんばれるよ。

天使のメッセージ
がんばったときは自分をほめて

負けずぎらいで自分にきびしいあなた。がんばったときには、自分をほめてあげよう。

うれしい！ひと言
やったね！
さすが！

イヤ！NGワード
しっかりしてよ！

究極の相性！
運命のカレ
4/23 4/29 4/30 8/21 8/29
10/28 10/29 10/30 12/29

キズナの友
2/29 3/1 4/29 6/22 6/29
8/28 9/1 12/30 12/31

ライバル！
1/29 7/29 7/30 9/29 9/30
10/6 11/29 11/30 12/1

4/29生まれのBOY'Sホンネ

好きなタイプ: 「イザってときに活やくできちゃう子が好き。スーパークールで最高♡♡」

ニガテなタイプ: 「あんまり元気がなくて、全然笑ってくれない子はニガテ。気を使っちゃう」

あなたに向いている仕事: デザイナー、イラストレーター、レストランオーナー、小説家、研究者

おうし座

4月/30日生まれ

こまった人や動物を助ける心やさしい子

天使のおくりもの
人のために行動できる力

心やさしい女の子。天使はそんなあなたに、パワフルに行動する力をあたえたよ。ふだんはとてもひかえめなあなただけど、こまっている子や動物を守るときには、たのもしく活やくするよ。

天使のメッセージ
自分のことも守ってあげて

周りの人のために、がんばりすぎちゃう、やさしいあなた。自分のこともいたわってね。

4/30生まれのBOY'Sホンネ

好きなタイプ
「身だしなみがきちんとしている、きれいな子が好き。せいけつ感が大事!」

ニガテなタイプ
「あらった手を服でふいたりする子は信じられない！やめてくれ〜」

あなたに向いている仕事 ▶ バイヤー、プロデューサー、コーディネーター、シェフ、外交官、流通業

性格バランス
天然ボケ度／コミュ力／マジメ度／パワフル度／オシャレ度／セクシー度

ラッキーアイテム
クローバー

ラッキーカラー
♥ココアブラウン

ラッキーナンバー
6、7

ラッキールーン
〈〉ヤラ

ラッキーファッション
スイートコーデでおしゃれラブリー♡

ラブ運
あなたを大事にしてくれる、やさしい男の子と相性がいいよ。時間をかけて恋を育てていきながら、幸せカップルになるよ♡

フレンド運
いつも人のためにがんばっているあなた。友だちも、あなたの力になりたいはず。たまには友だちをたよってみてね。

究極の相性！
運命のカレ
4/24 4/30 5/1 8/22 8/30
10/29 10/30 11/1 12/30

キズナの友
1/1 2/29 3/1 4/30 6/23
7/1 8/29 9/1 12/31

ライバル！
1/30 7/30 7/31 9/30 10/1
10/7 11/30 12/1 12/2

うれしい！ひと言
あなたでよかった

イヤ！NGワード
うるさいなあ！

バースデー☆ナビ 2 知ってびっくり！マメ知識♪

今でこそ、当たり前のように誕生日をお祝いしているけれど、昔はどうだったのかな？ ここでは、誕生日にまつわるエピソードや歴史についてしょうかいするよ。「へ〜！」とおどろくようなマメ知識があるかも!?

日本初の誕生パーティー!?

歴史上、日本で初めて、誕生日を祝ったのは織田信長と言われているよ。海外の文化に興味のあった織田信長は、誕生日を祝うという風習があることを知って、家来たちに自分の誕生日を祝うように命じていたんだって！

ケーキを食べるのはなぜ!?

バースデーケーキの歴史は、古代ギリシャにさかのぼるよ。月の女神「アルテミス」の誕生日を祝うため、月の形に見立てた円形のケーキに、火を点けて月の灯りを表したろうそくを立ててささげていたんだ。その風習が今に受けつがれているよ。

昔はみんな同じ誕生日!?

昔の日本では、年れいを「数え年」で数えていたよ。生まれた年を0才ではなく1才として、1月1日になると、みんないっしょに1つ年を取るという数え方だったの。一人ひとりの誕生日を祝う風習はなかったんだって。

5月生まれ
May
皐月

5月生まれのキミへ

のんびり、ふんわりとしたムードがある5月生まれのキミ。
男の子は、キミを「守ってあげたい」と思ってしまうよ。

5月の幸せおまじない

ゴールデンウィークが明けたころ、ユウウツになったり、落ちこんだりする人が多くなりがち。そんなときは、屋上や校庭、ベランダなどの広い空が見える場所に行こうね。そして身体全体で英語の「X」を書くように両手と両足を広げ、青い空に向かって3回深呼吸。息をはくときは「アー、オー、ウー」と心の中でさけんでみてね。これで気持ちがスッキリ！

5月の行事　八十八夜

5月2日は「八十八夜」と言って、おいしいお茶を飲むと長生きできるという言い伝えがあるよ。この日はあなたが家族にお茶を入れてあげて、みんなで飲もうね♡

5月1日生まれ

おうし座

友だち大好き 人をまとめる リーダー少女

性格バランス
- 天然ボケ度
- コミュ力
- マジメ度
- パワフル度
- オシャレ度
- セクシー度

ラッキーアイテム
ブルーベリー

ラッキーカラー
♥桃色

ラッキーナンバー
3、6

ラッキールーン
♪ ユル

LOVE ラブ運
気が合う男の子とおしゃべりしているうちに、自然に恋が生まれるのが理想。相性がいいのは明るくて元気なカレ！

FRIEND フレンド運
友だちがこまっていたら、一生けん命に力になろうとするよ！たよりにされるタイプだから、友情も長く続くみたい。

ラッキーファッション
かわいいスイートスタイルが好きっ♪

天使のおくりもの
安心できる あたたかい心

友だちを大切にする女の子。天使はそんなあなたに、ホッとするような、あたたかい心をあたえたよ。周りのことを考えながら協力し合えるから、あなたがいると、みんながまとまるみたい。

天使のメッセージ
本当の気持ちを伝えよう

みんなをまとめるために、ガマンをすることも。自分の意見を話すことも大切だよ！

うれしい！ひと言
「安心してまかせるよ」

イヤ！NGワード
「あ～あ、たいくつ」

究極の相性！

運命のカレ
1/1 4/25 5/1 5/2 8/23
9/1 10/30 11/1 11/2

キズナの友
1/1 1/2 3/1 3/2 5/1
6/24 7/2 8/30 9/2

ライバル！
2/1 8/1 9/2 10/1 10/2
10/8 12/1 12/2 12/3

5/1生まれの BOY'Sホンネ

好きなタイプ
「みんなが投げ出しても、最後までがんばる子はすごく好き。えらいよね♡」

ニガテなタイプ
「すぐにキャーキャー言って、いつもさわいでいる子はNGかな……」

あなたに向いている仕事 ▶ イラストレーター、ミキサー、パフューマー、パティシエ、指揮者、先生

オリジナルの個性がきらめく素敵ガール

おうし座
5月2日生まれ

天使のおくりもの
キラリと光るカリスマ性
自分の世界を持つ女の子。天使はそんなあなたに、きらめく個性とセンスをあたえたよ。素敵なものに囲まれ、独特のふんいきがあるあなたのセンスを、みんなマネしたくなっちゃう♡

天使のメッセージ
みんなにペースを合わせよう
マイペースでわが道を行くあなた。集団行動のときは、周りとペースを合わせようね。

ラッキーファッション
シンプルでシックちょっぴりお姉さん風

性格バランス
天然ボケ度／コミュ力度／マジメ度／パワフル度／オシャレ度／セクシー度

- ラッキーアイテム：みがいたコイン
- ラッキーカラー：♥ミントグリーン
- ラッキーナンバー：7、6
- ラッキールーン：ペオース

ラブ運
告白されると、好きになりやすいみたい。あなたのペースに合わせてくれる男の子なら、楽しくおつき合いできそう♡

フレンド運
自分がソンをしても、友だちの役に立とうとするよ。だから友だちも、あなたを助けたり、支えたりしてくれるの！

5/2生まれのBOY'sホンネ

好きなタイプ
「ふだんおとなしくても、やるときはやる、みたいな子。ドキッとする♡」

ニガテなタイプ
「迷ってばかりで決められない子はニガテ。早く決めて〜って思っちゃう」

究極の相性！

運命のカレ
1/2 4/26 5/2 5/3 8/24
9/2 11/1 11/2 11/3

キズナの友
1/2 1/3 3/2 3/3 5/2
6/25 7/3 7/3 9/1 9/4

ライバル！
2/2 8/2 8/3 10/2 10/3
10/9 12/2 12/3 12/4

うれしい！ひと言
「おもしろい！楽しい！」

イヤ！NGワード
「むずかしくてわかんない」

あなたに向いている仕事 ▶ デザイナー、ツアーコンダクター、カウンセラー、医者、介護福祉士

5月3日生まれ

おうし座

自然に人を引きつけるキラキラ少女

性格バランス
- 天然ボケ度
- コミュ力度
- マジメ度
- パワフル度
- オシャレ度
- セクシー度

5月
- **ラッキーアイテム** クッキー
- **ラッキーカラー** ♡ベージュ
- **ラッキーナンバー** 3、8
- **ラッキールーン** Ⴟ エオロー

LOVE ラブ運
好きな人が現れたら、恋に夢中になりそう。自分から積極的にアプローチできるから、両思いになりやすいみたい♡

FRIEND フレンド運
親しい子とは本音で話すから、信らいされているよ。あまり親しくない子にも少しずつ素直になれば、親友になれそう！

ラッキーファッション
白とピンクでモテモテ オシャレ上級者！

天使のおくりもの
ミリョク的な強いオーラ

天使があなたにあたえてくれたのは、みんなに注目される不思議なかがやき！特に目立つことをしてなくても、ちがうクラスの子から話しかけられたり、意見を求められたりするよ。

天使のメッセージ
自分を元気にしてあげよう

思いどおりにならないと、落ちこみそう。そんなときは自分をたくさんほめてあげて。

うれしい！ひと言
不思議だね！

イヤ！NGワード
どうでもいいよ

究極の相性！

運命のカレ
1/3 4/27 5/3 5/4 8/25
9/3 11/2 11/3 11/4

キズナの友
1/3 1/4 3/3 3/4 5/3
6/26 7/4 7/22 9/5

ライバル！
2/3 8/3 9/4 10/3 10/4
10/10 12/3 12/4 12/5

5/3生まれのBOY'Sホンネ

好きなタイプ
「ふつうだけどふつうじゃない感じの子。話してみると個性的というのが♡」

ニガテなタイプ
「目立ちたがり屋な子は、タイプじゃないなー。元気なのはいいけど……」

あなたに向いている仕事 ▶ パイロット、フライトアテンダント、エンジニア、編集者、漢方医、通訳

決めたことは投げ出さないがんばり屋

おうし座 5月4日生まれ

天使のおくりもの
最後までやる強い精神力

あなたは前向きな女の子。天使はそんなあなたに、くじけない強い心をあたえたよ。一度決めたことは、最後までやりぬくがんばり屋さん。具体的な目標があるとやる気が出るみたい。

天使のメッセージ
そのこだわりを大切にして

こだわりが強いからガンコと言われることも。それもあなたの個性だから大切にしてね。

性格バランス
- 天然ボケ度
- セクシー度
- コミュ力度
- オシャレ度
- マジメ度
- パワフル度

ラッキーアイテム
思い出の写真

ラッキーカラー
♥ダークブラウン

ラッキーナンバー
3、9

ラッキールーン
⚡ シゲル

ラッキーファッション
ビックサイズを着こなすハンサムカジュアル！

ラブ運
好きになったら直球勝負。堂々と気持ちを打ち明けるよ。あなたの素直さに、カレも心が動き、両思いになりそう♡

フレンド運
ウソがつけないせいで、人間関係でなやむことも。正直なあなたのことを、友だちは信らいしてるから、心配しないでね。

5/4生まれのBOY'Sホンネ

好きなタイプ
「いつも前向きな子が好きだな。いっしょなら何でもできそうでうれしい♪」

ニガテなタイプ
「平気で人をキズつけることを言う子がニガテ。人の気持ちを考えてほしい」

究極の相性！

運命のカレ
1/4 4/28 5/4 5/5 8/26
9/4 11/3 11/4 11/5

キズナの友
1/4 1/5 3/4 5/4 5/4
6/27 7/5 9/3 9/6

ライバル！
2/4 8/4 8/5 10/4 10/5
10/11 12/4 12/5 12/6

うれしい！ひと言
応えんしてるよ！

イヤ！NGワード
だれも見てないよ

あなたに向いている仕事▶ ディレクター、デザイナー、アナリスト、発明家、映像作家、政治家

5月5日生まれ

おうし座

何が起きても向き合えるしっかり者!

性格バランス
- 天然ボケ度
- セクシー度
- コミュ力度
- オシャレ度
- マジメ度
- パワフル度

ラッキーアイテム お気に入りの下着
ラッキーカラー ♥オレンジ
ラッキーナンバー 1、3
ラッキールーン ↑ ティール

ラッキーファッション
ハットがポイント クールなふんいきだよ

天使のおくりもの
自分で考え、答えを出す力

マジメにコツコツがんばるあなた。天使はそんなあなたにじっくり考える力をあたえたよ。むずかしい問題も、時間をかけて答えを出せるし、こまったことがあっても解決できる子だよ。

天使のメッセージ
あせらないで自信を持って

あわてると、頭の中がまっ白になっちゃう。自信を持って落ち着けば、うまくいくよ!

LOVE ラブ運
好きな人の前ではうまく話せなくなっちゃう。でも、はにかむところがかわいくて、じつはモテるタイプだよ〜♪

FRIEND フレンド運
努力して問題を解決するあなたは、友だちみんなにたよられているよ。ちょっぴりドジなところも親しみやすいみたい。

うれしい!ひと言
「いっしょに遊ぼう」

イヤ!NGワード
「ついていけないよ!」

究極の相性!

運命のカレ
1/5 4/29 5/6 8/27
9/5 11/4 11/5 11/6

キズナの友
1/5 1/6 3/5 3/6 6/5
6/28 7/6 9/4 9/7

ライバル!
2/5 5/6 10/5 10/6
10/12 12/5 12/6 12/7

5/5生まれのBOY'Sホンネ

好きなタイプ
「何でもきちんと最後までやる子が好き♡ しっかり者な感じがいいよね」

ニガテなタイプ
「すぐにラクをしようとする子はあんまり……。さぼりグセはよくないよね」

あなたに向いている仕事 ▶ ミュージシャン、エンジニア、気象予報士、編集者、研究者、薬剤師

みんなと力を合わせてやりぬく子☆

おうし座
5月6日生まれ

天使のおくりもの
くじけないで前進する力

責任感が強いあなた。天使はそんなあなたに、物事を最後までやりぬく力をあたえたよ。ひとりでもがんばれるし、みんなと力を合わせてバツグンのチームワークをハッキすることも！

天使のメッセージ
とちゅうでふり返って

ついやりすぎて、後もどりできないことも。ときどきふり返って確認するのが大事だよ。

ラッキーファッション
リボンが大好き 女の子らしさ全開❤

性格バランス
天然ボケ度／コミュ力／マジメ度／パワフル度／オシャレ度／セクシー度

ラッキーアイテム ボーダーのソックス
ラッキーカラー ♡シルバー
ラッキーナンバー 2、6
ラッキールーン ↑ティール

ラブ運
情熱的な恋をするよ。好きなカレが現れたら、積極的にアタックして、両思いになるタイプ！やさしい男の子が理想。

フレンド運
心がとてもあたたかくて親切なあなた。気がついたらいつもグループの中心にいるよ。友だちにもたよりにされているはず☆

5/6生まれのBOY'Sホンネ

好きなタイプ
「責任感のある子が好きだよ♡ せい実な感じにすごくいい印象を持つな〜」

ニガテなタイプ
「約束を守らない子は一番ダメだと思う。ウソつきみたいでイヤだなー」

究極の相性！

運命のカレ
1/6 4/30 5/6 5/7 8/28
9/6 11/5 11/6 11/7

キズナの友
1/6 1/7 3/6 3/7 5/6
6/29 7/7 9/5 9/8

ライバル！
2/6 8/6 8/7 10/6 10/7
10/13 12/6 12/7 12/8

うれしい！ひと言
ずっといっしょ♪

イヤ！NGワード
ひとりにして！

あなたに向いている仕事 ▶ メイクアップアーティスト、デザイナー、ジャーナリスト、美容師、俳優

5月7日生まれ

おうし座

いつも前向き 明るい未来のチャレンジャー

性格バランス
- 天然ボケ度
- セクシー度
- コミュ力度
- オシャレ度
- マジメ度
- パワフル度

5月
- **ラッキーアイテム**: 丸い石のペンダント
- **ラッキーカラー**: スカイブルー
- **ラッキーナンバー**: 3、6
- **ラッキールーン**: ベオーク

LOVE ラブ運
片思いのドキドキを、楽しさに変えちゃう前向きさがミリョク。相性がいいのは、あなたみたいにポジティブな男の子♡

FRIEND フレンド運
明るくて、人の気持ちにもビンカンなあなた。いつだって友だちにやさしいから、みんなあなたといるとホッとするみたい。

天使のおくりもの
チャレンジする力と勇気

前向きで元気な女の子。天使はそんなあなたに、新しいことにチャレンジする力と勇気をあたえたよ。毎日新しい発見をして楽しそうなあなたに、あこがれる子も多いはずだよ！

ラッキーファッション
ナチュラルでさわやかな着こなし♪

天使のメッセージ
一度の失敗であきらめないで

失敗したらすごく落ちこんじゃいそう。でもそこであきらめずに、次のチャンスを待とう。

うれしい！ひと言
「信じてるよ！」

イヤ！NGワード
「後でやるよ」

究極の相性！

運命のカレ
1/7　5/1　5/5　5/8　8/29
9/7　11/6　11/7　11/8

キズナの友
1/7　1/8　3/7　3/8　5/7
6/30　7/8　7/8　9/6　9/9

ライバル！
2/7　8/7　8/8　10/7　10/8
10/14　12/7　12/8　12/9

5/7生まれのBOY'Sホンネ

好きなタイプ
「話した後に、ニコッと笑顔を見せてくれる子。それだけで好きになる!!」

ニガテなタイプ
「いつも不安そうな子は、こっちも不安になっちゃうからニガテだなー」

 あなたに向いている仕事 ▶ トレーナー、俳優、自然保護団体職員、獣医師、国際機関職員、発明家

おうし座

5月8日生まれ

素敵なものを いっぱい発見 ワクワク少女

天使のおくりもの
楽しいことを見つける力
自分らしく生きる女の子。天使はそんなあなたに、楽しいことや素敵なことをたくさん見つける力をあたえたよ。いつもワクワクしていて、キラキラかがやいているオーラのある子。

天使のメッセージ
ニガテ科目もあきらめないで
楽しくないことからはついにげたくなっちゃう。でも、ニガテ科目の勉強もがんばろう！

性格バランス
天然ボケ度／セクシー度／コミュ力／オシャレ度／マジメ度／パワフル度

ラッキーアイテム ポーチ
ラッキーカラー ♥ライムグリーン
ラッキーナンバー 3、4
ラッキールーン M エオー

5月

ラッキーファッション 重ね着上手なオシャレガール！

ラブ運
カレのいいところを見つけるのが上手。そんなあなたのことを、カレも大切にするはず♡ 幸せな恋ができそうだね！

フレンド運
いつもニコニコ親切な子。友だちの話をちゃんと聞くから、信らいされて、なやみを相談されることが多いみたい。

5/8生まれのBOY'Sホンネ

好きなタイプ
「失敗してもへこんでないように見せる、けなげな子が好き。そんけいする！」

ニガテなタイプ
「自分の意見を、人におしつける子はニガテ。何だかイヤになっちゃう」

究極の相性！
運命のカレ
1/8 5/2 5/9 8/30
9/8 11/7 11/8 11/9

キズナの友
1/8 1/9 3/8 3/9 5/8
7/1 7/9 9/7 9/10

ライバル！
2/8 8/8 8/9 10/8 10/9
10/15 12/8 12/9 12/10

うれしい！ひと言
「ずっと友だち！」

イヤ！NGワード
「細かすぎない？」

あなたに向いている仕事 ▶ スポーツ選手、マンガ家、エンジニア、ジャーナリスト、先生、法律家

5月9日生まれ

おうし座

トラブルも乗りこえるパワフル女子

性格バランス
- 天然ボケ度
- セクシー度
- コミュ力
- オシャレ度
- マジメ度
- パワフル度

5月
- **ラッキーアイテム**：アイスクリーム
- **ラッキーカラー**：♥サーモンピンク
- **ラッキーナンバー**：5、6
- **ラッキールーン**：♉ マン

天使のおくりもの
パワフルなエネルギー
天使はあなたに、いつまでもかがやきを失わないパワーをあたえたよ。それでいつも前向きに、エネルギッシュに動き回れるの。何か問題が起きても、そのパワーで解決できちゃう!

ラッキーファッション
ドット×ドットもかわいく着こなすよ☆

LOVE ラブ運
カレの笑顔を見ると元気になれちゃう。そんなあなたのことを、カレも「かわいい♡」と思うはず。笑顔が恋のカギだよ。

FRIEND フレンド運
友だちとのおしゃべりが大好き。気が合う子と話していると友だちの輪が広がって、自然に仲良しグループができそう。

天使のメッセージ
人にも元気を分けてあげて
友だちが元気をなくしていたらすかさず助けて。元気を取りもどすお手伝いをしてね。

うれしい!ひと言
もっと話したい!

イヤ!NGワード
ガッカリだね

究極の相性!
運命のカレ
1/9　5/3　5/9　5/10　8/31
9/9　11/8　11/9　11/10

キズナの友
1/9　1/10　3/9　3/10　5/9
7/2　7/9　9/8　9/11

ライバル!
2/9　8/9　8/10　10/9　10/10
10/16　12/9　12/10　12/11

5/9生まれのBOY'Sホンネ

好きなタイプ
「みんなと協力できる子は、いい子だなぁって思う。見ていてほのぼのする♡」

ニガテなタイプ
「すぐにおこって、"もういい!"とか"ひとりでやる!"と言う子はニガテ」

あなたに向いている仕事 ▶ ライター、コーディネイター、ネイリスト、美容師、経営者、流通業

おうし座

5月/10日生まれ

大きな希望をむねにだいて前を向く子！

天使のおくりもの
あきらめないチャレンジ心

心に大きな希望を持つ女の子。天使はそんなあなたに、夢に向かってまっすぐ進む力をあたえたよ。何事もあきらめず、やりぬくところがたのもしい！意志が強いから成功率も高めだよ。

天使のメッセージ
素直なほうがかわいいよ

テレ屋だから、わざとツンツンすることも。素直になれば、もっとかわいいよ！

性格バランス
天然ボケ度／コミュ力／マジメ度／パワフル度／オシャレ度／セクシー度

ラッキーアイテム　おさいほうセット
ラッキーカラー　♥モスグリーン
ラッキーナンバー　3、6
ラッキールーン　↑ラーグ

ラッキーファッション
パステルカラーでふんわり上品ガール

ラブ運
情熱的な恋をするみたい。カレに会える日には、だれよりも早く起きしちゃう！明るくて元気な男の子と相性がいいよ♡

フレンド運
あなたの強さがお手本になって、友だちがたくさん集まってくるよ。あなたの笑顔で、みんなも笑顔になれるみたい♪

5/10生まれのBOY'Sホンネ

好きなタイプ
「相手のことを思って、先にゆずるようなやさしい子は天使。守りたい♡」

ニガテなタイプ
「自分のことばっかり主張する子がニガテ。ずうずうしいなって思っちゃう」

究極の相性！

運命のカレ
1/10　5/4　5/10　5/11　9/1
9/10　11/9　11/10　11/11

キズナの友
1/10　1/11　3/10　3/11　5/10
7/3　7/11　9/9　9/10

ライバル！
2/10　8/10　8/11　10/10　10/11
10/17　12/10　12/11　12/12

うれしい！ひと言

感動しちゃった！

イヤ！NGワード

やりたくないなあ

あなたに向いている仕事 ▶ タレント、スポーツ選手、ジャーナリスト、エンジニア、栄養士、公務員

5月11日生まれ

おうし座

エレガントで礼ぎ正しい上品ガール

性格バランス
- 天然ボケ度
- セクシー度
- コミュ力度
- オシャレ度
- マジメ度
- パワフル度

5月
- **ラッキーアイテム**：ラインストーン
- **ラッキーカラー**：水色
- **ラッキーナンバー**：7、9
- **ラッキールーン**：✕ イング

天使のおくりもの
冒険心と品の良さ

本当は冒険してみたい女の子。そんなあなたに天使があたえたのは、なんとエレガンス！ だれにでも礼ぎ正しく接する上品さが愛され、いつかあなたが冒険するときに助けてくれるよ。

ラッキーファッション：こだわりコーデのお嬢様系女子！

ラブ運
何気ないおしゃべりから恋が生まれそう。理想は、勉強や運動をがんばる男の子だよ。運命の人はすぐそばにいるかも♡

フレンド運
友だちがこまっていたら、すぐ助けにいくやさしい子。だからあなたがなやんでいるときは、みんながかけつけるよ！

天使のメッセージ
勇気を出してチャレンジ！

用心深くてちょうせんできないことも。チャンスだと思ったら、思い切って飛びこもう！

うれしい！ひと言
感謝しているよ

イヤ！NGワード
わすれてた

究極の相性！
運命のカレ
1/11　5/5　5/11　5/12　9/2
9/11　11/10　11/11　11/12

キズナの友
1/11　1/12　3/11　3/12　5/11
7/4　7/12　9/10　9/13

ライバル！
2/11　8/11　9/12　10/11　10/12
10/18　12/11　12/12　12/13

5/11生まれのBOY'Sホンネ

好きなタイプ
「あいさつをちゃんとする子が好きだな。笑顔の"ありがとう"もサイコー！」

ニガテなタイプ
「何かしてもらってもだまっている子がニガテ。感謝はちゃんと伝えようよ！」

あなたに向いている仕事 ▶ ハンドメイド作家、ミュージシャン、コンシェルジュ、政治家、経営者

人に元気と笑顔を広める力を持つ子

おうし座

5月12日生まれ

天使のおくりもの
大切な人を元気にする力

家族や友だちに愛されているあなた。天使はそんなあなたに、みんなを元気にする力をあたえたよ。あなたがいれば、自然に笑顔になれそう。大切な人たちとはキズナでつながっているよ。

天使のメッセージ
ルールを守ろうね

おしゃべりが大好きなあなた。でも授業中のおしゃべりはガマンして勉強に集中しよう！

性格バランス
- 天然ボケ度
- セクシー度
- コミュ力
- オシャレ度
- マジメ度
- パワフル度

ラッキーアイテム
鳥モチーフの小物

ラッキーカラー
♥エメラルド

ラッキーナンバー
6、8

ラッキールーン
オセル

ラブ運
いちずな恋をするよ。好きになったカレのことは、ずっと思い続けそう。両思いになったら、カレひとすじになる子♡

フレンド運
友だちは宝物。クラスが変わってもキズナは変わらないし、新しい友だちとも仲良くできるよ。だから友だちが多いよ！

ラッキーファッション
どこにいても目立つ大人スクールガール！

5/12生まれのBOY'Sホンネ

好きなタイプ
「上品な感じの、きれいな子が好き。オトナになってもステキなはず♡」

ニガテなタイプ
「言葉づかいとか、態度が乱ぼうな子は、女の子として意識できないなあ」

究極の相性！

運命のカレ
1/12 5/6 5/12 5/13 9/3
9/12 11/11 11/12 11/13

キズナの友
1/12 1/13 3/12 3/13 5/12
7/5 7/13 9/11 9/14

ライバル！
2/12 8/12 8/13 10/12 10/13
10/19 12/12 12/13 12/14

うれしい！ひと言
「ずっと友だち♪」

イヤ！NGワード
「ウソでしょ」

あなたに向いている仕事 ▶ プログラマー、アーティスト、先生、研究者、裁判官、外交官、宗教家

5月13日生まれ

おうし座

新しいことに興味シンシンの女の子

性格バランス
天然ボケ度／コミュ力度／マジメ度／パワフル度／オシャレ度／セクシー度

- ラッキーアイテム：バスソルト
- ラッキーカラー：♥赤
- ラッキーナンバー：6、9
- ラッキールーン：⋈ ダエグ

5月

ラブ運
好きなカレと、運動や勉強で、つい張り合っちゃうあなた。もっと素直になって、いっしょにエンジョイすると◎。

フレンド運
勉強ができるから、友だちにたよられるよ。やさしくわかりやすく教えてあげれば、みんなの人気者になれそう☆

ラッキーファッション：ヘアアレンジで遊ぶマジメ風コーデ☆

天使のおくりもの
進んで学ぶかしこさ

好奇心が強く、あらゆるものに興味シンシン。天使はそんなあなたに、かしこさをあたえたよ。知りたいことがあれば、進んで勉強してグングン身につけるから、先生もビックリ！

天使のメッセージ
友だちの話も楽しんでね

好きなことを夢中で語ってしまうところが。友だちの話も、じっくり聞いてあげようね。

5/13生まれのBOY'Sホンネ

好きなタイプ
「人の話をきちんと聞いてくれる子が好きー♡ そういう子は会話も楽しい」

ニガテなタイプ
「同じことを何回も聞いてくる子！ 話を聞いてなかったのかな？って思う」

うれしい！ひと言
もっと教えて！

イヤ！NGワード
ちゃんと話聞いてた？

究極の相性！

運命のカレ
1/13　5/7　5/13　5/14　9/4
9/13　11/12　11/13　11/14

キズナの友
1/13　1/14　3/13　3/14　5/13
7/6　7/14　9/12　9/15

ライバル！
2/13　8/13　8/14　10/13　10/14
10/20　12/13　12/14　12/15

あなたに向いている仕事　カメラマン、コンサルタント、カウンセラー、作曲家、研究者、先生

おうし座

5月14日生まれ

友だち思いでおもしろい人気者♡

天使のおくりもの
周りを笑顔にするユーモア

みんなを元気にしたい友だち思いのあなた。天使はそんなあなたに、ユーモアの才能をあたえたよ。話がおもしろいから自然に人が集まって、あなたの周りは笑顔であふれているはず♡

天使のメッセージ
なやみがあれば相談して

いつも明るい子だから、なやみがあってもかくしそう。仲のいい子には相談してみて！

ラッキーファッション
カチューシャがポイント 元気なラブリーガール♪

性格バランス
- 天然ボケ度
- セクシー度
- コミュ力
- オシャレ度
- マジメ度
- パワフル度

ラッキーアイテム プリン
ラッキーカラー ♥アプリコット
ラッキーナンバー 1、6
ラッキールーン ᚠ フェオ

ラブ運
好きなカレを楽しませたくて、一生けん命もり上げるよ。あなたのけなげさにカレも感動して、恋がかないそう♡

フレンド運
いつも仲良しグループで行動するみたい。たまにはあまり話したことのない子とおしゃべりしてみて！ 楽しい話が聞けそう。

5/14生まれの BOY'Sホンネ

好きなタイプ
「だれといっしょにいても楽しくできる子がいいな。性格よさそう！」

ニガテなタイプ
「相手によって態度を変える子は信用できない。本当は何考えてるんだろ～」

究極の相性！

運命のカレ
1/14 5/8 5/14 5/15 9/5
9/14 11/13 11/14 11/15

キズナの友
1/14 1/15 3/14 3/15 5/14
7/7 7/15 9/13 9/16

ライバル！
2/14 8/14 8/15 10/14 10/15
10/21 12/14 12/15 12/16

うれしい！ひと言
すごくおもしろい！

イヤ！NGワード
つまんない

あなたに向いている仕事 ▶ アナウンサー、フライトアテンダント、編集者、放送作家、通訳、外交官

5月15日生まれ

おうし座

おとぎの国の住人みたいな夢見る少女♪

性格バランス
- 天然ボケ度
- コミュ力度
- マジメ度
- パワフル度
- オシャレ度
- セクシー度

ラッキーアイテム
ぬいぐるみ

5月 ラッキーカラー
♥ライトブラウン

ラッキーナンバー
2、9

ラッキールーン
ウル

天使のおくりもの
やさしい世界を夢見る力

ピュアでやさしくて、デリケートな女の子。天使はそんなあなたに、豊かな空想力をあたえてくれたよ。やさしい世界を夢見るあなたは、おとぎの国からぬけだしてきたヒロインみたい♪

ラッキーファッション
ロマンティックなふわふわいちごワンピ♥

LOVE ラブ運
情熱的に愛される恋にあこがれるよ。あまやかしてくれる年上のカレが理想だけど、かわいい年下の男の子とも合いそう♡

FRIEND フレンド運
友だちに守られることが多いあなた。でも友だちが落ちこんだときには、あなたが力強くはげましてあげてね。

天使のメッセージ
もっと自分に自信を持とう

さびしがり屋なあなた。もっと自分に自信を持って、ひとりでもちょうせんしてみよう。

うれしい！ひと言
心配しないで！

イヤ！NGワード
ひとりでできるよ

究極の相性！
運命のカレ
1/15　5/9　5/15　5/16　9/6
9/15　11/14　11/15　11/16

キズナの友
1/15　1/16　3/15　3/16　5/15
7/8　7/14　9/14　9/17

ライバル！
2/15　8/15　8/16　10/15　10/16
10/22　12/15　12/16　12/17

5/15生まれのBOY'Sホンネ

好きなタイプ
「たよれるお姉さんみたいな子が好き♡ そういう子があまえてきたら最高」

ニガテなタイプ
「あたりまえのことを言って注意してくる子には、ちょっとムッとしちゃう」

あなたに向いている仕事▶ デザイナー、伝統工芸士、鑑定士、古美術商、骨董商、陶芸家、研究者

みんなから たよられる しっかり者

おうし座 **5月16日生まれ**

天使のおくりもの

みんなのために努力する力

素直な気持ちの女の子。天使がそんなあなたにあたえてくれたのは、人をサポートする力だよ。いざというときには、とてもたよりになるしっかり者！ だからみんなに好かれるみたい。

天使のメッセージ

ひとりの時間を作りリラックス

人に見られているとキンチョーするタイプ。なるべくひとりの空間で落ち着いて。

ラッキーファッション
水色でまとめたさわやかピュアガール!!

性格バランス
天然ボケ度／コミュ力／マジメ度／パワフル度／オシャレ度／セクシー度

- **ラッキーアイテム** ヘアブラシ
- **ラッキーカラー** ♡オフホワイト
- **ラッキーナンバー** 3、6
- **ラッキールーン** ▷ ソーン

ラブ運
恋をしたらカレのことばかり考えちゃう。カレを支えたくてがんばるから、両思いになったらずっとラブラブだよ♡

フレンド運
いろんなタイプの友だちがいるけど、共通点は、みんな思いやりがあるところ。大人になってもつき合えそうだよ。

5/16生まれのBOY'Sホンネ

好きなタイプ
「コツコツ努力している子が好きだな。見ていて応えんしたくなるよ♡」

ニガテなタイプ
「何でも友だちにたのんだり、やってもらったりしている子はなんかニガテ」

究極の相性!

運命のカレ
1/16 5/10 5/16 5/17 9/7
9/16 11/15 11/16 11/17

キズナの友
1/16 1/17 3/16 3/17 5/16
7/9 7/17 9/15 9/18

ライバル！
2/16 8/16 8/17 10/16 10/17
10/23 12/16 12/17 12/18

うれしい！ひと言
みんないっしょだよ！

イヤ！NGワード
そんな約束したっけ？

あなたに向いている仕事 ▶ タレント、クリエイター、マンガ家、研究者、小説家、編集者、映画監督

5月17日生まれ

おうし座

性格バランス
- 天然ボケ度
- セクシー度
- コミュ力
- オシャレ度
- マジメ度
- パワフル度

ラッキーアイテム
リンゴキャンディ

ラッキーカラー
♥黄緑

ラッキーナンバー
4、6

ラッキールーン
アンスール

ラブ運
恋をしたら他のことが目に入らなくなるかも。勉強や運動に熱中する男の子にときめいて、ハッピーエンドに♡

フレンド運
あなたの笑顔には、人をいやす力があるよ。ムリにはげまさなくても、なやんでいる友だちによりそうだけで元気にできるよ。

そばにいるとホッとする好感度◎な子

天使のおくりもの
みんなを安心させる力

たよりがいがあるのにひかえめな女の子。天使はそんなあなたに、人を安心させる力をあたえたよ。みんなあなたのそばにいると落ち着くみたい。人の気持ちを考えられるところも素敵♪

天使のメッセージ
ガマンのしすぎに注意して!

やさしいあなたは、お願いされると断れないかも。ムリなら「ノー」と返事をしようね。

ラッキーファッション
ラベンダーカラーが好き こだわりの上品コーデ

うれしい!ひと言
イイ感じ!

イヤ!NGワード
あんまり良くなかった

究極の相性!

運命のカレ
1/17　5/11　5/15　5/18　9/8
9/17　11/16　11/17　11/18

キズナの友
1/17　1/18　3/17　3/18　5/17
7/10　7/18　9/16　9/17

ライバル!
2/17　8/17　8/18　10/17　10/18
10/24　12/17　12/18　12/19

5/17生まれのBOY'Sホンネ

好きなタイプ
「サッパリした男の子っぽい性格の子が好き。話しかけやすくていいよね!」

ニガテなタイプ
「ふわふわした、女の子らしさを強調してくる子はちょっとニガテかも」

あなたに向いている仕事▶ エンジニア、ミュージシャン、俳優、研究者、裁判官、弁護士、公務員

元気いっぱい 未知の世界に 飛びこむ子

5月/18日生まれ おうし座

天使のおくりもの
新しいことを始める好奇心
元気で明るい女の子。天使はそんなあなたに、新しいことを始める勇気と好奇心をあたえたよ。何でも自分で試してみるから知識も豊富。みんなあなたをカッコイイと思っているよ。

性格バランス
天然ボケ度／コミュ力／マジメ度／パワフル度／オシャレ度／セクシー度

天使のメッセージ
よくばらないでひとつずつ
一度にふたつ以上のことをやろうとすると、失敗するかも。ひとつずつ順番にやろう。

ラッキーファッション
パッと目をひくカラフルコーデがトクイ！

ラッキーアイテム コーヒーカップ
ラッキーカラー ♥オリーブ色
ラッキーナンバー 5、9
ラッキールーン R ラド

ラブ運
片思いの間は、友だちにもヒミツにしたほうがいいみたい。カレとのキズナを強くしてから打ち明けるほうが、恋は順調♡

フレンド運
何でも乗りこえるまで努力するあなたに、友だちは勇気をもらっているよ。悪口を言わない、サッパリした性格も人気！

5/18生まれのBOY'Sホンネ

好きなタイプ「ボクがやりたいことをわかってくれて、応えんしてくれる子がいいな！」
ニガテなタイプ「勇気のない子。何でもこわがる子だと、いっしょにいて楽しめないかも……」

究極の相性！
運命のカレ
1/18 5/12 5/18 5/19 9/9
9/18 11/17 11/18 11/19

キズナの友
1/18 1/19 3/18 3/19 5/18
7/11 7/19 9/17 9/20

ライバル！
2/18 8/18 8/19 10/18 10/19
10/25 12/18 12/19 12/20

うれしい！ひと言
応えんしているよ！

イヤ！NGワード
むずかしいよ

あなたに向いている仕事　デザイナー、エンジニア、ドライバー、雑誌編集者、美容師、研究者

5月19日生まれ

おうし座

なぜか注目を集めちゃうアイドル少女

性格バランス
- 天然ボケ度
- セクシー度
- コミュ力度
- オシャレ度
- マジメ度
- パワフル度

ラッキーアイテム
アーモンド

ラッキーカラー
♥チェリーピンク

ラッキーナンバー
6、9

ラッキールーン
く ケン

ラブ運
カレを選ぶ目はたしかなのに、自分のミリョクはイマイチだと思いこむあなた。自信を持って話しかけようね！

フレンド運
友だちのなやみは聞くけど、自分のなやみはヒミツにするみたい。友だちも打ち明けてほしいと思っているよ。

天使のおくりもの
本物を見ぬくするどい目

自分が知らないところで人気を集めるミリョクを持つ子。天使はあなたに、本物を見ぬくするどい目をあたえたよ。だから、流行に左右されないし、見た目で人を判断することもないよ！

ラッキーファッション
ロマンティックでレトロなアイテムが好き！

天使のメッセージ
シットは気にしないで

人気者のあなたがうらやましくて、イヤなことを言ってくる子がいても気にしないでね！

うれしい！ひと言
とても上手だよ！

イヤ！NGワード
しっかりしてよ

究極の相性！

運命のカレ
1/19　5/13　5/19　5/20　9/10
9/19　11/18　11/19　11/20

キズナの友
1/19　1/20　3/19　3/20　5/19
7/12　7/20　9/18　9/21

ライバル！
2/19　8/19　10/19　10/20　10/21
10/26　12/19　12/20　12/21

5/19生まれのBOY'Sホンネ

好きなタイプ
「びっくりするほど、カンのするどい子がいいな。頭がいいとかっこいい♡」

ニガテなタイプ
「まったりなごみ系の子とは、いっしょにいてもテンポが合わないかも……」

あなたに向いている仕事 ▶ タレント、アーティスト、モデル、アナウンサー、俳優、歯科医師、先生

美しいものが大好きなキラキラガール

おうし座 ♉
5月20日生まれ

天使のおくりもの
素敵なものを生み出す才能

キレイなものが大好き！天使はそんなあなたに、器用な手先ときらめくセンスをあたえたよ。服をかわいくアレンジしたりデザインを考えたりするのがトクイ。未来はデザイナーかも♪

天使のメッセージ
マイペースも素敵な個性！

マイペースで周りとテンポがズレること。それもあなたの個性だから気にしないこと！

性格バランス
- 天然ボケ度
- セクシー度
- コミュ力度
- オシャレ度
- マジメ度
- パワフル度

ラッキーアイテム アルバム
ラッキーカラー ♥マリンブルー
ラッキーナンバー 6、7
ラッキールーン ✕ ギューフ

ラッキーファッション ポップでキュート♪スクールアイドル風

ラブ運
好きな人が見つかるまで時間がかかりそう。でも運命の人は必ず待っているよ。相性がいいのは年上の人みたい♡

フレンド運
親しみやすいあなた。友だちの顔ぶれもバラエティ豊かだよ。いろんなタイプの友だちがいるから、毎日楽しそう♪

5/20生まれのBOY'Sホンネ

好きなタイプ
「自分だけの個性を持っている子がいいな。人とちがうところに引かれる！」

ニガテなタイプ
「友だちをキズつけたり、人にケンカを売ったりする子はニガテ。こわいかも」

究極の相性！

運命のカレ
1/20 5/14 5/20 5/21 9/11
9/20 11/19 11/20 11/21

キズナの友
1/20 1/21 3/20 3/21 5/20
7/13 7/21 9/19 9/22

ライバル！
2/20 8/20 8/21 10/20 10/21
10/27 12/20 12/21 12/22

うれしい！ひと言
「カッコいい！」

イヤ！NGワード
「好きじゃないなあ」

あなたに向いている仕事 ▶ カウンセラー、フラワーデザイナー、書道家、獣医師、医者、社会福祉士

5月21日生まれ

ふたご座 Ⅱ

最高のものを選ぶ才能を持った女の子

性格バランス
- 天然ボケ度
- コミュ力
- マジメ度
- パワフル度
- オシャレ度
- セクシー度

ラッキーアイテム
お気に入りコロン

ラッキーカラー
♡アイボリー

ラッキーナンバー
5、8

ラッキールーン
▶ ウィン

ラッキーファッション
お嬢様コーデでミニスカートは絶対！

天使のおくりもの
いいものを見極める力
あなたは、選びとる力を持つ子。天使はあなたに、いいものを見つける目をあたえたよ。だから人に似合うものを選び、かがやかせることもトクイなの！自分もどんどんかわいくなるよ。

天使のメッセージ
自分からお手伝いをして
家族にはあまえてワガママを言いがち。たまにはお手伝いをして家族を喜ばせようね。

ラブ運
好きな人に話しかけられないあなた。まずは勉強でわからないところを聞いてみて。自然な会話から恋が生まれそう♡

フレンド運
仲よしグループで行動することが多いみたい。ふだんあまり話さない子にも話しかけてみて。新しい発見があるよ！

うれしい！ひと言
とっても似合うよ

イヤ！NGワード
テキトーでいいよ

究極の相性！
運命のカレ
1/21　5/15　5/21　5/22　9/12
9/21　11/20　11/21　11/22

キズナの友
1/21　1/22　3/21　3/22　5/21
7/14　7/22　9/20　9/23

ライバル！
2/21　8/21　8/22　10/21　10/22
10/28　12/21　12/22　12/23

5/21生まれのBOY'Sホンネ
好きなタイプ「しんちょうな子といっしょだと安心する。きちんと考えられる子がいいな」

ニガテなタイプ「ドジっ子はニガテ。失敗したら『てへ』とか言ってる場合じゃないでしょ～」

あなたに向いている仕事▶ プログラマー、ジャーナリスト、先生、小説家、外交官、通訳、政治家

天真らんまん みんなを陽気にする女の子

5月22日生まれ ふたご座 ♊

天使のおくりもの
鳥のように自由な心

あなたは、底ぬけに明るい女の子。天使はそんなあなたに、空を飛ぶ鳥のように自由な心をあたえたよ。だれも思いつかないようなユニークな発想で、人をおどろかせ、楽しませるの！

天使のメッセージ
場所と時間を考えよう

明るい笑顔がミリョクのあなた。でも大声を出せない場所ではマジメに過ごそうね。

ラッキーファッション: ポップなアクセで元気なチアガール風☆

性格バランス
- 天然ボケ度
- コミュ力
- マジメ度
- パワフル度
- オシャレ度
- セクシー度

ラッキーアイテム 雑誌
ラッキーカラー レモンイエロー
ラッキーナンバー 5、9
ラッキールーン N ハガル

ラブ運
友情から恋が生まれそう。見た目も年も成績も気にしない！話が合って、いっしょにいて楽しい人を好きになるよ♡

フレンド運
あなたがいると、何か楽しいことが起きそうでワクワク期待しちゃう子が多いかも。ファンがたくさんいるみたい！

5/22生まれのBOY'Sホンネ

好きなタイプ
「いつも楽しそうに笑う、明るくてユーモアのある子が好き。楽しいよね♡」

ニガテなタイプ
「"つまんないの？"って聞きたくなるくらい、表情が変わらない子はニガテ」

究極の相性！
運命のカレ
1/22 5/16 5/22 5/23 9/13
9/22 11/21 11/22 11/23

キズナの友
1/22 1/23 3/22 3/23 5/22
7/15 7/23 9/21 9/24

ライバル！
2/22 8/22 8/23 10/22 10/23
10/29 12/22 12/23 12/24

うれしい！ひと言
「ラッキーだね！」

イヤ！NGワード
「ダメダメ、ぜんぜんダメ」

あなたに向いている仕事 ▶ マンガ家、クリエイター、エンジニア、俳優、小説家、研究者、発明家

5月23日生まれ

ふたご座 ♊

センスが良く チャンスを つかめる子

性格バランス
- 天然ボケ度
- セクシー度
- コミュ力
- オシャレ度
- マジメ度
- パワフル度

5月
- ラッキーアイテム くつした
- ラッキーカラー ♥朱色
- ラッキーナンバー 1、5
- ラッキールーン ↑ ニイド

LOVE ラブ運
男の子と自然に話せるから、恋のチャンスが多いし、両思いになりやすいみたい。明るいタイプのカレが理想だよ♡

FRIEND フレンド運
頭が良くておもしろいあなたは、みんなの人気者。友だちの数も多く、どのグループからも引っぱりだこだよ。

ラッキーファッション
ビッグシャツがポイント 足元までこだわってるよ♥

天使のおくりもの
カンの良さと バランス感覚

天使があなたにあたえたのは、するどいカンとバランスの良さだよ。思い立ったらすぐ行動することもあれば、じっくり考えることも。だからチャンスに強いし、失敗も少ないの。

天使のメッセージ
こだわりと 個性を大切に

強いこだわりがあるあなた。ムリに人に合わせるより、自分の個性を大切にしたほうが◎。

うれしい！ひと言
また遊ぼうね

イヤ！NGワード
だから言ったのに

究極の相性！
運命のカレ
1/23 5/17 5/23 5/24 9/14
9/23 11/22 11/23 11/25

キズナの友
1/23 1/24 3/23 3/24 5/23
7/16 7/24 9/22 9/23

ライバル！
2/23 8/23 8/24 10/23 10/24
10/30 12/23 12/24 12/25

5/23生まれのBOY'Sホンネ

好きなタイプ
「ちょっと大人っぽくて、スマートな子が好き。それで会話が続いたら最高！」

ニガテなタイプ
「話がもり上がらない子。女子にしか通じない話題をふられるとこまるかも」

あなたに向いている仕事 ▶ ツアーコンダクター、カメラマン、フライトアテンダント、管制官、通訳

ラッキーに めぐまれる ミラクル女子

ふたご座 Ⅱ
5月/24日生まれ

天使のおくりもの
先のことがわかる直感力

あなたはとても頭がいい女の子。天使はそんなあなたに、するどい直感力をあたえたよ。不思議とラッキーをつかんだり、ピンチをまぬがれたりするあなたは、本物のミラクルガール！

天使のメッセージ
空を見上げてリラックスして

細かいことが気になりだすと落ち着かなくなりそう。そんなときは空を見上げてひと息。

性格バランス
天然ボケ度／コミュ力／マジメ度／パワフル度／オシャレ度／セクシー度

ラッキーファッション
落ち着いたカラーでシックにまとめるのが好き！

ラッキーアイテム ガイドブック
ラッキーカラー ♥からし色
ラッキーナンバー 2、5
ラッキールーン イス

ラブ運
かなりモテるタイプ。でも本当に好きな人じゃないと、心が動かないみたい。マジメで自分の世界を持っている男の子が理想。

フレンド運
人の気持ちを考えるのはトクイなほう。相手に自分をおしつけることがないから、みんなあなたと友だちになりたがるよ。

5/24生まれのBOY'Sホンネ

好きなタイプ
「キビキビした子はいいなって思うよ。しっかりしてるのって、高ポイント」

ニガテなタイプ
「のんびりしている子。ボクとはテンポが合わなくて、モヤモヤしちゃいそう」

究極の相性！

運命のカレ
1/24 5/18 5/24 5/25 9/15
9/24 11/23 11/24 11/25

キズナの友
1/24 1/25 3/24 5/24
7/17 9/23 9/26

ライバル！
2/24 8/24 8/25 10/24 10/25
10/31 12/24 12/25 12/26

うれしい！ひと言
その気持ちわかるよ

イヤ！NGワード
ガマンしなよ

あなたに向いている仕事 ▶ パイロット、カメラマン、小説家、画家、伝統工芸士、運転士、外交官

5月25日生まれ

ふたご座 Ⅱ

やさしさと個性を持つ自由な子♡

性格バランス
- 天然ボケ度
- コミュ力
- マジメ度
- パワフル度
- オシャレ度
- セクシー度

5月
- **ラッキーアイテム**　絵をかく道具
- **ラッキーカラー**　♥緑
- **ラッキーナンバー**　3、5
- **ラッキールーン**　〈〉ヤラ

LOVE ラブ運
いろんな人に告白されそう。落ち着いていて、あなたがそんけいできる人を選ぼうね。きっと恋が長続きするよ♡

FRIEND フレンド運
あなたのミリョクに引かれて、個性的な友だちが集まるよ。知らないうちに注目を集めるグループになりそう！

ラッキーファッション
ピンクが主役のコーデでだれよりも目立っちゃう☆

天使のおくりもの
思いやりと気配りの心

あなたは、だれともかぶらない個性を持つ女の子。天使はそんなあなたに、気配りの心をあたえたよ。周りに左右されない自由なふるまいも、気配り力のおかげでトラブルなし！

天使のメッセージ
はしゃぎすぎに気をつけて

つい楽しくなってはしゃいじゃうことも。声が大きくならないように気をつけて！

うれしい！ひと言
「人とちがうねー」

イヤ！NGワード
「ふつうでいいよ」

究極の相性！

運命のカレ
1/25　5/19　5/25　5/26　9/16
9/25　11/24　11/25　11/26

キズナの友
1/25　1/26　3/25　3/26　5/25
7/18　7/24　9/24　9/27

ライバル！
2/25　8/25　8/26　10/25　10/26
11/1　12/25　12/26　12/27

5/25生まれのBOY'Sホンネ

好きなタイプ
「テキパキとスピーディーに動く子が好き。見ていて安心してまかせられる♡」

ニガテなタイプ
「オドオドしている子がニガテ。何か悪いことしたのかな〜って不安になる」

あなたに向いている仕事 ▶ マンガ家、セラピスト、リハビリテーション師、占い師、小説家、公務員

何でも器用にできちゃう実力派ガール

ふたご座 Ⅲ

5月/26日生まれ

性格バランス
天然ボケ度 / コミュ力 / マジメ度 / パワフル度 / オシャレ度 / セクシー度

天使のおくりもの
何でもこなす器用な能力

あなたは、ひかえめな女の子。あなたに天使があたえたのは、何でもできる器用さ。のみこみが早く、何事もテキパキこなせる能力を授かったのに、ジマンをしないのもイイところだよ。

天使のメッセージ
やるべきことは先にやろう

少し気まぐれで、宿題の前に遊びたくなることも。やるべきことを先に終わらせてね。

ラッキーファッション
頭からつま先までカラーを合わせるのが好き！

ラッキーアイテム ハンドクリーム
ラッキーカラー 黄色
ラッキーナンバー 4、5
ラッキールーン ユル

5月

ラブ運
恋には消極的。好きな人がいても、興味がないふりをすることも。素直に話しかけて、少しずつ恋を育ててね。

フレンド運
友だちに勉強や宿題を聞かれることも多いみたい。親切で教え方も上手だから、助けてもらった子は感謝しているよ。

5/26生まれのBOY'Sホンネ

好きなタイプ
「手先の器用な子はミリョクがあると思う。家庭的なイメージがあるからかな」

ニガテなタイプ
「家の手伝いとか何もしない子。えー、やらないんだ……って思うとがっかり」

究極の相性！

運命のカレ
1/26 5/20 5/26 5/27 9/17
9/26 11/25 11/26 11/27

キズナの友
1/26 1/27 3/26 3/27 5/26
7/19 7/27 9/26 9/27

ライバル！
2/26 8/26 8/27 10/26 10/27
11/2 12/26 12/27 12/28

うれしい！ひと言
みんなといっしょ

イヤ！NGワード
いやになるな〜

あなたに向いている仕事▶ リポーター、ファイナンシャルプランナー、通訳、小説家、先生、政治家

5月27日生まれ

ふたご座 Ⅱ

高い理想を目指して進む向上心ガール

性格バランス

- 天然ボケ度
- セクシー度
- コミュ力度
- オシャレ度
- マジメ度
- パワフル度

ラッキーアイテム
ヘアゴム

ラッキーカラー
♥ターコイズブルー

ラッキーナンバー
1、5

ラッキールーン
ペオース

ラブ運
好きなカレの前では頭の中がまっ白になりそう。おしゃべりできるようにがんばろう。まずあいさつから始めて！

フレンド運
友だちを大切にするから、相手もあなたを大事にするよ。あなたのペースをわかってくれる友だちは、宝物だよ。

天使のおくりもの
目標をクリアできる集中力
あなたは高い理想を持つ女の子。天使はそんなあなたに、バツグンの集中力をあたえたよ。目標に向かってがんばって達成したら、すぐに次の目標を立てて動き出すところがすごい！

天使のメッセージ
集団行動は周りに合わせて
ひとりで行動できちゃうあなた。集団行動のときは、みんなとペースを合わせようね。

ラッキーファッション
フリルが大好き！赤いハートがポイントだよ

うれしい！ひと言
そんけいしてる

イヤ！NGワード
先にやっちゃうよ

究極の相性！
運命のカレ
1/27　5/21　5/27　5/28　9/18
9/27　11/26　11/27　11/29

キズナの友
1/27　1/28　3/27　3/28　5/27
7/20　7/28　9/26　9/27

ライバル！
2/27　8/27　9/28　10/27　10/28
11/3　12/27　12/28　12/29

5/27生まれのBOY'Sホンネ

好きなタイプ
「運動も勉強もがんばろうとする、やる気のある子。そんけいするよー♡」

ニガテなタイプ
「まだやってもないのに、"絶対ムリ！"とか言う子。テンション下がる……」

あなたに向いている仕事▶ パティシエ、クリエイター、スポーツ選手、プロデューサー、建築家

明るく前向き 行動力もある アイデアマン

ふたご座 **5月/28日生まれ**

天使のおくりもの
発明や発見につながる力

明るく前向きなあなた。天使はそんなあなたに、考えたり工夫したりする力をあたえたよ。計算もトクイだし、発明や発見に興味があるから、だれも思いつかないアイデアを形にできそう。

天使のメッセージ
自分のペースを大切にしよう

マニュアルどおりに動くのはニガテだよ。マイペースなところは個性だから、そのままで。

性格バランス
天然ボケ度／コミュ力／マジメ度／パワフル度／オシャレ度／セクシー度

ラッキーファッション
レモンイエローが主役 ショートパンツで元気に!

ラッキーアイテム イヤリング
ラッキーカラー ♥ベビーピンク
ラッキーナンバー 5、6
ラッキールーン ᛇ エオロー

ラブ運
つい男の子をキビシイ目で見てしまうみたい。女の子と話すときのように、やさしくほほえんで♡ 恋のチャンスが増えるよ。

フレンド運
いつも楽しいことを考えているよ。いっしょにいると、おもしろいことが多いから、自然に仲間が集まってくるみたい!

5/28生まれのBOY'Sホンネ

 好きなタイプ
「もうダメって思うときでも、"こうしてみよう!"って前向きにがんばれる子」

 ニガテなタイプ
「もう少しがんばれるのにってところであきらめる子。ガクッとしちゃうな」

究極の相性!

運命のカレ
1/28 5/22 5/28 5/29 9/19
9/28 11/27 11/28 11/29

キズナの友
1/28 1/29 3/28 3/29 5/28
7/21 7/29 9/27 9/30

ライバル!
2/28 8/28 8/29 10/28 10/29
11/4 12/28 12/29 12/30

うれしい!ひと言
発想がすごい!

イヤ!NGワード
ほっといて!

あなたに向いている仕事 ▶ フライトアテンダント、ミュージシャン、ジャーナリスト、通訳、司会者

5月29日生まれ ふたご座♊

不思議大好き 知らないことを知りたい子

性格バランス
- 天然ボケ度
- セクシー度
- コミュ力
- オシャレ度
- マジメ度
- パワフル度

ラッキーアイテム ビー玉
ラッキーカラー ♥ブルーグリーン
ラッキーナンバー 5、7
ラッキールーン ⚡シゲル

ラブ運
好きなカレとはうまく話せなくなっちゃう。意識しないで、好きなことの話をしてみてね。自然に話せて恋が育つよ♡

フレンド運
説明がとても上手。むずかしいことをわかりやすく話す才能があるみたいだよ。勉強を教えてあげると人気者になりそう。

ラッキーファッション
レトロでシックなベレー帽がポイントだよ

天使のおくりもの
ナゾを解明する熱意

あなたは勉強熱心ながんばり屋。天使はそんなあなたに、好奇心をあたえたよ。自然やうちゅう、人の心のナゾに興味しんしん。好きなことを追求すれば、きっと大きな才能が花開くよ！

天使のメッセージ
ひとつのことを極めよう

日によって気になることが変わりそう。ひとつのことに集中して極めると、成功するよ。

うれしい！ひと言
「いろんなことを知ってるね」

イヤ！NGワード
「他の子とちがう……」

究極の相性！

運命のカレ
1/29 5/23 5/29 5/30 9/20
9/29 11/28 11/29 11/30

キズナの友
1/29 1/30 3/29 3/30 5/29
7/22 7/30 9/28 10/1

ライバル！
2/28 8/29 8/30 10/29 10/30
11/5 12/29 12/30 12/31

5/29生まれのBOY'Sホンネ

好きなタイプ
「UFOとか、都市伝説とかの話でもり上がれる子が理想的だなー♡」

ニガテなタイプ
「男子たちでウケている話をばかにしたり、いじったりする子はイヤだなぁ」

あなたに向いている仕事▶ カウンセラー、アナウンサー、デザイナー、先生、弁護士、検察官、秘書

やさしい心で みんなを守る 情熱ガール

ふたご座 Ⅱ

5月/30日生まれ

天使のおくりもの
みんなを守る やさしい心

あなたは、行動力がある女の子。天使はそんなあなたに、みんなを守るやさしい心をあたえたよ。こまっている人がいると、ほうっておけなくて助けにいくあなたのすがたはカッコイイ！

性格バランス
- 天然ボケ度
- セクシー度
- コミュ力
- オシャレ度
- マジメ度
- パワフル度

ラッキーアイテム 写真集
ラッキーカラー ライムイエロー
ラッキーナンバー 5、8
ラッキールーン ↑ ティール

5月

ラッキーファッション
さわやかカジュアルで動きやすさ重視！

天使のメッセージ
自分のことも 大切にしよう

人を助けることに夢中になって自分を後回しにすることも。あなた自身も大切にしてね。

ラブ運
恋をしたら内気になりそう！話しかけるのが無理なら、目を合わせる努力をしようね。少しずつ接近できるよ♡

フレンド運
人のためにがんばるあなたの周囲には、熱いハートの子が多いよ。あなたの気持ちをわかってくれるから、大事にしようね。

5/30生まれの BOY'Sホンネ

好きな タイプ
「おかしいことを正そうとする、マジメで熱い子♡ いっしょに戦うよ♪」

ニガテな タイプ
「すぐあきらめたり、暗い顔でガマンしてる子。ちゃんと言ってほしい！」

究極の相性！

運命のカレ
12/1　1/30　5/24　5/30　5/31
9/21　9/30　11/29　11/30

キズナの友
1/30　1/31　3/30　3/31　5/30
7/23　7/31　9/29　10/2

ライバル！
1/1　2/29　8/30　8/31　10/30
11/1　11/6　12/30　12/31

うれしい！ひと言
いっしょに がんばろう

イヤ！NGワード
関係ない

あなたに向いている仕事 ▶ カメラマン、プランナー、小説家、外交官、通関士、通訳、雑誌編集者

5月31日生まれ
ふたご座 Ⅱ

楽しみながら深く考える女の子♪

性格バランス
- 天然ボケ度
- セクシー度
- コミュ力
- オシャレ度
- マジメ度
- パワフル度

ラッキーアイテム
ガラスのボタン

ラッキーカラー
♥ワインレッド

ラッキーナンバー
5、9

ラッキールーン
ᛒ ベオーク

ラッキーファッション
キャップに花柄スカート♡ミックスカジュアル！

LOVE ラブ運
気軽に話せる男の子の友だちは多いけど、恋にはしんちょうみたい。心がホッとする人となら、本気の恋ができそう♡

FRIEND フレンド運
昔のことを引きずらないサッパリした性格が人気。ウラオモテがなくて、ウソをつかないから信らいされているよ。

天使のおくりもの
じっくり考える力

楽しいことが大好き。天使はそんなあなたに、物事をよく見てじっくり考える力をあたえたよ。どんなに楽しくても、軽はずみなことはしない！ そこがみんなに信らいされるみたい。

天使のメッセージ
明るいことを見つめよう

ときどき深く考えすぎちゃう。そんなときは、楽しいことだけ考えてリセットして。

うれしい！ひと言
ちゃんとしてる

イヤ！NGワード
いそがしいから

究極の相性！

運命のカレ
1/31 5/25 5/30 6/1 9/22
9/30 11/29 11/30 12/1

キズナの友
1/31 2/1 3/31 4/1 5/31
7/24 8/1 9/30 10/3

ライバル！
1/1 2/1 3/1 8/31 9/1
10/31 11/2 11/7 12/31

5/31生まれのBOY'Sホンネ

好きなタイプ
「いろんなことを知っている子が気になるんだ。きっと気が合うと思うから」

ニガテなタイプ
「何を話しても、"へー、そうなんだ"だけで返す子。興味ないのかなって思う」

あなたに向いている仕事▶ セラピスト、エンジニア、小説家、自然科学者、数学者、医者、薬剤師

6月生まれ
June
水無月

6月生まれのキミへ

大人の頭脳と子どもの好奇心を持って、楽しいことには
すぐ飛びついちゃうキュートなキミ。見ていてあきないよ。

6月の幸せおまじない

虹を見かけたらチャンス。心の中でお願いを9回唱えて
ね。女神・イリスがあなたの思いをきっと天にとどけて
くれるよ。また、その日のラッキーカラーを知るには、
右手を広げてかかげ、目を閉じながら虹のアーチをえが
くように動かし「虹の女神よ、わたしを美しく見せる色
をお教えください」と唱えて。そのとき心にうかんだ色
を服に取り入れると、おしゃれは大成功！

6月の行事

結婚式

「ジューン・ブライド」
といって、6月に結婚す
る花よめは幸せになれる
という伝説があるよ。こ
の時期は結婚式を見かけ
たら、未来の自分をイメ
ージするのも素敵だね。

6月1日生まれ

ふたご座

明るくて元気 みんなに人気 のがんばり屋

性格バランス
- 天然ボケ度
- コミュ力
- マジメ度
- パワフル度
- オシャレ度
- セクシー度

ラッキーアイテム 日焼け止め
ラッキーカラー ♥ダークグレー
ラッキーナンバー 5、7
ラッキールーン Mエオー

ラッキーファッション みんなに好かれるプリティースタイル

LOVE ラブ運
いろんな男の子にモテるタイプだけど恋をしたらいちず♡ 好きなカレのことを、ずっと思い続ける、けなげな子だよ。

FRIEND フレンド運
初めて会った子とも、楽しくおしゃべりできそう。いつもニコニコしているから、みんなに好かれて、友だちも多め！

天使のおくりもの
負けずに前進する力
明るくて元気。天使はそんなあなたに、前向きにがんばる力をあたえたの。目標を決めたらどんなことがあっても負けずに進むよ。周りのみんなもあなたにシゲキされて元気になれるよ！

天使のメッセージ
なやみごとは相談しよう
がんばりすぎてつかれちゃうことも。カベにぶつかったときには、友だちに相談しようね。

うれしい！ひと言
カッコイイね！

イヤ！NGワード
つまんない！

究極の相性！

運命のカレ
2/1 5/31 5/26 6/2 9/23
10/1 11/30 12/1 12/2

キズナの友
2/1 2/2 4/1 4/2 6/1
7/25 8/2 9/30 10/3

ライバル！
1/1 1/2 1/3 3/1 9/1
9/2 11/1 11/2 11/8

6/1生まれのBOY'Sホンネ

好きなタイプ
「友だちの多い、明るい子がいいと思う。仲間をいっぱいさそって遊べそう♡」

ニガテなタイプ
「ひっそりしていて、ひとりでいる子がニガテ。ちょっと話しかけにくいよ」

あなたに向いている仕事 ▶ タレント、スポーツ選手、サロンオーナー、アナリスト、銀行員、編集者

新しいことに取り組むイキイキ少女

ふたご座 6月2日生まれ

天使のおくりもの

チャレンジする勇気

マジメにがんばる子。天使はそんなあなたに、新しいことにチャレンジする勇気をあたえたよ。自分のやり方で、いろいろなことに取り組むあなたを見ていると、周りもハッピーに！

性格バランス: 天然ボケ度／コミュ力／マジメ度／パワフル度／オシャレ度／セクシー度

ラッキーアイテム カギ
ラッキーカラー オレンジ
ラッキーナンバー 5、8
ラッキールーン ᛘ マン

ラッキーファッション
コートとパンツでクールにキメ！

天使のメッセージ

始めたら最後まで！

あきっぽいところがあるみたい。やりかけたことは、最後まで根気強く続けてみよう！

ラブ運

好きになったら一直線！恋する気持ちをかくせないよ。思いがすぐに伝わるから、両思いになるのも早いかも。

フレンド運

人のために動くことが好きで、友だちを大切にする女の子。たよりにされると責任をはたすから、みんなに好かれているよ。

6/2生まれのBOY'Sホンネ

好きなタイプ
「約束をしっかり守る子が一番信用できる。人を大切にしている感じが◎！」

ニガテなタイプ
「わすれっぽい子がニガテ。いつも、だいじょうぶかなってハラハラするよ〜」

究極の相性！

運命のカレ
2/2 5/27 6/2 6/3 9/24
10/2 12/1 12/2 12/3

キズナの友
2/2 2/3 4/2 4/3 6/2
7/26 8/3 10/1 10/4

ライバル！
1/2 1/3 1/4 3/2 5/2
9/3 11/2 11/3 11/9

うれしい！ひと言
「信じてるよ！」

イヤ！NGワード
「何かずれてる」

あなたに向いている仕事 ▶ アナウンサー、ケアマネージャー、看護師、福祉士、小説家、旅行業

6月3日生まれ ふたご座

自分の力で道をひらくパイオニア

性格バランス
- 天然ボケ度
- コミュ力
- マジメ度
- パワフル度
- オシャレ度
- セクシー度

ラッキーアイテム DVD
ラッキーカラー ♥青
ラッキーナンバー 6、9
ラッキールーン ラーグ

6月

LOVE ラブ運
あまえることもあまえられることもニガテ。自分のことは自分でできる男の子が理想だよ。そんけいできるしっかり者が◎。

FRIEND フレンド運
たのまれると、ちゃんと最後までサポートする女の子。みんな、あなたみたいな、せい実な子になりたいと思ってるよ。

天使のおくりもの
未来を作る明るいパワー

あなたはひとりで何でもできちゃう女の子。天使はそんなあなたに、未来を切りひらくパワーをあたえたの。自分で目標を決めて、自分の力で歩いていくよ。みんなを引っぱる力もありそう。

ラッキーファッション
ざっくりTシャツでインパクト大♡

天使のメッセージ
こまったときは素直にたのもう

負けずぎらいだから、こまっていても「助けて」って言えないみたい。素直になろうね。

うれしい！ひと言
みんないっしょ

イヤ！NGワード
わかんない

究極の相性！
運命のカレ
2/3 5/27 6/3 6/4 9/25
10/3 12/2 12/3 12/4

キズナの友
2/3 2/4 4/3 4/4 6/3
7/27 8/4 10/2 10/5

ライバル！
1/3 1/4 1/5 3/3 9/3
9/4 11/3 11/4 11/10

6/3生まれのBOY'Sホンネ

好きなタイプ
「たのもしい子が好きだな。安心だし、カッコイイと思えるから♡」

ニガテなタイプ
「ビクビクしてる子って、こっちは何もしてなくても悪いことしてる気になる」

あなたに向いている仕事▶ リサーチャー、ツアーコンダクター、弁護士、通訳、外交官、宗教家

人とはちがう センスが光る オシャレな子

6月/4日生まれ

天使のおくりもの
やりたいことをかなえる力

キラリと光るセンスを持っている女の子。天使はそんなあなたに、やりたいことをかなえる力をあたえたよ。ファッションにもあなたらしい工夫がいっぱいだから、みんなに注目されてるよ！

天使のメッセージ
注目されてもムリはしないで

期待にこたえようとして、がんばりすぎないで。ムリをするとつかれてセンスもダウン。

ラッキーファッション
ゆるめカジュアルでオシャレ上級者

性格バランス
天然ボケ度／セクシー度／コミュ力／オシャレ度／マジメ度／パワフル度

- **ラッキーアイテム** 本
- **ラッキーカラー** ♡アイボリー
- **ラッキーナンバー** 1、5
- **ラッキールーン** ✕ イング

ラブ運 LOVE
好きなカレの前では、キンチョーしそう。なるべくリラックスして、友だちとおしゃべりするみたいにしたほうがいいよ♡

フレンド運 FRIEND
友だちを笑わせたり、喜ばせたりするのが大好き。だからあなたの周りには、いつも楽しい友だちが集まるよ。

6/4生まれのBOY'Sホンネ

好きなタイプ
「物知りで、情報をいろいろ持っている子♡ つき合うとおもしろそう！」

ニガテなタイプ
「話を聞く前から何を言うかがわかる、ワンパターンな子は興味ないかも」

究極の相性！

運命のカレ
2/4 5/28 6/4 6/5 9/26
10/4 12/3 12/4 12/5

キズナの友
2/4 2/5 4/4 4/5 6/4
7/28 8/5 10/3 10/6

ライバル！
1/4 1/5 1/6 3/4 9/4
9/5 11/4 11/5 11/11

うれしい！ひと言
センスいいよね！

イヤ！NGワード
あなただけだよ

あなたに向いている仕事 ▶ カウンセラー、マンガ家、サロンオーナー、研究者、科学者、発明家

みんなの心を明るくできるやさしい少女

6月5日生まれ ふたご座

性格バランス
- 天然ボケ度
- セクシー度
- コミュ力
- オシャレ度
- マジメ度
- パワフル度

ラッキーアイテム ポストカード
ラッキーカラー ミントグリーン
ラッキーナンバー 2、5
ラッキールーン オセル

ラッキーファッション 注目されちゃう♪フェミニンコーデ

天使のおくりもの
人の気持ちがわかる感性
友だちを大切にするあなた。天使はそんなあなたに、やさしい感性をあたえたの。人の気持ちがわかるから、うれしくなることを言ってあげられるよ。やさしい気配りができるのも◎。

天使のメッセージ
投げ出さずにやりとげよう！
あれこれ気が変わりやすいかも。ひとつのことをやりとげたら、気持ちがいいはずだよ。

LOVE ラブ運
カンがするどいあなた。「この人だ！」とピンときた相手が、運命のカレかも。人気者だから、チャンスもいっぱい♡

FRIEND フレンド運
あなたといっしょにいると、友だちはホッとするみたい。おしゃべりも上手で、あなたの周りはいつもにぎやか♪

うれしい！ひと言　いっしょだと楽しい
イヤ！NGワード　ムリだよ

究極の相性！
運命のカレ
2/5 5/29 6/5 6/6 9/27
10/5 12/4 12/5 12/6

キズナの友
2/5 2/6 4/4 4/6 6/5
7/29 8/6 10/4 10/7

ライバル！
1/5 1/7 3/5 9/5
9/6 11/5 11/6 11/12

6/5生まれのBOY'Sホンネ
好きなタイプ
「ハキハキしていて、行動的な子が好きだよ。気軽に話しかけやすいよね♡」

ニガテなタイプ
「気どっている子ってちょっとニガテ。気軽にあいさつしにくいじゃん！」

あなたに向いている仕事 ▶ タレント、アナリスト、エンジニア、小説家、通訳、編集者、サービス業

ふたご座

6月/6日生まれ

高い理想を目指して進む素直な女の子

天使のおくりもの
理想に向かい行動する勇気

あなたはとても素直な子。天使はそんなあなたに、理想に向かって行動する勇気をあたえたよ。人のアドバイスもちゃんと聞いて、こうなりたいと思える人になるために努力する子だよ。

天使のメッセージ
ときには心の声を聞いてみて

周りに合わせて行動するのは長所だけど、自分の心の声も聞いて、ガマンしすぎないでね。

ラッキーファッション♡
マジメチックにトラッドファッション

性格バランス
天然ボケ度／コミュ力／マジメ度／パワフル度／オシャレ度／セクシー度

ラッキーアイテム
外国のお菓子

ラッキーカラー
♥スカイブルー

ラッキーナンバー
3、5

ラッキールーン
⋈ダエグ

ラブ運 LOVE
恋では理想が高く、イケメン好き。でも実際に好きになるのは、いつもそばにいてくれる心のやさしい男の子みたいだよ！

フレンド運 FRIEND
気が合う子たちと仲よしグループを作って行動するのが好き。何でもいっしょで、チームワークもバツグンのはず！

6/6生まれのBOY'Sホンネ

好きなタイプ
「夢や目標のためにがんばっている子。かなうようにいのっちゃうよ♪」

ニガテなタイプ
「かっこつけてクールな子はニガテ。つまんないのかなって思っちゃうんだ」

究極の相性！

運命のカレ
2/6 5/30 6/6 6/7 9/28
10/6 12/5 12/6 12/7

キズナの友
2/6 2/7 4/6 4/7 6/6
7/30 8/7 10/5 10/8

ライバル！
1/6 1/7 1/8 3/6 9/6
9/7 11/6 11/7 11/13

うれしい！ひと言
がんばっているね！

イヤ！NGワード
どうせダメでしょ

あなたに向いている仕事▶ デザイナー、モデル、パタンナー、レストランオーナー、サービス業

6月7日生まれ ふたご座

行動力で夢をかなえる元気な女の子

天使のおくりもの
人をとりこにするミリョク

思い立ったらすぐ行動！そんなあなたに天使があたえてくれたのは、人を引きつけるミリョクだよ。次々に夢を実現させるあなたは、とてもチャーミング。あこがれている友だちも多そう。

ラッキーファッション 気分はリゾート！マリンスタイル

天使のメッセージ
周りを見るよゆうを持って

パワフルすぎて、友だちがついてこられないことも。周りに合わせてあげるよゆうも大事。

性格バランス
- 天然ボケ度
- コミュ力
- マジメ度
- パワフル度
- オシャレ度
- セクシー度

ラッキーアイテム ブックカバー
ラッキーカラー ♥レモンイエロー
ラッキーナンバー 4、6
ラッキールーン フェオ（6月）

ラブ運
恋をしたら直球勝負。好きなカレには情熱的にアプローチするよ。上手にチャンスをつかむから、恋の成功率高め♡

フレンド運
行動的でおもしろいことが大好き。元気なミリョクでみんなを引っぱっていくから、楽しい仲間がたくさん集まるよ。

うれしい！ひと言
みんなでやろう！

イヤ！NGワード
早くしなよ

究極の相性！

運命のカレ
2/7　5/31　6/7　6/8　9/29
10/7　12/6　12/7　12/8

キズナの友
2/7　2/8　4/7　4/8　5/7
7/31　8/8　10/6　10/9

ライバル！
1/7　1/8　1/9　3/7　9/7
9/8　11/7　11/8　11/14

6/7生まれのBOY'Sホンネ

好きなタイプ
「テキパキと行動する子はカッコイイ。みんなを引っ張るすがたがクール！」

ニガテなタイプ
「人のマネだけしている子は好きじゃないかも。マネだけで楽しいのかな？」

あなたに向いている仕事 ▶ ミュージシャン、クリエイター、画家、研究者、映画監督、企画開発

未知の世界へ飛びこむ！冒険心ある子

6月8日生まれ ふたご座

性格バランス
天然ボケ度／コミュ力／マジメ度／パワフル度／オシャレ度／セクシー度

天使のおくりもの
チャレンジするパワー
知らない世界に興味シンシン。そんなあなたに天使は、何にでもチャレンジするパワーをあたえたよ。エネルギッシュな行動力でみんなをびっくりさせることも！そんなところもミリョク。

天使のメッセージ
失敗したら謝ろうね
ときどき元気がありあまって、やりすぎることも。失敗したときは素直に謝るのが正解。

ラッキーアイテム
携帯ゲーム機
ラッキーカラー
♥からし色
ラッキーナンバー
5、6
ラッキールーン
ᚢ ウル

ラッキーファッション
カッコかわいい★スポーティーコーデ

ラブ運
いろんなことを知っているあなたの話を楽しんで聞いてくれる男の子とは気が合うし、恋に発展する可能性も高いよ♡

フレンド運
行動的でしっかりしてるから、みんなのリーダーとして大活やく！たよりになるあなたにあこがれる子は多そうだね。

6/8生まれのBOY'Sホンネ
好きなタイプ「男の冒険心をわかってほしい！ばかばかしくても協力してくれたら最高」

ニガテなタイプ「自分の話ばっかりされてもあきちゃうよ。こっちがつかれてるのに気づいて」

究極の相性！
運命のカレ
2/8 6/1 6/8 6/9 9/30
10/8 12/7 12/8 12/9
キズナの友
2/8 2/9 4/8 6/8
8/1 8/9 10/7 10/10
ライバル！
1/8 1/9 1/10 3/8 9/8
9/9 11/8 11/9 11/15

うれしい！ひと言
教えて！

イヤ！NGワード
ひとりでやって

あなたに向いている仕事▶ エンジニア、ミュージシャン、マッサージ師、建築家、先生、政治家

6月9日生まれ

ふたご座

感性が豊かで人にやさしい素敵ガール

性格バランス
- 天然ボケ度
- セクシー度
- コミュガ度
- オシャレ度
- マジメ度
- パワフル度

ラッキーアイテム
ピーナッツ

ラッキーカラー
♥ゴールド

ラッキーナンバー
0、6

ラッキールーン
▶ ソーン

LOVE ラブ運
恋にはおくびょうかも。友だちから始めて、少しずつ仲良くなっていこうね。相性がいいのは、マジメでやさしい人だよ！

FRIEND フレンド運
クラスが変わっても、仲良しの友だちを大事にするよ。新しく仲良くなれる子もいるから、毎年友だちが増えるはず。

ラッキーファッション
さわやかせいそなガーリーコーデ♪

天使のおくりもの
宝物を見ぬくアンテナ
天使があなたにあたえたのは、長所や宝物を見つける豊かな感性だよ。人が見向きもしないものの中から、素敵なかがやきを見つけるのが上手。友だちのいいところにも気づける子だよ。

天使のメッセージ
本当かどうか確認しよう
人をうたがわないピュアなあなた。言われたことを真に受けすぎず、本当か確認してみて！

うれしい！ひと言
わかってくれるんだ！

イヤ！NGワード
え、信じたの？

究極の相性！

運命のカレ
2/9 6/2 6/9 6/10 10/1
10/9 12/8 12/9 12/10

キズナの友
2/9 2/10 4/10 4/10 6/9
8/2 8/10 10/8 10/11

ライバル！
1/9 1/10 1/11 3/9 9/9
9/10 11/9 11/10 11/16

6/9生まれのBOY'Sホンネ

好きなタイプ
「どんな話でも聞いてくれて、アドバイスをくれるやさしい子がいいよね♡」

ニガテなタイプ
「こっちの話を聞きもしないで、ばかにする子がニガテ。まずは聞いてほしい！」

あなたに向いている仕事 ▶ ボディーガード、ジャーナリスト、雑誌記者、編集者、冒険家、美容師

ふたご座

6月/10日生まれ

決断力のある カッコイイ しっかりさん

性格バランス
天然ボケ度／コミュ力／マジメ度／パワフル度／オシャレ度／セクシー度

天使のおくりもの
よく考えて決断する力

空想が大好きでロマンティック。そんなあなたに天使は、あらゆる可能性を考えて、ひとつの結果を選び取るすぐれた決断力をあたえたよ。だから失敗も少なくて、安定感バッチリ☆

天使のメッセージ
正直な気持ちを伝えよう

相手の気持ちを考えすぎてつかれることも。そんなときは自分の意見を正直に伝えよう。

ラッキーファッション
とびきりかわいい♡アニマルモチーフ

ラッキーアイテム
スタンプ

ラッキーカラー
♥マリンブルー

ラッキーナンバー
6、7

ラッキールーン
ᚾ アンスール

6月

ラブ運
運命の恋にあこがれて、いろいろ想像をふくらませそう。そんなあなたがつかむのは、笑顔がさわやかな人との恋だよ。

フレンド運
物知りだから、人に相談されることも多いみたい。勉強を教えてあげると、すごく感謝されて、そんけいされるかも。

6/10生まれのBOY'Sホンネ

好きなタイプ
「自分の意見を持っていて、ちゃんと話してくれる子がいい。信用できる！」

ニガテなタイプ
「人に合わせてばかりで、自分の考えを言わない子。見ていてもどかしいよ」

究極の相性！

運命のカレ
2/10 6/3 6/10 6/11 10/2
10/10 12/9 12/10 12/11

キズナの友
2/10 2/11 4/10 4/11 6/10
8/3 8/11 8/11 10/9 10/12

ライバル！
1/10 1/11 1/12 3/10 9/10
9/11 11/10 11/11 11/17

うれしい！ひと言
話してよかった！

イヤ！NGワード
できるわけないよ

あなたに向いている仕事 ▶ アルピニスト、コンシェルジュ、プランナー、俳優、弁護士、編集者

6月11日生まれ

ふたご座

集中力と熱いハートで夢をかなえる少女

性格バランス

- 天然ボケ度
- コミュ力
- マジメ度
- パワフル度
- オシャレ度
- セクシー度

ラッキーアイテム サイン帳
ラッキーカラー ♥モスグリーン
ラッキーナンバー 4、8
ラッキールーン R ラド

天使のおくりもの
バツグンに高い集中力

大きな夢を持っている女の子。天使はそんなあなたにすごい集中力をあたえたよ。目標を決めたら、わき目もふらずに取り組む様子がカッコイイ！ そんなあなただから、夢もかなうはず。

ラブ運
熱いハートの持ち主だよ。恋をしたらカレのことしか考えられなくなりそう。がんばり屋のカレと相性がいいみたい。

フレンド運
めんどうがらずに、人助けをするから、ピンチを救った友だちからは一生信らいされるよ。友だちも多いはず！

ラッキーファッション カジュアルアイテムでボーイズっぽく★

天使のメッセージ
大事なことは先に終わらせて

好きなことに熱中すると他のことをわすれそう。大事なことは先に終わらせておこう。

うれしい！ひと言
一番安心できる

イヤ！NGワード
まとはずれだよ

究極の相性！

運命のカレ
2/11　6/4　6/11　6/12　10/3
10/11　12/10　12/11　12/12

キズナの友
2/11　2/12　4/11　4/12　6/11
8/4　8/12　10/10　10/13

ライバル！
1/11　1/12　1/13　3/11　9/11
9/12　11/11　11/12　11/18

6/11生まれのBOY'Sホンネ

好きなタイプ
「いっしょにいると楽しい子が好きだな♡ ずっと笑っていられそう」

ニガテなタイプ
「強気で、あれこれ指図してくる子。オカンじゃないんだからやめて～！」

あなたに向いている仕事 ▶ アナウンサー、カウンセラー、先生、保育士、看護師、栄養士、福祉士

マイペースで自由に生きるピュアガール

6月12日生まれ ふたご座

天使のおくりもの
しばられない自由な心

ピュアな心の女の子。天使はそんなあなたに、何にもしばられない自由な心をあたえたよ。自分らしさをわすれずに、のびのび生きるすがたに、あこがれている子も多いみたいだよ。

天使のメッセージ
イヤなことはわすれちゃおう

イヤなことがあると、ずっと気にしちゃいそう。楽しいことを考えてわすれちゃおうね！

性格バランス
天然ボケ度／コミュ力／マジメ度／パワフル度／オシャレ度／セクシー度

ラッキーアイテム
ファッション雑誌
ラッキーカラー
黄色
ラッキーナンバー
5、9
ラッキールーン
ヶ ケン

ラッキーファッション
ちょっぴりモードな個性派コーデ♪

ラブ運
好きになったら、長く思い続けるロマンティスト。あなたのいいところに気づいてくれる男の子が運命のカレだよ。

フレンド運
どんな子にも話しかける明るさが最大のミリョク。マイペースで正直なところも、信らいされるポイントだよ！

6/12生まれのBOY'Sホンネ

好きなタイプ
「何があっても自分らしくてブレない、まっすぐな子ってあこがれるよね♡」

ニガテなタイプ
「言っていることがコロコロと変わる子はNGかも。ウソかもって疑っちゃう」

究極の相性！

運命のカレ
2/12 6/5 6/12 6/13 10/4
10/12 12/11 12/12 12/13

キズナの友
2/12 2/13 4/12 4/13 6/12
8/5 8/13 10/11 10/14

ライバル！
1/12 1/14 3/12 9/12
9/13 11/12 11/13 11/19

うれしい！ひと言
やってみようよ！

イヤ！NGワード
ほっといてよ

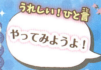

あなたに向いている仕事 ▶ ツアーコンダクター、バイヤー、ライター、コンサルタント、放送作家

6月13日生まれ

ふたご座

人の心をなごませる笑顔の少女

性格バランス
- 天然ボケ度
- コミュ力
- マジメ度
- パワフル度
- オシャレ度
- セクシー度

ラッキーアイテム
アニマルグッズ

ラッキーカラー
♥ココアブラウン

ラッキーナンバー
1、4

ラッキールーン
6月 × ギューフ

ラッキーファッション
明るいカラーのアイドルスタイル★

天使のおくりもの
平和を愛するやさしい心
いつも笑顔をわすれない女の子。天使がそんなあなたにあたえたのは、平和を愛するやさしい心。みんなの心をいやせるから、あなたがいればケンカしている子も、すぐ仲直りしちゃう!

LOVE ラブ運
好きな人の気持ちを考えすぎて、自分の気持ちをかくしちゃうところが。素直に好意を伝えるほうが正解だよ。自信を持って!

FRIEND フレンド運
みんなと仲良くできるから、周りの空気がやさしくなるよ。いろんなグループの子と平等につき合えるのが長所だね。

天使のメッセージ
自分の意見も伝えて
ふんいきが悪くなるのがイヤで自分だけガマンしがち。ストレスがたまるからNGだよ!

うれしい!ひと言
「センスいい!」

イヤ!NGワード
「ふつうだね」

究極の相性!

運命のカレ
2/13 6/6 6/13 6/14 10/5
10/13 12/12 12/13 12/14

キズナの友
2/13 2/14 4/13 4/14 6/13
8/6 8/14 10/12 10/15

ライバル!
1/13 1/15 3/13 9/13
9/14 11/13 11/14 11/20

6/13生まれのBOY'Sホンネ

好きなタイプ
「いっしょにいるとホッとする、いやし系でかわいい子が一番いいじゃん♡」

ニガテなタイプ
「よくトラブルを起こす子は、ちょっとパスかな。なるべくさけちゃうよ」

あなたに向いている仕事▶ パイロット、オペレーター、ミキサー、小説家、評論家、画廊経営者

やさしく冷静 変化を読む するどい子

ふたご座

6月/14日生まれ

性格バランス
天然ボケ度 / コミュ力度 / マジメ度 / パワフル度 / オシャレ度 / セクシー度

天使のおくりもの
人の気持ちを考える力
周りの変化や流行にいち早く気づく、ビンカンな女の子。天使はそんなあなたに、思いやりの心もあたえたよ。するどさとやさしさがあるから、みんなあなたに意見を聞きたがるみたいだよ。

天使のメッセージ
自分からも相談してみて
自分のなやみはひとりでガマンしちゃうタイプ。友だちはたよってほしいみたいだよ。

ラッキーファッション
ロングカーデで大人かわいいスタイル！

ラッキーアイテム
コンパクトミラー
ラッキーカラー
♥朱色
ラッキーナンバー
2、5
ラッキールーン
ᛩ ウィン

ラブ運
いつも冷静だけど、恋をするとオロオロしそう。自分の心の声にしたがって行動したらいいよ。カレの前では素直になろう♡

フレンド運
しっかりしているから、みんなにたよられているよ。クールでするどいあなたにあこがれる友だちも多いみたい。

6/14生まれのBOY'Sホンネ
好きなタイプ
「みんながみとめるくらいアイドルっぽい人気者は、やっぱり注目する♡」

ニガテなタイプ
「ちょっとしたことを、いちいちはしゃいで報告する子。おなかいっぱい」

究極の相性！

運命のカレ
2/14 6/7 6/14 6/15 10/6
10/14 12/13 12/14 12/15

キズナの友
2/14 2/15 4/14 4/15 6/14
8/7 8/15 10/13 10/16

ライバル！
1/14 1/16 3/14 9/14
9/15 11/14 11/15 11/21

うれしい！ひと言
まかせてよ！

イヤ！NGワード
気にしすぎじゃない？

あなたに向いている仕事 ▶ ジャーナリスト、ライター、ラジオパーソナリティ、気象予報士、講師

6月15日生まれ

ふたご座 ♊

天才的な力で楽しませるアーティスト

性格バランス

天然ボケ度・コミュ力度・マジメ度・パワフル度・オシャレ度・セクシー度

ラッキーアイテム パズル
ラッキーカラー ♥グレー
ラッキーナンバー 3、4
ラッキールーン ᚺ ハガル

6月

LOVE ラブ運
好きなカレを遠くから見るだけで満足しそう。それでは気持ちが伝わらないよ。笑顔で話しかけるところからトライして。

FRIEND フレンド運
親しみやすさの中に上品さもあるあなた。自分では気づいていないけど、あなたと仲良くなりたい子はたくさんいるよ！

ラッキーファッション：ワンピとカーデの王道ガーリー♡

天使のおくりもの
人の幸せを願うやさしさ

人の笑顔のために工夫する、アーティストと言えるくらい才能豊かなあなた。天使があたえたのは、人の幸せを願うやさしい心だよ。あなたといると、みんな心があたたかくなるみたい。

天使のメッセージ
もっと自分に自信を持とう

自分より人をゆう先して、いつもひかえめ。もっと自分に自信を持ったほうがいいよ！

うれしい！ひと言

するどいね！

イヤ！NGワード

いらないよ

究極の相性！

運命のカレ
2/15 6/8 6/15 6/16 10/7
10/15 12/14 12/15 12/16

キズナの友
2/15 2/16 4/15 4/16 6/15
8/8 8/16 10/14 10/17

ライバル！
1/15 1/16 1/17 3/15 9/15
9/16 11/15 11/16 11/22

6/15生まれのBOY'Sホンネ

好きなタイプ
「ちょっと変わっているくらいの子が好きだよ。他の子にない個性がいい！」

ニガテなタイプ
「ガミガミ言う子はかんべん。人の文句ばっかり言っているって イヤだ〜」

あなたに向いている仕事▶ モデル、タレント、コーディネーター、ガーディナー、俳優、美容師

ふたご座

6月/16日生まれ

アイデア豊富 未来の可能性 いっぱいの子

天使のおくりもの
ハッピーエンドにできる強運

豊かな才能で可能性いっぱいの女の子。天使はそんなあなたに、アンラッキーなことも、ラッキーなことに変えうる強運をあたえたよ。イヤなことがあっても、自分を信じて笑顔でいれば◎。

天使のメッセージ
感謝の気持ちをわすれないで

ラッキーなことがあったときには、感謝の気持ちを持とう。もっといいことがあるよ！

性格バランス
天然ボケ度／コミュ力／マジメ度／パワフル度／オシャレ度／セクシー度

ラッキーアイテム
ハンドクリーム
ラッキーカラー
♡クリームイエロー
ラッキーナンバー
4、5
ラッキールーン
ᚾ ニイド

ラッキーファッション
スウェット×スカートで カレッジスタイル

ラブ運
シュミや話が合う男の子と、友だち感覚の恋をするよ。ベタベタしない、さわやかでサッパリした恋が長続きのカギ♡

フレンド運
いっしょにいる友だちまでラッキーにする力があるよ。あなたの前向きさや運の強さが、友だちへのシゲキになるみたい。

6/16生まれのBOY'Sホンネ

好きなタイプ
「運を持っているっていうか、ナゾのパワーがありそうな子がいたら最高！」

ニガテなタイプ
「人と比べて、自分なんてだめ、と思ってる子。暗いふんいきはNGだよ」

究極の相性！
運命のカレ
2/16 6/9 6/16 6/17 10/8
10/16 12/15 12/16 12/17

キズナの友
2/16 2/17 4/16 6/17 6/16
8/9 8/17 10/15 10/18

ライバル！
1/16 1/17 3/16 9/16
9/17 11/16 11/17 11/23

うれしい！ひと言
よくわかるね〜

イヤ！NGワード
あなただけだよ

あなたに向いている仕事 ▶ カウンセラー、ミュージシャン、占い師、介護福祉士、画家、企画開発

6月17日生まれ

ふたご座

冒険大好き！変化を楽しむ器用な子

性格バランス
- 天然ボケ度
- コミュ力
- マジメ度
- パワフル度
- オシャレ度
- セクシー度

ラッキーアイテム　水玉のハンカチ
ラッキーカラー　♡ベージュ
ラッキーナンバー　5、9
ラッキールーン　イス

天使のおくりもの
変身上手な遊び心

冒険が大好きなあなた。天使はそんなあなたに、変身を楽しむセンスと器用さをあたえたよ。日によってぜんぜん違うふんいきの女の子になれるから、みんなビックリ。イメチェン上手！

ラッキーファッション
おっきめスウェットとキャップでクール！

ラブ運
シゲキを求めて、情熱的な恋にあこがれそう。でも相性がいいのは、明るくてさっぱりした男の子。さわやかな恋をするよ♡

フレンド運
じつは、根がマジメなあなた。何でも器用にこなすけど、ひかえめでジマンしないから、友だちにも人気があるんだよ。

天使のメッセージ
落ちこんだら身体を動かそう

イヤなことを言われたらいつまでもへこみそう。身体を動かして、わすれちゃおう！

うれしい！ひと言

すてきだね！

イヤ！NGワード
何でやらないの？

究極の相性！
運命のカレ
2/17　6/10　6/17　6/18　10/9
10/17　12/16　12/17　12/18

キズナの友
2/17　2/18　4/17　4/18　6/17
8/10　8/18　10/16　10/19

ライバル！
1/17　1/19　3/17　9/17
9/18　11/17　11/18　11/24

6/17生まれのBOY'Sホンネ

好きなタイプ
「しっかりした考えで行動する子がいい。だって、ボクと似てるからさー♡」

ニガテなタイプ
「自分で考えたり、調べたりしないで、お手軽にすぐに人に聞いてくる子！」

あなたに向いている仕事▶ アーティスト、マッサージ師、彫刻家、不動産鑑定士、弁護士、公務員

6月 18日生まれ

ふたご座

イイと思えば スパッと実行 テキパキ少女

性格バランス
天然ボケ度 / セクシーど / コミュ力 / オシャレ度 / マジメど / パワフル度

天使のおくりもの
ワンランク上を目指す向上心

頭の回転が速く、動きながら計画する行動力のある女の子。天使はそんなあなたに、ワンランク上を目指す向上心をあたえたよ。理想を思いえがいたら、努力をおしまず、まっしぐら！

天使のメッセージ
止まって休むのも大事

ときどきやりすぎてつかれちゃう。いったんやめたり、ふり返ってみたりすることも大事。

ラッキーアイテム
おんぷマーク
ラッキーカラー
♥桃色
ラッキーナンバー
5、6
ラッキールーン
〈〉 ヤラ

ラッキーファッション
ワッペンいっぱい★ミリタリーコーデ

ラブ運
理想が高い子。でもちゃんと努力するから、素敵な恋になりそう。思いえがいたとおりの男の子と恋に落ちるはず♡

フレンド運
がんばり屋でしっかり者のあなたは、自然にグループのリーダーになるかも。みんなにたよりにされてるんだよ！

6/18生まれのBOY'Sホンネ

好きなタイプ
「へんなえんりょをしないほうが好き。正直で、気持ちいいなって思える！」

ニガテなタイプ
「後でグチグチ言う子っているよね。その場で言えばいいのにさ～！」

究極の相性！
運命のカレ
2/18 6/11 6/18 6/19 10/10
10/18 12/17 12/18 12/19

キズナの友
2/18 2/19 4/18 4/19 6/18
8/11 9/18 10/17 10/20

ライバル！
1/18 1/19 1/20 3/18 9/18
9/19 11/18 11/19 11/25

うれしい！ひと言
やったね！えらい！

イヤ！NGワード
それくらいじゃダメ

あなたに向いている仕事 ▶ スポーツ選手、カメラマン、冒険家、政治家、福祉事業家、企画開発

6月19日生まれ

ふたご座

小さいことにこだわらないはなやかな子

性格バランス
- 天然ボケ度
- コミュカ
- マジメ度
- パワフル度
- オシャレ度
- セクシー度

ラッキーアイテム
カチューシャ

ラッキーカラー
♥ダークブラウン

ラッキーナンバー
4、7

6月 ラッキールーン
♪ユル

LOVE ラブ運
おしゃれでセンスがいいあなたは男の子に人気。でも本当に好きなカレ以外からの告白は、情熱的でも、興味なし！

FRIEND フレンド運
いるだけで、その場がパッと明るくなるあなたに元気づけられる子はいっぱい。ウラオモテがないところも長所だね☆

ラッキーファッション
ポイントはボーダー！カジュアルスタイル

天使のおくりもの
人をハッピーにできる笑顔

おおらかではなやかなふんいきの、不思議なミリョクを持つの女の子。天使はそんなあなたに、人をハッピーにする笑顔をあたえたよ。みんなの気持ちをもり上げるムードメーカーだね！

天使のメッセージ
ひとりで休む時間を持とう

いつもみんなをはげます役目だからストレスも。たまにはひとりの時間を作って。

うれしい！ひと言
「助かる〜！」

イヤ！NGワード
「がんばってソンした」

究極の相性！
運命のカレ
2/19 6/12 6/19 6/20 10/11
10/19 12/18 12/19 12/20

キズナの友
2/19 2/20 4/19 4/20 6/19
8/12 8/20 10/18 10/21

ライバル！
1/19 1/20 1/21 3/19 9/19
9/20 11/19 11/20 11/26

6/19生まれのBOY'Sホンネ

好きなタイプ
「こっちが落ちこんでいるときに、やさしい笑顔で声をかけてくれる子は神！」

ニガテなタイプ
「人の弱みを利用する子って感じ悪い。軽い気持ちでもイジワルだと思う」

あなたに向いている仕事 ▶ コメディアン、デザイナー、クリエイター、俳優、弁護士、映画監督

オシャレで自分を表現できる女の子

ふたご座

6月/20日生まれ

ラッキーファッション
チェックワンピでかわいさ100点!

天使のおくりもの

まねできない美的センス

天使があなたにあたえたのは、だれもまねできない、すぐれた美的感覚。サービス精神もあって、人を喜ばせることにかけては天才かも。そんなあなたにいやされたい子はいっぱいいそう。

天使のメッセージ

興味のはばを広げてみて

美的センスはカンペキなあなた。おしゃれ以外のことにも興味を広げるとカンペキ!

性格バランス
天然ボケ度／セクシー度／コミュ力／オシャレ度／マジメ度／パワフル度

- **ラッキーアイテム**: バナナジュース
- **ラッキーカラー**: ベビーピンク
- **ラッキーナンバー**: 5、8
- **ラッキールーン**: ペオース

6月

ラブ運
最初はおしゃれな恋にあこがれそう。でも本気になるのは、いっしょにいて安心できる、やさしい男の子みたいだよ♡

フレンド運
人の願いを聞いてあげるあなたは、友だちも多いみたい。人当たりがいいから、どんな子とも仲良くできそう♪

6/20生まれのBOY'Sホンネ

好きなタイプ: 「トークがうまいと話しかけやすいから、おしゃべりな子がうれしい♡」

ニガテなタイプ: 「話しているのに、リアクションがうすい子は×。きらわれてる気がしちゃう」

究極の相性!

運命のカレ
2/20 6/13 6/20 6/21 10/12
10/20 12/19 12/20 12/21

キズナの友
2/20 2/21 4/20 4/21 6/20
8/13 8/21 10/19 10/22

ライバル!
1/20 1/21 1/22 3/20 9/20
9/21 11/20 11/21 11/27

うれしい!ひと言

カンペキだね

イヤ!NGワード

関係ないでしょ!

あなたに向いている仕事 ▶ カウンセラー、アーティスト、ケアマネージャー、医者、看護師、研究者

6月21日生まれ

ふたご座

ウラオモテのない正直さで信用される子

性格バランス
天然ボケ度 / コミュ力 / マジメ度 / パワフル度 / オシャレ度 / セクシー度

ラッキーアイテム
カサ

ラッキーカラー
♥赤

ラッキーナンバー
4、9

ラッキールーン
6月 エオロー

ラッキーファッション
さわやかラブリーなお嬢様スタイル♪

天使のおくりもの
人の心を開かせる力
正直で思いやりがある女の子。天使はそんなあなたに、あたたかさで包みこみ、人の心を開く力をあたえたよ。友だちがなやんだり悲しんだりしていたら、そっとよりそってあげられるよ。

天使のメッセージ
勇気を持って行動しよう
友だちがいないと心細くなりそう。あなたはひとりでも行動できる人。自信を持ってね。

LOVE ラブ運
思いやりがあるあなたは、大切にされる女の子。だから、好きになったらあまえてみて。赤い糸が強く結ばれるよ♡

FRIEND フレンド運
友だちは大事な宝物。ウソをつけないあなたのそんな思いが人を引きつけるの。あなたには何でも話したくなるみたい！

うれしい！ひと言
「ずっといっしょだよ」

イヤ！NGワード
「何がイヤなの？」

究極の相性！
運命のカレ
2/21 6/14 6/20 6/22 10/13
10/20 12/20 12/21 12/22

キズナの友
2/21 2/22 4/21 4/22 6/21
8/14 8/22 10/20 10/23

ライバル！
1/21 1/23 9/21
9/22 11/21 11/22 11/28

6/21生まれのBOY'Sホンネ
好きなタイプ
「みんなにやさしくできる、平等な態度の子はいい子だなって思うよ。絶対」

ニガテなタイプ
「わざと変なことを言って、みんながリアクションにこまる子……ざんねん」

あなたに向いている仕事 ▶ ライター、バイヤー、ツアーコンダクター、通訳、外交官、映画監督

かに座 ♋

6月 / 22日 生まれ

注意深く夢をかなえる努力の子

着こなしクールなカジュアルコーデ★ （ラッキーファッション）

天使のおくりもの
バツグンの記おく力

しんちょうなところがあり、細かいところも気配りする女の子。そんなあなたに天使は、バツグンの記おく力をあたえたよ。夢を持ったらすぐ集中。その気になれば、どんな夢もかなえそう。

天使のメッセージ
他のこともバランス良く

ひとつのことに集中しすぎるかも。バランスも大切だから、他のことにも目を向けて。

性格バランス
天然ボケ度／コミュ力／マジメ度／パワフル度／オシャレ度／セクシー度

ラッキーアイテム
チョコレート
ラッキーカラー
♥サーモンピンク
ラッキーナンバー
1、6
ラッキールーン
ᚣ エオロー

ラブ運
好きになったら、強めにアプローチ。カレがふり向くまであきらめない情熱的な恋をするよ。相性がいいのはやさしい人！

フレンド運
じつは人見知りだけど、あまり親しくない子にも話しかけてみよう。あなたが知らないことをたくさん知っているよ。

6/22生まれのBOY'Sホンネ

好きなタイプ
「どんなときでも自分らしく、変わらない態度の子ってたよりになるよね♡」

ニガテなタイプ
「何かあるとすぐに、"どーしよー！"ってさわぐ子。さわいでる間に動いて」

究極の相性！

運命のカレ
2/22 6/15 6/22 6/23 10/14
10/22 12/21 12/22 12/23

キズナの友
2/22 2/23 4/22 4/23 6/22
8/15 9/23 10/21 10/24

ライバル！
1/22 2/22 3/22 9/22
9/23 11/22 11/23 11/29

うれしい！ひと言

気がきくね！

イヤ！NGワード

何で教えてくれないの

あなたに向いている仕事▶ ハンドメイド作家、カウンセラー、タレント、小説家、看護師、骨董商

6月23日生まれ

かに座 ♋

的確な意見で人を笑顔にする相談役

性格バランス

天然ボケ度／コミュ力／マジメ度／パワフル度／オシャレ度／セクシー度

- **ラッキーアイテム**：動物の本
- **ラッキーカラー**：♡ミルキーホワイト
- **ラッキーナンバー**：2、6
- **ラッキールーン**（6月）：シゲル

LOVE ラブ運
あなたにかまってほしい男の子はたくさん。でも恋の相手は、あなたをあまやかしてくれるお兄さんタイプみたい♡

FRIEND フレンド運
相手の気持ちを正確につかんで、本当に役立つアドバイスができるあなた。たよりになる子だと思われているよ！

ラッキーファッション：ふんわりやさしい♡ナチュラルスタイル

天使のおくりもの
人を包みこむおおらかな心
みんなの笑顔を見るだけで、幸せを感じるあなた。天使はそんなあなたに、周りの人を包みこむ、広い心をあたえたよ。どんな人にもやさしく話しかけるあなたは、みんなのあこがれだよ。

天使のメッセージ
自分にやさしい言葉をかけて
自分のことを後回しにしがち。ときには自分自身に、やさしい言葉をかけてあげて。

うれしい！ひと言
すごくわかりやすい！

イヤ！NGワード
ほうっといて

究極の相性！

運命のカレ
2/23　6/16　6/23　6/24　10/15
10/23　12/22　12/23　12/24

キズナの友
2/23　2/24　4/23　4/24　6/23
8/16　8/24　10/22　10/25

ライバル！
1/23　1/24　3/23　5/23　9/23
9/24　11/23　11/24　11/30

6/23生まれのBOY'Sホンネ
好きなタイプ：「何をしても許してくれる、あたたかいほほえみの女神様みたいな子が好き」

ニガテなタイプ：「いちいちつっかかってくる子。話に割りこんでこないで〜！」

あなたに向いている仕事 ▶ アナウンサー、ライター、カウンセラー、アドバイザー、外交官、編集者

人のいたみも受け止める清らかガール

6月24日生まれ かに座

性格バランス: 天然ボケ度／コミュ力／マジメ度／パワフル度／オシャレ度／セクシー度

ラッキーアイテム ベル
ラッキーカラー 水色
ラッキーナンバー 3、6
ラッキールーン ティール ← 6月

天使のおくりもの
デリケートな感受性

あなたは相手を包みこむやさしさを持つ、心のきれいな女の子。天使はそんなあなたに、デリケートな感受性をあたえたよ。悲しんでいる人によりそえるから、友だちに愛されているよ。

天使のメッセージ
正直な気持ちを伝えよう

きらわれたくなくて、周りに意見を合わせることも。きちんと話せばわかってくれるよ。

ラッキーファッション: 帽子がキュートなガーリーコーデ♡

ラブ運

恋をするとあまえんぼうに。好きな人とはいつもいっしょにいたいみたい。相性がいいのは気配りできる男の子♡

フレンド運

シャイで、自分から声をかけられないみたい。でもそばにいるだけでもあたたかい心は伝わるよ。あきらめないで！

6/24生まれのBOY'Sホンネ

好きなタイプ: 「いつもいっしょにいてくれそうな、気配りできるやさしい子、好きだー!!」

ニガテなタイプ: 「ジョークが通じない子。笑いのツボは大事だから！おたがいのために！」

究極の相性！

運命のカレ
2/24 6/17 6/24 6/25 10/16
10/24 12/23 12/24 12/25

キズナの友
2/24 2/25 4/24 4/25 6/24
8/17 8/25 10/23 10/26

ライバル！
1/24 1/25 1/26 3/24 9/24
9/25 11/24 11/25 11/30

うれしい！ひと言: あなたでよかった

イヤ！NGワード: 何でわかんないの？

あなたに向いている仕事 ▶ トリマー、タレント、幼稚園教諭、保育士、先生、園芸家、農業、獣医師

6月25日生まれ

かに座 69

人の心に印象を残すやさしい少女

性格バランス

天然ボケ度 / コミュ力 / マジメ度 / パワフル度 / オシャレ度 / セクシー度

ラッキーアイテム クッキー
ラッキーカラー ♡シルバー
ラッキーナンバー 2、4
ラッキールーン ᛒ ベオーク（6月）

天使のおくりもの
おおらかで自由な強い心

新しい物語を作り出しそうな才能豊かな女の子。天使はそんなあなたに、海のように大きくて広い心をあたえたの。何にもとらわれない自由さとおおらかさを持ち、強い印象を残す子だよ。

ラッキーファッション
チェックスカートで印象アップ☆

天使のメッセージ
ムリなときは断る勇気を

人にたのまれるとイヤとは言えないみたい。ムリなことまで引き受けちゃダメだよ！

ラブ運
恋心をかくせないタイプ。理想のカレは大きな夢を持っている人。夢を応えんするあなたを、カレも大切にしてくれるよ♡

フレンド運
友だちの笑顔を見るだけで、元気になる友だち思いの子。広い心で包みこむあたたかさで、みんなの心をいやしてるみたい。

うれしい！ひと言
元気が出てきた！

イヤ！NGワード
あなただけじゃない？

究極の相性！

運命のカレ
2/25　6/18　6/25　6/26　10/17
10/25　12/24　12/25　12/26

キズナの友
2/25　2/26　4/25　4/26　6/25
8/18　8/26　10/24　10/27

ライバル！
1/25　1/26　1/27　3/25　9/25
9/26　11/25　11/26　12/1

6/25生まれのBOY'Sホンネ

好きなタイプ
「思いやりのあるやさしい子が一番好きだよ。いっしょにいてやされる♡」

ニガテなタイプ
「人のことを悪く言う子って、いい感じはしないな。きらわれちゃうよー！」

あなたに向いている仕事 ▶ デザイナー、アーティスト、マンガ家、占い師、化学研究者、サービス業

かに座 ♋

6月/26日生まれ

思いやり深く 人を手伝う サポート上手

性格バランス
- 天然ボケ度
- セクシー度
- コミュ力
- オシャレ度
- マジメ度
- パワフル度

天使のおくりもの
思いやりと気配り

天使があなたにあたえたのは、人の気持ちを思いやる気配り力。人の心のいたみがわかるし、こまっている人をほうっておけないみたい。そんなあなたに救われる人は多いはずだよ。

天使のメッセージ
助けるばかりでなくたよって

何でも自分ひとりでやろうとすれば落ちこむことも増えるよ。友だちを信じてたよってね。

ラッキーファッション
水玉ブラウスでやさしげコーデ♪

ラッキーアイテム
ふわふわの小物

ラッキーカラー
♥ライムグリーン

ラッキーナンバー
2、5

ラッキールーン
Ⅿ エオー

ラブ運 LOVE
好きな人を支えたいと思う、けなげな女の子。あなただけが支えるより、助け合える関係になれば楽しく長続きしそう♡

フレンド運 FRIEND
だれとでも仲良くするから、いろんなタイプの友だちがいるよ。みんなあなたの力になりたいと思ってくれているの。

6/26生まれの BOY'Sホンネ

好きなタイプ
「自分で決めたことをちゃんとやる子が◎。そういう子は信用できるから♡」

ニガテなタイプ
「いつまでも、もうすんだことのグチばっかり言ってる子。イヤな感じ～！」

究極の相性！

運命のカレ
2/26 6/19 6/26 6/27 10/18
10/26 12/25 12/26 12/27

キズナの友
2/26 2/27 4/26 4/27 6/26
8/19 8/27 10/25 10/28

ライバル！
1/27 1/28 3/26 9/26 9/27
11/26 11/27 11/28 12/2

うれしい！ひと言
いつもありがとう

イヤ！NGワード
ひとりでやるから

あなたに向いている仕事▶ マンガ家、タレント、ファイナンシャルプランナー、エンジニア、建設業

6月27日生まれ

かに座 ♋

一見のんびり じつは全力で いどむ熱血派

性格バランス
- 天然ボケ度
- コミュ力
- マジメ度
- パワフル度
- オシャレ度
- セクシー度

ラッキーアイテム とうめいな石
ラッキーカラー ♡桜色
ラッキーナンバー 2、6
ラッキールーン ᛘ マン

ラッキーファッション：ポニーテールとビスチェがポイント♡

ラブ運
いっしょに気楽なおしゃべりができる人を好きになるみたい。相性がいいのは、自然体でつき合える男の子だよ♡

フレンド運
いつもニコニコしているから、友だちも多いはず。でもイザというときにたよりになる強さが、最大のミリョクだよ。

天使のおくりもの
情熱的なリーダーシップ
一見おだやかなのんびりガールだけど、その中身は燃えさかるほのおの情熱ガール！ あなたの勢いにつられて周りがいっせいに動くことも。みんながこまっていた問題も解決しちゃう！

天使のメッセージ
相手にあまいところが弱点
約束をやぶった相手も許しちゃうあなた。あまやかさずに注意したほうがいいときも。

うれしい！ひと言
たよりにしてる！

イヤ！NGワード
やりすぎじゃない？

究極の相性！

運命のカレ
2/27 6/20 6/27 6/28 10/19
10/27 12/26 12/27 12/28

キズナの友
2/27 2/28 4/27 4/28 6/27
8/20 8/28 10/26 10/29

ライバル！
1/27 1/28 1/29 3/27 9/27
9/28 11/27 11/28 12/3

6/27生まれのBOY'Sホンネ

好きなタイプ
「だれとでも仲良くしようとする、親切な子が好き！ つき合いたい！」

ニガテなタイプ
「友だちのことを、カゲでキライとか言っている子は好きじゃないな」

あなたに向いている仕事 ▶ メイクアップアーティスト、エスティシャン、エンジニア、記者、医者

正義感が強く心を曲げないみんなの味方

6月28日生まれ / かに座

天使のおくりもの
平等な目とまっすぐな心

正義感が強いあなた。天使はそんなあなたに、平等な目とまっすぐな心をあたえたよ。ズルをする人にはきちんと注意するし、おかしいと思ったことは先生や先ぱいでも意見を言うよ。

天使のメッセージ
注意するときはおだやかに

人に注意するときに、ついカッとなることが。落ち着いて話せるまで時間を置くといいよ。

ラッキーファッション
さわやかコーデがオシャレ度UPのカギ

性格バランス
天然ボケ度／コミュ力／マジメ度／パワフル度／オシャレ度／セクシー度

- **ラッキーアイテム** 花
- **ラッキーカラー** ♥コバルトブルー
- **ラッキーナンバー** 2、7
- **ラッキールーン** ↑ ラーグ

ラブ運
どんなに好きでもウソをつく人は許せないから、マジメで正直な男の子が理想。好きになるととたんに世話焼きに！

フレンド運
友だちがこまっていたら、すぐに助けにいくあなた。そのすがたがカッコイイと思っている女の子のファンも多いみたい。

6/28生まれのBOY'Sホンネ

好きなタイプ
「ルールを守る子って信用できるでしょ。まちがいない感じが安心できる！」

ニガテなタイプ
「ウソをついたり、人のイヤがることをしたりする子。見ていてモヤモヤする」

究極の相性！

運命のカレ
2/28 6/21 6/28 6/29 10/20
10/28 12/27 12/28 12/29

キズナの友
2/28 2/29 4/28 4/29 6/28
8/21 8/29 10/27 10/30

ライバル！
1/28 1/29 1/30 3/28 9/28
9/29 11/28 11/29 12/4

うれしい！ひと言
「カッコイイ！」

イヤ！NGワード
「わたしが正しい！」

あなたに向いている仕事▶ タレント、インストラクター、スポーツ選手、司会、公務員、弁護士

6月29日生まれ
かに座 ♋

性格バランス
- 天然ボケ度
- セクシー度
- コミュガ度
- オシャレ度
- マジメ度
- パワフル度

ラッキーアイテム
お弁当箱

ラッキーカラー
♡オフホワイト

ラッキーナンバー
6、8

ラッキールーン
6月 ✕ イング

LOVE ラブ運
あなたと同じようにマジメでウソをつかない、せい実な男の子が一番だよ。いちずに好きな人だけを見つめてね♡

FRIEND フレンド運
人を信じるピュアなあなた。みんなもあなたを信らいしているし、あなたにはウソをつきたくないと思っているよ。

ラッキーファッション
オトメ系のアイテムがバッチリ似合う！

ピュアな心で人を信じる素直な女の子

天使のおくりもの
湖のようにすみ切った心

大切な人と心を通わせ合って、キズナを大事にする女の子。天使があたえたのは、湖のようにすきとおった美しいハート。そばにいると落ち着くから、だれからも愛されているよ。

天使のメッセージ
もっと自分にやさしくしよう

何か起きると自分のせいかと思っちゃうあなた。そんなことないから、気を楽にして！

うれしい！ひと言
「だいじょうぶだよ」

イヤ！NGワード
「だれのせい？」

究極の相性！

運命のカレ
2/28　6/22　6/29　6/30　10/21
10/29　12/28　12/29　12/30

キズナの友
2/28　2/29　4/29　4/30　6/29
8/22　9/28　10/28　10/31

ライバル！
1/29　1/30　1/31　3/29　9/29
9/30　11/29　11/30　12/5

6/29生まれのBOY'Sホンネ

好きなタイプ
「正直で素直な子が好きだよ。まっすぐなところが、ピュアでかわいいね♡」

ニガテなタイプ
「人によって態度を変える子はパス。わざとらしいからバレてるっつーの！」

あなたに向いている仕事　タレント、アーキビスト、ショップオーナー、放送作家、小説家、骨董商

表情も感情も豊かなラッキーガール

かに座 ♋

6月30日生まれ

性格バランス
- 天然ボケ度
- コミュ力
- マジメ度
- パワフル度
- オシャレ度
- セクシー度

天使のおくりもの
運をまねく不思議な力

泣いたり、笑ったり、クルクル変わる表情が特ちょう。そんなあなたに天使があたえたのは、運をまねく不思議な力。願いはかなうことが多いし、ラッキーな出来事を引きよせられるよ。

天使のメッセージ
みんなのために力を使おう

運の力を自分のためだけに使うと、パワーが落ちるよ。みんなの幸せのために使おうね。

ラッキーファッション
ストリート風のアメカジスタイル★

ラッキーアイテム
せっけん

ラッキーカラー
♥ワインレッド

ラッキーナンバー
2、9

ラッキールーン
☒ オセル

ラブ運

カンがするどいから、ピッタリのカレと出会ったらビビッと感じるはず。みんながあこがれるような素敵な恋ができるよ。

フレンド運

注目されて目立つあなた。友だちになりたいと思っている子はたくさんいるみたい！　目があったら話しかけてみて。

6/30生まれのBOY'Sホンネ

好きなタイプ
「礼ぎ正しくて、しっかりした子が好きだよ。すぐにでもつき合いたいです」

ニガテなタイプ
「ボサボサのかみとか、だらしない服とか、ルーズでいいかげんな子がニガテ」

究極の相性！

運命のカレ
2/29　6/23　6/30　7/1　10/22　10/30　12/29　12/30　12/31

キズナの友
2/29　3/1　4/30　5/1　6/30　8/23　9/1　10/29　11/1

ライバル！
1/30　1/31　2/1　3/30　9/30　10/1　11/30　12/1　12/6

うれしい！ひと言
「いっしょだと安心♪」

イヤ！NGワード
「ズルい」

あなたに向いている仕事　▶　パティシエ、ミュージシャン、バイヤー、俳優、料理研究家、評論家

ズバリ的中!? バースデー☆マジック ❸ 誕生日当てマジック

人の誕生日を当てることができる、魔法のようなゲームがあるよ。誕生日を知らない友だちにやって、おどろかせちゃおう！ そして誕生日がわかったら、その誕生日のページを読んで、友だちともっと仲良くなろう♪

用意するもの　電たく

❶ 友だちに、生まれ年の4ケタの数字を入力してもらう。
※2008年生まれなら「2008」。

❷ ❶の数字に「×250」をしてもらう。

❸ ❷で出た数字に「×80」をしてもらう。

❹ ❸で出た数字に生まれた月日の3ケタ、または4ケタを足してもらう。
※1月1日生まれなら「101」。4月10日生まれなら「410」。10月31日生まれなら「1031」。

❺ ❹で出た数字に、もう一度生まれた月日の3ケタ、または4ケタを足してもらう。

❻ ここまできたら、電たくをわたしてもらおう。

❼ 最後に、❺で出た数字に「÷2」をしてね。
すると、8ケタの数字が出てくるよ。
その数字が、その子の生まれ年と誕生日！
※2008年1月1日生まれなら、「20080101」と出るよ。

7月生まれのキミへ

ちょっと泣き虫でデリケートなキミ。でも、人のために一生けん命がんばる姿に、みんなもボクも感動しているよ。

7月の幸せおまじない

貝がらは世界中で「恋のお守り」と言われているよ。小さな二枚貝を用意してきれいに洗い、片ほうの貝のウラ側に好きな人の名前、もう片ほうの貝のウラ側にはあなたの名前を書いて。ピッタリと貝を合わせたら接着剤でしっかりとめて、恋のお守りのできあがり。いつも持ち歩いて、ときどきカレのことをイメージしながら、ギュッとにぎりしめてね。貝が見守ってくれるよ。

7月の行事

七夕

七夕飾りの短冊は、願いごと別に色が決まっているよ。緑（夢）、赤（感謝）、黄色（人間関係）、白（目標）、紫（勉強）を書くといいみたい。恋の願いは黄色に♡

7月1日生まれ

かに座

性格バランス
天然ボケ度／セクシー度／コミュ力／オシャレ度／マジメ度／パワフル度

7月
- **ラッキーアイテム**　レターセット
- **ラッキーカラー**　♥からし色
- **ラッキーナンバー**　2、6
- **ラッキールーン**　⋈ダエグ

ラッキーファッション: スタジャン×ミニスカでモテカジュアル

LOVE ラブ運
素直なあなたは、とてもモテるタイプ。好きなカレに気持ちを伝えるのが上手だから、告白もうまくいきそう！

FRIEND フレンド運
みんなにたよりにされるから、相談を受けることも多そう。真けんに話を聞いてあげるほど、キズナが深まるよ！

心やさしい たよれる リーダー！

天使のおくりもの
みんなを引っ張る力

こまっている人の力になりたいと思う女の子。天使はそんなやさしいあなたに、人をまとめるリーダーの素質をあたえたよ。いつも前向きだから、たよられるとさらにやる気になるみたい。

天使のメッセージ
おおらかに。注意はやさしく

正義感が強いので、ワガママな人にはひと言言いたくなるかも。キツクならないようにね。

うれしい！ひと言
すごい！　たよりになる〜

イヤ！NGワード
かまわないで

究極の相性！

運命のカレ
1/1　1/2　3/1　6/24　7/1
7/2　10/23　11/1　12/31

キズナの友
3/1　3/2　5/1　5/2　7/1
8/24　9/2　10/30　11/2

ライバル！
2/1　2/2　2/3　4/11　10/1
10/2　12/1　12/2　12/7

7/1生まれのBOY'Sホンネ

好きなタイプ
「さりげなく、こまっている人を助ける勇気のあるやさしい子が好きだよ♡」

ニガテなタイプ
「ずうずうしい子やえらそうな子はニガテ。イジワルそうに見えちゃう」

あなたに向いている仕事　スポーツ選手、ダンサー、俳優、自然保護団体職員、政治家、検察官

かに座

7月 / 2日生まれ

大人っぽくて頭のいいしっかり者！

性格バランス
天然ボケ度 / コミュカ / マジメ度 / パワフル度 / オンヤレ度 / セクシー度

天使のおくりもの
自分で決める自立した心

大人っぽい考え方をするところがミリョクの女の子。天使はあなたに、自分のことを自分で決められる強い心をあたえたよ。しっかりしているから、みんなのお姉さんみたいな存在。

天使のメッセージ
自分の気持ちを正直に伝えて

相手の気持ちをよく考えるから、自分の本心を言えないことも。正直に打ち明けてみて！

ラッキーファッション
スカーフがポイントのシンプルカジュアル

SIMPLE LIFE

7月

- **ラッキーアイテム** 羽根
- **ラッキーカラー** ♥赤
- **ラッキーナンバー** 3、9
- **ラッキールーン** ᚠ フェオ

ラブ運 LOVE
大人っぽいあなたに、周りの男の子はドキドキしてるよ。あなたと仲良くなりたい男の子はたくさんいるみたい♡

フレンド運 FRIEND
しっかり者のあなたに、みんな何でも話したくなっちゃう。まとめ役としても活やくするあなたは、友だちのあこがれだよ！

7/2生まれのBOY'Sホンネ

好きなタイプ
「めんどう見がよくて、みんなからたよられている子を見ると、いいなと思う」

ニガテなタイプ
「何でも人にやってもらおうとする子がニガテ。少しは自分でやってみよう！」

究極の相性！

運命のカレ
1/1 1/3 3/2 6/25
7/2 7/3 10/24 11/2

キズナの友
3/2 3/3 5/2 5/3 7/2
8/25 9/3 11/1 11/4

ライバル！
2/2 2/3 2/4 10/2
10/3 12/2 12/3 12/8

うれしい！ひと言
素敵♡カッコイイね！

イヤ！NGワード
何考えてんのかわかんない

あなたに向いている仕事 ▶ ショップオーナー、タレント、小説家、看護師、保育士、介護福祉士

7月3日生まれ

かに座

かしこくて ガッツのある タフガール★

性格バランス
天然ボケ度／コミュ力／マジメ度／パワフル度／オシャレ度／セクシー度

7月
- **ラッキーアイテム** ミルクアイス
- **ラッキーカラー** ベビーピンク
- **ラッキーナンバー** 1、2
- **ラッキールーン** ⋂ ウル

LOVE ラブ運
自分と似た男の子にひかれがちだけど、ちがうタイプの相手ともうまくいきそう。新しい自分を発見するかも!?

FRIEND フレンド運
きちんとしていて、周りから信らいされているあなた。友だちにも、ダメなことはダメと伝えられるところが素敵。

ラッキーファッション　カラフルなコーデをさりげなく着こなすよ！

天使のおくりもの
ねばり強さと強い意志
頭が良くて、周りに流されない強さを持つ女の子。天使はそんなあなたに、タフなハートをあたえたよ。イヤなことがあってもへこたれず、何度もちょうせんする力強さがミリョク！

天使のメッセージ
周りの子を気にしないで
文句ばかり言う子にはついイライラしちゃいそう。おこらないで、大目に見てあげて！

うれしい！ひと言
「カンペキ！」

イヤ！NGワード
「決めつけないで」

究極の相性！
運命のカレ
1/2 1/3 1/4 3/3 6/26
7/3 7/4 10/25 11/3

キズナの友
3/3 3/4 5/3 5/4 7/3
8/26 9/4 11/2 11/5

ライバル！
2/3 2/4 4/5 4/3 10/3
10/4 12/3 12/4 12/9

7/3生まれのBOY'Sホンネ

好きなタイプ
「女の子らしくてかわいいのに、じつはシンが強いししっかり者って最高♡」

ニガテなタイプ
「ベタベタしたつき合いはニガテ。だから、あんまり女の子っぽい子はパス」

あなたに向いている仕事▶ カウンセラー、インストラクター、弁護士、先生、通訳、政治家、宗教家

空想大好き♪ マイペースで個性が光る子

7月4日生まれ かに座

天使のおくりもの
ひと味ちがう発想力！

不思議なものに興味があって、空想をするのが好きなあなた。天使はあなたに、人とはちがう、ユニークなひらめきをあたえたよ。あなただけの発想が最大のミリョクと言えそう♡

天使のメッセージ
勇気を出して外の世界へ

自分のカラにとじこもってしまうことも。積極的に、いろんな人と交流してみよう！

ラッキーファッション
スカートが大好きなロマンティックガール

性格バランス
- 天然ボケ度
- セクシー度
- コミュ力
- オシャレ度
- マジメ度
- パワフル度

7月

ラッキーアイテム	キッチングッズ
ラッキーカラー	♥ローズピンク
ラッキーナンバー	2、3
ラッキールーン	▷ ソーン

ラブ運 LOVE
一度「この人！」と思うと、周りが何も見えなくなってしまいそう。冷静になって、相手との仲を深めていこうね♡

フレンド運 FRIEND
ひとりで過ごすのが好きなあなた。友だち関係はじっくりキズナを深めるタイプで、仲良しの友だちとは長くつき合えるよ。

7/4生まれのBOY'Sのホンネ

好きなタイプ
「テレビ番組やゲームの話が気軽にできる子がいい。友だちと同じノリで！」

ニガテなタイプ
「ノリがイマイチな子。結局、こっちに興味ないんだなって思っちゃう」

究極の相性！

運命のカレ
1/3 1/4 1/5 3/4 6/27
7/4 7/5 10/26 11/4

キズナの友
3/4 3/5 4/5 5/5 7/4
8/27 9/5 11/3 11/6

ライバル！
2/4 2/5 2/6 4/4 10/4
10/5 12/4 12/5 12/10

うれしい！ひと言
さすが！くわしいねー

イヤ！NGワード
何かちがう

あなたに向いている仕事 ▶ ミキサー、エンジニア、デザイナー、コンシェルジュ、俳優、小説家

7月5日生まれ

かに座

性格バランス
天然ボケ度／コミュ力／マジメ度／パワフル度／オシャレ度／セクシー度

7月
- **ラッキーアイテム**　パールのアクセ
- **ラッキーカラー**　スカイブルー
- **ラッキーナンバー**　1、3
- **ラッキールーン**　ᚨ アンスール

LOVE ラブ運
だれかを好きになると、一直線にアタックするよ。情熱的なあなたは、必ず相手をふり向かせることができちゃう！

FRIEND フレンド運
ひとりの気楽な時間が好きなあなた。でも、周りの子はもっとあなたと話したいかも。積極的にみんなと交流しよう！

ラッキーファッション　さりげない柄アイテムを着こなすのが好き！

夢をかなえる頭のいい天才タイプ☆

天使のおくりもの
集中力と夢の実現力！

何でも器用にできるあなた。天使があなたにあたえたのは、自分の夢を実現する力。かしこくて、集中力もあって、計画を立てるのもトクイ。頭を使って夢をかなえようと努力するタイプ♪

天使のメッセージ
周りにも目を向けよう

集中すると、周りが見えなくなることも。話しかけられても、そっけなくしないでね。

うれしい！ひと言
上手だね〜

イヤ！NGワード
やりすぎ

究極の相性！

運命のカレ
1/4　1/5　3/5　6/28
7/5　7/6　10/27　11/5

キズナの友
3/5　3/6　5/5　5/7　7/5
8/28　9/6　11/4　11/7

ライバル！
2/5　2/7　4/5　10/5
10/6　12/5　12/6　12/11

7/5生まれのBOY'Sホンネ

好きなタイプ
「夢があって、いろいろなことにちょうせんしている子。前向きだよね♡」

ニガテなタイプ
「ボクの好きなことに、文句を言ってくる子はニガテ。ほっといてほしい……」

あなたに向いている仕事　CMプランナー、ジャーナリスト、インストラクター、小説家、経営者

自分の個性を つらぬける ブレない子☆

かに座

7月6日生まれ

性格バランス
天然ボケ度 / セクシー度 / コミュ力 / オシャレ度 / マジメ度 / パワフル度

7月

- **ラッキーアイテム** アロマキャンドル
- **ラッキーカラー** ♥レモンイエロー
- **ラッキーナンバー** 3、4
- **ラッキールーン** R ラド

天使のおくりもの
大事なものを大切にする力

マイペースで自分の道を行く女の子。天使はそんなあなたに、自分に必要なものを見ぬく能力をあたえたよ。周りにえいきょうされずに、個性を守っているすがたは、とてもカッコイイ！

ラッキーファッション
むずかしいワンピもさらっと着こなす☆

天使のメッセージ
合わない相手も受け入れて！

自分と合わない人が、カンですぐにわかりそう。でも、そんな相手とも仲良くしようね。

ラブ運
カッコイイだけの男の子には、興味がないあなた。いっしょにいて楽しい相手なら、素敵な恋ができそうだよ♡

フレンド運
人とちがうアイデアを出せるあなたは、みんなの相談役かも。周りの意見に左右されないから、あこがれる子も多いよ！

7/6生まれのBOY'Sのホンネ

- **好きなタイプ**「深い話のできる頭のいい子がタイプなんだ♡ 正直ステキだなって思うよ」
- **ニガテなタイプ**「何にも考えていなさそうな子はニガテ。会話が全然続かないんだよ～」

究極の相性！

運命のカレ
1/5 1/6 1/7 3/6 6/29
7/6 7/7 10/28 11/6

キズナの友
3/6 3/7 5/6 5/7 7/6
8/29 9/7 10/6 11/8

ライバル！
2/6 2/7 2/8 4/6 10/6
10/7 12/6 12/7 12/12

うれしい！ひと言
感覚がするどい！

イヤ！NGワード
マジメだね

あなたに向いている仕事 ▶ フローリスト、メイクアップアーティスト、ネイリスト、華道家、美容師

7月7日生まれ

かに座

自分らしさを大切にするユニークな子

性格バランス
- 天然ボケ度
- コミュ力
- マジメ度
- パワフル度
- オシャレ度
- セクシー度

7月
- **ラッキーアイテム**: レースの小物
- **ラッキーカラー**: ミントグリーン
- **ラッキーナンバー**: 3、5
- **ラッキールーン**: ケン

天使のおくりもの
バツグンのセンスの良さ

自分だけの強いこだわりがある女の子。天使はそんなあなたに、ユニークな感性と、気に入ったものを取りこむセンスをあたえたよ。オシャレで、自分のセンスをアピールするのも上手☆

ラッキーファッション
かわいくて印象的なコーデが大好きっ！

💗 ラブ運
好きなカレ以外の男の子には一切興味なし！ いちずに思い続けるよ。ライバルがいても、強い気持ちで負けない！

FRIEND フレンド運
自分をしっかり持っているあなたをカッコイイと思う友だちは多いはず。積極的に話しかけると友だち関係が広がるよ。

天使のメッセージ
人の意見も聞いてみよう！

自分の意志が強くて、周りの意見を聞かないところも。アドバイスには耳をかたむけて！

究極の相性！

運命のカレ
1/6 1/7 2/7 3/7 6/30
7/7 7/8 10/29 11/7

キズナの友
3/7 3/8 5/7 5/8 7/7
8/30 9/7 11/6 11/9

ライバル！
2/7 2/8 2/9 4/7 10/7
10/8 12/7 12/8 12/13

うれしい！ひと言
「センスがいい！」

イヤ！NGワード
「ちゃんと聞いて」

7/7生まれのBOY'Sホンネ

好きなタイプ
「大切にしているものがある子が好きだな。だって、共感できるから」

ニガテなタイプ
「勝ち負けばかり気にしている子って大変そう。気持ちはわかるけどねー」

あなたに向いている仕事 ▶ ミュージシャン、アーティスト、哲学者、映画監督、書道家、航海士

周りの人を楽しくさせる元気な子♪

天使のおくりもの
トラブルを乗りこえる力

いつも明るく元気で、周りの人を笑顔にする子。天使はそんなあなたに、ハプニングが起きてもうまく乗り切れる、前向きさと勇気をあたえたよ。礼ぎ正しいところもミリョクだね！

天使のメッセージ
周りのことでキズつかないで

平和が好きなので、人のケンカを見ると落ちこんじゃうことも。あまり気にしないで。

ラッキーファッション
上品なネイビーワンピでさわやかガールに

かに座

7月8日生まれ

性格バランス
天然ボケ度／セクシー度／コミュ力／オシャレ度／マジメ度／パワフル度

7月

ラッキーアイテム
きのこ

ラッキーカラー
♡オフホワイト

ラッキーナンバー
3、6

ラッキールーン
✕ ギューフ

ラブ運
あっさりとしたおつき合いの恋が好き♡ カレと友だちのような関係を作ると、イザというときに助け合えるはず！

フレンド運
友だち思いのあなたは、周りのみんなに好かれているはず。小さなことにも「ありがとう」と伝えると、さらに人気者！

7/8生まれのBOY'Sホンネ

好きなタイプ
「毎朝あいさつしてくれるような子が好き。学校が楽しみになるから！」

ニガテなタイプ
「気まぐれな女の子って、つき合いにくい。どうしたいのって思っちゃう」

究極の相性！

運命のカレ
1/7 1/8 2/9 3/8 7/1
7/8 7/9 10/30 11/8

キズナの友
3/8 3/9 5/8 5/9 7/8
8/31 9/1 9/7 11/1 11/10

ライバル！
2/8 2/9 2/10 4/8 10/8
10/9 12/8 12/9 12/14

うれしい！ひと言
笑顔がサイコー☆

イヤ！NGワード
テキトーでいいよ

あなたに向いている仕事▶ タレント、ボディーガード、自然保護団体職員、伝統工芸士、看護師

7月9日生まれ

かに座

何に対しても真けんながんばり屋!

性格バランス
- 天然ボケ度
- コミュ力
- マジメ度
- パワフル度
- オシャレ度
- セクシー度

7月
- **ラッキーアイテム**: 笛
- **ラッキーカラー**: ♥シルバー
- **ラッキーナンバー**: 3、7
- **ラッキールーン**: ᚹ ウィン

ラッキーファッション
クールでロックなやんちゃレディ!

LOVE ラブ運
男の子に対して意地を張ってしまうときがありそう。カレに素直にあまえてみると、ふたりのキョリが近づくよ!

FRIEND フレンド運
なやみがあるときは友だちに打ち明けてみて。あなたにたよられると、友だちもうれしいよ。友情がさらに深まりそう!

天使のおくりもの

ねばり強さとあきらめない心

あなたは何でもマジメに取り組む女の子。天使はそんなあなたに、始めたことを決してあきらめないねばり強さと、やりとげる意志の強さをあたえたよ。まっすぐなところがミリョク!

天使のメッセージ

ひと息ついて周りを見よう

一生けん命すぎて、周りが見えなくなっちゃうことも。がんばっているときこそ冷静に!

うれしい!ひと言
そんけいしちゃう

イヤ!NGワード
強いねー

究極の相性!

運命のカレ
1/8 1/9 1/10 3/9 7/2
7/9 7/10 10/31 11/9

キズナの友
3/9 3/10 5/9 5/10 7/9
9/1 9/10 11/7 11/10

ライバル!
2/9 2/10 2/11 4/9 10/9
10/10 12/9 12/10 12/15

7/9生まれのBOY'Sホンネ

好きなタイプ: 「一生けん命な子が好きだな。夢中なときって、かわいく見えるから♡♡」

ニガテなタイプ: 「いつまでも過去の失敗を笑われるとはずかしい……けっこうキズつくよー」

あなたに向いている仕事 ▶ スポーツ選手、タレント、インストラクター、映画監督、銀行員、経営者

弱い人の味方 たよれる お姉さん！

かに座

7月10日生まれ

性格バランス
天然ボケ度 / コミュ力 / マジメ度 / パワフル度 / オシャレ度 / セクシー度

7月
- **ラッキーアイテム** 花のタネ
- **ラッキーカラー** ♥マリンブルー
- **ラッキーナンバー** 3、8
- **ラッキールーン** N ハガル

ラッキーファッション
おしゃれなゆるふわラブリーガール

天使のおくりもの
強い正義感とリーダーシップ
こまっている人がいたら力になりたいと思う女の子。天使があなたにあたえたのは、みんなを引っぱるリーダーの才能。人の笑顔を見ると幸せな気分になれる心の広さもミリョクだよ。

天使のメッセージ
おせっかいに気をつけよう！
人の世話を焼きすぎちゃうことも。ときには、そっと相手を見守ることも大切だよ！

ラブ運
好きな人には情熱的で、自分の気持ちをすぐに伝えたくなるよ。素直な態度がカレには好印象だから、一気に両思いに！

フレンド運
友だち思いのあなた。あなたがこまったときは、えんりょせずに周りに相談しよう。みんなが力をかしてくれるよ。

7/10生まれのBOY'Sホンネ

- **好きなタイプ**「さっぱりした性格の子がタイプ。男友だちみたいに気楽に話せそうだよね」
- **ニガテなタイプ**「ずーっと前のことを、ずーっと言い続ける子。しつこいのはちょっと……」

究極の相性！
運命のカレ
1/9 1/10 3/10 7/3
7/10 7/11 11/1 11/10

キズナの友
3/10 3/11 5/10 5/11 7/10
9/2 9/11 11/8 11/11

ライバル！
2/10 2/11 2/12 4/10 10/10
10/11 12/10 12/11 12/16

うれしい！ひと言

やさしいね

イヤ！NGワード

ちょっとキツイよ

あなたに向いている仕事▶ タレント、コンシェルジュ、ホテルオーナー、検察官、弁護士、営業

7月11日生まれ

かに座

家庭的でかわいいもの大好き女子♡

性格バランス
- 天然ボケ度
- セクシー度
- コミュ力
- オシャレ度
- マジメ度
- パワフル度

7月
- **ラッキーアイテム**：カラーペン
- **ラッキーカラー**：♥ルビーレッド
- **ラッキーナンバー**：2、9
- **ラッキールーン**：ニイド

天使のおくりもの
素敵な感性と手先の器用さ
かわいいものや女の子らしいものが大好き。天使はあなたに、豊かな感性と手先の器用さをあたえたよ。ハンドメイドやお料理など、家庭的なことがトクイ。かわいい笑顔もミリョクだよ。

ラッキーファッション：ビッグシャツをワンピとして着るのが好き!

LOVE ラブ運
好きな人の前ではモジモジして、気持ちを伝えるのがニガテ。あせらずに、深こきゅうしてから話しかけてみて♡

FRIEND フレンド運
いつもグループのリーダーになっていそう。他の子とちがう見方をするあなたは、みんなにとってシゲキ的な子!

天使のメッセージ
ガッカリせずに自信を持とう
自分がいいと思ったことをみとめてもらえないとガッカリ。自分に自信を持って!

うれしい!ひと言
- すごい才能!

イヤ!NGワード
- ワガママだよ

究極の相性!
運命のカレ
1/10　1/11　1/12　3/11　7/4
7/11　7/12　11/2　11/11

キズナの友
3/11　3/12　5/11　5/12　7/11
9/3　9/12　11/19　11/12

ライバル!
2/11　2/12　2/13　4/11　10/11
10/12　12/11　12/12　12/17

7/11生まれのBOY'Sホンネ

好きなタイプ
「やさしくてかわいくて、しかも少しドジなところがある子が理想♡」

ニガテなタイプ
「ケチな子! 何か借りるとイヤそうな顔。オレはドロボーじゃないし〜」

あなたに向いている仕事 ▶ イラストレーター、プランナー、マーケッター、芸術家、栄養士、獣医師

いやし系で心やさしい気配り上手

7月/12日生まれ

かに座

性格バランス
天然ボケ度／セクシー度／コミュ力／オシャレ度／マジメ度／パワフル度

天使のおくりもの
人の気持ちによりそう力

人とのキズナを大切にする女の子。天使はそんなあなたに、人の気持ちがわかるやさしさと、観察力をあたえたよ。あなたの心配りが、みんなの心をいやして、ホッとさせているはず！

天使のメッセージ
小さなことを心配しすぎないで

相手が不きげんだと、自分が悪いのかなと不安になっちゃう。心配しないで平気だよ。

ラッキーファッション
スカートは絶対ロング　はかなげ上品レディ

7月
- ラッキーアイテム：料理の本
- ラッキーカラー：♡アイボリー
- ラッキーナンバー：1、2
- ラッキールーン：イス

ラブ運
リードしてくれる頭のいい人がタイプ。カレの前だとキンチョーしちゃうけど、そこがカレにはかわいく見えるよ♡

フレンド運
いつも決まった友だちといっしょにいるのが好き。じっくりと深い友情をきずいて、ずっと親友でいられそう！

7/12生まれのBOY'Sホンネ

好きなタイプ
「いちずにがんばっている子ってヤバい。守ってあげたい感がハンパない♡」

ニガテなタイプ
「男子のうわさ話ばっかりしている子って、何か近づきたくない感じがする」

究極の相性！

運命のカレ
1/11　1/12　1/13　3/12　7/5
7/12　7/13　11/12　11/13

キズナの友
3/12　3/13　5/12　5/13　7/12
9/4　9/13　11/12　11/13

ライバル！
2/12　2/13　2/14　4/12　10/12
10/13　12/12　12/13　12/18

うれしい！ひと言
明るくてかわいい

イヤ！NGワード
気にしてるの？

あなたに向いている仕事 ▶ ミュージシャン、コンサルタント、俳優、哲学者、裁判官、先生、研究者

7月13日生まれ かに座

どんなときも ポジティブ☆ パワフル少女

性格バランス
- 天然ボケ度
- コミュ力度
- マジメ度
- パワフル度
- オシャレ度
- セクシー度

7月
- **ラッキーアイテム** ココア
- **ラッキーカラー** ♥青
- **ラッキーナンバー** 2、4
- **ラッキールーン** ᚣ ヤラ

LOVE ラブ運
天然っぽさがかわいくて人気！でも男の子の気持ちにはドンカンかも。あなたから話しかけるとうまくいくよ！

FRIEND フレンド運
とっても友情に熱いタイプ。正義感も強くてやさしいから、友だちがこまっていたら助けずにはいられないよ！

ラッキーファッション ショートパンツ！も女の子らしく着る！

天使のおくりもの
行動力と前向きさ

自分の気持ちに正直でまっすぐな女の子。天使はそんなあなたに、いつでも明るい前向きさと、行動力をあたえたよ。けっしてブレない、自分だけの考えを持っているところもミリョク。

天使のメッセージ
がんばりすぎて ムリしないで

目標に向かってがんばりすぎてつかれちゃうことも。電池が切れる前に休けいを取って！

うれしい！ひと言
勇気があってかっこいい

イヤ！NGワード
え、知らなかった？

究極の相性！
運命のカレ
1/12 1/13 1/14 3/13 7/6
7/13 7/14 11/4 11/13

キズナの友
3/13 3/14 5/13 5/14 7/13
9/5 9/14 11/11 11/14

ライバル！
2/13 2/14 2/15 4/13 10/13
10/14 12/13 12/14 12/19

7/13生まれの BOY'Sホンネ

好きなタイプ
「もくもくと、やることをやっているしっかりした子が好き。えらいよね♡」

ニガテなタイプ
「悪い想像ばっかりする、ネガティブな子。こっちまで不安になっちゃうよー」

あなたに向いている仕事 ▶ アーティスト、カメラマン、エンジニア、俳優、芸術家、評論家、発明家

おっとりして守りたくなるふんわり系♡

かに座

7月14日生まれ

性格バランス

天然ボケ度／セクシー度／コミュカ／オシャレ度／マジメ度／パワフル度

天使のおくりもの
あまえ上手で愛される力

ふんわりしたムードで、守ってあげたくなる女の子。天使はそんなあなたに、愛され上手な性格をあたえたみたい。あなたがこまっていると、みんなが助けてくれることが多いはず。

天使のメッセージ
自分ひとりで考えてみよう！

トラブルが起きたとき、ひとりで解決するのがニガテかも。でも人にたよりすぎは×だよ。

ラッキーファッション
フリルとバラでドーリーガール♥

7月
- **ラッキーアイテム** 金のスプーン
- **ラッキーカラー** ♡ベージュ
- **ラッキーナンバー** 3、4
- **ラッキールーン** ♪ユル

ラブ運
自分のミリョクをさりげなくアピールして、あまえるのが上手。カレに気持ちが通じやすくて、すぐにラブラブに♡

フレンド運
みんなの妹的なそん在のあなた。だれからもやさしくしてもらえそう。感謝の気持ちを伝えると、さらに仲良しになれるよ。

7/14生まれのBOY'Sホンネ

- **好きなタイプ**「自然や生き物を愛する子。そのやさしさにキュンとするんだよなー♡」
- **ニガテなタイプ**「ドンカンというか、タイミングがずれている子。フォローできないかも……」

究極の相性！

運命のカレ
1/13 1/14 1/15 3/14 7/7
7/14 7/15 11/5 11/14

キズナの友
3/14 3/15 5/14 10/15 7/14
9/6 9/15 11/12 11/15

ライバル！
2/14 2/15 2/16 4/14 10/14
10/15 12/14 12/15 12/20

うれしい！ひと言
上品だね

イヤ！NGワード
自分でやって

あなたに向いている仕事 ▶ イラストレーター、マンガ家、ライター、カウンセラー、小説家、弁護士

7月15日生まれ

かに座

冒険大好き！好奇心の強い女の子☆

性格バランス
- 天然ボケ度
- コミュ力
- マジメ度
- パワフル度
- オシャレ度
- セクシー度

7月
ラッキーアイテム
ハートの小物
ラッキーカラー
ライムイエロー
ラッキーナンバー
2、4
ラッキールーン
ペオース

ラブ運
恋にオクテなタイプ。カレからのアプローチで恋が始まることが多いよ。積極的になるとすぐに仲が深まりそう♡

フレンド運
ちょっぴり人見知りだから、いつも同じ子といるかも。勇気を出して自分から話しかけると、友情の輪が広がるはず！

ラッキーファッション
おだんごヘアとイヤリングがポイント

天使のおくりもの
アクティブな心と力！

いろんなことに興味を持つ女の子。天使はあなたに、豊かな好奇心と、チャレンジする行動力をあたえたよ。冒険するのが好きだから、自分を信じてつき進んでいくことで成長できるよ！

天使のメッセージ
冷静な心をなくさないで！

ひとつのことに熱中すると周りが見えなくなりがち。冷静に物事を見る力を持とう。

うれしい！ひと言
- アイデア
- すごい

イヤ！NGワード
- こわいの？

究極の相性！

運命のカレ
1/14 1/15 1/16 3/15 7/8
7/15 7/16 11/6 11/15

キズナの友
3/15 3/16 5/15 6/15 7/15
9/7 9/16 11/13 11/16

ライバル！
2/15 2/16 2/17 4/15 10/15
10/16 12/15 12/16 12/21

7/15生まれのBOY'Sホンネ

好きなタイプ
「おもしろい体験談とか、話のネタを持っている子。いっしょにいて楽しい！」

ニガテなタイプ
「いつも自信がなさそうで、こわがっているような子はニガテ。気を使っちゃう」

あなたに向いている仕事 ▶ カメラマン、アーティスト、デザイナー、料理研究家、政治家、先生

落ち着いて考えられるしっかり者☆

7月16日生まれ かに座

天使のおくりもの
計画性と実行する力

スケジュールを立てるのがとても上手な女の子。天使はそんなあなたに、時間をうまく使う能力と行動力をあたえたよ。どんなときもあわてずに行動するところもミリョク的だよ。

天使のメッセージ
イライラせずに気楽になろう！

思いどおりに進まないと不安でイライラすることも。「何とかなる」と考えてみて！

ラッキーファッション
シャツは二番上までとめてプレッピーに♪

性格バランス
天然ボケ度 / コミュ力 / マジメ度 / パワフル度 / オシャレ度 / セクシー度

7月
- **ラッキーアイテム** ミントガム
- **ラッキーカラー** ♥チェリーピンク
- **ラッキーナンバー** 4、5
- **ラッキールーン** エオロー

ラブ運
好きになると、相手のことをいちずに思い続けるあなた♡ あまり思いつめずに、ときにはクールにしたほうがうまくいくよ。

フレンド運
こまったときは友だちに相談すると、自分では思いつかない考えを教えてくれるはず。キズナもさらに深まるよ。

7/16生まれのBOY'Sホンネ

好きなタイプ
「いざっていうときに、みんなを仕切れる、しっかりした子が好きなんだ♡」

ニガテなタイプ
「平気で仲間の悪口を言ったり、友だちなのにいじめたりする子はNG」

究極の相性！
運命のカレ
1/15 1/16 1/17 3/16 7/9
7/16 7/17 11/7 11/16

キズナの友
3/16 3/17 5/16 5/17 7/16
9/8 9/17 11/14 11/17

ライバル！
2/16 2/17 2/18 4/16 10/16
10/17 12/16 12/17 12/22

うれしい！ひと言
テキパキしてる

イヤ！NGワード
こだわりすぎ

あなたに向いている仕事 ▶ ダンサー、ミュージシャン、デザイナー、占い師、マンガ家、小説家

7月17日生まれ

かに座

さわやかで パワフルな 正義の味方☆

性格バランス
天然ボケ度 / コミュ力 / マジメ度 / パワフル度 / オシャレ度 / セクシー度

7月
- **ラッキーアイテム** ビーズ小物
- **ラッキーカラー** ♡ミルキーホワイト
- **ラッキーナンバー** 4、6
- **ラッキールーン** ⚡シゲル

LOVE ラブ運
好きな人とも、あっさりした友だち同士のような関係が好き♡ サバサバとした性格が、男の子に好かれるみたい。

FRIEND フレンド運
みんなと仲良くできる、リーダー的なタイプで、友だちの数は多いよ。こまったときは周りのみんなが助けてくれる！

天使のおくりもの
ハッキリと意見できる力

サッパリした性格でボーイッシュな女の子。天使はそんなあなたに、まちがったことには「ちがう」と言える正義感と行動力をあたえたよ。男の子からも女の子からもあこがれの的☆

ラッキーファッション
大きめラガーシャツで細さをアピール！

天使のメッセージ
周りの声を気にしないで！

期待にこたえようとがんばりすぎてつかれちゃう。周りの評価を気にしすぎないでね。

うれしい！ひと言
あこがれる

イヤ！NGワード
目立ってるね

究極の相性！

運命のカレ
1/16 1/17 1/18 3/17 7/10
7/17 7/18 11/11 11/17

キズナの友
3/17 3/18 5/17 5/18 7/17
9/9 9/18 11/15 11/18

ライバル！
2/17 2/18 2/19 4/17 10/17
10/18 12/17 12/18 12/23

7/17生まれのBOY'Sホンネ

好きなタイプ
「カッコイイ女の子がいい。男かんにちょうせんする子ってあこがれだよ♡」

ニガテなタイプ
「女の子だからやさしくされてあたりまえって思っていそうな子はニガテ！」

あなたに向いている仕事▶ アーキビスト、文化財修復師、学芸員、骨董商、弁護士、看護士、先生

多くの人に好かれるやさしい子

かに座 7月18日生まれ

天使のおくりもの
おだやかに人を思う心
だれとでも仲良くなれる心の広い女の子。天使はあなたに、人を気づかう能力と思いやりの心をあたえたよ。めったなことではおこらない、おだやかな性格がみんなに好かれる理由！

天使のメッセージ
ときにはひとりで行動を
さびしがり屋で、いつも友だちといたいって思っちゃう。ひとりで行動することも大事！

ラッキーファッション: あわい色合いが好きなファンシーガール

性格バランス
天然ボケ度 / コミュ力 / マジメ度 / パワフル度 / オシャレ度 / セクシー度

- ラッキーアイテム: 貝がら
- ラッキーカラー: 水色
- ラッキーナンバー: 4、7
- ラッキールーン: ↑ ティール

ラブ運
カレの幸せを一番に考えるタイプ。相手にふり回されないようにしてね。あなたを大事にしてくれる男の子ならバッチリ！

フレンド運
友だちの話を聞くのがとても上手だから、みんなが安心して心を開いてくれるよ。人の心をいやす才能もあるよ☆

7/18生まれのBOY'Sホンネ
好きなタイプ: 「大人ともふつうに話せる子はカッコイイ。あこがれちゃうな♡」

ニガテなタイプ: 「ルールにだらしない子とか、マナーの悪い子は、ボクのタイプじゃないよ」

究極の相性！
運命のカレ
1/17　1/18　1/19　3/18　7/11
7/18　7/19　11/9　11/18

キズナの友
3/18　3/19　5/18　5/19　7/18
9/10　9/19　11/18　11/19

ライバル！
2/18　2/19　2/20　4/18　10/18
10/19　12/18　12/19　12/24

うれしい！ひと言
話しやすい

イヤ！NGワード
ホントはどうなの？

あなたに向いている仕事 ▶ マッサージ師、ショップオーナー、俳優、美容師、政治家、経営者、営業

7月19日生まれ

かに座

みんなを まとめる リーダー☆

性格バランス
- 天然ボケ度
- セクシー度
- コミュ力
- オシャレ度
- マジメ度
- パワフル度

7月
- **ラッキーアイテム**: くし
- **ラッキーカラー**: ♥カーキ
- **ラッキーナンバー**: 4、8
- **ラッキールーン**: ᛒ ベオーク

LOVE ラブ運
好きな人には、意地を張っちゃうところが。少しだけカレにあまえてみると、気持ちが通じて仲が深まるよ♡

FRIEND フレンド運
みんなのために行動するあなた。たまには周りの友だちをたよりにすることも大事。みんな喜んでくれるはずだよ！

うれしい！ひと言
応えんするよ

イヤ！NGワード
静かにして

ラッキーファッション
ロックでかわいい！タイトスカートが好き！

天使のおくりもの
自信と行動力
人の前で発表したり、みんなを引っぱったりするのが上手な女の子。天使があなたにあたえたのは、リーダーになれる素質。自信を持って行動を起こせば、どんなこともうまくいくよ！

天使のメッセージ
もっと気楽に考えよう
友だちと意見がちがったらどうしようと、不安に思うこともありそう。考えすぎないで！

究極の相性！
運命のカレ
1/18 1/19 1/20 3/19 7/12
7/19 7/20 11/10 11/19

キズナの友
3/19 3/20 5/19 5/20 7/19
9/11 9/20 11/17 11/20

ライバル！
2/19 2/20 2/21 4/19 10/19
10/20 12/19 12/20 12/25

7/19生まれのBOY'Sホンネ
好きなタイプ
「サッパリした性格の子が好み♡ さわやかで話しやすいところがいいね！」

ニガテなタイプ
「相手の気持ちを考えないで、ズケズケと言いたいほうだいの子はダメ」

あなたに向いている仕事 ▶ タレント、アクチュアリー、ソムリエ、銀行員、映画監督、看護士、農業

友だち思いで かしこい しっかり者！

7月/20日生まれ
かに座

天使のおくりもの
テキパキと まとめる力！

周りの人の考えを大切にする女の子。天使はあなたに、みんなの意見をうまくまとめられるかしこさをあたえたよ。クラスでは優等生で、勉強やスポーツをがんばる熱い一面もミリョク。

天使のメッセージ
きびしく なりすぎないで

まちがっていると思う相手にはキツくなっちゃうことも。意見はやさしく伝えよう。

ラッキーファッション
上品なトップスにショートパンツが定番！

性格バランス
- 天然ボケ度
- コミュ力度
- マジメ度
- パワフル度
- オシャレ度
- セクシー度

7月

- **ラッキーアイテム** カチューシャ
- **ラッキーカラー** ♡クリームイエロー
- **ラッキーナンバー** 4、9
- **ラッキールーン** M エオー

ラブ運
いちずなタイプで、カレの喜ぶことばかり考えちゃいそう♡ たまにクールな態度でせっすると、カレはドキッとするかも。

フレンド運
人によって態度を変えないあなたは、みんなに信用されてるよ。だれにでもせい実にせっするところが人気の理由。

7/20生まれのBOY'Sホンネ

好きなタイプ
「やっぱり信用できる子が一番だよ。約束したら絶対守る、マジメな子が◎」

ニガテなタイプ
「いばって、えらそうなことを言っているのに、何もしない子はお断りです」

究極の相性！

運命のカレ
1/19 1/20 1/21 3/20 7/19
7/20 7/21 11/19 11/20

キズナの友
3/20 3/21 5/20 5/21 7/20
9/12 9/21 11/11 11/21

ライバル！
2/20 2/21 2/22 4/20 10/20
10/21 12/20 12/21 12/26

うれしい！ひと言
「ついていくよ！」

イヤ！NGワード
「えらそう」

あなたに向いている仕事 ▶ シナリオライター、プログラマー、幼稚園教諭、獣医師、ペンション経営

7月21日生まれ

かに座

性格バランス
- 天然ボケ度
- セクシー度
- コミュ力度
- オシャレ度
- マジメ度
- パワフル度

7月
- **ラッキーアイテム** 駄菓子
- **ラッキーカラー** ♥オレンジ
- **ラッキーナンバー** 1、2
- **ラッキールーン** ᛗ マン

LOVE ラブ運
恋をすると、カレの気持ちが気になってしかたない子。あなたを心配させない思いやりと気配りのあるカレが一番だよ。

FRIEND フレンド運
友だちを大切にするので、相手からも大切にされるよ。いつもだれかといっしょにいたい、さびしがり屋な面も。

ラッキーファッション
ひざ丈スカートでおしとやかにきめる♡

ルールを守る勇かんでまっすぐな子

天使のおくりもの
正義感と思いやりの心

マジメで曲がったことがきらいな女の子。天使はあなたに、正しいことを発言する勇気と行動力をあたえたよ。相手をキズつけるようなことはけっして言わない、やさしいところも素敵♡

天使のメッセージ
人のまちがいは許してあげて

自分が人にしないことをされると頭にきちゃう。おおらかな心で許してあげて。

7/21生まれのBOY'Sホンネ

好きなタイプ
「女子にも男子にも、平等にせっする子が好きだな。気持ちがいいよねー♡」

ニガテなタイプ
「いつも言いわけばかりしている子はニガテ。相談しにくくなるよ」

うれしい！ひと言
ちゃんとしてる

イヤ！NGワード
こわーい

究極の相性！
運命のカレ
1/20　1/21　1/22　3/21　7/14
7/21　7/22　11/12　11/21

キズナの友
3/21　3/22　5/21　5/22　7/21
9/13　11/19　11/22

ライバル！
2/21　2/22　2/23　4/21　10/21
10/22　12/21　12/22　12/27

あなたに向いている仕事 ▶ アナウンサー、DJ、フライトアテンダント、通訳、外交官、哲学者、先生

かに座 **7月22日生まれ**

空気を読んでもり上げる！気がきく女子

天使のおくりもの
バランス力と気配り

あなたはムードメーカーな女の子。天使はそんなあなたに、友だち同士を結びつける力と、積極的に動く勇気をあたえたよ。何かあったときには、みんなにたよられる実力者。

天使のメッセージ
今の自分をみとめよう

理想が高すぎて、「こんなはずじゃない」と落ちこむことも。今の自分もほめてあげて！

ラッキーファッション
パッとはなやかなマリンコーデが好き

性格バランス
天然ボケ度／コミュ力／マジメ度／パワフル度／オシャレ度／セクシー度

ラッキーアイテム
集合写真
ラッキーカラー
黄色
ラッキーナンバー
2、4
ラッキールーン
ラーグ

ラブ運
好きな人の前では、とてもはずかしがり屋さん。そんなところが、カレにはかわいく見えているはず♡　一歩をふみ出して！

フレンド運
みんなをリードするタイプのあなた。たまに失敗しても、周りのみんながフォローしてくれるから、安心してね♪

7/22生まれのBOY'Sホンネ

好きなタイプ
「元気いっぱいの笑顔でさわやかな子が大好き！　明るい気分になるよ♡」

ニガテなタイプ
「おとなしすぎる子ってむずかしいよ。えんりょしなくていいのにねー！」

究極の相性！

運命のカレ
1/21　1/22　1/23　3/22　7/15
7/22　7/23　11/13　11/22

キズナの友
3/22　3/23　5/22　5/23　7/22
9/14　11/20　11/22　11/23

ライバル！
2/22　2/23　2/24　4/22　10/22
10/23　12/22　12/23　12/28

うれしい！ひと言
協力するよ

イヤ！NGワード
自分だけ～

あなたに向いている仕事 ▶ イラストレーター、マッサージ師、医者、看護師、介護福祉士、研究者

7月/23日生まれ

しし座 ♌

オシャレなファッションリーダー！

性格バランス
- 天然ボケ度
- セクシー度
- コミュ力
- オシャレ度
- マジメ度
- パワフル度

7月
- **ラッキーアイテム** ペンダント
- **ラッキーカラー** ♥ゴールド
- **ラッキーナンバー** 2、3
- **ラッキールーン** ✕ イング

LOVE ラブ運
理想は高いけど、おつき合いが始まるとカレひとすじになるよ。見た目がカッコイイ男の子がタイプかも♡

FRIEND フレンド運
センスのいいあなたは、みんなのあこがれ！友だちといっしょに流行のオシャレを楽しめば、友情が深まりそう。

ラッキーファッション：スカートの柄がジマンのふんわりレディ

天使のおくりもの
天性のセンスとするどい感性

クラスの子たちよりも、少しオトナっぽいムードを持った女の子。天使はそんなあなたに、オシャレのセンスをあたえたよ。感性をみがき続ければ、男女両方から人気者に！

天使のメッセージ
ありのままの自分を見せて！

ちょっぴりせのびをしちゃうことがあるあなた。そのままのあなたが一番だよ！

うれしい！ひと言
オシャレ！

イヤ！NGワード
カッコつけてる

究極の相性！
運命のカレ
1/22 1/23 1/24 3/23 7/16
7/23 7/24 11/14 11/23

キズナの友
3/23 3/24 5/23 5/24 7/23
9/15 11/21 11/24

ライバル！
2/23 2/24 2/25 4/23 10/23
10/24 12/23 12/24 12/29

7/23生まれのBOY'Sホンネ
- **好きなタイプ**：「"だいじょうぶ！"ってはげましてくれる子が好き。勇気をもらえる！」
- **ニガテなタイプ**：「やる前から心配ばっかりして、人のテンション下げるのはやめてほしい～」

あなたに向いている仕事 ▶ デザイナー、クリエイター、ミュージシャン、研究者、編集者、先生

ピンチを チャンスに 変えられる子

しし座 7月24日生まれ

性格バランス
天然ボケ度／セクシー度／コミュ力／オシャレ度／マジメ度／パワフル度

7月

ラッキーアイテム
キラキラ小物

ラッキーカラー
♥ライムグリーン

ラッキーナンバー
1、4

ラッキールーン
⊗ オセル

天使のおくりもの
トラブルを乗りこえる力

夢に向かってがんばる女の子。天使はあなたに、どんな試練も乗りこえられる強い意志をあたえたよ。ピンチのときは、周りの人が協力してくれそう。ひたむきな努力で夢をかなえるよ。

天使のメッセージ
後のことを考え計画的になろう

「何とかなる！」と思っていると、後々大変な目にあうことも。計画を立てようね。

ラッキーファッション
カラーで女の子らしく元気いっぱいカジュアル

ラブ運
はげまし合う恋がしたいタイプ。いつでもニコニコ笑顔で、前向きに考えるあなたにあこがれる男の子は多いよ！

フレンド運
たくさんの素敵な友だちにめぐまれるあなた。友だちが何かこまっているときは、すかさず声をかけてあげてね。

7/24生まれの BOY'Sホンネ

好きなタイプ
「せいいっぱいがんばろうとしている子が好き。応えんしたくなるよ。マジで」

ニガテなタイプ
「文句ばっかり言っている子は×。もうちょっとがんばろうよって思う」

究極の相性！

運命のカレ
1/23　1/24　3/24　7/17
7/24　7/25　11/15　11/24

キズナの友
3/24　3/25　5/24　5/25　7/24
9/16　9/25　11/22　11/25

ライバル！
2/24　2/25　2/26　4/24　10/24
10/25　12/24　12/25　12/30

うれしい！ひと言
だいじょうぶ！

イヤ！NGワード
ゆだんしないで

あなたに向いている仕事▶ ピアニスト、デザイナー、イラストレーター、美容師、俳優、外交官

7月/25日生まれ

しし座

みんなが注目 トーク力◎な にぎやか女子

性格バランス
天然ボケ度 / コミュ力 / マジメ度 / パワフル度 / オシャレ度 / セクシー度

7月
- **ラッキーアイテム**　バッジ
- **ラッキーカラー**　♥エメラルド
- **ラッキーナンバー**　2、5
- **ラッキールーン**　✉ダエグ

LOVE ラブ運
好きな人の前ではドキドキして、いつものあなたが出せないみたい。気持ちに素直になると、恋がうまくいくはず！

FRIEND フレンド運
いつも明るくて、話していて楽しいあなたは人気者。心配なことがあったら、友だちに相談すると友情が深まるよ。

ラッキーファッション　かわいさ重視のアクティブコーデ

天使のおくりもの
もり上げるトーク力！
明るくてにぎやかな女の子。天使はそんなあなたに、おしゃべりで人を楽しませる才能をあたえたよ。いっしょにいるだけで自然と楽しい気分になれるので、注目されているはず！

天使のメッセージ
もっと自分に自信を持とう！
自信がなくて心配性なところがあるみたい。気にせず、思ったように行動してOKだよ！

うれしい！ひと言
そばにいると楽しい

イヤ！NGワード
おしゃべりだね

究極の相性！

運命のカレ
1/24　1/25　1/26　3/25　7/18
7/25　7/26　11/16　11/25

キズナの友
3/25　3/26　5/25　5/26　7/25
9/17　9/26　11/23　11/26

ライバル！
2/25　2/26　2/27　4/25　10/25
10/26　12/25　12/26　12/31

7/25生まれのBOY'Sホンネ

好きなタイプ
「ニガテなことを親切に教えてくれる子はいいね！ありがたいですー♡」

ニガテなタイプ
「よくばりな子。何でも自分だけでひとりじめするのは、ずるいでしょ！」

あなたに向いている仕事 ▶ ミュージシャン、カメラマン、デザイナー、声優、俳優、先生、経営者

堂々とした そん在感の リーダー☆

7月/26日生まれ ― しし座

天使のおくりもの

みんなを引っぱる力

まわりの人の力になりたいと思う女の子。天使はそんなあなたに、みんなを引っぱっていくリーダーの素質をあたえたよ。言葉に重みがあるので、そんざい感＆カリスマ感がすごい！

天使のメッセージ

ひとりでかかえこまないで

期待にこたえようとして、ムリをしちゃう。大変なときは、みんなの力を借りるのが正解。

性格バランス
天然ボケ度／コミュ力／マジメ度／パワフル度／オシャレ度／セクシー度

7月
- ラッキーアイテム：ピンク色の小物
- ラッキーカラー：♡サーモンピンク
- ラッキーナンバー：1、6
- ラッキールーン：ᚠ フェオ

ラッキーファッション
まるでショップ店員 ワンピが主役のコーデ

ラブ運
するどくて、人を見きわめる力があるあなたが選ぶ男の子にまちがいなし！ すぐに気が合って仲良くできるよ♡

フレンド運
弱い面を友だちに見せないあなた。あなたを支えたいと思っている子は多いから、何でも話して。力になってくれるよ。

7/26生まれのBOY'Sホンネ

好きなタイプ
「なんたって思いやりのある子がいい♡ 声もかわいいともっといい♡」

ニガテなタイプ
「顔がこわい子。いつもつまんなさそうな、ぶっちょうづらの子はヤダなー」

究極の相性！

運命のカレ
1/25 1/26 1/27 3/26 7/19
7/26 7/27 11/17 11/26

キズナの友
3/26 3/27 5/26 5/27 7/26
9/18 9/27 11/24 11/27

ライバル！
1/1 2/26 2/27 2/28 4/26
10/26 10/27 12/26 12/27

うれしい！ひと言
いっしょにやろう

イヤ！NGワード
しいでしょ

あなたに向いている仕事 ▶ エンジニア、スポーツ選手、警察官、消防士、先生、弁護士、検察官

7月27日生まれ

しし座

強い心で がんばりぬく カッコイイ子

性格バランス
- 天然ボケ度
- コミュ力度
- マジメ度
- パワフル度
- オシャレ度
- セクシー度

7月

ラッキーアイテム
クラシックのCD

ラッキーカラー
♥紺色

ラッキーナンバー
2、7

ラッキールーン
ウル

LOVE ラブ運
好きな人にも強がっちゃうタイプ。自分の気持ちや願いを素直に伝えると、いつもとちがうすがたにカレはドキッ♡

FRIEND フレンド運
あなたといっしょだと安心！そう思っている友だちは多そう。みんなでひとつの夢を目指すとキズナが深まるよ。

ラッキーファッション
シンプルカジュアルでボーイッシュに決める

天使のおくりもの
行動力と負けない強さ

人に弱いところを見せたくない子。天使はそんなあなたに、大変なときこそねばり強くちょうせんする勇気をあたえたよ。こわがらずにテキパキ動くのでカッコイイと思われているはず。

天使のメッセージ
ひとりだけで がんばらないで

人に助けてもらうのがニガテなあなた。たまにはみんなからのアドバイスも聞いてみて！

うれしい！ひと言
カッコイイ

イヤ！NGワード
自分だけ？

究極の相性！

運命のカレ
1/26　1/27　1/28　3/27　7/20
7/27　7/28　11/18　11/27

キズナの友
3/27　3/28　5/27　5/28　7/27
9/19　9/28　11/25　11/28

ライバル！
1/2　2/27　2/28　2/29　4/27
10/27　10/28　12/27　12/28

7/27生まれの BOY'Sホンネ

好きなタイプ
「運動神経のいい子って、つい見とれちゃう。どんどん活やくしてほしい♡」

ニガテなタイプ
「失敗したときに、いつまでも落ちこんでる子。こっちまで暗くなっちゃう」

あなたに向いている仕事 ▶ スポーツ選手、カメラマン、タレント、政治家、理容師、美容師、経営者

しし座 7月28日生まれ

かしこくて話し上手な女の子♡

天使のおくりもの
みんなを楽しませる力
頭が良くて勉強がトクイな女の子。天使はあなたに、頭の回転の速さと人を楽しませる会話力をあたえたよ。みんなはあなたを、何でもできるカンペキな女の子だと思っているはず！

天使のメッセージ
周りを気にせず気楽に考えよう
周りの期待が大きくて、プレッシャーを感じることも。あなたのペースでだいじょうぶ！

ラッキーファッション
ピュアでさわやか☆さりげないフリルが好き

ラッキーアイテム
トランプ
ラッキーカラー
♥ライトブラウン
ラッキーナンバー
2、8
ラッキールーン
ᛈ ソーン

ラブ運
男の子にとって、あなたはあこがれだよ。自分からカレになやみを話してみると、グンとキョリがちぢまるはず！

フレンド運
自分に合う友だちがだれか、直感的に見きわめるよ。「合う！」と思った友だちとは、ずっと親友でいられそう♪

7/28生まれの BOY'Sホンネ

好きなタイプ
「カンが良くてかしこい子って気楽。話がおもしろいからいっぱい話せる♡」

ニガテなタイプ
「何を話しても笑っているだけの子って、ホンネではどう思っているのか不安」

究極の相性！
運命のカレ
1/27　1/28　1/29　3/28　7/21
7/28　7/29　11/19　11/28
キズナの友
3/28　3/29　5/28　5/29　7/28
9/20　9/29　11/26　11/29
ライバル！
1/3　2/28　2/29　3/1　4/28
10/28　10/29　12/28　12/29

うれしい！ひと言
おもしろい！

イヤ！NGワード
大げさ～

あなたに向いている仕事 ▶ ミュージシャン、デザイナー、タレント、プロデューサー、俳優、経営者

7月29日生まれ

しし座

感受性豊かで人にやさしいアドバイザー

性格バランス
- 天然ボケ度
- コミュ力
- マジメ度
- パワフル度
- オシャレ度
- セクシー度

7月
- **ラッキーアイテム** チョウ柄のイラスト
- **ラッキーカラー** ♥ワインレッド
- **ラッキーナンバー** 1、9
- **ラッキールーン** アンスール

LOVE ラブ運
好きな人にはおくびょうになっちゃうかも。カレとの恋を空想して楽しむだけでなく、かなえるために勇気を出して行動を！

FRIEND フレンド運
だれにでもやさしく、自分のことのように喜び、おこるあなた。相手の気持ちがわかるから、話したい友だちはいっぱい！

ラッキーファッション
あまめカジュアルなM一Xコーデでモテ♥

天使のおくりもの
人の気持ちを考える力

人のいいところを見つけるのが上手な子。天使はあなたに、豊かな感受性と相手の気持ちがわかる才能をあたえたよ。だれにでもやさしいあなたは、みんなのアドバイザーになれるはず。

天使のメッセージ
信じる前によく確かめて

ピュアで何でも信じるから、イジワルな子に利用されることも。相手をよく見きわめて。

うれしい！ひと言
「わかってくれる」

イヤ！NGワード
「だまされてない？」

究極の相性！
運命のカレ
1/28 1/29 1/30 3/29 7/22
7/29 7/30 11/20 11/29

キズナの友
3/29 3/30 5/29 5/30 7/29
9/21 9/30 11/27 11/30

ライバル！
1/4 2/29 3/1 3/2 4/29
10/29 10/30 12/29 12/30

7/29生まれのBOY'Sホンネ

好きなタイプ
「みんなの心をつかんじゃう、カリスマ性のある子。めっちゃあこがれる♡」

ニガテなタイプ
「人気のある子の悪口を言う子。それ、やきもちだよね？ カッコ悪いよー！」

あなたに向いている仕事 ▶ トリマー、シェフ、カウンセラー、保育士、幼稚園教諭、獣医師、栄養士

太陽みたいに明るくて素直な女の子

しし座 7月30日生まれ

天使のおくりもの
周りの人を元気にする力

自分の気持ちに素直に行動する女の子。天使はあなたに、自分の元気を分けてあげられるおおらかさと、その場を明るくするはなやかさをあたえたよ。落ちこむ人をはげますのも上手。

天使のメッセージ
命令されても反発しないで！

命令口調でたのまれるとムッとしてやる気がなくなっちゃうけど、サボるのは×だよ！

性格バランス

天然ボケ度／コミュ力／マジメ度／パワフル度／オシャレ度／セクシー度

7月
- ラッキーアイテム：ペットボトル
- ラッキーカラー：♥アプリコット
- ラッキーナンバー：1、2
- ラッキールーン：R ラド

ラッキーファッション
遊び心がある着こなしがトクイ♪

ラブ運
好きな人を喜ばせるためにがんばるやさしい子。あなたの笑顔と天性の明るさに、カレはミリョクを感じるはずだよ♡

フレンド運
みんながイヤがることでも進んで引き受けて、すばやくやりとげちゃう。だから友だちから信らいされているはず。

7/30生まれのBOY'Sホンネ

好きなタイプ
「テキパキ決められる子が好き♡ ハッキリしていてわかりやすいのがいい！」

ニガテなタイプ
「どうしようって、ずーっと言っている子。こっちも不安になるよー！」

究極の相性！

運命のカレ
1/29 1/30 1/31 3/30 7/23
7/30 7/31 11/21 11/30

キズナの友
3/30 3/31 5/30 5/31 9/21
9/22 10/1 11/28 11/30

ライバル！
1/5 3/1 3/2 3/3 4/30
10/30 10/31 12/30 12/31

うれしい！ひと言
行動力あるね

イヤ！NGワード
言うとおりにしてよ

あなたに向いている仕事 ▶ パイロット、フライトアテンダント、エンジニア、俳優、冒険家、政治家

7月31日生まれ しし座

クールでかっこいい！知的ガール

性格バランス
天然ボケ度 / コミュ力 / マジメ度 / パワフル度 / オシャレ度 / セクシー度

7月
- **ラッキーアイテム** ビーズのリング
- **ラッキーカラー** ♥ミモザイエロー
- **ラッキーナンバー** 3、8
- **ラッキールーン** く ケン

ラッキーファッション
柄×柄のコーデもオシャレに着こなす！

LOVE ラブ運
好きなタイプは頭のいい優等生。でも好みとちがう男の子にも好意を持たれそう。まず友だちになると新しい発見があるよ♡

FRIEND フレンド運
いろんなことを知っているから、友だちにたよりにされるよ。知識や情報を分けてあげると、あなたも成長しそう☆

天使のおくりもの
かしこさと何でも学ぶ力

頭が良くて好奇心いっぱいの子。天使はあなたに、かしこさとどんなことも取り入れて自分のパワーに変えられる能力をあたえたよ。何でも知っているから、みんなにそんけいされるよ。

天使のメッセージ
考えすぎないで行動してみて！

やりたいことがあっても、なかなか実行できない一面も。考えすぎずにまず始めてみて！

うれしい！ひと言
すごくよく知ってるね

イヤ！NGワード
もっと積極的に

究極の相性！

運命のカレ
1/30 1/31 2/1 3/31 7/24
7/31 8/1 11/22 12/1

キズナの友
3/31 4/1 5/31 6/1 7/31
9/23 10/1 11/29 12/1

ライバル！
1/1 1/6 3/1 3/2 3/3 5/1
10/31 11/1 12/31

7/31生まれのBOY'Sホンネ

好きなタイプ
「すばやく動けて、決断が早い子を見ているとスカッとする。かっこいいよね」

ニガテなタイプ
「すぐにビビる子。こわがっていても、何も始まらないよ！勇気を出そー」

あなたに向いている仕事▶ スポーツ選手、アナリスト、ジャーナリスト、俳優、気象予報士、先生

8月生まれ
August
葉月

8月生まれのキミへ

太陽のように明るくて情熱的なキミ。ホントは
ちょっぴりさびしがり屋で、女の子あつかいされたいんだよな。

8月の幸せおまじない

ヒマワリのタネを7つぶ用意して。1つひとつを金色の
マーカーペンでぬりつぶし、小さなビンの中に、お願い
ごとを書いた紙といっしょに入れてね。ビンのフタをキ
ッチリしめれば、お願いがかなう魔法の小ビンのできあ
がり。太陽のパワーを吸いこんだヒマワリのタネが、あ
なたの夢を応えんしてくれるよ。お願いがかなったら、
タネは土にうめてあげてね。

8月の行事

花火

花火は、悪いことを遠ざ
けたり、悲しいことをわ
すれさせたりすることが
できるんだって。落ちこ
んだときには、友だちや
家族といっしょに、花火
を楽しむといいよ。

大きな夢に向かってがんばる子!

8月1日生まれ / しし座

性格バランス
天然ボケ度 / コミュ力 / マジメ度 / パワフル度 / オシャレ度 / セクシー度

ラッキーアイテム
がまぐちのおサイフ

ラッキーカラー
レモンイエロー

ラッキーナンバー
2、9

ラッキールーン
× ギューフ

ラッキーファッション：さわやかキュートなマリンコーデ♪

天使のおくりもの
周りの人を味方にする力

大きな夢をいだいている女の子。天使はそんなあなたに、夢に向かってがんばる強い気持ちと、周りの人を味方につけるミリョクをあたえたよ。恋も友情も思いのままにかないそう!

天使のメッセージ
ごほうびに左右されないで

がんばる気持ちはとても大事。でも、何かお返しが欲しいという理由で行動するのはNG。

ラブ運
恋愛では理想が高めかも。いつも素敵な人をさがしているけれど、意外と近くにあなたを思っているカレがいるよ♡

フレンド運
楽しい友だちに囲まれているあなた。興味がない遊びでも、さそわれたらやってみよう。自分の世界が広がるよ!

うれしい!ひと言
絶対うまくいくよ

イヤ!NGワード
好きキライはダメ×

究極の相性!

運命のカレ
1/31 2/1 2/2 4/1 7/25
8/1 8/2 11/23 12/1

キズナの友
4/1 4/2 6/1 6/2 8/1
9/24 10/2 12/1 12/4

ライバル!
1/1 1/2 1/7 3/2 3/3
3/4 5/1 11/1 11/2

8/1生まれのBOY'Sホンネ

好きなタイプ
「集中力のある子って好きだな。真けんになっているときってかわいいし♡」

ニガテなタイプ
「人のウワサ話ばかりしている子はニガテ。自分のことに集中すればいいのに」

あなたに向いている仕事 ▶ タレント、デザイナー、小説家、映画監督、弁護士、裁判官、政治家

センスがバツグン！オシャレ女子

8月2日生まれ

しし座

性格バランス
天然ボケ度／コミュ力／マジメ度／パワフル度／オシャレ度／セクシー度

天使のおくりもの
新しいものを生み出す力

流行にビンカンで、オシャレのセンスがバツグン。天使はそんなあなたに、新しいものを生み出す発想力をあたえたよ。ヘアスタイルやコーデがオリジナルでかわいい、みんなのあこがれ。

ラッキーファッション
イエローがまぶしいお嬢様スタイル

天使のメッセージ
アドバイスはやさしく

オシャレのアドバイスをするときは人の気持ちを考えて。やさしく言うと好感度アップ！

ラッキーアイテム
絵の具

ラッキーカラー
♡アプリコット

ラッキーナンバー
1、8

ラッキールーン
ᚹ ウィン

ラブ運
明るくてかわいいのでモテモテ。片思いの人とは、共通のシュミがあると話が合うよ。自分から話しかけるのがコツ♡

フレンド運
楽しいことをたくさん知っているあなた。みんなに流行の遊びを教えてあげて！ いっしょに楽しむとキズナが深まるよ。

8/2生まれのBOY'Sホンネ

好きなタイプ
「オシャレが好きで自分みがきをしている子が好き。女の子らしくていいな♪」

ニガテなタイプ
「見た目に気を使わない子ってもったいないよね。キラキラしててほしい」

究極の相性！

運命のカレ
2/1　2/2　2/3　4/2　7/26
8/2　8/3　11/24　12/2

キズナの友
4/2　4/3　6/2　6/3　8/2
9/25　10/3　12/1　12/5

ライバル！
1/2　1/3　1/8　3/2　3/3
3/4　5/2　11/2　11/3

うれしい！ひと言

オシャレだね

イヤ！NGワード
ビミョー

あなたに向いている仕事 ▶ インストラクター、図書館司書、先生、講師、医者、薬剤師、看護師

8月3日生まれ

しし座

性格バランス
天然ボケ度 / コミュ力 / マジメ度 / パワフル度 / オシャレ度 / セクシー度

ラッキーアイテム はちみつ
ラッキーカラー ♥シルバー
ラッキーナンバー 2、8
ラッキールーン N ハガル

ラッキーファッション：ピンクニットで愛されキュート♡

自分にきびしい一生けん命な努力家！

天使のおくりもの
ねばり強さとやりとげる力

マジメでとても努力家の女の子。天使はそんなあなたに、一度やると決めたことは最後までやりとげる力をあたえたよ。けっして手をぬかないので、先生や友だちから感心されるはず。

天使のメッセージ
ムリをしないでひと休みして

がんばりすぎてつかれちゃうときが。クタクタになる前に、かならずひと息つこう！

LOVE ラブ運
恋におくびょうで、好きな人とうまく話せないみたい。明るい声であいさつをすると好印象で仲良くなれるよ♡

FRIEND フレンド運
みんなに平等で、だれかを特別あつかいしないから信らい度バツグン！ ホンネで話すと友情のキズナが深まるよ。

うれしい！ひと言
信じてるよ

イヤ！NGワード
しつこい〜

究極の相性！

運命のカレ
2/2 2/3 2/4 4/3 7/27
8/3 8/4 11/25 12/3

キズナの友
4/3 4/4 6/3 6/4 8/3
9/26 10/4 12/2 12/6

ライバル！
1/3 1/4 1/9 3/3 3/4
3/5 5/3 11/3 11/4

8/3生まれのBOY'Sホンネ

好きなタイプ
「ひとりだけになっても気にしないで、もくもくと続けるマイペースな子♡」

ニガテなタイプ
「人の意見にふり回されて、言いなりになっている子は、見てられないな……」

あなたに向いている仕事 ▶ アナウンサー、スポーツ選手、冒険家、放送作家、記者、外交官、先生

しし座 8月4日生まれ

自分の目標に向かって一直線に進む！

天使のおくりもの
信じる道を進む勇気
目標を見つけたら一直線に進む女の子。天使はそんなあなたに、信じることにぶつかっていくチャレンジ精神をあたえたよ。一度決心したら、周りに反対されても絶対にあきらめないよ！

天使のメッセージ
小さな失敗を責めないで
自分のちょっとしたミスでショックを受けて、自信をなくしそう。クヨクヨやまないで。

ラッキーファッション
ブーツがポイントの元気ファッション★

性格バランス
天然ボケ度／コミュ力／マジメ度／パワフル度／オシャレ度／セクシー度

ラッキーアイテム 大きめのバッグ
ラッキーカラー ♥ターコイズブルー
ラッキーナンバー 3、8
ラッキールーン ニイド

ラブ運
勇気が出なくて、気持ちを伝えるのに時間がかかりそう。まず笑顔の練習をして、その笑顔でカレに話しかけてみて！

フレンド運
友だち思いのあなたは、グループでモメごとがあるとあせっちゃう。落ち着いて仲を取り持つと感謝されるよ。

8/4生まれのBOY'Sホンネ

好きなタイプ
「負けずギライの子！くやしがっているすがたがかわいくて好きだな♡」

ニガテなタイプ
「自分勝手な理由ばかり言っておしつけてくる強引な女子は、ニガテだな」

究極の相性！
運命のカレ
2/3 2/4 2/5 4/4 7/28
8/4 8/5 11/26 12/4

キズナの友
4/4 4/5 6/4 6/5 8/4
9/27 10/5 12/3 12/7

ライバル！
1/4 1/5 1/10 3/4 3/5
3/6 4/5 11/4 11/5

うれしい！ひと言
せいこう成功するよ

イヤ！NGワード
できないんじゃない

あなたに向いている仕事 ▶ タレント、コメディアン、クリエイター、デザイナー、小説家、弁護士

8月5日生まれ

しし座

性格バランス
天然ボケ度 / コミュ力 / マジメ度 / パワフル度 / オシャレ度 / セクシー度

ラッキーアイテム
ミントチョコレート

ラッキーカラー
▼黄色

ラッキーナンバー
4、8

ラッキールーン
｜ イス

ラッキーファッション
大人かわいいセットアップコーデ♪

明るくて話し上手な女の子！

天使のおくりもの
会話の才能とやさしい心

話し上手でみんなを楽しい気持ちにできる子。天使はそんなあなたに、こまっている人を見たら助けるやさしさとボランティア精神をあたえたよ。やさしくて明るいあなたは人気者☆

天使のメッセージ
自分の弱い面も友だちに見せて

じつはさびしがり屋なあなた。友だちにはそんな意外な一面も見せると、気持ちが楽に。

ラブ運
好きな人が近くにいると、キンチョーしてパニックになっちゃう。そんなところも、男の子から見るとかわいいみたい♡

フレンド運
おもしろい話がトクイなので、人気は高いよ。ふだんあまり話さない子にも声をかけると、自分の世界が広がるはず！

うれしい！ひと言
「よく知ってるね！」

イヤ！NGワード
「ウソじゃない？」

究極の相性！
運命のカレ
2/4 2/5 4/5 7/29
8/5 8/6 11/27 12/5

キズナの友
4/5 4/6 6/5 6/6 8/5
9/28 10/6 12/4 12/8

ライバル！
3/31 4/1 5/31 6/5 6/7
7/31 8/1 8/2 10/1

8/5生まれのBOY'Sホンネ

好きなタイプ
「個性的な子がいいな。少し変わっている子って不思議と引かれるんだ」

ニガテなタイプ
「みんなと同じが安心って思っている子は好みじゃない。勇気がないよね」

あなたに向いている仕事 ▶ ライター、アナウンサー、アーティスト、通訳、新聞記者、気象予報士

8月6日生まれ

しし座

どんなことも正々堂々とちょうせん！

天使のおくりもの
信じる力とくじけない心

まっすぐな心の持ち主で、どんなことも正々堂々とチャレンジする子。天使はそんなあなたに、失敗しても立ち直れる強さをあたえたよ。ウソやいじわるが大キライなのもミリョク！

天使のメッセージ
コーフンして熱くならないで

おこるとついカッとしちゃう。みんなをおどろかせないよう深こきゅうをしておだやかに。

ラッキーファッション
チェックがキュートな元気カジュアル★

性格バランス
- 天然ボケ度
- セクシー度
- コミュ力
- オシャレ度
- マジメ度
- パワフル度

ラッキーアイテム キラキラ小物
ラッキーカラー ♡ミントグリーン
ラッキーナンバー 5、8
ラッキールーン 〈〉ヤラ

ラブ運
カレのことばかり考えちゃう、いちずなあなた。勇気を出して気持ちを伝えると、喜んで受け入れてもらえるよ！

フレンド運
その場にいるだけで、周りをパッと明るく照らすようなあなただから、近づきたい子はいっぱい。話を聞いてあげて！

8/6生まれのBOY'Sホンネ

好きなタイプ
「遊びも勉強もがんばる子が好き。何でも夢中でがんばっている感じがいい」

ニガテなタイプ
「あとからぶつぶつ文句を言う子がニガテ。言ってくれればよかったのに……」

究極の相性！

運命のカレ
2/5 2/6 2/7 4/6 7/30
8/6 8/7 11/28 12/6

キズナの友
4/6 4/7 6/6 6/7 8/6
9/29 10/7 10/7 12/5 12/9

ライバル！
1/6 1/7 1/12 3/6 3/7
3/8 5/6 11/6 11/7

うれしい！ひと言
センスいい

イヤ！NGワード
こわ〜い

あなたに向いている仕事 ▶ モデル、デザイナー、タレント、ミュージシャン、経営者、弁護士、先生

8月7日生まれ

しし座

性格バランス
- 天然ボケ度
- セクシー度
- コミュ力度
- オシャレ度
- マジメ度
- パワフル度

8月
- ラッキーアイテム: アロマグッズ
- ラッキーカラー: ♡サーモンピンク
- ラッキーナンバー: 1、6
- ラッキールーン: ♪ユル

LOVE ラブ運
ロマンティックな恋にあこがれているあなた。王子様は身近にいる、やさしい人かも♡ 恋のチャンスに気づいて！

FRIEND フレンド運
クラスでは、みんなの妹のようなそん在。ひかえめで何でも一生けん命やるあなたを、友だちは大事に思っているよ。

ラッキーファッション: 女の子らしい重ね着ファッション♡

せんさいなピュアハートの持ち主！

天使のおくりもの
ピュアな心と表現する才能

キレイな心で、ガラスのようにキズつきやすい女の子。支えたくなるミリョクがあるよ。天使は、そんなゆれる心を絵や文章で表現する才能をあたえたよ。その世界で成功をおさめそう☆

天使のメッセージ
本当の自分をもっと見せて

自分の努力や本心を、周りに見せてみて。応えんしてくれる仲間が増えて、安心できるよ。

うれしい！ひと言

かわいいね

イヤ！NGワード

やりすぎじゃないない？

究極の相性！

運命のカレ
2/6 2/7 2/24 4/7 7/31
8/7 8/8 11/29 12/7

キズナの友
4/7 4/8 6/7 6/8 8/7
9/30 10/8 12/6 12/10

ライバル！
1/7 1/8 1/13 3/7 3/8
3/9 5/7 11/7 11/8

8/7生まれのBOY'Sホンネ

好きなタイプ
「一見男っぽくてダイタンに見えても、ホントはやさしい子が好きだよー♡」

ニガテなタイプ
「すぐにキズつく子には、おっかなくて何も言えなくなる。泣き虫禁止だよ」

あなたに向いている仕事 ▶ ピアニスト、マンガ家、アニメーター、童話作家、詩人、研究者、学芸員

強い意志で最後までやりぬく子！

しし座
8月8日生まれ

天使のおくりもの
流されない強いハート

どんなときでもあわてない、落ち着いた女の子。天使はそんなあなたに、人の意見に左右されない強い心をあたえたよ。一度決めたことは、努力をおします、だまって最後までやりぬくよ。

天使のメッセージ
ひとりの世界に入らないで

考え始めると周りが見えなくなるよ。みんなを心配させないように、気を配ろうね。

ラッキーファッション
ピュア度満点のブラウススタイル！

性格バランス
天然ボケ度／コミュ力／マジメ度／パワフル度／オシャレ度／セクシー度

ラッキーアイテム
フルーツのケーキ

ラッキーカラー
♥オレンジ

ラッキーナンバー
7、8

ラッキールーン
ペオース

8月

ラブ運
好きな人と話すときはドキドキしてあせっちゃう。まずは毎日のあいさつから始めると、自然にわかり合えるよ♡

フレンド運
素直に楽しさを表現するのがニガテ。楽しいときには笑顔を見せるだけで、一気に友だちとのキョリが近づくよ。

8/8生まれのBOY'Sホンネ

好きなタイプ
「やるときはやる！って感じの、いさぎよい子ってイイ！ 主役っぽい！」

ニガテなタイプ
「ハッキリ言ってくれない子。どうしたらいいのか、よくわからないよー」

究極の相性！

運命のカレ
2/7 2/8 2/9 4/8 8/1
8/8 8/9 11/30 12/8

キズナの友
4/8 4/9 6/8 6/9 8/8
10/1 10/9 12/7 12/11

ライバル！
1/8 1/9 1/14 3/8 3/9
3/10 5/8 11/8 11/9

うれしい！ひと言
絶対できるよ

イヤ！NGワード
ひとりでいいよね

あなたに向いている仕事▶ アナウンサー、図書館司書、公務員、先生、鑑定士、検察官、経営者

8月9日生まれ ♌しし座

明るくてほがらかなラッキーガール

性格バランス
- 天然ボケ度
- セクシー度
- コミュ力
- オシャレ度
- マジメ度
- パワフル度

ラッキーアイテム 星柄のグッズ
ラッキーカラー ♡アイボリー
ラッキーナンバー 1、8
ラッキールーン ᛇ エオロー

天使のおくりもの
トラブルを乗りこえる力

明るくほがらかで、みんなに好かれる人気者。天使はそんなあなたに、ピンチになるといつも周りの人から助けてもらえる不思議なラッキーパワーと、夢をかなえる力をあたえたよ！

ラッキーファッション
ふんわりやわらか花柄ワンピース♪

LOVE ラブ運
明るい性格とかわいいルックスで男の子から大人気！ カレとケンカをしちゃったら、あなたからかわいく謝ろうね♡

FRIEND フレンド運
たとえ自分がソンをしても、こまっている人を助けようとするところがあるから、周りはほうっておけないの。

天使のメッセージ
人をたよりにしすぎないで

周りの人のやさしさにあまえちゃうところがあるかも。ひとりでできるようになろう！

うれしい！ひと言
ツイてるね

イヤ！NGワード
あまえてる

究極の相性！

運命のカレ
2/8 2/9 2/10 4/9 8/2
8/9 8/10 12/1 12/9

キズナの友
4/9 4/10 6/9 6/10 8/9
10/2 10/9 10/12 12/8 12/12

ライバル！
1/9 1/10 1/15 3/9 3/10
3/11 5/9 11/9 11/10

8/9生まれのBOY'Sホンネ

好きなタイプ
「ひとりでも平気な子のほうがいい。中身が強いショーコだから、安心だよ」

ニガテなタイプ
「あまえんぼうでさびしがり屋の子。ひとりで行動できない子はニガテかも」

あなたに向いている仕事 ▶ モデル、ジャーナリスト、エンジニア、医者、検察官、警察官、新聞記者

ボランティア精神あふれる親切ガール

8月10日生まれ しし座

天使のおくりもの
やさしい心と勇気づける力

こまっている人を見ると放っておけず、力になりたいと思う子。天使はそんなあなたに、人の心を勇気づけるボランティア精神をあたえたよ。聞き上手だから、みんなをいやしているよ。

天使のメッセージ
おせっかいのしすぎは×

親切心が強いので、おせっかいになることも。相手がどうしてほしいのかを考えてみてね。

性格バランス

天然ボケ度／コミュ力／マジメ度／パワフル度／オシャレ度／セクシー度

ラッキーアイテム バスソルト
ラッキーカラー ♥からし色
ラッキーナンバー 8、9
ラッキールーン シゲル

ラッキーファッション リボンがオシャレなガーリーコーデ♡

ラブ運
カッコイイ男の子が好みだけど、顔やスタイルではなく、性格も見てね。ハートにピピッとくる相手が見つかるよ♡

フレンド運
みんなに分けへだてなくやさしく、行動力のあるあなた。友だちの相談に乗ることが多く、たよられているよ！

8/10生まれのBOY'Sホンネ

好きなタイプ
「マジメなことを、勇気を持ってはずかしがらずにできる子。ステキだよ♡」

ニガテなタイプ
「人に不親切な子はイヤだなあ。心がせまいのかな？って思っちゃうよ……」

究極の相性！

運命のカレ
2/9 2/10 2/11 4/10 8/3
8/10 8/11 12/2 12/10

キズナの友
4/10 4/11 6/10 6/11 8/10
10/3 10/11 12/9 12/13

ライバル！
1/10 1/11 1/16 3/10 3/11
3/12 5/10 11/10 11/11

うれしい！ひと言
助かった！

イヤ！NGワード
かまわないで

あなたに向いている仕事 ▶ スポーツ選手、インストラクター、コンサルタント、俳優、政治家、先生

8月11日生まれ

しし座

人の気持ちを大切にするやさしい子!

性格バランス
- 天然ボケ度
- コミュ力
- マジメ度
- パワフル度
- オシャレ度
- セクシー度

8月
- **ラッキーアイテム** ひまわり柄のグッズ
- **ラッキーカラー** ♥ゴールド
- **ラッキーナンバー** 1、8
- **ラッキールーン** ↑ティール

ラッキーファッション
きちんとかわいい♪トラッドファッション

LOVE ラブ運
自分と同じシュミを持つ男の子と気が合って、恋が生まれそう。ふたりで会話を重ねるうちに、自然といい感じに!

FRIEND フレンド運
友だちになるまでに時間がかかるタイプ。自分とは合わないかも、と思っていても、話してみれば意外と気が合うかも!

天使のおくりもの
人の気持ちを感じる力
どんな人にも平等にせっする子。天使はそんなあなたに、人の願いや望みを感じ取る力をあたえたよ。相手が言ってほしい言葉がわかるから、みんなを喜ばせることがトクイなの!

天使のメッセージ
周りに気を使いすぎないで
人に気を使いすぎて、つかれちゃうときが。自分が本当はどうしたいのかを考えてみて。

うれしい！ひと言
やさしいね

イヤ！NGワード
もういいから

究極の相性！
運命のカレ
2/10　2/11　2/12　4/11　8/4
8/11　8/12　12/11　12/11

キズナの友
4/11　4/12　6/11　6/12　8/11
10/4　10/12　12/10　12/11　12/14

ライバル！
1/11　1/12　1/17　3/11　3/11
3/13　5/11　11/11　11/12

8/11生まれのBOY'Sホンネ

好きなタイプ
「気さくに人のサポートをする子が好き。親切をあたりまえにできる子♡」

ニガテなタイプ
「照れているのかもしれないけど、ありがとうって言えない子はダメ」

あなたに向いている仕事 ▶ タレント、ジャーナリスト、作詞家、先生、雑誌編集者、弁護士、発明家

こんなんから にげない ちょうせん者

8月12日生まれ しし座

天使のおくりもの
好奇心とやりとげる力

何にでも興味を持ち、やってみたいと思う子。天使はそんなあなたに、やると決めたことは最後までやりぬく強い心をあたえたよ。あなたを応えんしてくれる人が、たくさんいるよ。

天使のメッセージ
たまには休けいを

がんばりすぎると、つかれて失敗してしまうことが。ときどき休むことを思い出して！

性格バランス
天然ボケ度／コミュ力／マジメ度／パワフル度／オシャレ度／セクシー度

ラッキーアイテム オレンジ
ラッキーカラー ライムイエロー
ラッキーナンバー 1、2
ラッキールーン ベオーク

Tシャツワンピでストリートスタイル♪

ラブ運
友だち同士のような恋が好き。カレと好きなものが同じなど、共通点があるとすぐに気が合って仲良くなるよ♡

フレンド運
どんなときも明るいあなたは人気者で、あこがれている友だちも多いよ。自分から遊びにさそうと仲が深まるよ！

8/12生まれのBOY'Sホンネ

好きなタイプ「ひとつのことに集中できる、ピュアな子が好きだよ。真けんな目にホレる♡」

ニガテなタイプ「やさしくない子はニガテ。性格がきつそうだなって思っちゃうな……」

究極の相性！

運命のカレ
2/11 2/12 2/13 4/12 8/5
8/12 8/13 12/4 12/12

キズナの友
4/12 4/13 6/12 6/13 8/12
10/5 10/13 12/11 12/15

ライバル！
1/12 1/13 1/18 3/12 3/13
3/14 5/12 11/12 11/13

うれしい！ひと言
「話したかったんだ」

イヤ！NGワード
「自信あるね」

あなたに向いている仕事 ▶ スポーツ選手、オペラ歌手、プロデューサー、指揮者、俳優、記者、先生

8月13日生まれ

しし座

情報集めがトクイで物知りな子

性格バランス
- 天然ボケ度
- コミュ力
- マジメ度
- パワフル度
- オシャレ度
- セクシー度

8月
- ラッキーアイテム: 写真集
- ラッキーカラー: 水色
- ラッキーナンバー: 1、3
- ラッキールーン: M エォー

ラッキーファッション
ボーダーがキュートなカジュアルスタイル★

天使のおくりもの
想像力と情報を集める力

自分が興味を持ったことを、とことん調べたいと思う女の子。天使はそんなあなたに、物事を深く知ろうとする力をあたえたよ。星空の下で想像にふけるようなロマンティックな一面も。

ラブ運
自分の知らないことを教えてくれる男の子にミリョクを感じるよ。おしゃべりが楽しいと、もっと仲良くなれるはず！

フレンド運
物知りなあなたは、友だちから一目おかれているよ。友だちの好きな情報はどんどん教えてあげよう！　キズナが深まるよ。

天使のメッセージ
アドバイスにも耳をかたむけて

自分の知識に自信があって、人の意見を聞けないときが。周りの声も参考にしてみて！

うれしい！ひと言
さすが！

イヤ！NGワード
興味ない

究極の相性！

運命のカレ
2/12　2/13　2/14　4/13　8/6
8/13　8/14　12/5　12/13

キズナの友
4/13　4/14　6/13　6/14　8/13
10/6　10/14　12/12　12/16

ライバル！
1/13　1/19　3/13　3/14
3/15　5/13　11/13　11/14

8/13生まれのBOY'Sホンネ

好きなタイプ
「新しいことに興味を持つ子。ボクもそうだから、いっしょにがんばりたい」

ニガテなタイプ
「しつこい子はニガテ。何度聞かれても、言いたくないことは教えないよ」

あなたに向いている仕事 ▶ タレント、エンジニア、デザイナー、ツアーコンダクター、外交官、営業

自然体で気どらない やさしい子

8月14日生まれ しし座

天使のおくりもの

やさしさと幸せを願う心

友だちが大好きなさびしがり屋。天使はそんなあなたに、いつもみんなの幸せを願うやさしい心をあたえたよ。気どらない、自然な笑顔の持ち主で、そのミリョクに多くの人が集まるよ！

天使のメッセージ

みんなと仲良く過ごそう

友だちをどくせんしたくなるときが。グループでいるときは、さびしくてもガマンしてね。

性格バランス
天然ボケ度・コミュ力・マジメ度・パワフル度・オシャレ度・セクシー度

ラッキーアイテム 観葉植物
ラッキーカラー ♥エメラルド
ラッキーナンバー 1、4
ラッキールーン ᚢ マン

ラッキーファッション
きれいめキュートなシャツワンピース♪

ラブ運
好きな人には夢中になるタイプ。まずは友だちみたいに話しかけて、おたがいをよく知ってね。ゆっくり仲を深めよう♡

フレンド運
人の幸せをいっしょに喜んであげられるあなた。いいことがあると、あなたに報告したくなる友だちがたくさん！

8/14生まれのBOY'Sホンネ

好きなタイプ
「ちょっと強がりな子がいいね。そばにいて、そっとサポートしてあげたい」

ニガテなタイプ
「自分の気持ちをおしつける子はイヤだな。人の気持ちも考えてほしいよ」

究極の相性！

運命のカレ
2/13 2/14 2/15 4/14 8/7
8/14 8/15 12/6 12/14

キズナの友
4/14 4/15 6/14 6/15 8/14
10/7 10/15 12/13 12/17

ライバル！
1/14 1/15 1/20 3/14 3/15
3/16 5/14 11/14 11/15

うれしい！ひと言
すごい！当たってる！

イヤ！NGワード
あまえてるね

あなたに向いている仕事 ▶ コンサルタント、テクニカルライター、小説家、編集者、通訳、研究者

8月15日生まれ

しし座

行動力で夢をつかむ元気な女の子

性格バランス
- 天然ボケ度
- コミュ力
- マジメ度
- パワフル度
- オシャレ度
- セクシー度

8月
- ラッキーアイテム：帽子
- ラッキーカラー：♡クリームイエロー
- ラッキーナンバー：1、5
- ラッキールーン：ラーグ

LOVE ラブ運
モテモテのあなたは、ちょっと気が多いタイプ。落ち着いた考え方のカレとなら、おたがいを大切に思ういい関係に♡

FRIEND フレンド運
前向きで、友だちが多いあなた。楽しい話はみんなに教えてあげてね。たくさん笑って過ごすと、友情が深められるよ♪

うれしい！ひと言
もう終わったの!?

イヤ！NGワード
ちゃんと聞いて

究極の相性！

運命のカレ
2/14 2/15 2/16 4/15 8/8
8/15 8/16 12/7 12/15

キズナの友
4/15 4/16 6/15 6/16 8/15
10/8 10/16 12/14 12/18

ライバル！
1/15 1/16 1/21 3/15 3/16
3/17 5/15 11/15 11/16

天使のおくりもの
チャンスを生かす才能

いつも元気いっぱい。考えるより先に行動する女の子。天使はそんなあなたに、チャンスを生かす才能をあたえたよ。みんなが迷っているうちに、すばやく行動して夢をかなえちゃう！

ラッキーファッション
チェックシャツでカジュアルガーリー♡

天使のメッセージ
思いこまずに意見を聞いて

自分の考えがあるから、友だちの意見は聞き流しちゃう。人のアドバイスも参考にしてね。

8/15生まれのBOY'Sホンネ

好きなタイプ
「明るくて、センスのいい子が好きだよ。いつもきれいにしているから♡♡」

ニガテなタイプ
「がさつな子は友だちならいいけど、女の子としてはちょっとね……」

あなたに向いている仕事 ▶ アナウンサー、タレント、パティシエ、ミュージシャン、俳優、画家

マジメで正義感が強い正直ガール

しし座
8月16日生まれ

性格バランス
天然ボケ度／コミュ力／マジメ度／パワフル度／オシャレ度／セクシー度

天使のおくりもの
ひたむきさと正直さ

何に対してもマジメで一生けん命に取り組む女の子。天使はそんなあなたに、まちがっていることをそのままにしない正義感をあたえたよ。かくしごとがニガテで正直なところも好印象！

天使のメッセージ
楽な気持ちで過ごそう

プレッシャーを感じて、ストレスをためそう。友だちや家族の前では、かたの力をぬいて。

ラッキーファッション
知的でオシャレなJK風スタイル♡

ラッキーアイテム
鏡

ラッキーカラー
♥チェリーピンク

ラッキーナンバー
1、6

ラッキールーン
✕ イング

8月

ラブ運
好きな人の前でもマジメな女の子。それもミリョクだけど、少しドジなありのままの姿を見せたほうがかわいいよ♡

フレンド運
正しい判断をするあなたを、たのもしいと思っている友だちは多いよ。でも、落ちこんだときは素直に相談してね！

8/16生まれのBOY'Sホンネ

好きなタイプ
「まとめ役とか、リーダーになるタイプのクールな子。目で追っちゃいます」

ニガテなタイプ
「みんなで力を合わせているときに協力しない子はちょっとダメでしょ！」

究極の相性！
運命のカレ
2/15 2/16 2/17 4/16 8/9
8/16 8/17 12/16 12/16

キズナの友
4/16 4/17 6/16 6/17 8/16
10/9 10/17 12/15 12/19

ライバル！
1/16 1/17 1/22 3/16 3/17
3/18 5/16 11/16 11/17

うれしい！ひと言
「信じてるよ」

イヤ！NGワード
「意外〜」

あなたに向いている仕事 ▶ ミュージシャン、ツアーコーディネーター、外交官、通訳、小説家、先生

8月17日生まれ

しし座

広い世界で活やくするアーティスト

性格バランス
天然ボケ度 / コミュ力 / マジメ度 / パワフル度 / オシャレ度 / セクシー度

ラッキーアイテム
バラの香りグッズ

ラッキーカラー
♥コバルトブルー

ラッキーナンバー
1、7

ラッキールーン
✗ オセル

ラッキーファッション
花柄ワンピをカジュアルに着こなし★

天使のおくりもの
豊かな表現力

何でもこなせる器用な女の子。天使はそんなあなたに、アートの世界で活やくする才能をあたえたよ。絵や文章がトクイで、自分のミリョクを人にアピールするのも上手なはず！

天使のメッセージ
不器用な友だちは助けてあげて

不器用な友だちが気になるあなた。イライラしないで見守って、助けてあげてね！

ラブ運
好きな人にはキンチョーして、なかなか行動できないかも。あなたは文章がトクイなので、手紙を書くのもおすすめ！

フレンド運
ちょっとしたことでも、おもしろく話せるあなた。いっしょにいて楽しいから、たくさんの友だちとつながっているよ。

うれしい！ひと言
するどい！

イヤ！NGワード
好きにさせて

究極の相性！

運命のカレ
2/16 2/17 2/18 4/17 8/10
8/17 8/18 12/9 12/17

キズナの友
4/17 4/18 6/17 6/18 8/17
10/10 10/18 12/16 12/20

ライバル！
1/17 1/18 1/233/17 3/18
3/19 5/17 11/17 11/18

8/17生まれのBOY'Sホンネ

好きなタイプ
「きちんとしていて、自分に自信のある子が好き。その強さがまぶしいよ♡」

ニガテなタイプ
「失敗するのをイヤがりながらも努力しない子はニガテ。がんばればいいのに」

あなたに向いている仕事 ▶ ミュージシャン、エンジニア、俳優、先生、法律家、医者、不動産業

努力して夢や目標をかなえる子！

8月18日生まれ ／ しし座

天使のおくりもの
根気強さと集中力

おとなしそうだけど、じつは負けずギライな子。天使はそんなあなたに、好きなことをやり続ける根気強さと集中力をあたえたよ。ウラオモテのない性格で周りからの信らいも厚いよ。

天使のメッセージ
周りのことは気にしないで

ライバルがいないとやる気が起きないかも。人を意識しすぎず、自分のためにがんばろう。

性格バランス
天然ボケ度／コミュ力／マジメ度／パワフル度／オシャレ度／セクシー度

ラッキーアイテム クロスのペンダント
ラッキーカラー ♥ダークブラウン
ラッキーナンバー 1、8
ラッキールーン ⋈ ダエグ

ラッキーファッション
シャツをはおってお姉さんスタイル♪

ラブ運
ライバルがいると熱くなるタイプだけど、ライバルよりもカレをちゃんと見ようね。ゆっくり恋心を育てるとうまくいくよ♡

フレンド運
にぎやかで楽しい友だちといるのが好き。ひかえめな子にも自分から話しかけると、意外な一面を知って仲良しになれるよ。

8/18生まれのBOY'Sホンネ

好きなタイプ
「ちゃんと計画を立てられる子って、そんけいするよ。たよりにしてます！」

ニガテなタイプ
「がんばらなくても何とかなると思っていそうな子。見ていて不安になる！」

究極の相性！

運命のカレ
2/17 2/18 2/19 4/18 8/11
8/18 8/19 12/10 12/18

キズナの友
4/18 4/19 6/18 6/19 8/18
10/11 10/19 12/17 12/21

ライバル！
1/18 1/19 1/24 3/19
3/20 5/18 11/18 11/19

うれしい！ひと言
やる気が出る！

イヤ！NGワード
熱くなりすぎ

あなたに向いている仕事 ▶ エンジニア、俳優、美容師、雑誌編集者、建築家、ベンチャー企業経営者

8月19日生まれ

しし座

どんな運命も乗りこえる強い女の子

性格バランス
- 天然ボケ度
- コミュ力
- マジメ度
- パワフル度
- オシャレ度
- セクシー度

ラッキーアイテム アニマルグッズ
ラッキーカラー ♥赤
ラッキーナンバー 1、9
ラッキールーン フェオ

天使のおくりもの
何でもプラスに変える力

いつでも前向き。けっしてクヨクヨしない子。天使はそんなあなたに、どんなトラブルも乗りこえられる知恵と、頭の回転の速さをあたえたよ。かなうと信じて行動することが大事！

ラッキーファッション
スタジャンをプラスでやんちゃガール風☆

ラブ運
三角関係など恋のトラブルがあるかも。でも乗りこえた後には、素敵な出会いがあるよ♡ 心の通うカレと出会えそう。

フレンド運
友だちとの間がぎくしゃくしたら、あなたから素直に謝ってね！ それがきっかけで、より友情が深まるはずだから。

天使のメッセージ
早とちりに気をつけよう

おっちょこちょいで早とちりをしてしまうところがあるよ。確認するようにしてね。

うれしい！ひと言
「うまくいくよ！」

イヤ！NGワード
「ちゃんとして」

究極の相性！

運命のカレ
2/18 2/19 2/20 4/19 8/12
8/19 8/20 12/11 12/19

キズナの友
4/19 4/20 6/19 6/20 8/19
10/12 10/20 12/18 12/22

ライバル！
1/19 1/25 3/19 3/20
3/21 5/19 11/19 11/20

8/19生まれのBOY'Sホンネ

好きなタイプ
「何があってもだいじょうぶと思わせてくれる、強くてかしこい子が好き♡」

ニガテなタイプ
「すぐにオロオロとパニックになる子。いっしょにいて不安になっちゃう」

あなたに向いている仕事 ▶ マンガ家、ミュージシャン、俳優、小説家、作詞家、外交官、サービス業

マイペースで がんばって 成功する子！

しし座 8月20日生まれ

ラッキーファッション
シンプルでピュアな オシャレスタイル♡

性格バランス
天然ボケ度／セクシー度／コミュ力／オシャレ度／マジメ度／パワフル度

ラッキーアイテム
ヘアゴム

ラッキーカラー
♥朱色

ラッキーナンバー
1、7

ラッキールーン
ᚢ ウル

8月

天使のおくりもの
意志を通す強い心
やると決めたことは最後までやり通したいと思う女の子。天使はそんなあなたに、意志をつらぬく強い心と努力する才能をあたえたよ。夢中になって取り組むから、かならず成功するはず！

天使のメッセージ
本当の気持ちをかくさないで
しっかり者だけど、さびしがり屋な一面も。意地をはらずに友だちや家族にたよって。

ラブ運
男の子との友情が、恋に変わりそう。オシャレに気を使うと、もっとかわいくなって、カレがやさしくなっちゃうかも♡

フレンド運
親友がほしいあなた。大勢の友だちとにぎやかに遊ぶより、気の合う子とじっくりつき合うとキズナが深まるよ！

8/20生まれのBOY'Sホンネ

好きなタイプ
「人や周りの目なんて気にしな〜いって感じの自然体の子が好きだよ」

ニガテなタイプ
「人にきらわれないように、全員にいい顔しようとするのはちょっとイヤかも」

究極の相性！

運命のカレ
2/19 2/20 2/21 4/20 8/13
8/20 8/21 12/12 12/20

キズナの友
4/20 4/21 6/20 6/21 8/20
10/13 10/21 12/19 12/23

ライバル！
1/20 1/21 1/26 3/21
3/22 5/20 11/20 11/21

うれしい！ひと言
「だれにでも平等だね」

イヤ！NGワード
「ガンコ！」

あなたに向いている仕事▶ カウンセラー、プログラマー、アロマセラピスト、介護福祉士、医者、先生

8月21日生まれ

しし座

どんなことも前向きに向き合う子!

性格バランス
- 天然ボケ度
- コミュ力
- マジメ度
- パワフル度
- オシャレ度
- セクシー度

8月
- **ラッキーアイテム** レースのスカート
- **ラッキーカラー** ♥ミモザイエロー
- **ラッキーナンバー** 1、2
- **ラッキールーン** ▶ ソーン

LOVE ラブ運
恋にはちょっぴり弱気。考えすぎずに、勇気を出して話しかけてみて。カレも、いつものあなたといっしょにいたいはず♡

FRIEND フレンド運
友だちを楽しませようと、がんばりすぎてしまうときが。あなたが自然体なら、それだけで周りも明るくなるよ。

ラッキーファッション
花柄がキュートなおしゃれガール

天使のおくりもの
人の目を引くミリョク
何があっても「何とかなる!」と考える前向きな子。天使はそんなあなたに、大勢の中でも人の目を引くカリスマ性をあたえたよ。あなたを見ると、みんなは自然と元気が出るみたい。

天使のメッセージ
周りの目を気にしないで
注目されるから、つかれてしまうことも。自分のしたいように、自由に行動してね!

うれしい!ひと言
がんばれるよ

イヤ!NGワード
目立ちたがり

究極の相性!
運命のカレ
2/20 2/21 2/22 4/21 8/14
8/21 8/22 12/13 12/21

キズナの友
4/21 4/22 6/21 6/22 8/21
10/14 10/22 12/20 12/24

ライバル!
1/21 1/22 1/27 3/21 3/22
3/23 5/21 11/21 11/22

8/21生まれのBOY'Sホンネ

好きなタイプ
「いつも笑顔の明るい子が一番好きだな。笑顔を見ているとうれしくなる♡」

ニガテなタイプ
「あまり笑わない子はソンしていると思うよ。こわいイメージがつくからさ」

あなたに向いている仕事 ▶ パイロット、コンサルタント、ツアーコンダクター、翻訳家、外交官

冒険大好き！社交的なファイター☆

しし座

8月/22日生まれ

性格バランス
- 天然ボケ度
- コミュ力
- マジメ度
- パワフル度
- オシャレ度
- セクシー度

天使のおくりもの
新しい世界を切りひらく力

好奇心いっぱいで、興味のあることにチャレンジしないと気がすまないタイプ。天使はそんなあなたに、新しい世界を冒険する勇気をあたえたよ。だれとでも楽しく過ごす社交性もある子。

天使のメッセージ
周りのペースに合わせよう

その日の気分で行動する気まぐれなところがあるので、みんながつかれないように注意！

ラッキーファッション
シャツ×ニットの重ね着上手♪

ラッキーアイテム
海の写真

ラッキーカラー
紺色

ラッキーナンバー
1、3

ラッキールーン
ᚾ アンスール

ラブ運
恋には少しドンカンなタイプだから、相手の好意に気がつかないことも。未来のカレは、話しやすい仲間の中にいそう！

フレンド運
友だちはたくさんいるけど、親友になる子は自分と似たタイプの子だよ。時間をかけてゆっくり友情を育てていこうね♪

8/22生まれのBOY'Sホンネ

好きなタイプ
「おもしろいことを見つけるのが上手な子が好き♡いっしょに楽しめる！」

ニガテなタイプ
「話がワンパターンの子がニガテだな〜。またかって思っちゃうんだよねー」

究極の相性！

運命のカレ
2/21 2/22 2/23 4/22 8/15
8/22 8/23 12/14 12/22

キズナの友
4/22 4/23 6/22 6/23 8/22
10/15 10/23 12/22 12/25

ライバル！
1/22 1/23 1/28 3/22 3/23
3/24 5/22 11/22 11/23

うれしい！ひと言
勇気があるね

イヤ！NGワード
すぐ気が変わる

あなたに向いている仕事 ▶ イラストレーター、エンジニア、俳優、作曲家、小説家、発明家、通訳

8月23日生まれ

おとめ座

マイペースに夢をかなえる努力家！

性格バランス
天然ボケ度 / コミュ力 / マジメ度 / パワフル度 / オシャレ度 / セクシー度

8月
- ラッキーアイテム：パスケース
- ラッキーカラー：♥ココアブラウン
- ラッキーナンバー：5、4
- ラッキールーン：R ラド

天使のおくりもの
流されずにやりぬく力

常にマイペースで、自分の目標に向かってゆっくりと努力する女の子。天使はそんなあなたに、人の意見に流されず最後までやりぬく力をあたえたよ。物事を調べる能力も高いはず！

ラッキーファッション：正統派ガーリーなアイドル風ワンピ★

LOVE ラブ運
恋でもマイペースなあなたは、カレをしっかりチェックしてから好きになるよ。カレの喜ぶことを見つけて、両思いに♡

FRIEND フレンド運
少人数の友だちとじっくりつき合うと、新しい発見がありそう。努力家のあなたを、みんなそんけいしているよ。

天使のメッセージ
周りのペースも大切にしよう

マイペースすぎて集団行動でこまることも。ときには周りをよく見て、ペースを合わせて。

うれしい！ひと言
「成功したね」

イヤ！NGワード
「まだやってる」

究極の相性！

運命のカレ
2/22　2/23　2/24　4/23　8/16
8/23　8/24　12/15　12/23

キズナの友
4/23　4/24　6/23　6/24　8/23
10/16　10/24　12/22　12/26

ライバル！
1/23　1/24　1/29　3/23　3/24
3/25　5/23　11/23　11/24

8/23生まれのBOY'Sホンネ

好きなタイプ
「やる気とド根性でがんばっちゃう子が好きだよ。応えんしたくなるねー♡」

ニガテなタイプ
「しょっちゅう迷って、いつまでもスタートできない子はやきもきしちゃう」

あなたに向いている仕事 ▶ ファイナンシャルプランナー、薬剤師、翻訳家、編集者、図書館司書

マジメで一生けん命な素直ガール

8月24日生まれ
おとめ座

天使のおくりもの
素直な心と人を信じる力

親や先生の言うことをよく守り、人にメイワクがかかることをしない女の子。天使はそんなあなたに、人の言葉を信じる素直さをあたえたよ。何でも一生けん命にやるマジメなところも◎。

天使のメッセージ
ひとりの世界にこもらないで

ひとりで何でもやろうとムリをしちゃう。みんながあなたをサポートしたがっているよ！

性格バランス
天然ボケ度／コミュ力／マジメ度／パワフル度／オシャレ度／セクシー度

ラッキーアイテム
香り小物
ラッキーカラー
♥モスグリーン
ラッキーナンバー
5、9
ラッキールーン
く ケン

ラッキーファッション
スクール風コーデで優等生らしく♡

ラブ運
理想が高くて、ロマンティックな恋にあこがれているみたい。好きな人にはやさしい言葉をかけると、思いがとどくよ！

フレンド運
友だちとは、何でも話しておたがいに助け合える関係でいてね！ あなたが相談しないと、友だちはよけいに心配しちゃう。

8/24生まれのBOY'Sホンネ

好きなタイプ
「みんなにちゃんとみとめられている子ってすごいよね。そんけいする！」

ニガテなタイプ
「ちゃんとやっているふりをして、じつはズルばっかりしている子はNG！」

究極の相性！

運命のカレ
2/23 2/24 2/25 4/24 8/17
8/24 8/25 12/16 12/24

キズナの友
4/24 4/25 6/24 6/25 8/24
10/17 10/25 12/23 12/27

ライバル！
1/24 1/25 1/30 3/24 3/25
3/26 5/24 11/24 11/25

うれしい！ひと言

もっとたよって

イヤ！NGワード

考えすぎ

あなたに向いている仕事▶ デザイナー、アーティスト、茶道家、華道家、栄養士、陶芸家、研究員

8月25日生まれ

おとめ座

みんなを笑顔でいやす明るい人気者

性格バランス
- 天然ボケ度
- コミュ力
- マジメ度
- パワフル度
- オシャレ度
- セクシー度

8月
- **ラッキーアイテム**: せっけん
- **ラッキーカラー**: ♡桜色
- **ラッキーナンバー**: 6、9
- **ラッキールーン**: ギューフ

ラッキーファッション
ラブリーサングラスで気分はアメリカン★

LOVE ラブ運
自分からアプローチするのはニガテ。かざらない自分を見せるとカレのほうから接近してきて、急速に仲が深まるよ♡

FRIEND フレンド運
友だちのためには何でもしてあげたいあなた。相手を思いやるふるまいに、みんなカンゲキ。キズナもかたいよ!

天使のおくりもの

人をはげまし笑顔にする力

コミュニケーションを取るのが上手で、話を熱心に聞く子。天使はそんなあなたに、人の心をいやして、おだやかにする能力をあたえたよ。あなたの笑顔につられて周りも笑っちゃう。

天使のメッセージ

みんなを信じてまかせてみよう

グループの中でまとめ役が多いあなた。たまには、みんなにまかせてひと休みしよう。

うれしい!ひと言
「まかせてよ!」

イヤ!NGワード
「いいこぶってる」

究極の相性!

運命のカレ
2/24 2/25 2/26 4/25 8/18
8/25 8/26 12/17 12/25

キズナの友
4/25 4/26 6/25 6/26 8/25
10/18 10/26 12/24 12/28

ライバル!
1/25 1/26 1/31 3/25 3/26
3/27 5/25 11/25 11/26

8/25生まれのBOY'Sホンネ

好きなタイプ: 「だれに対しても態度が変わらない子がいいな。感じのいい子が好きだよ♡」

ニガテなタイプ: 「気まぐれで、言っていることがすぐに変わる子はちょっとニガテかも……」

あなたに向いている仕事 ▶ ミュージシャン、ダンサー、デザイナー、ソムリエ、占い師、映像作家

自分の理想を大事にする自由ガール☆

8月26日生まれ / おとめ座

天使のおくりもの
新しい世界に飛びこむ勇気

自由を愛するおおらかな女の子で、命令されるのはニガテだよ。天使はそんなあなたに、自分の夢をかなえるために新しい世界に飛びこむ勇気をあたえたよ。自然体なところもミリョク。

天使のメッセージ
アドバイスも参考にしよう

自分のやり方を信じているから、人の意見を聞かないところが。アドバイスも受け入れて。

性格バランス
- 天然ボケ度
- コミュ力
- マジメ度
- パワフル度
- オシャレ度
- セクシー度

ラッキーアイテム シャンプー
ラッキーカラー ♥ブラウン
ラッキーナンバー 5、7
ラッキールーン ウィン

ラッキーファッション: ナチュラルなワンピでフェミニンガール♪

ラブ運
恋をすると相手をどくせんしたくなる、ワガママなところが。カレの気持ちを大切にして、おだやかさを心がけて♡

フレンド運
おおらかなあなたのミリョクがみんなに伝わって、とても評判がいいよ。友だちと心が通い合い、すぐ親友になれちゃう!

8/26生まれのBOY'Sホンネ

好きなタイプ:「清けつ感のあるやさしい子が好み。かわいい子なら言うことないです〜」

ニガテなタイプ:「持ち物に気を使わない子って、ちょっとね。意外と男子も見ているぞー!」

究極の相性!

運命のカレ
2/25　2/26　2/27　4/26　8/19
8/26　8/27　12/18　12/26

キズナの友
4/26　4/27　6/26　8/26
10/19　10/27　12/25　12/29

ライバル!
1/26　1/27　2/1　3/26　3/27
3/28　5/26　11/26　11/27

うれしい!ひと言: カッコイイ!

イヤ!NGワード: 自分勝手

あなたに向いている仕事 ▶ アナウンサー、エンジニア、コンサルタント、先生、弁護士、建築家

8月27日生まれ

おとめ座 ♍

友だち思いでみんなを笑顔にする子

性格バランス
- 天然ボケ度
- コミュ力
- マジメ度
- パワフル度
- オシャレ度
- セクシー度

ラッキーアイテム　お守り
ラッキーカラー　黄緑
ラッキーナンバー　5、8
ラッキールーン　ᚺ ハガル

ラッキーファッション　ふんわりやさしげな大人スタイル♡

天使のおくりもの
ピュアな心と笑顔にする力

友だちのいいところを見つけてほめるのが上手なあなた。天使はそんなあなたに、どんな人も笑顔にできる不思議なミリョクをあたえたよ。みんな、あなたのそばにいたくなっちゃう！

天使のメッセージ
自分のこともほめてあげて

友だちにはやさしいけれど自分にはきびしすぎちゃう。たまには自分をほめてあげてね！

LOVE ラブ運
恋にはしんちょう。じっくり相手を観察してから好きになるよ。ふたりきりで話をすると、思いが通じ合えそうだよ♡

FRIEND フレンド運
あなたの親しみやすさに、友だちは安心しているよ。いろいろなタイプの子と仲良くすると、世界が広がるはず。

うれしい！ひと言
うれしい！

イヤ！NGワード
しかたないよ

究極の相性！
運命のカレ
2/26　2/27　2/28　4/27　8/20
8/27　8/28　12/19　12/27

キズナの友
4/27　4/28　6/27　6/28　8/27
10/20　10/28　12/26　12/30

ライバル！
1/27　1/28　2/2　3/27　3/28
3/29　5/27　11/27　11/28

8/27生まれのBOY'Sホンネ

好きなタイプ
「字のきれいな子って、特別な感じがする。お嬢様っぽいというか〜♡」

ニガテなタイプ
「つくえとか、道具箱がゴチャゴチャなのはちょっと……。しっかりしてー！」

あなたに向いている仕事 ▶ スポーツ選手、プログラマー、マッサージ師、医者、経営者、公務員

みんなを引きつける話し上手な子

おとめ座

8月28日生まれ

性格バランス
天然ボケ度／コミュ力／マジメ度／パワフル度／オシャレ度／セクシー度

天使のおくりもの
機転がきいた会話のセンス

頭の回転が速くて、おしゃべりが上手なあなた。天使はそんなあなたに、何に対してもうまく対応できるセンスをあたえたよ。大勢の人の前でも、あがらずにイキイキと話せそう。

天使のメッセージ
相手の意見も聞いてみて

人と意見がぶつかると、自分の考えをおしとおしちゃう。相手の考えも大切にしてあげて。

ラッキーファッション
元気がはじける！ポロシャツコーデ

ラッキーアイテム
ブレスレット

ラッキーカラー
♡オフホワイト

ラッキーナンバー
5、9

ラッキールーン
ニイド

ラブ運
あなたのおしゃべりはカレも楽しんでくれるはず！弱気にならないで、勇気を出して声をかけるのが正解だよ！

フレンド運
話し上手なあなた。でも、たまには友だちの話の聞き役になってあげると、もっともっと気持ちが通じ合うよ！

8/28生まれのBOY'Sホンネ

好きなタイプ
「どんな人ともていねいに話をする子が好きだよ。感じいいなーって思う♡」

ニガテなタイプ
「人の話を聞いていない子はニガテかも。自分の話ばかりする子もNGだな」

究極の相性！

運命のカレ
2/27 2/28 2/29 4/28 8/21
8/28 8/29 12/20 12/28

キズナの友
4/28 4/29 6/28 6/29 8/28
10/21 10/29 12/27 12/31

ライバル！
1/28 1/29 2/3 3/28 3/29
3/30 5/28 11/28 11/29

うれしい！ひと言
カッコイイよ

イヤ！NGワード
だまってて

あなたに向いている仕事 ▶ アナウンサー、スポーツ選手、先生、俳優、画家、歯科医師、研究者、秘書

8月29日生まれ

おとめ座

見た目はクールだけど中身は熱い！

性格バランス
- 天然ボケ度
- コミュ力
- マジメ度
- パワフル度
- オシャレ度
- セクシー度

8月
- ラッキーアイテム: 食器
- ラッキーカラー: ♥オリーブ色
- ラッキーナンバー: 1、5
- ラッキールーン: イス

ラブ運
好きな人の前だとキンチョーしちゃうギャップがかわいい！クールなあなたが照れるすがたに、カレもドキドキ♡

フレンド運
クラスや学校が変わっても、古い友だちを大事にするタイプ。ずっと信らいできる友だちとして、かたい友情を結べるよ。

ラッキーファッション
水玉ワンピでシックなスタイル★

天使のおくりもの
思いやりとセンスのよさ

さっぱりした性格でボーイッシュだけど、友だち思いのやさしい子。天使はそんなあなたに、流行のものにイチ早く気がつくセンスをあたえたよ。見た目と中身のギャップもミリョク☆

天使のメッセージ
終わったことは考えないで

あのときは良かったな、と過ぎた日のことばかり考えがち。目の前の今を大事にしよう！

うれしい！ひと言
話が合う！

イヤ！NGワード
もういいから

究極の相性！

運命のカレ
2/28 2/29 3/1 4/29 8/22
8/29 8/30 12/21 12/29

キズナの友
1/1 4/29 4/30 6/29 6/30
8/29 10/22 10/30 12/28

ライバル！
1/29 1/30 2/4 3/29 3/30
3/31 5/29 11/29 11/30

8/29生まれの
BOY'Sホンネ

好きなタイプ
「ナゾめいたところのある子が好き。つき合うと、新しい発見がありそう♡」

ニガテなタイプ
「カンのにぶい子はきびしいかも。だまっていても察してくれるといいな〜」

あなたに向いている仕事 ▶ ライター、タレント、プロデューサー、小説家、マンガ家、放送作家

キュートで
あまえんぼう
な女の子！

おとめ座

8月/30日生まれ

性格バランス
天然ボケ度／コミュ力／マジメ度／パワフル度／オシャレ度／セクシー度

天使のおくりもの
美しいものを見分ける目

さびしがり屋で、ひとりでいるのがニガテかも。天使はそんなあなたに、美しいものを見ぬく、生み出す、美的センスをあたえたよ。あなた自身もキュートなミリョクの持ち主のはず。

天使のメッセージ
いろんな子と仲良くしよう

友だちが他の子と仲良くしていると、ヤキモチをやきそう。あなたも他の子と話してみて。

ラッキーアイテム 小説
ラッキーカラー ♡ブルーグリーン
ラッキーナンバー 2、5
ラッキールーン 〈〉ヤラ

ラッキーファッション
甘いカラーのフェミニンコーデ♪

ラブ運
カレをたよりにしたいタイプ。たまには自分の意見をハッキリ伝えると、意外な一面にカレもドキッとしちゃうはずだよ。

フレンド運
素直でかわいらしいから、仲間からも守ってあげたいと思われているよ。助けてもらったら「ありがとう」をわすれずにね。

8/30生まれのBOY'Sホンネ

＋好きなタイプ
「はずかしがり屋なのに、がんばって話そうとする子が好き！ 守りたい♡」

ニガテなタイプ
「話に割りこんでくる子にはドン引き。空気が読めないのかな？って思う」

究極の相性！
運命のカレ
2/28 3/1 3/2 4/30 8/23
8/30 8/31 12/22 12/30

キズナの友
1/2 4/30 5/1 6/30 7/1
8/30 10/23 10/31 12/29

ライバル！
1/30 1/31 2/5 3/30 3/31
4/1 5/30 11/30 12/1

うれしい！ひと言
やさしいね

イヤ！NGワード
ひとりでやって

あなたに向いている仕事 ▶ ミュージシャン、ミキサー、クリエイター、作曲家、脚本家、映画監督

8月31日生まれ おとめ座

今よりひとつ上を目指してがんばる子!

性格バランス

- 天然ボケ度
- セクシー度
- コミュ力
- オシャレ度
- マジメ度
- パワフル度

ラッキーアイテム
ブドウジュース

ラッキーカラー
ベージュ

ラッキーナンバー
3、5

ラッキールーン
ユル

ラッキーファッション
リボンがかわいいガーリースタイル

天使のおくりもの
先のことを計画する力

マジメな性格でコツコツと努力するタイプ。天使はそんなあなたに、未来についてきちんと考えて計画を立てる力をあたえたよ。5年後、10年後のことを考えて行動するしっかり者!

天使のメッセージ
自分からもさそってみよう

友だちからさそわれるのを待つタイプ。あなたからも積極的にさそうと、みんな喜ぶよ!

ラブ運
恋愛では受け身なタイプ。自分がどうしたいかを考えて、もっとカレにアピールすると恋のチャンスをつかめるよ!

フレンド運
あなたは、友だちの未来についても、自分のことのように真けんに考えるよ。だから、みんなに信らいされているの。

うれしい!ひと言
天才!?

イヤ!NGワード
まだやってる

究極の相性!

運命のカレ
2/29 3/1 3/2 5/1 8/24
8/31 9/1 12/30 12/31

キズナの友
1/3 5/1 5/2 7/1 7/2
8/31 10/24 11/1 12/30

ライバル!
1/31 2/1 2/6 3/31 4/1
4/2 5/31 11/30 12/1

8/31生まれのBOY'Sホンネ

好きなタイプ
「マジメにがんばる子が好きだなー。いっしょにがんばりたいと思うから♡」

ニガテなタイプ
「おしゃべりな子がニガテ。いっしょにいて落ち着くような子のほうがいい」

あなたに向いている仕事 ▶ アナウンサー、プログラマー、エンジニア、クリエイター、発明家、秘書

9月 生まれ
September
長月

9月生まれのキミへ

頭の回転が速くて、キラリと光るクールな面を持ったキミ。たよりない男子をほうっておけないみたいだね。

9月の幸せおまじない

満月の夜、池にお月さまが映っているのを見かけたら、水面の月カゲに小石を投げこんで。波もんが消えないうちに、月カゲを見つめながら「あなたが好き。恋人になりたいな」とカレへの思いを心の中で唱えてね。すると、ゆれるさざ波に乗って、あなたの気持ちがカレに伝わるよ。近くに池がなかったら、洗面器などに水をはり、月を映しておまじないをかけてね。

9月の行事

十五夜

月の女神は女の子の味方。女の子の恋や美しさを応えんしてくれるよ。一年で一番、月がきれいな十五夜にお月見することで、美しくて幸せな女の子になれるはず。

9月1日生まれ

おとめ座

性格バランス
- 天然ボケ度
- セクシー度
- コミュ力
- オシャレ度
- マジメ度
- パワフル度

ラッキーアイテム
レースのハンカチ

ラッキーカラー
♥アプリコット

ラッキーナンバー
1、9

ラッキールーン
ベオース（9月）

ラブ運
恋の理想が高いあなた。好きな人の前で意地っぱりにならないこと。ふだんどおりのあなたが一番かわいいよ♡

フレンド運
友だちになりたての相手にはホンネを言うのがニガテかも。でも、いったん仲良くなると、何でも話し合える関係になるよ！

ラッキーファッション
ピッタリサイズで女の子らしさアップ

高い理想に向かってジャンプ！

天使のおくりもの
努力する力と運の良さ

負けずギライで、何でも一生けん命になる子。人に弱みを見せるのがニガテかも。天使はそんなあなたに、運を自分の味方につける才能をあたえたよ。努力すればどんな願いも思いのまま！

天使のメッセージ
強がらないで少し気楽に

強い自分を見せるために、じつはムリをしているところも。もっと気楽にかまえてOK！

うれしい！ひと言
感謝してる！

イヤ！NGワード
やりたいの？

究極の相性！

運命のカレ
1/1 2/29 3/1 3/2 5/1
8/25 9/1 9/2 12/24

キズナの友
1/4 5/1 5/2 7/1 7/2
9/1 10/25 11/2 12/31

ライバル！
2/1 2/2 2/7 4/1 4/2
4/3 6/1 12/1 12/2

9/1生まれのBOY'Sホンネ

好きなタイプ
「マジメだけど、ダイタンなことをする子が好き。シゲキ的でおもしろい！」

ニガテなタイプ
「マジメすぎる女の子はニガテ。ふざけていると、おこられちゃいそうだから」

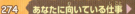
あなたに向いている仕事　アナウンサー、トレーナー、気象予報士、研究者、獣医師、司法書士

計画を立てて成功するクールガール

おとめ座

9月2日生まれ

天使のおくりもの
判断力とカンの良さ

ちゃんと準備をしてから行動するので、めったに失敗しない女の子。天使はそんなあなたに、正しく物事を判断する力をあたえたよ。どんな分野でもカンをはたらかせて成功できるはず！

天使のメッセージ
強引に進めないで

目的をかなえるために強引に物事を進めるところが。周りの人の意見も取り入れようね。

性格バランス

天然ボケ度／コミュ力／マジメ度／パワフル度／オシャレ度／セクシー度

ラッキーアイテム ダイアリー
ラッキーカラー ♥ダークグレー
ラッキーナンバー 2、5
ラッキールーン ᛦ エオロー

ラッキーファッション
デニムに女の子らしいアイテムを合わせる♥

ラブ運
恋では用心深く、なかなか気持ちを伝えられないみたい。勇気を出して話しかけて、仲良くなるきっかけを作ろうね♡

フレンド運
人の気持ちにビンカンだから、相談を受けやすいあなた。その言葉は友だちの心をいやしたり、はげましたりしているよ。

9/2生まれのBOY'Sホンネ

好きなタイプ
「みんなのためにがんばるマネージャーみたいな、しっかりした子が好き♡」

ニガテなタイプ
「自分さえ良ければいいっていつも考えている子はこまるよね。勝手すぎるでしょ」

究極の相性！

運命のカレ
1/2 3/1 3/2 3/3 5/2
8/26 9/2 9/3 12/25

キズナの友
1/2 1/5 5/2 5/3 7/2
7/3 9/2 10/26 11/3

ライバル！
2/2 3/2 4/2 4/3
4/4 6/2 12/2 12/3

うれしい！ひと言
「よく気がつくね！」

イヤ！NGワード
「先に言ってよね」

あなたに向いている仕事 ▶ カウンセラー、ネイリスト、マナー講師、幼稚園教諭、伝統工芸士、先生

9月3日生まれ

おとめ座

目標に一直線 強い気持ちの持ち主!

性格バランス
- 天然ボケ度
- セクシー度
- コミュ力
- オシャレ度
- マジメ度
- パワフル度

- ラッキーアイテム: タイル
- ラッキーカラー: ♡白
- ラッキーナンバー: 2、3
- ラッキールーン: シゲル（9月）

天使のおくりもの
信じる力とねばり強さ

自分が信じる道を、強い気持ちでつき進む女の子。天使はそんなあなたに、ねばり強く努力する力とガマン強さをあたえたよ。クラスをリードするのもトクイで、委員になると大活やく！

ラッキーファッション
ハッピーオーラのチアガールコーデ

LOVE ラブ運
好きになったら一直線。自分から積極的にカレに近づくよ。友だちの意見も参考にすると、うまくいきやすいはず♡

FRIEND フレンド運
人の気持ちを察するのが上手なので、きらわれるようなことをしないよ。ただし、うらぎりだけは許せないタイプかも。

天使のメッセージ
ときどき周りを見回して

夢中になると自分のことしか考えられなくなっちゃう。周りへの気配りもわすれないで。

うれしい！ひと言
よくわかったね！

イヤ！NGワード
じょうだんだよ～

究極の相性！
運命のカレ
1/3 3/2 3/3 3/4 5/3
8/27 9/3 9/4 12/26

キズナの友
1/3 1/6 5/3 5/4 7/3
7/4 9/3 10/27 11/4

ライバル！
2/3 2/4 2/9 4/3 4/4
4/5 6/3 12/3 12/4

9/3生まれのBOY'Sホンネ

好きなタイプ
「がんばり屋なのに、けっこうドジな子って意外性があってかわいいね♡」

ニガテなタイプ
「話すときに、一方的にバーッとまくしたてる子はニガテかも……」

あなたに向いている仕事 ▶ タレント、マンガ家、声優、弁護士、通訳、翻訳家、政治家、評論家

おとめ座

9月4日生まれ

めんどう見が良くて親切！好かれ少女☆

天使のおくりもの
思いやりと表現する才能
とても親切で、めんどう見がいい女の子。天使はそんなあなたに、周りの人を思いやる深い愛情をあたえたよ。感じたことを物語や絵で表現する才能もあるから、芸術家としても成功しそう。

天使のメッセージ
おせっかいにならないように
親切すぎておせっかいになってしまうときがあるよ。たまにはそっと見守ってあげよう。

ラッキーファッション
遊び心のあるお嬢様ガーリー♪

性格バランス
天然ボケ度／コミュ力／マジメ度／パワフル度／オシャレ度／セクシー度

ラッキーアイテム 色えんぴつ
ラッキーカラー ♡ミントグリーン
ラッキーナンバー 2、4
ラッキールーン ↑ ティール

ラブ運
好きになると、カレの役に立ちたくてしかたないあなた。カレもあなたの気持ちがうれしいはず♡ やりすぎには注意だよ！

フレンド運
いつもやさしいあなただから、友だちのほうもいざというときに力を貸してくれる！ おたがいに支え合えるよ☆

究極の相性！
運命のカレ
1/4 3/3 3/4 3/5 5/4
8/28 9/4 9/5 12/27
キズナの友
1/4 1/7 5/4 5/5 7/4
7/5 9/4 10/28 11/5
ライバル！
2/4 2/4 2/10 4/4 4/5
4/6 6/4 12/4 12/5

うれしい！ひと言
「ありがとう」

イヤ！NGワード
「おせっかい」

好きなタイプ
「親切な子が好きだよ。だれかを手助けしてるところを見ると、ドキッとする」

ニガテなタイプ
「思いどおりにいかないときに文句を言う子。わかるけど、言いすぎは×！」

9/4生まれのBOY'Sホンネ

あなたに向いている仕事 ▶ エンジニア、アーティスト、陶芸家、先生、薬剤師、評論家、図書館司書

9月5日生まれ

おとめ座

良い・悪いをピンと見ぬくするどい子！

性格バランス
天然ボケ度／コミュ力／マジメ度／パワフル度／オシャレ度／セクシー度

- ラッキーアイテム：ノート
- ラッキーカラー：♥グレー
- ラッキーナンバー：2、5
- ラッキールーン：ベオーク（9月）

天使のおくりもの
ひらめきと器用さ

よく気がつき、ユーモアもある女の子。天使はそんなあなたに、ひらめきの才能と器用さをあたえたの。物事の良い・悪いをハッキリ見ぬいてうまくやるから、失敗しにくいのが武器！

ラッキーファッション：フットワークが軽い元気カジュアル♪

LOVE ラブ運
好きな人には積極的。思いやりのある態度でカレから好感を持たれるよ。ふたりで話す時間をちょこちょこ作ってみて♡

FRIEND フレンド運
好きキライがハッキリしてるけど、ニガテな相手も話してみると、意外と気が合うかも。親友に発展する可能性大だよ！

天使のメッセージ
せっかちにならないで

のんびりしている友だちに、イライラしがち。自分のペースだけで進めないようにしようね。

うれしい！ひと言
するどい！

イヤ！NGワード
後でいいでしょ

究極の相性！

運命のカレ
1/5　2/4　3/5　3/6　5/5
8/29　9/5　9/6　12/28

キズナの友
1/5　1/8　5/5　5/6　7/5
7/6　9/5　10/29　11/6

ライバル！
2/5　2/6　2/11　4/5　4/6
4/7　6/5　12/5　12/6

9/5生まれのBOY'Sホンネ

好きなタイプ
「かわいくてマジメな子が好き♡　カンペキだねって、ほめてあげたいな♡」

ニガテなタイプ
「だらしなくて、何か不良っぽいふんいきの子はかわいいって思えないなぁ」

あなたに向いている仕事 ▶ アナウンサー、ジャーナリスト、雑誌編集者、文学研究者、先生、翻訳家

話し上手で空気を読むムードメーカー

おとめ座

9月6日生まれ

性格バランス
- 天然ボケ度
- コミュ力
- マジメ度
- パワフル度
- オシャレ度
- セクシー度

天使のおくりもの
人の心を察する力
バツグンの会話センスで人を楽しませ、その場の空気を変えることができる子。天使はそんなあなたに、人の気持ちを察する力をあたえたよ。友だちを思いやり協力しながら成長できる！

天使のメッセージ
ひとりでもやってみよう
キズつくのがこわくて消極的になることも。ひとりでも行動できるようにがんばろう！

ラッキーファッション
オトメチックなドーリーガール！

ラッキーアイテム
ミネラルウォーター
ラッキーカラー
♥ショッキングピンク
ラッキーナンバー
5、6
ラッキールーン
M エォー

9月

ラブ運
恋では受け身のタイプ。待つだけでなく、思い切って自分からぶつかったほうが、意外にすんなりいきそうだよ♡

フレンド運
気持ちを伝えるのがうまいから、友だちはあなたのことを理解して、助けてくれそう。あなたもたくさん手伝ってあげてね！

9/6生まれのBOY'Sホンネ
好きなタイプ
「何でも心から信じる、ピュアな子には感げき♡　やさしくしてあげたい♡」

ニガテなタイプ
「意地っぱりで、なかなかお礼を言えない子。失礼だしかわいくないぞ〜！」

究極の相性！
運命のカレ
1/6　3/5　3/7　5/6
8/30　9/6　9/7　12/29
キズナの友
1/6　1/9　5/6　5/7　7/6
7/7　7/9　9/6　10/30　11/7
ライバル！
2/6　2/7　2/12　4/6　4/7
4/8　6/6　12/6　12/7

うれしい！ひと言
いっしょにやろう

イヤ！NGワード
ひとりでできるでしょ

あなたに向いている仕事 ▶ クリエイター、パティシエ、レストランオーナー、料理研究家、接客業

9月7日生まれ

おとめ座

理想のためにまっすぐ前進する子！

性格バランス
天然ボケ度／コミュ力／マジメ度／パワフル度／オシャレ度／セクシー度

- **ラッキーアイテム**：電卓
- **ラッキーカラー**：♥コバルトブルー
- **ラッキーナンバー**：2、7
- **ラッキールーン**：9月 マン

天使のおくりもの
理想をかなえる力
自分の思うように、のびのびと生きていく女の子。天使はそんなあなたに、理想をかなえる力をあたえたよ。夢のために努力をおしまないすがたはミリョク的。リーダーにも向いているよ。

ラッキーファッション
ワンピースを元気に着こなすのが好き！

LOVE ラブ運
カッコイイ人が好きで、あこがれは物語のような恋♡　でもちゃんとカレの中身も見るから、ハッピーエンドが待ってるよ♡

FRIEND フレンド運
ウソをつかない、正直なキャラで友だちに人気！　思いやりをわすれなければ、リーダーとしてみとめられるはずだよ。

天使のメッセージ
ワガママはおさえよう
思いどおりにならないとワガママになることも。協力しあうことをわすれないでね。

うれしい！ひと言
かっこいいね

イヤ！NGワード
自分だけ
ずるい

究極の相性！
運命のカレ
1/7　3/6　3/7　3/8　5/7
8/31　9/7　9/8　12/30

キズナの友
1/7　1/10　5/7　5/8　7/7
7/8　7/9　10/31　11/8

ライバル！
2/7　2/8　2/13　4/7　4/8
4/9　6/7　12/7　12/8

9/7生まれのBOY'Sホンネ

好きなタイプ
「うまくいかなかったときに、ホッとするひと言を言ってくれる子が好き♡」

ニガテなタイプ
「つまんないときや、イライラしてるときに八つ当たりする子がニガテ……」

あなたに向いている仕事 ▶ カメラマン、ケアマネージャー、スポーツ選手、社会福祉士、先生、医者

おだやかでも するどい目の しっかり者!

おとめ座
9月8日生まれ

性格バランス
- 天然ボケ度
- コミュ力
- マジメ度
- パワフル度
- オシャレ度
- セクシー度

天使のおくりもの
真実を見る直感力

やさしい笑顔をたやさない、おとなしい女の子。天使はそんなあなたに、物事の真実を見ぬく目をあたえたよ。だから、だれもが気づかない真実を、するどい目でいち早く発見できるはず!

天使のメッセージ
ニガテな人と話してみよう

好きキライはハッキリしているタイプ。でも、人は話してみないとわからないよ!

ラッキーファッション
大人っぽい服でみんなと差をつける☆

ラッキーアイテム
動物の絵本

ラッキーカラー
♥オリーブ色

ラッキーナンバー
2、8

ラッキールーン
ラーグ

9月

ラブ運
恋には積極的。カレをふり向かせる作戦をあれこれ考えるより、自分らしくストレートに告白したほうがうまくいくよ♡

フレンド運
話を聞くのが上手だから、友だちからの相談も多そう。親身になってあげることで心が通じて、一生の友だちになれるよ!

9/8生まれのBOY'Sホンネ

好きなタイプ
「情熱をひめていそうな、きれいな子が好き。アーティストっぽい子も♡」

ニガテなタイプ
「言うことは強気なのに、いざとなると弱虫な子。ガッカリするんだよね」

究極の相性!

運命のカレ
1/8 3/7 3/8 3/9 5/8
9/1 9/8 9/9 12/31

キズナの友
1/8 1/11 5/8 5/9 7/8
7/9 9/8 11/1 11/9

ライバル!
2/8 2/9 2/14 4/8 4/9
4/10 6/8 12/8 12/9

うれしい!ひと言
「たよりになる!」

イヤ!NGワード

「人見知りだね」

あなたに向いている仕事▶ マッサージ師、ジャーナリスト、探偵、鑑定士、弁護士、評論家、先生

9月9日生まれ

おとめ座

おしゃべりがミリョク的な正直ガール

性格バランス
- 天然ボケ度
- コミュ力度
- マジメ度
- パワフル度
- オシャレ度
- セクシー度

ラッキーアイテム
花柄のハンカチ

ラッキーカラー
♥赤

ラッキーナンバー
2、9

ラッキールーン
✕ イング

天使のおくりもの
会話センスとユーモア

正直で自分の思ったまま行動する女の子。天使はそんなあなたに、会話で人を楽しませる才能をあたえたよ。ふつうの話でもあなたが話すとおもしろくなって、その場がもり上がっちゃう！

ラッキーファッション
あまいヘアとトップスで愛されカジュアル

ラブ運
思ったことをすぐ口にしちゃうから、カレをキズつけないように注意だよ。楽しい話をすれば、あなたのミリョクが伝わるよ♡

フレンド運
おしゃべりが楽しいから友だちはいっぱい。その中でも、おおらかで何でもニコニコ聞いてくれる子が親友になるよ。

天使のメッセージ
言葉にする前に考えて

友だちが失敗するとつい注意したくなっちゃう。キズつけないように言葉を選ぼうね。

うれしい！ひと言

わかりやすい

イヤ！NGワード

言いすぎだよ

究極の相性！

運命のカレ
1/1 1/9 3/8 3/9 3/10
5/9 7/9 9/9 9/10

キズナの友
1/9 1/12 5/9 5/29 7/9
7/10 9/9 11/2 11/10

ライバル！
2/9 2/10 2/15 4/9 4/10
4/11 6/9 12/9 12/10

9/9生まれのBOY'Sホンネ

好きなタイプ
「みんなを笑顔にさせちゃうような、明るい子が好き。うれしくなるから♡」

ニガテなタイプ
「人にめいわくをかける、自分勝手な子がニガテ。見ていてツライ……」

あなたに向いている仕事 ▶ アナウンサー、カメラマン、新聞記者、理容師、ベンチャー企業経営者

興味を持つと すぐ行動！ 積極的な子

おとめ座

9月/10日生まれ

天使のおくりもの

かしこさと行動力

カンが良く、どんな場面でも真実を見ぬいちゃう女の子。天使はそんなあなたに、興味を持ったらすぐに行動に移す積極性をあたえたよ。頭がいいから人から相談されることも多いよ。

天使のメッセージ

気まぐれをおさえよう

気分がコロコロと変わる気まぐれなところがあるよ。友だちをふり回さないようにしてね。

性格バランス
天然ボケ度 / コミュ力 / マジメ度 / パワフル度 / オシャレ度 / セクシー度

ラッキーアイテム
うらないのグッズ

ラッキーカラー
♥オレンジ

ラッキーナンバー
1、5

ラッキールーン
オセル

ラッキーファッション
個性的なアイテムをポップに着こなすよ！

ラブ運
ひと目ぼれするタイプ。情熱的だけど、とつぜん相手に興味がなくなることも。気まぐれだけど、それもあなたのミリョク♡

フレンド運
友だちのなやみを言い当ててビックリされそう。カンを生かしたアドバイスで、みんなにたよられる存在になるよ。

9/10生まれのBOY'Sホンネ

好きなタイプ
「強い信念を持っていそうな子が好きだな。信用できるし、そんけい！」

ニガテなタイプ
「何でもかんたんに引き受ける子は、後でムリって言わないか心配になる」

究極の相性！

運命のカレ
1/2 1/10 3/9 3/10 3/11
5/10 9/3 9/10 9/11

キズナの友
1/10 1/13 5/10 5/11
7/10 7/11 9/10 11/3 11/11

ライバル！
2/10 2/11 2/16 4/10 4/11
4/12 6/10 12/10 12/11

うれしい！ひと言

教えて！

イヤ！NGワード
もう わすれたの？

あなたに向いている仕事 ▶ タレント、コンシェルジュ、プロデューサー、政治家、通訳、裁判官

9月11日生まれ

おとめ座

自分みがきでステップアップする女の子

性格バランス

天然ボケ度 / コミュ力 / マジメ度 / パワフル度 / オシャレ度 / セクシー度

ラッキーアイテム
コスメのポーチ

ラッキーカラー
♡シルバー

ラッキーナンバー
2、5

ラッキールーン
⋈ ダエグ（9月）

♡LOVE ラブ運
ライバルがいると燃えるタイプみたい。ストレートな告白だとあなたらしさが伝わってライバルより先に成功しそう♡

FRIEND フレンド運
友だち関係ではちょっぴり人見知りかも。わからないことを教えてもらううちに、気持ちが通い合って親友になれるよ。

ラッキーファッション
都会的なセンスでクールなファッション♪

天使のおくりもの
探究心と道をひらく力
自分の知識や才能をみがき続ける努力の子。天使はそんなあなたに、興味のあることはとことん調べる探究心をあたえたよ。何でもなっとくするまで調べて、自分で道を切りひらくよ☆

天使のメッセージ
競争心はほどほどに
いつも勝ち負けを意識して、熱くなっちゃう。まずは、がんばった自分をほめてあげようね。

うれしい！ひと言
がんばったね

イヤ！NGワード
負けずギライ

究極の相性！

運命のカレ
1/3　1/11　3/10　3/11　3/12
5/11　9/4　9/11　9/12

キズナの友
1/11　1/14　5/11　5/12　7/11
7/12　9/11　10/11　11/4　11/12

ライバル！
2/11　2/12　2/17　4/11　4/12
4/13　6/11　12/11　12/12

9/11生まれのBOY'Sホンネ

好きなタイプ
「カンペキを目指す、ちょっとガンコな子がタイプ。マジメな子に弱いよ♡」

ニガテなタイプ
「弱々しいふんいきの子がニガテ。見ていると不安で落ち着かないよ〜」

あなたに向いている仕事 ▶ ジャーナリスト、パフューマー、俳優、小説家、化学研究者、薬剤師

どんなことも テキパキ計画! スマートな子

おとめ座

9月/12日生まれ

性格バランス
天然ボケ度・コミュ力・マジメ度・パワフル度・オシャレ度・セクシー度

天使のおくりもの
時間をうまく使う才能

一度計画を立てたら、すばやくスマートに実行する女の子。天使はそんなあなたに、時間を上手に使う才能をあたえたの。整理整とんもトクイで、身の周りはいつもピカピカだよ!

ラッキーアイテム
クリアファイル
ラッキーカラー
♡ベージュ
ラッキーナンバー
3、8
ラッキールーン
ᚠ フェオ

かわいいがいっぱいのラブリーガール♡

ラブ運
カッコイイ男の子が好き。でも欠点がひとつでも見えると気持ちが冷めることも。おおらかな目で許してあげると◎。

フレンド運
計画を立てるとき、みんなのまとめ役として活やくするよ。クラス委員にもピッタリ。信らいが友情に変わっていくよ。

天使のメッセージ
すぐにおこらないで
少しでもイヤだと思うとすぐおこっちゃうところが。感情をバクハツさせないでね。

9/12生まれのBOY'Sホンネ

好きなタイプ
「細かいところまで考えている子が好きだな。信らいできるし、安心だよね」

ニガテなタイプ
「一見ちゃんとしているけど、じつは口だけで何もやらない子はパス!」

究極の相性!

運命のカレ
1/4 1/12 3/11 3/12 3/13
5/12 9/5 9/12 9/13

キズナの友
1/12 1/15 5/12 5/13 7/12
7/13 9/12 9/12 11/5 11/13

ライバル!
2/12 2/13 2/18 4/12 4/13
4/14 6/12 12/12 12/13

うれしい!ひと言
きちんとしてる

イヤ!NGワード
すぐおこる

あなたに向いている仕事 ▶ ツアーコンダクター、モデル、俳優、外交官、国際機関職員、翻訳家

9月13日生まれ

おとめ座

信じた道を ひたすら進む カッコイイ子

性格バランス
- 天然ボケ度
- コミュ力
- マジメ度
- パワフル度
- オシャレ度
- セクシー度

ラッキーアイテム 消しゴム
ラッキーカラー アップルグリーン
ラッキーナンバー 4、8
ラッキールーン 9月 ウル

LOVE ラブ運
恋の理想が高くて、カレにカンペキさを求めそう。カレの欠点を許せるようになると、おつき合いが長続きするよ♡

FRIEND フレンド運
正義感が強くて、ちょっぴりガンコな面があるあなた。でもあなたの良さがわかっている友だちとのキズナは強くて深いはず。

ラッキーファッション 明るいカラーでかわいく知的に♡

天使のおくりもの
失敗をくり返さない学習力

信じたことをつらぬく女の子。天使はそんなあなたに、高い学習能力をあたえたよ。同じ失敗は二度とくり返さないかしこさがあるよ。自分の理想に向かって進んでいくすがたがカッコイイ！

天使のメッセージ
友だちの力になってあげて

自分のことで頭がいっぱいで、こまっている子に気づかないことも。気配りできると◎。

うれしい！ひと言
「わかっているよ！」

イヤ！NGワード
「ガンコ！」

究極の相性！
運命のカレ
1/5　1/13　3/12　3/13　3/14
5/13　9/6　9/13　9/14

キズナの友
1/13　1/16　3/13　5/14　7/13
7/14　9/13　11/6　11/14

ライバル！
2/13　2/14　2/19　4/13　4/14
4/15　6/13　12/13　12/14

9/13生まれの BOY'Sホンネ

好きなタイプ
「応えんしてくれる子っていいよね。びっくりするくらい力が出るんだよ！」

ニガテなタイプ
「必死にがんばることを"カッコ悪い"って思う子は×。カッコイイじゃん！」

あなたに向いている仕事▶ カメラマン、コメディアン、マンガ家、画家、研究者、劇団員、支配人

運と成功を勝ち取るミラクル少女

9月14日生まれ / おとめ座

天使のおくりもの

チャンスをつかむ才能

意志が強くて、どんなことがあっても夢をかなえようとする子。天使はそんなあなたに、チャンスが来たらパッとつかめるミラクルパワーをあたえたの。幸運を生かして成功できそうだよ。

天使のメッセージ

自分流にこだわらないで

人に合わせるのがニガテで、自分のやり方にこだわるところが。ワガママにならないでね。

ラッキーファッション: ポップなカラーでカジュアルガール☆

性格バランス
- 天然ボケ度
- コミュ力
- マジメ度
- パワフル度
- オシャレ度
- セクシー度

ラッキーアイテム: デコシール
ラッキーカラー: ♥カーキ
ラッキーナンバー: 5、8
ラッキールーン: ソーン

ラブ運
つい自分ゆう先の恋になりがち。もっとカレの意見を聞いてあげようね。おたがいに相手を大切にできれば、いい関係に！

フレンド運
大きなグループよりも少人数の仲間といるほうが、あなたらしくいられそう。共通のシュミがあるともり上がるよ。

9/14生まれのBOY'Sホンネ

好きなタイプ
「だれも思いつかないアイデアを出せる子ってすごいよ。心から感動する♡」

ニガテなタイプ
「ふつう、気づくだろうって思うことにも気づかない、ドンカンな子はイヤかも」

究極の相性！

運命のカレ
1/6 1/14 3/13 3/14 3/15
5/14 9/7 9/14 9/15

キズナの友
1/14 1/17 5/14 5/15 7/14
7/15 9/14 11/7 11/15

ライバル！
2/14 2/15 2/20 4/14 4/15
4/16 6/14 12/14 12/15

うれしい！ひと言: ツイてる！

イヤ！NGワード: ワガママ！

あなたに向いている仕事 ▶ ミュージシャン、ジャーナリスト、俳優、画家、文芸評論家、放送作家

9月15日生まれ

おとめ座

言わなくても お見通し！ カンのいい子

性格バランス
- 天然ボケ度
- コミュ力
- マジメ度
- パワフル度
- オシャレ度
- セクシー度

ラッキーアイテム
イヤリング

ラッキーカラー
♥チェリーピンク

ラッキーナンバー
6、8

ラッキールーン
9月 ᚾ アンスール

ラブ運
恋には消極的。好きな人をイシキしすぎて、ふつうにふるまえなくなることが。あなたはそのままでミリョク的だよ♡

フレンド運
ありのままの自分を見せると相手もなやみを打ち明けてくれて親友になれるよ。トクイなことを教えるとたよりにされるよ！

ラッキーファッション
さわやかお嬢様のピュアホワイトコーデ♥

天使のおくりもの
相手の本心が わかる能力

自分の行いをふり返って、人にどう思われるかをよく考えている子。天使はそんなあなたに、相手の本心がわかる能力をあたえたの。人がしてほしいと思っていることが直感でわかりそう。

天使のメッセージ
ミエは はらないで！

人から軽く見られるのがイヤで、ミエをはっちゃうことが。そのままで十分素敵だよ。

うれしい！ひと言
「すごいね！」

イヤ！NGワード
「大したことないね」

究極の相性！
運命のカレ
1/7　1/15　3/14　3/15　3/16
5/15　9/8　9/15　9/16

キズナの友
1/15　1/18　5/15　5/16　7/15
7/16　9/15　11/8　11/16

ライバル！
2/15　2/16　2/21　4/15　4/16
4/17　6/15　12/15　12/16

9/15生まれのBOY'Sホンネ

好きなタイプ
「素直でやさしい子がベスト。そういう子に話しかけてもらいたいよねー♡」

ニガテなタイプ
「強がる子。じつはボクもそうだから、同じタイプだとケンカしちゃいそう」

あなたに向いている仕事 ▶ デザイナー、コーディネーター、アドバイザー、詩人、編集者、美容師

自分の道を自由に選びつき進む子

おとめ座

9月16日生まれ

性格バランス
- 天然ボケ度
- セクシー度
- コミュ力
- オシャレ度
- マジメ度
- パワフル度

ラッキーアイテム 羽根
ラッキーカラー ♥ココアブラウン
ラッキーナンバー 7、8
ラッキールーン R ラド
9月

天使のおくりもの
好きなことをきわめる力

興味のある世界で、好きなことをしていきたいと思っている自由な女の子。天使はそんなあなたに、ひとつのことを続ける力をあたえたの。音楽や絵など芸術面でも才能をハッキするよ！

天使のメッセージ
勝ち負けは気にしないで

負けずギライなところがあるよ。結果だけじゃなくてがんばったことを大切にしてね。

ラッキーファッション
上半身はコンパクトにまとめてスタイルアップ

ラブ運
恋にはダイタンで積極的。好きな人には自分からアピール！一度フラれてもあきらめず、絶対にふり向かせるよ！

フレンド運
いろいろな友だちと自由につき合いたいタイプ。本心を打ち明けられる友だちとは、親友になって一生のつき合いに。

9/16生まれのBOY'Sホンネ

好きなタイプ
「勉強も遊びも全力な子。クルクル印象が変わる子はミリョク的だと思う！」

ニガテなタイプ
「毎日同じことをくり返しても、あきない子って不思議。話は合わないかも」

究極の相性！

運命のカレ
1/8 1/16 3/15 3/16 3/17
5/16 9/9 9/16 9/17

キズナの友
1/16 1/19 5/16 5/17 7/16
7/17 9/16 11/9 11/9

ライバル！
2/16 2/17 2/22 4/16 4/17
4/18 6/16 12/16 12/17

うれしい！ひと言
自然体だね

イヤ！NGワード
自分勝手だよ

あなたに向いている仕事 ▶ クリエイター、ファンタジー作家、マンガ家、映像作家、看護師、医者

9月17日生まれ

おとめ座

ひかえめさと正義の心をあわせ持つ子

性格バランス
- 天然ボケ度
- コミュ力
- マジメ度
- パワフル度
- オシャレ度
- セクシー度

ラッキーアイテム
ミニクリップ

ラッキーカラー
♥黄緑

ラッキーナンバー
5、8

ラッキールーン
9月 く ケン

LOVE ラブ運
恋愛では強気なタイプ。好きな男の子をおだてて、うまくリードしていきそう。かわいさと作戦でモテモテ♡

FRIEND フレンド運
おだやかで友だちに安心感をあたえる女の子。友だちがピンチのときには、すぐに手を貸す友だち思いの子だよ。

ラッキーファッション
帽子をポイントにしたカジュアルコーデ

天使のおくりもの
心の強さと人をいやす力

ひかえめでおとなしく、周りの人をホッとさせるムードを持つあなた。天使はそんなあなたに、人をいやす能力と勇気をあたえたの。周りの人がピンチのときに立ち向かう強さがあるよ。

天使のメッセージ
自分の強さをほこりに思って

自分の中にある強さをかくしてしまいがち。もっと堂々と自信を持ってふるまおう！

うれしい！ひと言
がんばり屋！

イヤ！NGワード
こわそう

究極の相性！

運命のカレ
1/9　1/17　3/16　3/17　3/18
5/17　9/10　9/17　9/18

キズナの友
1/17　1/20　5/17　5/18　7/17
8/17　9/17　11/10　11/18

ライバル！
2/17　2/18　2/23　4/17　4/18
4/19　6/17　12/17　12/18

9/17生まれのBOY'Sホンネ

好きなタイプ
「いっしょにいると安心できる、落ち着いた子が好き。包みこまれたい〜♡」

ニガテなタイプ
「強い子。こわい子。プレッシャーをあたえる子。キンチョーしちゃうよ！」

あなたに向いている仕事 ▶ エンジニア、ファイナンシャルプランナー、研究者、学芸員、検察官

人とのキズナを大切にするリーダータイプ

おとめ座

9月/18日生まれ

天使のおくりもの
人間関係のピンチ解決力

思いやりがあって、周りの人間関係を大切にする女の子。天使はそんなあなたに、アクシデントを解決する知恵をあたえたの。気がきくし、人の和を守るから、リーダーにも向いているよ。

性格バランス

天然ボケ度／セクシー度／コミュ力／マジメ度／パワフル度／オシャレ度

ラッキーアイテム
塩味のお菓子
ラッキーカラー
♡オフホワイト
ラッキーナンバー
8、9
ラッキールーン
✕ ギューフ

天使のメッセージ
マイペースにこだわらないで
自分のやり方を変えないガンコさがあるみたい。周りの意見も取り入れてみようね。

ラッキーファッション
お人形さんみたいにラブリーな着こなし♡

ラブ運
ソクバクされるのはニガテ。カレができても、友だち関係も大切にするよ。恋愛、遊び、勉強をバランスよくがんばる子♡

フレンド運
仲良くなっても相手の世界に入りすぎず、ちょうどいいきょりを保つから好印象だよ。大勢で遊びながら友情を深めよう。

9/18生まれの BOY'Sホンネ

好きなタイプ
「やさしくて、みんなに人気のある子が好き。まあ、モテるんだろうけどさ」

ニガテなタイプ
「ズルしたり、ウソをついたりする子がニガテだよ。ボクはそういうのムリ」

究極の相性！
運命のカレ
1/10 1/18 3/17 3/18 3/19
5/18 9/11 9/18 9/19

キズナの友
1/18 1/21 5/18 5/19 7/18
7/19 9/19 11/18 11/11 11/19

ライバル！
2/18 2/19 2/24 4/18 4/19
4/20 6/18 12/18 12/19

うれしい！ひと言
きちんと見てるね

イヤ！NGワード
人の話聞いてる？

あなたに向いている仕事 ▶ タレント、ジャーナリスト、エンジニア、声優、医者、IT企業の起業家

9月19日生まれ

おとめ座

性格バランス
天然ボケ度・コミュ力・マジメ度・パワフル度・オシャレ度・セクシー度

ラッキーアイテム 鏡
ラッキーカラー ♥紺色
ラッキーナンバー 1、8
ラッキールーン 9月 ウィン

ラブ運
かなわない恋ほど燃えるタイプで、両思いになると冷めてしまうことも。相手を大事に思うと自分も大事にされるよ！

フレンド運
大勢の友だちとにぎやかに過ごすのが好きなあなた。相手の話をよく聞くと、もっとわかり合えて、友情も深まるよ☆

いくつもの目標をすべてかなえる子！

天使のおくりもの
がんばる力とバランス感覚
目標に向かって努力することでかがやく女の子。天使はそんなあなたに、いくつものことを同時にがんばれるバランス感覚をあたえたの。勉強もスポーツも遊びも一生けん命に取り組むよ。

ラッキーファッション
デートも行けちゃうパステルカラーコーデ

天使のメッセージ
あきっぽさはおさえて
目標をクリアすると興味がなくなっちゃう。たまにはひとつのことを極めてみて！

うれしい！ひと言

天才的！

イヤ！NGワード

もう終わり？

究極の相性！

運命のカレ
1/11 1/19 3/18 3/19 3/20
5/19 9/12 9/19 9/20

キズナの友
1/19 1/22 5/19 5/20 7/19
7/20 9/19 11/12 11/20

ライバル！
2/19 2/20 2/25 4/19 4/20
4/21 6/19 12/19 12/20

9/19生まれのBOY'Sホンネ

好きなタイプ
「どんなときでも変わらずにがんばれる、ねばり強い子。そんけいするよ！」

ニガテなタイプ
「すぐにおこる子。イライラを見せつけられると、にげたくなる……！」

あなたに向いている仕事 ▶ タレント、デザイナー、文化財修復師、研究者、弁理士、弁護士、検察官

夢に向かって がんばる 全力少女!

9月20日生まれ
おとめ座

天使のおくりもの
みんなを味方にする力

自由な考え方でのびのびと生きる女の子。夢に向かって全力でがんばるよ。天使はそんなあなたに、周囲を味方にする才能をあたえたの。おしゃべり上手だから、みんなをもり上げるはず。

天使のメッセージ
強い口調はおさえて

自分の意見をハッキリ言いすぎるかも。キズつけないようにやさしく伝えてね。

性格バランス
天然ボケ度／コミュ力／マジメ度／パワフル度／オシャレ度／セクシー度

ラッキーファッション
カッコかわいいアクティブガール!

- ラッキーアイテム: レターセット
- ラッキーカラー: ♡アイボリー
- ラッキーナンバー: 2、8
- ラッキールーン: N ハガル

ラブ運
恋をすると夢中になっちゃうタイプ。自分の希望だけでなく、いつでもカレの気持ちを考えてあげると長続きするよ♡

フレンド運
いっしょにいて楽しい友だちが好き。笑える話だけでなく、なやみをうち明けられるようになるとキズナが深まるはず。

9/20生まれのBOY'Sホンネ

好きなタイプ
「周りの目を気にしないで、マイペースをつらぬいている子が気になるよ♡」

ニガテなタイプ
「人と同じファッションの子。流行もいいけど、自分を持ってほしいかも」

究極の相性!

運命のカレ
1/12 1/20 3/19 3/20 3/21
5/20 9/13 9/20 9/21

キズナの友
1/20 1/23 5/20 5/21 7/20
7/21 9/20 11/13 11/21

ライバル!
2/20 2/21 2/26 4/20 4/21
4/22 6/20 9/21 12/21

うれしい!ひと言
気がきくね

イヤ!NGワード
ひみつだよ

あなたに向いている仕事 ▶ デザイナー、ミュージシャン、小説家、編集者、翻訳家、美術

9月21日生まれ

おとめ座

どんなこともカンペキを目標に進む子

性格バランス
- 天然ボケ度
- セクシー度
- コミュ力度
- オシャレ度
- マジメ度
- パワフル度

ラッキーアイテム
歯ブラシ

ラッキーカラー
♥ダークブラウン

ラッキーナンバー
3、5

ラッキールーン
ニイド（9月）

天使のおくりもの
がんばる力と記おく力

マジメながんばり屋でカンペキを目指している女の子。天使はそんなあなたに、だれにも負けない記おく力をあたえたの。同じミスは二度とくり返さないので、どんどんレベルアップするよ。

ラッキーファッション
ラブリーなトップスにはショートパンツを♪

天使のメッセージ
少しの失敗で落ちこまないで

カンペキにできないと自信をなくして落ちこみそう。マイナス気分を引きずらないように。

ラブ運
理想が高くて、性格はもちろん見た目にもこだわっちゃう。出会ったときにビビッときた相手とは相性がいいはずだよ♡

フレンド運
ニガテな子とも話せるタイプだよ。みんなに公平に接して仲良しに。ホンネを言える友だちも作ったほうが楽しいよ！

うれしい！ひと言

カンペキ！

イヤ！NGワード

まちがってるよ

究極の相性！

運命のカレ
1/13 1/21 3/20 3/21 3/22
5/21 9/14 9/21 9/22

キズナの友
1/21 1/24 5/21 5/22 7/21
7/22 9/21 11/14 11/22

ライバル！
2/21 2/22 2/27 4/21 4/22
4/23 6/21 12/21 12/22

9/21生まれのBOY'Sホンネ

好きなタイプ
「決めたことを最後までやりとおす子。カッコイイじゃん♡ あこがれるね」

ニガテなタイプ
「かわいくても、ルーズな子ってちょっとがっかり。夢がこわれるー！」

あなたに向いている仕事　コメディアン、スポーツ選手、冒険家、小説家、司法書士、弁護士、先生

コミュ力高め 上手に人とつき合う子！

9月22日生まれ
おとめ座

性格バランス
- 天然ボケ度
- コミュ力
- マジメ度
- パワフル度
- オシャレ度
- セクシー度

天使のおくりもの
社交性とバランス感覚

自分の性格をわかっていて、長所を上手に人に見せられる女の子。天使はそんなあなたに、だれとでもスマートにおつき合いできる能力をあたえたの。もり上げ上手なところもミリョク☆

ラッキーアイテム ミントタブレット
ラッキーカラー ♥モスグリーン
ラッキーナンバー 4、5
ラッキールーン イス

ラッキーファッション
元気いっぱいのイエローコーデ☆

ラブ運
気軽な友だち感覚が好き。両思いでもベタベタするのはニガテ。あまえすぎないから、おつき合いは長続きするはずだよ♡

天使のメッセージ
相手の意見も受け入れよう

自信があるので、正しいと思ったことはゆずれないことも。でも、ガンコはNGだよ！

フレンド運
楽しい会話がトクイだから、人気があるよ。自分の話だけでなく相手の話も引き出してあげると、さらに喜ばれるはず！

9/22生まれのBOY'Sホンネ

好きなタイプ
「明るくて、おしゃべり上手の子がいいと思う。話しやすいのがいいよね♡」

ニガテなタイプ
「人見知りする子。きらわれているのかもって思っちゃって、話しかけにくい」

究極の相性！

運命のカレ
1/14 1/22 3/21 3/22 3/23
5/22 9/15 9/22 9/23

キズナの友
1/22 1/25 5/22 5/23 7/22
7/23 9/22 11/15 11/23

ライバル！
2/22 2/23 2/28 4/22 4/23
4/24 6/22 12/22 12/23

うれしい！ひと言
楽しくなる！

イヤ！NGワード
おしゃべり

あなたに向いている仕事▶ エッセイスト、エンジニア、俳優、小説家、劇作家、研究者、銀行員

9月23日生まれ

てんびん座

オシャレでミステリアスなモテガール♡

性格バランス: 天然ボケ度 / コミュ力 / マジメ度 / パワフル度 / オシャレ度 / セクシー度

- **ラッキーアイテム**: 帽子
- **ラッキーカラー**: ♡桜色
- **ラッキーナンバー**: 5、6
- **ラッキールーン**: イス（9月）

天使のおくりもの
ミリョク的なオーラ

オシャレのセンスが良く、ミステリアスなふんいきをまとった女の子。天使はそんなあなたに、人を引きつけるオーラとカンのするどさをあたえたの。あなたのかくれファンは多いよ。

ラッキーファッション: 上品なワンピースで好感度バック♪

LOVE ラブ運
あなたの神秘的なミリョクに、男の子は興味シンシン♡ モテるタイプだけど、カレができたら、ふたりだけの世界に♡

FRIEND フレンド運
オシャレで友だちから注目されているよ。新しい情報を交かんし合って、みんなでもり上がるようにすると◎。

天使のメッセージ
見た目より中身で判断

見た目にこだわるとガッカリすることもあるよ。相手の性格をよく見て判断しよう。

うれしい！ひと言
すてき〜！素敵〜！

イヤ！NGワード
こわそう

究極の相性！
運命のカレ
1/15 1/23 3/22 3/23 3/24
5/23 9/16 9/23 9/24

キズナの友
1/23 1/26 5/23 5/24 7/23
7/24 9/23 11/16 11/24

ライバル！
2/23 2/24 2/29 3/23 4/24
4/25 6/23 12/23 12/24

9/23生まれのBOY'Sホンネ

好きなタイプ: 「オシャレでセンスのいい子がカノジョだったら、みんなにジマンしちゃう」

ニガテなタイプ: 「センスがいまいちな子。女の子はオシャレしてかわいくしててほしいよ」

あなたに向いている仕事 ▶ ミュージシャン、イラストレーター、小説家、外交官、学芸員、翻訳家

何事にも チャレンジ！ 前向きガール

9月/24日生まれ

てんびん座

性格バランス
天然ボケ度／コミュ力／マジメ度／パワフル度／オシャレ度／セクシー度

天使のおくりもの
失敗をおそれない心

ムリかもと思っても、あきらめずにちょうせんする子。天使はそんなあなたに、失敗をおそれない勇気をあたえたの。失敗しても、そこから学んだことを次に生かしてきっと成功させるよ。

天使のメッセージ
のんびり進もう

人のためにがんばりすぎちゃうことが。後でグッタリしないように、ペースを考えてね。

ラッキーファッション
ホワイトデニムが主役のコーデが好き！

- **ラッキーアイテム** インテリア雑貨
- **ラッキーカラー** ♡クリームイエロー
- **ラッキーナンバー** 3、6
- **ラッキールーン** 〈ヤラ

ラブ運
好きな人に合わせるタイプ。でもカレと考えがちがっても、エンリョしないで。自分らしさを出すとキズナが強まるよ♡

フレンド運
グループみんなが仲良くできることをいつも願っているあなた。気配り上手だから、かたい友情で結ばれるはず。

9/24生まれのBOY'Sホンネ

好きなタイプ
「いつも前向きな明るい子っていいよね〜。いっしょにがんばりたくなる♡」

ニガテなタイプ
「どんなことにも投げやりな子。最後までがんばればいいのにー！」

究極の相性！
運命のカレ
1/16 1/24 3/23 3/24 3/25
5/24 9/17 9/24 9/25

キズナの友
1/24 1/27 5/24 5/25 7/24
7/25 9/24 11/11 11/25

ライバル！
2/24 2/25 3/1 4/24 4/25
4/26 6/24 12/24 12/25

うれしい！ひと言
「いっしょだとうれしい」

イヤ！NGワード
「まだやってるの？」

あなたに向いている仕事▶ タレント、ミュージシャン、デザイナー、美容師、古美術商、経営者

9月25日生まれ

てんびん座 ♎

周りの人との つき合いを 大切にする子

性格バランス
天然ボケ度／コミュ力／マジメ度／パワフル度／オシャレ度／セクシー度

- ラッキーアイテム： リボンのシール
- ラッキーカラー： 水色
- ラッキーナンバー： 3、7
- ラッキールーン： ユル（9月）

ラブ運 LOVE
気持ちをうまく伝えられず、片思いになりがち。笑顔であいさつをするところから始めると、カレに意識してもらえるよ♡

フレンド運 FRIEND
やさしくてひかえめなところが人気。あこがれの友だちのオシャレをマネすると、自信がついて友だち関係も広がるよ。

ラッキーファッション
重ね着上手なオシャレっ子♪

天使のおくりもの
気持ちをなごませる力

やさしくておだやかで、友だちとトラブルを起こさない女の子。天使はそんなあなたに、深い思いやりと人をいやす才能をあたえたの。いっしょにいる人の気持ちをリラックスさせるよ。

天使のメッセージ
ちょうせんを ためらわないで

新しいことにチャレンジするのがニガテかも。勇気を出して最初の一歩をふみ出そう！

うれしい！ひと言
何か ホッとする〜

イヤ！NGワード
おくびょう

究極の相性！

運命のカレ
1/17　1/25　3/24　3/25　3/26
5/25　9/18　9/25　9/26

キズナの友
1/25　1/28　5/25　5/26　7/25
7/26　9/25　11/18　11/25

ライバル！
2/25　2/26　3/2　4/25　4/26
4/27　6/25　12/25　12/26

9/25生まれのBOY'Sホンネ

好きなタイプ
「素直に"ありがとう"を言える子が好き。言われたとたん気分が上がるわよ♡」

ニガテなタイプ
「自分と人を比べて、イライラする子がニガテ。見ているとモヤモヤする」

あなたに向いている仕事 ▶ ピアニスト、アーティスト、デザイナー、小説家、先生、科学者、建築家

人の長所を見つけるのがトクイな子！

9月26日生まれ　てんびん座

天使のおくりもの
相手のよさを理解する能力

人とのコミュニケーションを大切にして、見た目だけでは判断しない女の子。天使はそんなあなたに、人と本当のキズナを結べる才能をあたえたよ。相手のいいところをさがすのもトクイ。

天使のメッセージ
行動する前に考えすぎは×

友だちと仲良くなるのに時間がかかることも。あれこれ考えすぎないようにしようね。

性格バランス
天然ボケ度／セクシー度／コミュ力／オシャレ度／マジメ度／パワフル度

- **ラッキーアイテム**　キーホルダー
- **ラッキーカラー**　♥サーモンピンク
- **ラッキーナンバー**　1、8
- **ラッキールーン**　ベオース

ラッキーファッション
ロマンティックなレトロガーリー♥

ラブ運
相手がどんな人なのか観察してから好きになる子。積極性のあるカレだとリードしてくれて、楽しいおつき合いになりそう♡

フレンド運
相手のタイプに合わせてつき合える器用なあなた。友だちが喜ぶことを自然にできるので、好かれているよ！

9/26生まれのBOY'Sホンネ

好きなタイプ
「どんな子とも自然な感じで話している子が好きだな。ミリョク的だよね♡」

ニガテなタイプ
「仲良くしていた子とケンカしたとたん、悪口言う子。何それ？　こわい！」

究極の相性！
運命のカレ
1/18　1/26　3/25　3/26　3/27
5/26　9/19　9/26　9/27

キズナの友
1/29　5/26　5/27　7/26　7/27
9/26　11/19　11/26　1/25

ライバル！
2/26　2/27　3/3　4/26　4/27
4/28　6/26　12/26　12/27

うれしい！ひと言

すごく安心できる

イヤ！NGワード

考えすぎ

あなたに向いている仕事▶ モデル、アーティスト、武道家、茶道家、華道家、銀行員、経営者、先生

9月27日生まれ

てんびん座 ♎

ものや思い出を大切にするやさしい子

性格バランス
- 天然ボケ度
- セクシー度
- コミュ力
- オシャレ度
- マジメ度
- パワフル度

ラッキーアイテム
クッション

ラッキーカラー
♥ルビーレッド

ラッキーナンバー
6、9

ラッキールーン
エオロー

ラッキーファッション
ふんわり広がるスカートが定番♪

天使のおくりもの
深い愛情と記おく力

気に入ったものを一生大事にする、心やさしい子。天使はそんなあなたに、バツグンの記おく力をあたえたよ。新しいものと古いものの両方を大事にするバランスの良さもミリョク。

ラブ運
あなたの気持ちを受け止めてくれるのは、大人っぽいカレ。なやみを相談するうちに、おたがいに大切なそん在に♡

フレンド運
じつはムードメーカーのあなた。おっとりしているけど、なくてはならないそん在として、みんなから大事にされているよ。

天使のメッセージ
自分の気持ちを大切にしよう

人に何かをすすめられると、その気になっちゃう。自分の好みや感覚のほうを信じよう。

うれしい!ひと言
ずっといっしょ

イヤ!NGワード
それ古いよ

究極の相性!
運命のカレ
1/19 1/27 3/26 3/27 3/28
5/27 9/20 9/27 9/28

キズナの友
1/27 1/30 5/27 5/28 7/27
7/28 9/27 11/20 11/28

ライバル!
2/27 2/28 3/4 4/27 4/28
4/29 6/27 12/27 12/28

9/27生まれのBOY'Sホンネ

好きなタイプ
「ちょっと不思議なところがある子が気になる♡ 天然っぽい子が好み〜♪」

ニガテなタイプ
「石頭の子!話し合っているのに、人の話を聞かないで決めつける子は×」

あなたに向いている仕事 ▶ マジシャン、アナリスト、スポーツ選手、建築家、新聞記者、経営者

ポジティブにちょうせんしていく子!

9月28日生まれ
てんびん座

天使のおくりもの
積極性と道を開く力
積極的に、新しいことにチャレンジするあなた。天使はそんなあなたに、スムーズに気持ちを切りかえる能力をあたえたの。失敗してもすぐに立ち直り、ポジティブさで道をひらくよ!

天使のメッセージ
想像するのはほどほどに
想像の世界が楽しすぎて、やめられなくなっちゃう。今、やることのほうに集中して〜!

性格バランス
天然ボケ度 / コミュ力 / マジメ度 / パワフル度 / オシャレ度 / セクシー度

ラッキーアイテム 鈴
ラッキーカラー ♥ローズピンク
ラッキーナンバー 1、3
ラッキールーン シゲル / 9月

ラッキーファッション
くまのシューズが主役の個性派コーデ

ラブ運
絵や音楽に才能があるようなクリエイティブな男の子が好き。いっしょにチャレンジして、おたがいを知っていくはず♡

フレンド運
明るく楽しい話で、友だちを元気にするよ! 仲間がこまっているときは、やさしく聞いてあげると友情が深まるよ。

9/28生まれのBOY'Sホンネ
好きなタイプ
「空気を読んで、周りのふんいきを明るくしてくれる子。ホッとするなぁ」
ニガテなタイプ
「ネガティブなことばっかり言う子はニガテ。こっちも暗い気持ちになる」

究極の相性
運命のカレ
1/20 1/28 3/27 3/28 3/29
5/28 9/21 9/28 9/29
キズナの友
1/28 1/31 5/28 5/29 7/28
7/29 9/28 11/21 11/29
ライバル!
2/28 2/29 3/5 4/28 4/29
4/30 6/28 12/28 12/29

うれしい!ひと言
「前向きだね!」

イヤ!NGワード
「ほうっておいて」

あなたに向いている仕事▶ カウンセラー、ツアーコンダクター、獣医師、看護師、介護福祉士、先生

9月29日生まれ

てんびん座

周りの人の心をいやすやさしい子

性格バランス
- 天然ボケ度
- コミュ力
- マジメ度
- パワフル度
- オシャレ度
- セクシー度

ラッキーアイテム
文庫本

ラッキーカラー
♡ライトベージュ

ラッキーナンバー
2、6

ラッキールーン
↑ティール

ラッキーファッション：オトメチックなスイートガール♡

天使のおくりもの
やさしさと人をいやす力

やさしくて、だれかがこまっていると助けずにはいられない女の子。天使はそんなあなたに、人をいやす才能をあたえたの。あなたといると、幸せな気持ちになる人がたくさんいるよ。

天使のメッセージ
ときにはキビシイ態度で

やさしすぎて、人をあまやかしちゃうところが。キビシイ態度も、ときには必要だよ。

ラブ運
あなたは、好きになった人にはやさしくつくすよ♡ カレもあなたの思いに感げきして、ふたりは強いキズナで結ばれるよ。

フレンド運
自分のことのように友だちを思いやるので、あなたとお近づきになりたい子はいっぱい。いい親友にもめぐり会えそう♪

うれしい！ひと言
やさしいね

イヤ！NGワード
おせっかい

究極の相性！
運命のカレ
1/21　1/29　3/28　3/29　3/30
5/29　9/22　9/29　9/30

キズナの友
1/28　2/1　5/29　5/30　7/29
7/30　9/29　11/22　11/30

ライバル！
2/29　3/1　3/6　4/29　4/30
5/1　6/29　12/29　12/30

9/29生まれのBOY'Sホンネ

好きなタイプ
「正義感が強くて、勇気のあるカッコイイ子がサイコー。ついていきます！」

ニガテなタイプ
「もじもじして、何も言わない子がニガテ。どうしたいのかがナゾすぎる」

あなたに向いている仕事 ▶ クリエイター、デザイナー、バイヤー、俳優、美容師、小説家、評論家

時間をかけて確実に夢をかなえる子！

てんびん座 ♎

9月30日生まれ

天使のおくりもの
コツコツ努力する力

物事に対してせい実で、しっかり考えて行動する女の子。天使はそんなあなたに、どんなこともコツコツと努力する能力をあたえたの。時間はかかっても、必ず希望をかなえられるはずだよ。

天使のメッセージ
ありのままを見せていこう

自分をアピールするのがニガテで、わかってもらうまでが大変。いつもの自分でいいの♪

ラッキーファッション
ギンガムチェックでアイドル系ガール

性格バランス
- 天然ボケ度
- セクシー度
- コミュ力
- オシャレ度
- マジメ度
- パワフル度

ラッキーアイテム
リップクリーム

ラッキーカラー
ベビーピンク

ラッキーナンバー
3、6

ラッキールーン
ᛒ ベオーク

ラブ運
好きな思いを伝えられず、片思いでガマンしそう。ほんの小さなことでいいので、積極的に近づく努力をしてみようよ♡

フレンド運
時間をかけて友情を育むタイプ。いったん親しくなると急速に仲が深まり、かけがえのない、一生の友だち同士になるよ！

9/30生まれのBOY'Sホンネ

好きなタイプ
「人が見ていないところでも良いことをする子を見かけたら、すぐにホレる」

ニガテなタイプ
「暗い子ってどうすればいいのかわからなくて、とりあえずさけちゃう……」

究極の相性！

運命のカレ
1/22　1/30　3/29　3/30　3/31
5/30　9/23　9/30　10/1

キズナの友
1/29　2/2　5/30　6/1　7/3
7/30　9/30　10/30　11/23　12/1

ライバル！
1/1　2/29　3/1　3/7　4/30
5/1　5/2　6/30　12/30

うれしい！ひと言
そのままでいいよ

イヤ！NGワード
おそいなぁ

あなたに向いている仕事 ▶ モデル、ジャーナリスト、俳優、通訳、映画監督、弁護士、先生、外交官

4 グローバル！世界の祝い方☆

国によっても、誕生日の祝い方や風習にはちがいがあるよ。日本から見ると、びっくりするような世界の常識もあるかも!? 今年の誕生日は、いつもとちがう、外国風の祝い方にチャレンジしてみるのもいいかも☆

デンマーク
誕生日の子がいる家は、外に旗をかかげる。プレゼントは、クリスマスのようにベッドのそばに置かれる。

ロシア
ケーキではなくバースデーパイを食べる。プレゼントは高価なものではなく、文房具などの実用的なものが多い。

ハンガリー
誕生日の子どもはみんなに耳たぶを引っぱられる。耳たぶがのびるほどかしこくなれるという言い伝えがある。

ドイツ
誕生日が近い人が、当日より前に「おめでとう！」と言われてしまうと、不幸になるという迷信がある。

オランダ
誕生日の本人がパーティーの準備をする。学校では「今日はわたしの誕生日！」と言って、お菓子を配り歩く。

インド
誕生日の人は、幸せを分けるという意味で、ゲストにお返しのギフトを配る。ケーキを顔にぬる風習も。

メキシコ
誕生日の子が目かくしをして、中にコインやおもちゃが入った、「ピニャータ」という紙人形をぼうで割る。

カナダ
誕生日の人は魔よけのために、家族や友だちから、鼻にバターやクリームなどの油っぽいものをぬられる。

ブラジル
誕生日の人に、ケーキの原料の生たまごや小麦粉をかけて祝う。ケーキを作るのがめんどうだからという説も!?

10月生まれ
October
神無月

10月生まれのキミへ
To you who were born in October

オシャレで品のいいキミは、人のえいきょうを受けやすい。
友だちによって印象が変わるから、キミから目がはなせないよ。

10月の幸せおまじない

スポーツの秋、運動会や試合で「絶対勝ちたい！」というときは、左足のくるぶしに赤いサインペンでアルファベットの「V」を書いてね。その上にバンソウコウをはればOK。きっとライバルに打ち勝ち、いい成績を残すことができるよ。Vはビクトリー（勝利）のマーク。赤で書くことで戦いの神・アレスが味方をしてくれるはず。テストや受験などでも試してみてね。

10月の行事
ハロウィン
10月31日のハロウィンは、妖精や悪霊が人間界へやってくる日とも言われているよ。おばけのコスプレをして、友だちとパーティーを開くのも楽しいね♡

10月1日生まれ

てんびん座

センスが光るクールなオシャレ上手

性格バランス
- 天然ボケ度
- セクシー度
- コミュ力
- オシャレ度
- マジメ度
- パワフル度

10月
- **ラッキーアイテム**　笛
- **ラッキーカラー**　♥シルバー
- **ラッキーナンバー**　2、3
- **ラッキールーン**　Mエオー

天使のおくりもの
人の気持ちを読み取る力

オシャレなあなたは、見た目だけでなく中身もカッコイイ。天使はそんなあなたに、人のホンネを見ぬく能力をあたえたの。相手の気持ちを読んで行動するから、気がきくと思われているよ。

ラッキーファッション　重ね着上手なロックスタイル★

天使のメッセージ
ニガテなこともがんばろう！

ちょっぴりめんどくさがりなところも。イヤなことやニガテなことをスルーしないで！

LOVE ラブ運
きらわれるのがこわくて、好きな人にアピールできないのかも。モテるタイプだから、勇気を出せば素敵な恋ができるよ♡

FRIEND フレンド運
ストレートに考えを口にするあなたは、みんなのあこがれ。ただ、気弱な子は近よりがたいみたい。あなたから声をかけて！

うれしい！ひと言
絶対だいじょうぶ！

イヤ！NGワード
言いすぎ

究極の相性！
運命のカレ
1/23 2/1 3/31 4/1 4/2
6/1 9/24 10/1 10/2

キズナの友
1/30 2/3 6/1 6/2 8/1
8/2 10/1 11/24 12/2

ライバル！
1/1 2/1 3/1 3/2 3/8
5/1 5/2 5/3 7/1

10/1生まれのBOY'Sホンネ

好きなタイプ
「オシャレな子ってつい見とれちゃう♡　センスのいい子がタイプだなぁ♪」

ニガテなタイプ
「終わったことをいつまでもしつこく言っている子。気にしすぎは×だよ〜」

あなたに向いている仕事▶ アナウンサー、プランナー、外交官、弁護士、政治家、経営者、営業

人の幸せを心から願うやさしい子 ♡

てんびん座
10月2日生まれ

天使のおくりもの

注目されるミリョク☆

みんなの笑顔が大好きで、元気のない子がいると声をかけてあげる女の子。天使はそんなあなたに、人を引きつける不思議なミリョクをあたえたよ。はなやかな場面で活やくできるはず！

天使のメッセージ

クヨクヨしないこと

ちょっとしたことでへこんじゃう。もう終わったことは、あまり考えすぎないようにね。

性格バランス

天然ボケ度／セクシー度／コミュ力／オシャレ度／マジメ度／パワフル度

ラッキーアイテム
ペアの小物

ラッキーカラー
♥黒

ラッキーナンバー
3、6

ラッキールーン
ᛗ マン

ラブ運

恋にちょっぴり消極的なあなた。カレの気持ちでなやんだら、直接カレに聞いてみるのが一番。意外とすぐ解決するよ！

フレンド運

平和を愛するあなたは、友だち同士が気まずくなると、さっとフォローしちゃう。だれからもきらわれないよ。

ラッキーファッション
ふんわりスカートでピュア♡ガーリー

10/2生まれのBOY'Sホンネ

好きなタイプ
「仲間を大切にする子。あと、気持ちがおおらかな子だとホッとするよね〜」

ニガテなタイプ
「自分と仲のいいグループのことしか考えない子。見ていて感じ悪いと思う」

究極の相性！

運命のカレ
1/24 2/2 4/1 4/2 4/3
6/2 9/25 10/2 10/3

キズナの友
2/1 2/4 6/2 6/3 8/2
8/3 10/2 11/25 12/3

ライバル！
1/2 2/2 3/2 3/3 3/9
5/2 5/3 5/4 7/2

うれしい！ひと言
助かったー！

イヤ！NGワード
気にしすぎ

あなたに向いている仕事 ▶ メイクアップアーティスト、コーディネーター、作詞家、作曲家、美容師

10月3日生まれ

てんびん座 ♎

元気いっぱい いつも明るい 人気者☆

性格バランス
- 天然ボケ度
- セクシー度
- コミュ力度
- オシャレ度
- マジメ度
- パワフル度

10月
- **ラッキーアイテム**　ハートのシール
- **ラッキーカラー**　スカイブルー
- **ラッキーナンバー**　4、6
- **ラッキールーン**　ラーグ

天使のおくりもの
社交性とトーク力♪

好奇心おうせいで、楽しいことが大好きな子。天使はあなたに、初めて会った人とでもすぐに友だちになれる力をあたえたよ。もり上げるのもトクイで、いつもみんなと楽しく過ごすよ。

ラッキーファッション
レトロチェックでオシャレガール♪

天使のメッセージ
あきっぽさはおさえて

コロコロ気分が変わって、あきっぽいところがあるよ。ひとつのことをがんばってみよう。

LOVE ラブ運
気が多いタイプ。モテるから、好きな人がいるのに、よそ見をしてしまうことも。ひとりの人とじっくりつき合ってみて!

FRIEND フレンド運
友だちの話をワクワクしながら聞くので、話すほうも楽しくなるよ。こまったときは友だちに応えんを求めると解決できるよ。

うれしい!ひと言
「おもしろそう!」

イヤ!NGワード
「すぐあきる」

究極の相性!

運命のカレ
1/25　2/3　4/2　4/3　4/4
6/3　9/26　10/3　10/4

キズナの友
2/2　2/5　6/3　6/4　8/3
8/4　10/3　11/26　12/4

ライバル!
1/3　2/4　3/3　3/10
5/3　5/4　5/5　7/3

10/3生まれのBOY'Sホンネ

好きなタイプ
「クルクル表情が変わる、笑顔の明るい子がめっちゃタイプ♡　かわいいよね」

ニガテなタイプ
「クールな子ってじつはニガテなんだ。考えていることがわからなくて不安」

あなたに向いている仕事 ▶ ショップオーナー、外交官、裁判官、評論家、先生、翻訳家、政治家

人に親切で気配り上手なやさしい子♪

てんびん座 **10月/4日**生まれ

性格バランス
- 天然ボケ度
- セクシー度
- コミュ力
- オシャレ度
- マジメ度
- パワフル度

10月

ラッキーアイテム
ヘアアクセ

ラッキーカラー
♥ミントグリーン

ラッキーナンバー
5、7

ラッキールーン
✕ イング

天使のおくりもの
周りを見て人を支える力

心が広くてやさしいあなた。天使はそんなあなたに、人をサポートする能力をあたえたよ。さりげなく周りを見ていて、すかさずフォローができるあなたは、友だちからの信らいが絶大！

天使のメッセージ
もっと自分を出していこう！

エンリョしがちで、周りに自分をアピールするのがニガテ。勇気を出して発言しよう！

ラッキーファッション
ロングスカートでみんなの視線集中！

ラブ運
告白するまで時間がかかるけど、一度好きになると情熱的。その思いを行動に移せば、カレとの仲が発展するよ♡

フレンド運
友だちの心の中が何となくわかるので、気づかいが上手だよ。みんなあなたになやみを相談したくなっちゃうみたい☆

10/4生まれのBOY'Sホンネ

好きなタイプ
「心のやさしい、親切な子が一番だと思うよ。こまっていたら助けたくなる」

ニガテなタイプ
「友だちを仲間はずれにしている子はこわい！みんなで仲良くしようよ！」

究極の相性！

運命のカレ
1/26 2/4 3/4 4/4 4/5
6/4 9/27 10/4 10/5

キズナの友
2/3 2/6 6/4 6/5 8/4
8/5 10/4 11/27 12/5

ライバル！
1/4 1/5 3/4 3/5 3/11
5/4 5/5 5/6 7/4

うれしい！ひと言
たよりになる

イヤ！NGワード
おくびょう

あなたに向いている仕事 ▶ ミキサー、ライター、デザイナー、放送作家、小説家、弁護士、先生

10月5日生まれ

てんびん座 ♎

上を目指して がんばる！ 向上心少女☆

性格バランス
- 天然ボケ度
- セクシー度
- コミュ力
- オシャレ度
- マジメ度
- パワフル度

10月

- ラッキーアイテム：音符マークのグッズ
- ラッキーカラー：桃色
- ラッキーナンバー：6、7
- ラッキールーン：♅ オセル

天使のおくりもの

勇かんさと度きょう！

自分のいる場所よりも、ひとつ高いところに目標を置く女の子。天使はそんなあなたに、失敗をこわがらないで新しい世界に飛びこむ勇気をあたえたよ。けっして負けない強さが素敵☆

天使のメッセージ

行動する前にひとこきゅう

よく考えずに行動して、後から反省することも。行動の前に、少し立ち止まって考えよう。

ラッキーファッション：シンプルコーデにおだんごヘアをプラス♪

LOVE ラブ運

明るい性格でモテるあなた。友情から恋がめばえそう。仲間としてつき合ううちに、キズナが深まるはずだよ♡

FRIEND フレンド運

性別や年れいも関係なく、友だちになれるあなた。あなたがこまったときに助けてくれる友だちが、親友になるよ！

うれしい！ひと言
勇気がある！

イヤ！NGワード
せっかち

究極の相性！

運命のカレ
1/27　2/5　4/4　4/5　4/6
6/5　9/28　10/5　10/6

キズナの友
2/4　2/7　6/5　6/6　8/5
8/6　10/5　11/28　12/6

ライバル！
1/5　3/5　3/6　3/12
5/5　5/6　5/7　7/5

10/5生まれのBOY'Sホンネ

好きなタイプ
「明るい声で"おはよう"なんて言いながら通りすぎていく子。最高すぎる！」

ニガテなタイプ
「ちゃんと返事をしてくれない子。めいわくなのかなって不安になるんだ」

あなたに向いている仕事▶ アナウンサー、デザイナー、コピーライター、研究者、評論家、通訳

何でも確実にやりとげる意志の強い子

てんびん座 ♎

10月6日生まれ

天使のおくりもの
夢に向かって努力する力

おっとりしているけど、じつは何でもカンペキにやりたい女の子。天使はそんなあなたに、目標に向かってがんばる力をあたえたよ。あなたが努力するすがたは、キラキラかがやいてる！

天使のメッセージ
興味がなくてもムシしないで

興味がないことには、無関心になっちゃう。好きキライを態度に出さないようにね。

性格バランス
- 天然ボケ度
- セクシー度
- コミュ力
- オシャレ度
- マジメ度
- パワフル度

10月

ラッキーアイテム
携帯電話

ラッキーカラー
♥マリンブルー

ラッキーナンバー
4、7

ラッキールーン
⋈ ダエグ

ラッキーファッション
ニットとベレー帽のいい子風オシャレ♡

ラブ運
イケメンでかっこいい人が好きだから、ライバルは多そう。身近な男の子に目を向けると、案外すぐにカレができるよ～♡

フレンド運
だれとでも共通の話題をさがして、楽しく話ができるあなた。何かをいっしょにがんばると、友だちとのキズナが深まるよ。

10/6生まれのBOY'Sホンネ

好きなタイプ
「何でもていねいにやる子が好きだよ♡ きっとやさしい女の子だろうな～」

ニガテなタイプ
「つまんなさそうにやる子。クールなのかもしれないけど、いい感じはしないよ」

究極の相性！

運命のカレ
1/28　2/6　4/5　4/6　4/7
6/6　9/29　10/6　10/7

キズナの友
2/5　2/8　6/6　6/7　8/5
8/7　10/6　11/29　12/7

ライバル！
1/6　1/7　3/6　3/7　3/13
5/6　5/7　5/8　7/6

うれしい！ひと言
「カンペキだ！」

イヤ！NGワード
「やる気ないの？」

あなたに向いている仕事 ▶ メイクアップアーティスト、タレント、イラストレーター、俳優、美容師

10月7日生まれ

てんびん座

いつも正直でピュアなハートの子☆

性格バランス
- 天然ボケ度
- セクシー度
- コミュ力
- オシャレ度
- マジメ度
- パワフル度

10月

- ラッキーアイテム ネイル
- ラッキーカラー ♡アイボリー
- ラッキーナンバー 7、8
- ラッキールーン ᚠ フェオ

天使のおくりもの
周りの空気をなごませる力

素直なあなたは、ウソがつけない女の子。天使はそんなあなたに、その場を明るくする力をあたえたよ。感情表現が豊かで、みんなを笑わせるあなたは、周りからかわいがられているはず。

ラッキーファッション
ブラウスとワンピでガーリーな重ね着!

LOVE ラブ運
カレからの告白で恋がスタートしそう。相手の気持ちを大事にするから、カレからも大切にされてラブラブに♡

FRIEND フレンド運
友だち思いで、相手に合わせることが多いあなた。自分の意見や希望も伝えてみて! きっと受け入れてくれるよ。

天使のメッセージ
ひとりきりで解決しないで

なやみがないと思われるのが、なやみ。少しでもこまったときは、友だちに打ち明けて。

うれしい!ひと言
ホッとする♡

イヤ!NGワード
ドンカン

究極の相性!
運命のカレ
1/29 2/7 4/6 4/7 4/8
6/7 9/30 10/7 10/8

キズナの友
2/6 2/9 6/7 6/8 8/7
8/8 10/7 11/30 12/8

ライバル!
1/7 1/8 3/7 3/8 3/14
5/7 5/8 5/9 7/7

10/7生まれのBOY'Sホンネ

好きなタイプ
「やさしくみんなを見守る子。天使みたいで、いやされるよね♡」

ニガテなタイプ
「自分のことばっかりで、人のことはどうでもいいみたいな子はお断りです!」

あなたに向いている仕事 ▶ コメディアン、カウンセラー、ケアマネージャー、獣医師、看護師、医者

やる気とガッツがある冒険家☆

てんびん座 **10月8日生まれ**

性格バランス
- 天然ボケ度
- コミュ力
- マジメ度
- パワフル度
- オシャレ度
- セクシー度

ラッキーアイテム
コロン

ラッキーカラー
♥ローズピンク

ラッキーナンバー
7、9

ラッキールーン
ᚢ ウル

天使のおくりもの
強い好奇心と行動力♪

いろいろなことに興味を持って、やる気を出す子。天使はそんなあなたに、自分の知らない世界へ飛びこむ勇気と冒険心をあたえたよ。目標に向かって一直線に行動すれば、夢はかなうはず。

ラッキーファッション
シンプルコーデでかっこかわいい★

ラブ運
気持ちをストレートに表現するので、カレもあなたを気にせずにはいられないよ。告白を成功させる可能性は高い!

天使のメッセージ
短気な面をおさえよう

一生けん命にやったことがうまくいかないと、すぐにカッとしちゃうかも。心を落ち着けて。

フレンド運
曲がったことがキライだから、友だちに対しても注意できるタイプ。正直な性格で、男の子にも女の子にも好かれるよ。

10/8生まれの BOY'Sホンネ

好きなタイプ
「根性のある子ってスカッとして気持ちいい。つき合うならそういう子だな♪」

ニガテなタイプ
「おくびょうで、冒険しない子はつまんない。いっしょにいて気を使うよ〜」

究極の相性!

運命のカレ
1/30 2/8 4/7 4/8 4/9
6/8 10/1 10/8 10/9

キズナの友
2/7 2/10 6/8 6/9 8/3
8/9 10/8 12/1 12/9

ライバル!
1/8 1/9 3/8 3/9 3/15
5/8 5/9 5/10 7/8

うれしい!ひと言
楽しそう!

イヤ!NGワード
うるさい

あなたに向いている仕事▶ モデル、コンサルタント、タレント、外交官、弁護士、公務員、経営者

10月9日生まれ

てんびん座

空想するのが大好きなほんわか少女

性格バランス
- 天然ボケ度
- コミュ力
- マジメ度
- パワフル度
- オシャレ度
- セクシー度

10月

- **ラッキーアイテム**: 花柄のケース
- **ラッキーカラー**: オレンジ
- **ラッキーナンバー**: 1、7
- **ラッキールーン**: ソーン

LOVE ラブ運
男の子に「かわいい」「守ってあげたい」と思われるタイプ。おとなしいけど、好きなカレには情熱的でラブラブに♡

FRIENDS フレンド運
いやし系のあなたといっしょにいると、ホッとする友だちが多いよ。時間をかけて友情を深め、何でも話せる友だちに。

ラッキーファッション
リボンいっぱい♡ドーリー風スタイル

天使のおくりもの
想像力とアートの才能

おっとりしていて思いやりがある女の子。天使はそんなあなたに、音楽や芸術の分野で自分を表現する能力をあたえたよ。いろいろと空想をするのが大好きなロマンティックなタイプ。

天使のメッセージ
予想外でもあわてないで

何かトラブルが起きると、ちょっぴりパニックになっちゃう。落ち着いて周りをよく見て。

うれしい！ひと言

いやされる〜

イヤ！NGワード
あせりすぎ

究極の相性！

運命のカレ
1/31 2/9 4/8 4/9 4/10
6/9 10/2 10/9 10/10

キズナの友
2/8 2/11 6/9 10/2 12/10
8/10 10/9 12/2 12/10

ライバル！
1/9 1/10 3/9 3/10 3/16
5/9 5/10 5/11 7/9

10/9生まれのBOY'Sホンネ

好きなタイプ

「頭がいいのに、ひかえめな子は、思わずフォローしたくなっちゃうね♡」

ニガテなタイプ

「ずうずうしい子はかんべんしてほしい。あとしつこい子もニガテかも」

あなたに向いている仕事 ▶ デザイナー、ショップオーナー、インテリアコーディネーター、法律家

ふだんはおっとりした実力者♪

10月10日生まれ — てんびん座

性格バランス
天然ボケ度／コミュ力／マジメ度／パワフル度／オシャレ度／セクシー度

天使のおくりもの
何でもこなせる力☆

のんびりとした、自然体でおだやかな子。天使はあなたに、イザというときにハッキする瞬発力をあたえたよ。自分でも知らない力だけど、じつは何でもできる力をひめているはず！

天使のメッセージ
ちょっぴり用心しすぎかも

キズつきたくなくて、ひかえめになってしまうあなた。チャンスをのがさないようにね！

ラッキーファッション: さわやかキュートな大人ファッション♪

- **ラッキーアイテム**: ジャム
- **ラッキーカラー**: ♥ショッキングピンク
- **ラッキーナンバー**: 2、6
- **ラッキールーン**: ↑ アンスール

ラブ運
しんちょうなあなたは、好きな人のこともじっくり観察するよ。よく理解し合ってからつき合うので、うまくいきそう♡

フレンド運
友だちと仲良くなるのに、少し時間がかかるかも。でも一度仲良くなると、深く信らいし合う関係が結べそうだよ。

10/10生まれのBOY'Sホンネ

好きなタイプ: 「おっとりしているのに、いざというとき目立って活やくする子♡ すげ〜」

ニガテなタイプ: 「がんばるのはいいけど、はりきって命令されるのはニガテだよ〜！」

究極の相性！

運命のカレ
2/1 2/10 4/9 4/10 4/11
6/10 10/3 10/10 10/11

キズナの友
2/9 2/12 6/10 6/11 8/10
8/11 10/10 12/3 12/11

ライバル！
1/10 1/11 3/10 3/11 3/17
5/10 5/11 5/12 7/10

うれしい！ひと言

「信らいしてる」

イヤ！NGワード

「おそいよ」

あなたに向いている仕事▶ スポーツ選手、インストラクター、プロデューサー、外交官、政治家

10月11日生まれ

てんびん座 ♎

明るい笑顔で友だちいっぱいハッピーガール

性格バランス
- 天然ボケ度
- セクシー度
- コミュ力
- オシャレ度
- マジメ度
- パワフル度

10月

- ラッキーアイテム：エコバッグ
- ラッキーカラー：水色
- ラッキーナンバー：3、7
- ラッキールーン：R ラド

LOVE ラブ運
モテるけど、理想が高くてなかなかOKしないかも。まずは、近くにいる気の合う男の子と仲良くなることから始めてみて！

FRIEND フレンド運
気配りとトークが上手で、だれとでも仲良し。周りにエンリョしすぎないで、ホンネを伝えると親友が見つかるよ！

ラッキーファッション
ちょっぴりロックな小悪魔コーデ★

天使のおくりもの
人をつないで幸せにする力

持ち前のバランス感覚で、たいていのことは上手にこなせちゃう。天使はそんなあなたに、人と人をつないで、みんなを幸せにする能力をあたえたよ。人の輪の中心で活やくできそう！

天使のメッセージ
折れない心を持とう！

こまったことが起こると、立ち直れなくなっちゃうことも。心をきたえて強くなろう。

うれしい！ひと言
まかせられる

イヤ！NGワード
軽そう

究極の相性！
運命のカレ
2/2 2/11 4/10 4/11 4/12
6/11 10/4 10/11 10/12

キズナの友
2/10 2/13 6/11 6/12 8/11
8/12 10/11 12/12

ライバル！
1/11 1/12 3/11 3/12 3/18
5/11 5/12 5/13 7/11

10/11生まれのBOY'Sホンネ

好きなタイプ
「自分のペースで楽しむ子が、大人っぽくて好き。ムリしない感じがいい♡」

ニガテなタイプ
「必死な子。よけいなお世話だろうけど、楽しそうに見えないんだよね……」

あなたに向いている仕事 ▶ クリエイター、俳優、自然保護団体職員、外交官、通訳、科学者、裁判官

評判のいい しっかり者の 知的少女 ☆

てんびん座 ♎
10月/12日生まれ

性格バランス
天然ボケ度／セクシー度／コミュ力／オシャレ度／マジメ度／パワフル度

10月

ラッキーアイテム
ヘアコロン

ラッキーカラー
♡ミルキーホワイト

ラッキーナンバー
4、7

ラッキールーン
く ケン

天使のおくりもの
暗記力と順序立てる力
責任感が強くて、約束を守るあなた。天使はそんなあなたに、記おく力の良さと計画性をあたえたの。マジメでかしこくて、何でもこなせるから、みんなあなたをたよりにしているよ。

天使のメッセージ
周りのことは気にしないで
いいかげんな人を見ると頭にきちゃうかも。ちがう考え方の人もいるから、受け流して。

ラッキーファッション
ポップなテイストのアメリカンスクール風

ラブ運
そんけいできる人が好き。両思いになっても、相手の欠点に気づくと冷めちゃうかも。カレのいいところを見てあげて♡

フレンド運
年上のお姉さんや先ぱいと遊ぶのが好きなあなた。そこで仕入れた話を、クラスの子に教えてあげるといいよ！

10/12生まれの BOY'Sホンネ

好きなタイプ
「マジメでしっかりした子は安心できる。自分のことを自分でやる子が◎」

ニガテなタイプ
「気まぐれでワガママを言う子はニガテ。命令したがるのはこまる〜」

究極の相性！

運命のカレ
2/3　2/12　4/11　4/12　4/13
6/12　10/5　10/12　10/13

キズナの友
2/11　2/14　6/12　6/13　8/12
8/13　10/12　12/5　12/13

ライバル！
1/12　1/13　2/13　3/13　3/19
5/12　5/13　5/14　7/12

うれしい！ひと言
カンペキ！

イヤ！NGワード
マジメすぎ

あなたに向いている仕事 ▶ デザイナー、ショップオーナー、通訳、翻訳家、先生、政治家、弁護士

10月13日生まれ

てんびん座

だれとでも仲良くできるつき合い上手

ラッキーファッション: ハイネック×ワンピのいい子風スタイル♪

性格バランス
- 天然ボケ度
- セクシー度
- コミュ力
- オシャレ度
- マジメ度
- パワフル度

10月
- **ラッキーアイテム** ラムネ
- **ラッキーカラー** ♥ターコイズブルー
- **ラッキーナンバー** 5、6
- **ラッキールーン** ✕ ギューフ

ラブ運
男の子からモテるあなた。恋にはちょっぴりシゲキを求めているみたい。恋人選びは、じっくりしんちょうにね！

フレンド運
やさしい性格でみんなの人気者！ 後はいからもしたわれるよ。こまったときに友だちに助けられることも多いはず。

天使のおくりもの
人の気持ちがわかる能力

人づき合いが上手なあなたは、敵を作らないよ。天使はそんなあなたに、人の考えがわかる力と、気配りの才能をあたえたよ。あなたといっしょにいる人は、つい気分が良くなっちゃう！

天使のメッセージ
断る勇気を持とう！

人のたのみを断れないところが。できないことには、ハッキリ「ノー」と言うのが大事。

うれしい！ひと言
やさしい☆

イヤ！NGワード
調子がいい

究極の相性！
運命のカレ
2/4 2/13 4/12 4/13 4/14
6/13 10/6 10/13 10/14

キズナの友
2/12 2/15 6/13 6/14 8/13
8/14 10/13 12/6 12/14

ライバル！
1/13 1/14 3/13 3/14 3/20
5/13 5/14 5/15 7/13

10/13生まれのBOY'Sホンネ
- **好きなタイプ**「どんな子にも気を使える子が好き。やさしくされると、ドキッとしちゃう」
- **ニガテなタイプ**「相手の気持ちを考えない子はムリ。自分勝手なのって、絶対ダメでしょ！」

あなたに向いている仕事 ▶ ジャーナリスト、ディレクター、気象予報士、映画監督、評論家、指揮者

おおらかで おだやか♡ 親切な女の子

10月14日生まれ てんびん座

ラッキーファッション: ひかえめキュートなお姉様コーデ♡

性格バランス
天然ボケ度 / セクシー度 / コミュ力 / オシャレ度 / マジメ度 / パワフル度

天使のおくりもの
わかりやすく説明する力

小さなことは気にしないおおらかな性格。こまっている人にはすぐ手を貸してあげるよ。天使はそんなあなたに、人に何かを教える才能をあたえたの。将来は先生がピッタリかも!?

天使のメッセージ
人のことより自分のことを

相手に合わせて自分の意見を変えちゃうところがあるよ。ときには自分の考えを通そう。

10月
- **ラッキーアイテム**: ブレスレット
- **ラッキーカラー**: ♡ピンクベージュ
- **ラッキーナンバー**: 5、6
- **ラッキールーン**: ウィン

ラブ運
やさしいあなたを気にしている男の子は案外多いかも。好きな人の前でもふだんどおりにふるまえば、自然と両思いに♡

フレンド運
みんなのお姉さんみたいなあなた。きちんとしていてやさしいからしたわれているよ。たくさんの友だちがいるはず♪

10/14生まれのBOY'Sホンネ

好きなタイプ: 「話し方がていねいな子と、言葉がやさしい子。話していてうれしくなる♡」

ニガテなタイプ: 「ハッキリ言って、だれかの悪口ばかり言っている子は性格が悪いと思う!」

究極の相性!

運命のカレ
2/5 2/14 4/13 4/14 4/15
6/14 10/7 10/14 10/15

キズナの友
2/13 2/16 6/14 6/15 8/14
8/15 10/14 12/7 12/15

ライバル!
1/14 1/15 3/14 3/15 3/21
5/14 5/15 5/16 7/14

うれしい!ひと言
「そんけいしちゃう」

イヤ!NGワード
「自分の意見は?」

あなたに向いている仕事: ショップオーナー、コンサルタント、カウンセラー、サービス業、営業職

10月15日生まれ

てんびん座

かしこくチャンスをつかめる子♪

性格バランス
- 天然ボケ度
- セクシー度
- コミュ力
- オシャレ度
- マジメ度
- パワフル度

10月

- ラッキーアイテム：ポストカード
- ラッキーカラー：♥紺色
- ラッキーナンバー：6、7
- ラッキールーン：ᚺ ハガル

天使のおくりもの
気持ちを読むするどいカン

カンがいいので、トラブルから自然と身を守れる女の子。天使はそんなあなたに、相手の気持ちやウソを見ぬく能力をあたえたよ。ピンチになっても、チャンスをつかんで乗りこえるはず。

ラッキーファッション：ふんわりスカートでアイドルみたい!

LOVE ラブ運
あなたは恋の達人！気持ちを伝えればすんなり両思いになれるよ。タイミングもいいので、どんな恋もつかめそう。

FRIEND フレンド運
人を引きつける力があるあなたは、いつも友だちに囲まれているよ。あなたが笑えば、周りもみんな笑顔になれるはず！

天使のメッセージ
あまえずにがんばって！

こまったことがあると、すぐにやさしい人にあまえちゃう。まずは自分の力でやってみて！

うれしい！ひと言
感覚がするどい！

イヤ！NGワード
あまえてるよ

究極の相性！

運命のカレ
2/6 2/15 4/14 4/15 4/16
6/15 10/8 10/15 10/16

キズナの友
2/14 2/17 6/15 6/16 8/15
8/16 10/15 11/25 12/8 12/15

ライバル！
1/15 1/16 3/15 3/16 3/22
5/15 5/16 5/17 7/15

10/15生まれのBOY'Sホンネ

好きなタイプ
「どんなことでも乗りこえようとする、たくましい子が好きだな♡」

ニガテなタイプ
「目の前にチャンスがあっても、こわがってチャレンジしない子はガッカリ」

あなたに向いている仕事 ▶ アーティスト、デザイナー、ビューティーアドバイザー、美容師、接客業

静かだけどひめた力を持つ女の子♪

てんびん座 ♎
10月16日生まれ

性格バランス
天然ボケ度 / セクシー度 / コミュ力 / オシャレ度 / マジメ度 / パワフル度

天使のおくりもの
話を聞いてみちびく力

目立つのがニガテで、ひかえめな女の子。天使はそんなあなたに、人をまとめる才能をあたえたよ。おとなしいけど、じつはみんなの考えをよく聞いて、引っぱる力を持っているみたい！

天使のメッセージ
自分の力をかくさないで

実力があるのに、人にたよっちゃうところも。あなたの力でがんばってみることも大事。

ラッキーファッション
きちんと着こなすお嬢様風コーデ★

10月
- **ラッキーアイテム** カメラ
- **ラッキーカラー** ♥ダークブラウン
- **ラッキーナンバー** 5、8
- **ラッキールーン** ↑ ニイド

ラブ運
じつは情熱的。周りがびっくりするほど積極的に、カレにアプローチしそう。そのギャップがミリョク的で、両思いに♡

フレンド運
友だちといるときには、行動的になれるあなた。いっしょに何かをすると、自分の知らない能力が目覚めるかも!?

10/16生まれのBOY'Sホンネ

好きなタイプ
「おとなしそうなのに、じつは強い気持ちを持っている子。ヒロインっぽい♡」

ニガテなタイプ
「いつも弱気な子って見ていて、何だかモヤモヤする〜。勇気を出そうよ」

究極の相性！

運命のカレ
2/7 2/16 4/15 4/16 4/17
6/16 10/9 10/16 10/17

キズナの友
2/15 2/18 6/16 6/17 8/16
8/17 10/16 12/9 12/17

ライバル！
1/16 1/17 3/16 3/17 3/23
5/16 5/17 5/18 7/16

うれしい！ひと言
上手だね〜

イヤ！NGワード
自分でやれば？

あなたに向いている仕事 ▶ ピアニスト、ミュージシャン、ミキサー、カフェオーナー、作曲家、先生

10月17日生まれ

てんびん座

知識が豊富で何でもできる器用ガール

性格バランス
- 天然ボケ度
- セクシー度
- コミュ力
- オシャレ度
- マジメ度
- パワフル度

10月
- ラッキーアイテム: リンゴのお菓子
- ラッキーカラー: サーモンピンク
- ラッキーナンバー: 5、9
- ラッキールーン: イス

ラブ運
恋にもマジメなあなた。好きな人ができたら、つくしたくなっちゃう。カレも、けなげなあなたにキュンとするはず♡

フレンド運
物知りで、友だちにそんけいされているよ。持ち前のユニークな一面をオモテに出すと、もっと人気者になれちゃう!

ラッキーファッション
大きめニットにめがねがポイント!

天使のおくりもの
かしこい頭と対応能力

一度見たものをすぐに研究して、自分のモノにできる女の子。天使はそんなあなたに、頭の回転の速さをあたえたよ。何にでも対応することができるし、新しいことも思いつくよ!

天使のメッセージ
想像するのはほどほどに

優等生なあなただけど、案外、夢見がち。想像の世界もいいけど、実際に行動してみよう!

うれしい!ひと言
何でもできるんだ!

イヤ!NGワード
カッコつけてる

究極の相性!

運命のカレ
2/8 2/17 4/16 4/17 4/18
6/17 10/10 10/17 10/18

キズナの友
2/16 2/19 6/17 10/17 10/18
8/18 10/17 12/10 12/18

ライバル!
1/17 1/18 3/17 3/18 3/24
5/17 5/18 5/19 7/17

10/17生まれのBOY'Sホンネ

好きなタイプ
「いろんなことに興味を持つ子って、楽しそう♡ いっしょに遊びたいな〜」

ニガテなタイプ
「自分の言ったことをわすれる子! 意見がコロコロ変わって、ずるいよ!」

あなたに向いている仕事 ▶ エンジニア、ジャーナリスト、俳優、自然保護団体職員、建築家、公務員

人気者でかがやいてる女の子♡

てんびん座 10月18日生まれ

性格バランス
- 天然ボケ度
- セクシー度
- コミュ力
- オシャレ度
- マジメ度
- パワフル度

ラッキーアイテム
うちわorせんす

ラッキーカラー
♥アプリコット

ラッキーナンバー
1、5

ラッキールーン
〈〉 ヤラ

天使のおくりもの
信じる力と楽しませる力

自分でアピールしなくても、自然にキラキラかがやいている女の子。天使はそんなあなたに、自分を信じる力と周りの人を楽しませる才能をあたえたよ。人をリードするのがトクイなはず。

天使のメッセージ
せっかちにならないで

思い立ったらすぐに行動！ つっ走っちゃうことも。周りのみんなにも合わせてね。

ラッキーファッション
ダメージジーンズでかっこいいコーデ★

ラブ運 LOVE
ライバルがいると燃えて、好きな人には積極的にアタックするよ。あなたの情熱でカレの気持ちをグッとつかめるはず！

フレンド運 FRIEND
明るいあなたの周りには、自然と人が集まってくるよ。みんなを元気にできるあなたは、グループのリーダーに向いていそう。

10/18生まれのBOY'Sホンネ

 好きなタイプ
「一生けん命な子ってすごくかわいいよね♡ 守ってあげたいと思っちゃう」

 ニガテなタイプ
「自分はダメだって決めつけている子。そんなはずないのにって思っちゃう」

究極の相性！

運命のカレ
2/9 2/18 4/17 4/18 4/19
6/18 10/11 10/18 10/19

キズナの友
2/17 2/20 6/18 6/19 8/18
8/19 10/18 12/11 12/19

ライバル！
1/18 2/18 3/13 3/19 3/25
5/18 5/19 5/20 7/18

うれしい！ひと言
テキパキしてる〜！

イヤ！NGワード
勝手にやって

あなたに向いている仕事 ▶ タレント、モデル、メイクアップアーティスト、俳優、美容師、営業

10月19日生まれ

てんびん座

ユニークで笑顔満点の女の子☆

性格バランス
- 天然ボケ度
- コミュ力
- マジメ度
- パワフル度
- オシャレ度
- セクシー度

10月
- ラッキーアイテム: 切手
- ラッキーカラー: ♥赤
- ラッキーナンバー: 2、5
- ラッキールーン: ユル

ラッキーファッション
ニットワンピでふんわりかわいい♡

ラブ運
いつでもどこでもモテモテなあなた。たくさんの男の子の中から素敵なカレを選んで、最高に楽しい恋ができそう♡

フレンド運
落ちこんだすがたを見せられる友だちとなら、親友になれそうだよ。元気を分け合えるような、素敵な関係になれるはず。

天使のおくりもの
人を元気にできる能力

友だちを笑わせるのが大好きな女の子。天使はそんなあなたに、人を元気づけ、うれしい気持ちにする能力をあたえたよ。みんなが笑顔でいることが、あなたのパワーのみなもとみたい。

天使のメッセージ
つらいときに笑わないで

つらいときでも、無理に笑ってがんばっちゃう。大変なときは、周りの人に相談しよう。

うれしい！ひと言
そばにいると楽しい！

イヤ！NGワード
ウソつき

究極の相性！
運命のカレ
2/10 2/19 4/18 4/19 4/20
6/19 10/12 10/19 10/20

キズナの友
2/18 2/21 6/19 6/20 8/19
8/20 10/19 11/20 12/12 12/20

ライバル！
1/19 1/20 3/19 3/20 3/26
5/19 5/20 5/21 7/19

10/19生まれのBOY'Sホンネ

好きなタイプ: 「目がキラキラしている子。見つめられたら、どうしていいかわからん〜♡」

ニガテなタイプ: 「下ばっかり向いている子はニガテ。気持ちがわからないから、こまっちゃう」

あなたに向いている仕事 ▶ バイヤー、カフェオーナー、サービス業、古美術商、宝石鑑定士、呉服商

愛にあふれた気づかいが上手な子♪

てんびん座
10月20日生まれ

天使のおくりもの
人の長所を見つける力
いつも周りの人を気づかうあなた。なやんでいる人の力になることも。天使はそんなあなたに、人の「いいところ」を見つける才能をあたえたの。どんな人ともうまくつき合えるよ。

天使のメッセージ
小さなことで落ちこまないで
人のためにしたことを喜んでもらえないとブルーに。見てる人はいるから、気にしないで。

性格バランス
天然ボケ度／コミュ力／マジメ度／パワフル度／オシャレ度／セクシー度

ラッキーファッション
スタジャン×デニムでスポーティー★

ラッキーアイテム
花たば

ラッキーカラー
♡クリームイエロー

ラッキーナンバー
3、5

ラッキールーン
ペオース

ラブ運
あなたのやさしさに、男の子はあまえたくなっちゃうよ。ときにはキビしさを持って、何でも相談し合える関係を目指そう。

フレンド運
礼ぎ正しくて親切なあなたは、みんなの人気者。だれにもきらわれないよ。信らいできる親友にもめぐまれるはず！

10/20生まれのBOY'Sホンネ

好きなタイプ
「正直に言うと、オシャレで美人な子が好き。いっしょに並んで歩きたい♡」

ニガテなタイプ
「話しかけても、めいわくそうにされたら引くよ。こわくて近よれないかも」

究極の相性！

運命のカレ
2/11 2/20 4/19 4/20 4/21
6/20 10/13 10/20 10/21

キズナの友
2/19 2/22 6/20 6/21 8/20
8/21 10/20 12/13 12/21

ライバル！
1/20 1/21 3/20 3/21 3/27
5/20 5/21 5/22 7/20

うれしい！ひと言
気持ちをわかってくれる！

イヤ！NGワード
気にしすぎ

あなたに向いている仕事 ▶ カウンセラー、サービス業、社会福祉士、介護福祉士、理学療法士、営業

10月21日生まれ

てんびん座 ♎

夢に向かって一生けん命な がんばり屋☆

性格バランス
- 天然ボケ度
- セクシー度
- コミュ力度
- オシャレ度
- マジメ度
- パワフル度

10月
- **ラッキーアイテム**：ブックマーカー
- **ラッキーカラー**：♥青
- **ラッキーナンバー**：4、5
- **ラッキールーン**：ᛇ エオロー

LOVE ラブ運
手のとどかない相手にあこがれてしまいそう。近くであなたを思っているカレに気がつくと、すぐに恋が始まるはず♡

FRIEND フレンド運
自分にキビしく人にやさしいので、みんなに好かれるよ。何かあったときは、アドバイスし合えるいい関係の親友もできる！

天使のおくりもの
ピンチをはね返す力
何かに一生けん命打ちこんでいるときに、一番かがやく女の子。天使はそんなあなたに、トラブルを乗りこえる力をあたえたよ。がんばった分だけ、さらに素敵な人に成長できるはず！

天使のメッセージ
人の話もしっかり聞こう
何かに夢中になると、人のアドバイスが耳に入らなくなっちゃう。一度落ち着いて！

ラッキーファッション
オトメラブリーなフェミニンコード♪

うれしい！ひと言
「何でも知ってるね」

イヤ！NGワード

「さびしそう」

究極の相性！
運命のカレ
2/12 2/21 4/20 4/21 4/22
6/21 10/14 10/21 10/22

キズナの友
2/20 2/23 6/21 6/22 8/21
8/22 10/21 12/14 12/22

ライバル！
1/21 1/23 3/21 3/22 3/28
5/21 5/22 5/23 7/21

10/21生まれのBOY'Sホンネ

好きなタイプ
「スタイルのいい子って、最高だと思う♡ あこがれちゃうよね〜♪」

ニガテなタイプ
「そわそわして落ち着きのない子。何をしたいのかわからず、つかれちゃう」

あなたに向いている仕事 ▶ ツアーコンダクター、スポーツ選手、冒険家、通訳、弁護士、編集者

友だちに囲まれるにぎやかな子

てんびん座
10月22日生まれ

性格バランス
- 天然ボケ度
- コミュ力
- マジメ度
- パワフル度
- オシャレ度
- セクシー度

天使のおくりもの
楽しませる笑顔の力

にぎやかに過ごすことが大好きな女の子。天使はそんなあなたに、みんなを楽しませるムードメーカーの力をあたえたよ。あなたといっしょにいれば、みんな自然と笑顔になれちゃう！

天使のメッセージ
人づき合いはもっと気楽に

人間関係でつまずくと、すごくへこんじゃう。気にしすぎず、気楽に乗りこえよう！

ラッキーファッション
ストライプとハットでバッチリキメ！

ラッキーアイテム 情報誌
ラッキーカラー ♡桜色
ラッキーナンバー 5、6
ラッキールーン シゲル

ラブ運
友だち関係から恋がめばえそう。つき合いはじめてからも、周りの友だちの応えんで、ワイワイと楽しい関係になるよ♡

フレンド運
良いときも悪いときも友だちが支えてくれるよ。友だちにあまえすぎないようにすると、本物の友情を育てられそう。

10/22生まれのBOY'Sホンネ

好きなタイプ
「声がかわいい子はもうホントにミリョク的！ ずっと話していたい」

ニガテなタイプ
「目立ちたいだけのうるさい子。がさつな大声だと引いちゃうよ〜」

究極の相性！

運命のカレ
2/13 2/22 4/21 4/22 4/23
6/22 10/15 10/22 10/23

キズナの友
2/21 2/24 6/22 6/23 8/22
8/23 11/22 12/15 12/23

ライバル！
1/22 1/23 3/22 3/23 3/29
5/22 5/23 5/24 7/22

うれしい！ひと言
「ついていくよ！」

イヤ！NGワード

「あまえないで」

あなたに向いている仕事 ▶ ピアニスト、カウンセラー、デザイナー、作曲家、評論家、小説家、先生

10月23日生まれ

てんびん座 ♎

自分らしさを大切にしてがんばる子♪

性格バランス
- 天然ボケ度
- セクシー度
- コミュ力
- オシャレ度
- マジメ度
- パワフル度

10月

- ラッキーアイテム: デコシール
- ラッキーカラー: ♥コバルトブルー
- ラッキーナンバー: 2、6
- ラッキールーン: ↑ ティール

ラッキーファッション: ふんわりスイートでレトロガーリー♪

天使のおくりもの
運をつかむ力と美的センス

自分の世界を大切にしながら、夢に向かってがんばる女の子。天使はそんなあなたに、自分をコントロールする能力とチャンスをつかむ力をあたえたよ。美的センスもあり、芸術の才能も。

天使のメッセージ
あれこれ手を出しすぎないで

あれもこれもと、やりたいことがいっぱいで失敗しちゃうことも。よくばらないようにね。

LOVE ラブ運
人とはちがう世界を持ったあなたは、周りの男の子の興味を引くよ。モテすぎて、相手を選ぶのになやんじゃうかも!?

FRIEND フレンド運
おたがいに学び、高め合える友情が理想。カンがいいので、第一印象で気が合うと感じた子とずっと親友でいられそう。

うれしい！ひと言
- センスいいね

イヤ！NGワード
- よくばりだよ

究極の相性！

運命のカレ
2/14 2/23 4/22 4/23 4/24
6/23 10/16 10/23 10/24

キズナの友
2/22 2/25 6/23 6/24 8/23
8/24 9/23 11/23 12/16 12/24

ライバル！
1/23 1/24 3/23 3/24 3/30
5/23 5/24 5/25 7/23

10/23生まれのBOY'Sホンネ

好きなタイプ: 「負けずギライでちょっとなまいきな子が好きかも！受けて立つよ〜♡」

ニガテなタイプ: 「やさしくておとなしいだけの子はニガテかも。話しててももり上がらない」

あなたに向いている仕事 ▶ カフェオーナー、ジャーナリスト、編集者、秘書、図書館司書、先生

ピュアな心と強い正義感の勇かんガール

さそり座 ♏
10月/24日生まれ

性格バランス
天然ボケ度／セクシー度／コミュ力／オシャレ度／マジメ度／パワフル度

天使のおくりもの
大切な人を守る勇気

友だちのためなら、自分をギセイにするやさしい子。友だちへの悪口には、負けんにおこるよ。天使はそんなあなたに、人を守る強さと勇気をあたえたよ。ピュアでキレイな心の持ち主。

天使のメッセージ
合わない人には近づかないで

いじわるな人や思いやりに欠ける人はすごくニガテかも。そっとキョリを置いてみよう。

ラッキーファッション
ちょっぴり上品でいい子風キュート♡

ラッキーアイテム
古着
ラッキーカラー
♥ワインレッド
ラッキーナンバー
0、7
ラッキールーン
ᛒ ベオーク

ラブ運
だれに対してもせい実なあなたに思いをよせる男の子は多いはず。カレから大事にされて、幸せなおつき合いになりそう♡

フレンド運
キズつきたくなくて、友だちになるのに時間がかかるかも。一度心を開いた相手とは、大人になっても関係が続きそうだよ。

10/24生まれのBOY'Sホンネ

好きなタイプ
「絵がうまかったり、歌が上手だったり、何かで目立つ才能がある子が好き」

ニガテなタイプ
「かんたんに約束やぶる子はパス！ あんまり反省しない子はもっとパス」

究極の相性！

運命のカレ
2/15　2/24　4/23　4/24　4/25
6/24　10/17　10/24　10/25

キズナの友
2/23　2/26　6/24　6/25　8/24
8/25　10/24　12/17　12/25

ライバル！
1/24　1/25　3/24　3/25　3/31
5/24　5/25　5/26　7/24

うれしい！ひと言

勇気があるね

イヤ！NGワード

弱そう

あなたに向いている仕事▶ パティシエ、タレント、オペラ歌手、俳優、武道家、研究者、警察官

10月25日生まれ

さそり座 ♏

ありがとうを大事にするやさしい子♡

性格バランス
- 天然ボケ度
- セクシー度
- コミュ力
- オシャレ度
- マジメ度
- パワフル度

10月

- ラッキーアイテム：ポスター
- ラッキーカラー：♥ブラウン
- ラッキーナンバー：0、8
- ラッキールーン：M エオー

ラッキーファッション
カラフルボタンとリボンがポイント！

LOVE ラブ運
相手の気持ちを想像して、なかなか思いを伝えられないことも。勇気を出して一歩ふみ出せば、恋が始まるよ！

FRIEND フレンド運
素直なあなたは、みんなからかわいがられているはず。あなたのピュアな一生けん命さが、友だちに好かれるよ！

天使のおくりもの
幸せを感じる前向きな心☆

「感謝」の気持ちをわすれない、心のあたたかい女の子。そんなあなたに天使は、どんなときでも幸せを見つけられるポジティブさをあたえたよ。素敵な笑顔で、周りの人をいやす力も！

天使のメッセージ
本当かどうか確かめよう

人をうたがわない性格で、ウソにだまされちゃうことも。真実を確かめるようにしてね。

うれしい！ひと言
かわいいね

イヤ！NGワード
だまされやすい

究極の相性！

運命のカレ
2/16　2/25　4/24　4/25　4/26
6/25　10/18　10/25　10/26

キズナの友
2/24　2/27　6/25　6/26　8/25
8/26　10/25　12/18　12/26

ライバル！
1/25　1/26　3/25　3/26　4/1
5/25　5/26　5/27　7/25

10/25生まれのBOY'Sホンネ

好きなタイプ
「きれいな髪の女の子って、いいね。いいにおいがするともっと好きになるかも！」

ニガテなタイプ
「オシャレでなくてもいいけど、見た目を全然気にしないのは、ちょっと……」

あなたに向いている仕事 ▶ スポーツ選手、クリエイター、ミュージシャン、声優、小説家、政治家

勝負のときは実力ハッキ！幸運ガール

さそり座 ♏

10月26日生まれ

性格バランス
- 天然ボケ度
- セクシー度
- コミュ力
- オシャレ度
- マジメ度
- パワフル度

天使のおくりもの
大事なときの勝負強さ

注意深くて、キケンなことはけっしてしない女の子。ルールをしっかり守る優等生タイプだよ。そんなあなたに天使があたえたのは勝負強さ。ここぞというときにパワーをハッキするよ！

天使のメッセージ
周りの目を気にしないで

初めてのことにちょうせんしたいけど、周りの目が気になっちゃう。チャレンジしてみて！

ラッキーアイテム
観葉植物

ラッキーカラー
♡オフホワイト

ラッキーナンバー
0、9

ラッキールーン
ᛗ マン

ラッキーファッション
ワンピとデニムでせいそかわいい♡

ラブ運
好きな人に思いを打ち明けられず、なやむことも。カレと目が合ったらニッコリ笑顔を見せると、気づいてくれるかも！

フレンド運
ちょっぴりマジメなイメージを持たれるあなた。あなたから笑顔で友だちに話しかけると、みんなもうれしいはずだよ！

10/26生まれのBOY'Sホンネ

好きなタイプ
「きっちりしていて、自分のことは自分でやる子は、そんけいするよ！」

ニガテなタイプ
「約束やルールを守れないルーズな子はダメだと思う。しっかりして〜」

究極の相性！

運命のカレ
2/17　2/26　4/25　4/26　4/27
6/26　10/19　10/26　10/27

キズナの友
2/25　2/28　6/26　6/27　8/26
8/27　10/26　11/26　12/19　12/27

ライバル！
1/26　1/27　3/26　3/27　4/2
5/26　5/27　5/28　7/26

うれしい！ひと言
すごい才能！

イヤ！NGワード

きびしそう

あなたに向いている仕事▶ タレント、自然保護団体職員、研究者、公務員、薬剤師、医者、検査官

10月27日生まれ

さそり座 ♏

どんなときも強い心を持つ女の子☆

性格バランス
- 天然ボケ度
- コミュ力
- マジメ度
- パワフル度
- オシャレ度
- セクシー度

10月
- **ラッキーアイテム**: おにぎり
- **ラッキーカラー**: ♥朱色
- **ラッキーナンバー**: 0、1
- **ラッキールーン**: ラーグ

ラッキーファッション: 元気いっぱい★パーカーコーデ！

LOVE ラブ運
好きになったらいちずに思い続けるタイプ。断られてもめげないあなたの情熱に、カレもミリョクを感じるよ♡

FRIEND フレンド運
どんなことも全力でぶつかるあなたは、そんけいされてるよ。友だちとケンカしても仲直りして、さらに強いキズナに！

天使のおくりもの
ねばり強くがんばる力

心も身体もタフで、どんなトラブルにも負けない子。そんなあなたに天使は、決めたことを最後までつらぬくねばり強さをあたえたよ。一生けん命にがんばって、自分の力で夢をかなえるよ。

天使のメッセージ
向こう見ずにならないで

こわいもの知らずで、計画なしに飛びこむこ とも。一度、先を考えてから行動しよう。

うれしい！ひと言
しっかりしてる！

イヤ！NGワード
しつこい

究極の相性！

運命のカレ
2/18 2/27 4/26 4/27 4/28
6/27 10/20 10/27 10/28

キズナの友
2/26 2/27 6/27 6/28 8/27
8/28 10/27 12/20 12/28

ライバル！
1/27 1/29 3/27 3/28 4/3
5/27 5/28 5/29 7/27

10/27生まれのBOY'Sホンネ

好きなタイプ
「きれいな言葉を話す子って気になる～。きっとやさしい子なんだろうな～♡」

ニガテなタイプ
「がさつな子は興味ない。もうちょっと気を使えばいいのにって思っちゃう」

あなたに向いている仕事 ▶ コンサルタント、プロデューサー、アナウンサー、通訳、新聞記者、小説家

ひかえめに人を支えるピュアガール

さそり座 ♏

10月28日生まれ

ラッキーファッション: 花柄ブラウスでレトロガーリー♡

天使のおくりもの
人を気づかう力

自分の夢や目標に向かって、コツコツと努力を重ねる女の子。そんなあなたに天使は、人への思いやりとサポート力をあたえたよ。あなたは、苦しむ人の心の支えになってあげられる子。

天使のメッセージ
もっと気軽におしゃべりを

おしゃべりしたいのに、聞き役にばかり回ることも。エンリョしないで自分から話してみて。

性格バランス
天然ボケ度／セクシー度／コミュ力／オシャレ度／マジメ度／パワフル度

10月

- ラッキーアイテム: 手作り小物
- ラッキーカラー: ♥ダークグレー
- ラッキーナンバー: 2、7
- ラッキールーン: ✕ イング

ラブ運
はずかしくて、自分の気持ちをかくしがち。笑顔で話しかけたり、さりげないアピールをしたりしてカレと仲良くなろう。

フレンド運
口が固いので信らいされてるよ。自分の話も積極的にすると、相手とのキョリがグッと深まっていい関係になりそう！

10/28生まれのBOY'Sホンネ

好きなタイプ
「だれにも言わないヒミツを打ち明けてくれる子は、絶対好きになる〜♡」

ニガテなタイプ
「仲良くなってもポーカーフェイスの子。何を考えているのか不安になる」

究極の相性！

運命のカレ
2/19　2/28　4/27　4/28　4/29
6/28　10/21　10/28　10/29

キズナの友
2/27　2/29　6/28　6/29　10/28
8/29　10/28　12/21　12/29

ライバル！
1/28　1/29　3/28　3/29　4/4
5/28　5/29　5/30　7/28

うれしい！ひと言
信じてる！

イヤ！NGワード

何考えてるかわかんない

あなたに向いている仕事 ▶ ダンサー、スポーツ選手、クリエイター、探偵、警察官、研究者、経営者

10月29日生まれ さそり座

豊かな感性がまぶしい☆アーティスト

性格バランス
- 天然ボケ度
- セクシー度
- コミュ力
- オシャレ度
- マジメ度
- パワフル度

10月
- **ラッキーアイテム**　タロットカード
- **ラッキーカラー**　♥すみれ色
- **ラッキーナンバー**　0、3
- **ラッキールーン**　ᛟ オセル

LOVE ラブ運
好きな人ができたら、相手に気持ちを伝えずにはいられないタイプ。あなたの思いにカレが応えてラブラブに♡

FRIEND フレンド運
友だちのことを、自分のことのように考えてあげるあなた。ニガテな人とも仲良くできる、おつき合い上手だよ。

ラッキーファッション　ちょっぴりせのびのお姉さんスタイル！

天使のおくりもの
自分の世界を表現する能力
泣いたり、笑ったり、素直に感情を表すところがミリョクの女の子。そんなあなたに天使は、芸術の才能をあたえたよ。写真やイラストで、あなたの感受性を生かしてみて！

天使のメッセージ
つかれたらひとりになろう
友だちといる時間も好きだけど、ひとりの時間も大切なあなた。上手に時間を使おう！

うれしい！ひと言
センスがさすが

イヤ！NGワード
ムリでしょ

究極の相性！
運命のカレ
2/20　2/29　4/28　4/29　4/30
6/29　10/22　10/29　10/30

キズナの友
2/28　3/1　6/29　10/29　11/29
8/30　11/29　12/22　12/30

ライバル！
1/29　1/30　3/29　3/30　4/5
5/29　5/30　5/31　7/29

10/29生まれのBOY'Sホンネ

好きなタイプ
「ちょっとオーバーなくらい、元気に話す女の子ってすごくかわいいと思う」

ニガテなタイプ
「何をしても喜ばない子。気持ちが伝わってないのか、ドンカンなのか……」

あなたに向いている仕事　カウンセラー、ケアマネージャー、カフェオーナー、小説家、看護師

考えすぎない シンプルさが ミリョクの子

さそり座 ♏
10月30日生まれ

天使のおくりもの
自由な心と自立する力！

いつも正直で、やりたいことはやるけれど、やりたくないことはムリしない女の子。そんなあなたに天使は、ひとりを楽しめる自立心をあたえたよ。早くから独立して、自分の道を進みそう。

天使のメッセージ
一度考えてから行動しよう！

思い立ったらすぐ行動するので、後から反省することも。行動する前に一度考えてみよう。

性格バランス
天然ボケ度／コミュ力／マジメ度／パワフル度／オシャレ度／セクシー度

ラッキーファッション
アメリカンスタイルで気分はチアガール★

ラッキーアイテム
ガラスのうつわ
ラッキーカラー
♥ルビーレッド
ラッキーナンバー
0、4
ラッキールーン
⋈ ダエグ

ラブ運
とつぜん恋に落ちるあなた。ストレートに思いを伝えて、カレのハートをつかみそう。あなたの素直さにカレもドキドキ。

フレンド運
明るくノリがいいので、友だちも多く、人気者。友だちに合わせるよりも、自分の気持ちを大事にするタイプだよ。

10/30生まれのBOY'Sホンネ

好きなタイプ
「シュミが合う子なら最高。ボクのシュミを応えんしてくれる子と遊びたい！」

ニガテなタイプ
「さわがしい子はムリ。できるだけやさしい声で、落ち着いて話してほしいな」

究極の相性！
運命のカレ
2/21 3/1 4/29 4/30 5/1
6/30 10/23 10/30 10/31

キズナの友
2/29 3/2 6/30 7/1 8/30
8/31 10/30 12/23 12/31

ライバル！
1/30 1/31 3/30 3/31 4/6
5/30 5/31 6/1 7/30

うれしい！ひと言
応えんするよ！

イヤ！NGワード
ワガママ

あなたに向いている仕事 ▶ バイヤー、エンジニア、ツアーコンダクター、翻訳家、編集者、外交官

10月31日生まれ

さそり座 ♏

夢や願いをかなえるスーパー少女

性格バランス

天然ボケ度 / コミュ力 / マジメ度 / パワフル度 / オシャレ度 / セクシー度

10月

- ラッキーアイテム
  風景の写真
- ラッキーカラー
  ♥ココアブラウン
- ラッキーナンバー
  0、5
- ラッキールーン
  ᚠ フェオ

天使のおくりもの
想像する力と実行力

とてもデリケートできちょうめんな女の子。天使はそんなあなたに、夢見る力と願いごとを実現する力をあたえたよ。よく考えてから行動するから、失敗することも少ないみたい。

ラッキーファッション
ドット柄がキュートなシンプルスタイル♪

天使のメッセージ
人にきびしくしないで

理想が高いので、細かいところもきちんとしたいあなた。でも人には強制しちゃダメだよ。

ラブ運
恋に恋するタイプ。カレを見つめるだけで幸せを感じそう。でも、勇気を出して行動してみよう。まずは笑顔から始めて♡

フレンド運
何でも一生けん命なあなたは、いいかげんな人がニガテ。でも相手のいい面を見てあげると、交友関係がもっと広がるよ！

うれしい！ひと言
絶対うまくいく

イヤ！NGワード
マジメすぎ

究極の相性！

運命のカレ
2/22 3/1 4/30 5/1 5/2
7/1 10/24 10/31 11/1

キズナの友
1/1 2/29 3/3 7/1 7/2
8/31 9/1 10/31 12/24

ライバル！
1/31 2/1 3/3 4/1 4/2
4/7 6/1 6/2 7/31

10/31生まれのBOY'Sホンネ

好きなタイプ
「ちょっと変わっているくらいがいい。ミステリアスな面を持った子が理想♡」

ニガテなタイプ
「人をキズつけることを言って、知らんぷりの子はダメ。気を使って〜」

あなたに向いている仕事 ▶ カメラマン、スポーツ選手、小説家、詩人、発明家、警察官、企画開発

11月
生まれ
November
霜月

11月生まれのキミへ

静かでおとなしそうに見えるけれど、心の中はとっても情熱的でいちずだよね。命がけの恋をしそうで心配だよ。

11月の幸せおまじない

きれいな落ち葉を見つけたらチャンス。葉っぱと同じくらいの大きさに切った正方形の紙に、あなたの願いごとと名前を書いて。それを落ち葉といっしょに白い封とうに入れてしっかり封をすれば、木に宿っている妖精へのお手紙になるよ。赤い落ち葉なら恋の願いごと、黄色の落ち葉なら友情の願いごとがかなうはず。落ち葉はきれいな色のものを選ぼうね。

11月の行事

七五三

11月15日は「鬼宿日」と言われ、古くから「結婚以外は大吉」と言われているラッキーデー。七才、五才、三才でなくても、神社におまいりに行くといいことがあるかも。

11月1日生まれ

さそり座

目標を持って がんばる 強い女の子

性格バランス
- 天然ボケ度
- コミュ力
- マジメ度
- パワフル度
- オシャレ度
- セクシー度

11月
- ラッキーアイテム：缶ケース
- ラッキーカラー：♥ショッキングピンク
- ラッキーナンバー：3、7
- ラッキールーン：ウル

天使のおくりもの
道を開く力と集中力

マジメで一生けん命！ 目標を持ってがんばる女の子。天使はそんなあなたに、だれにも負けない集中力をあたえたよ。始めたことは、とちゅうで投げ出さず、成功するまでやりぬくよ。

ラッキーファッション
スクールガール風のコーデがキュート

LOVE ラブ運
気になるカレには、周りを気にせず積極的にアタックしてね。強気のあなたがリードして、恋が始まりそうだよ。

FRIEND フレンド運
あなたと仲良くしたい子はたくさんいるよ！ カッコつけず、ありのままの自分でいたほうが、もっと友だちが増えそうだよ♪

天使のメッセージ
ひとりでがんばらない！

本当は手伝ってほしいのに、意地をはってひとりでがんばっちゃう。素直に助けを求めよう。

うれしい！ひと言
いっしょにやろう

イヤ！NGワード
もうやめよう

究極の相性！
運命のカレ
2/23 3/2 4/30 5/1 5/2
7/1 10/25 11/1 11/2

キズナの友
1/2 3/1 3/4 7/1 7/2
9/1 9/2 11/1 12/25

ライバル！
2/1 2/4 4/1 4/2 4/3
4/8 6/2 6/3 8/1

11/1生まれのBOY'Sホンネ

好きなタイプ
「決めたことにまっすぐ進んでいく子が好きだよ。がんばれーって思う♡」

ニガテなタイプ
「迷ってばっかりで、意見を言わない子がニガテ。どうしたらいいんだよー」

あなたに向いている仕事 ▶ タレント、カウンセラー、コンシェルジュ、占い師、弁護士、政治家

さそり座 **11月/2日**生まれ

楽しいことが大好きなラッキー少女

天使のおくりもの

チャンスをゲットする力

楽しいことを考えるのが大好きで、やりたいことがいっぱいの女の子。天使はそんなあなたに、チャンスをしっかりつかむ力をあたえたよ。幸せを引き寄せる幸運体質でもあるみたい。

天使のメッセージ

こだわりすぎないで

ちょっぴりガンコでやり方にこだわるところがあるよ。周りのアドバイスも聞いてみてね。

性格バランス
天然ボケ度／セクシー度／コミュ力／オシャレ度／マジメ度／パワフル度

ラッキーアイテム
ティーカップ

ラッキーカラー
♥紺色

ラッキーナンバー
0、4

ラッキールーン
▶ ソーン

ラブ運
素敵なカレにみとめてもらいたくて、かわいくなる努力ができる女の子。ミリョクをみがけば願いはかなうよ♡

フレンド運
大勢の遊び仲間より、何でも話せるひとりの親友を作りたいタイプ。相手の夢を聞いて、応えんしてあげるとキズナアップ。

ラッキーファッション
重ね着上手なオシャレさん♪

11/2生まれのBOY'Sホンネ

好きなタイプ
「頭が良くて、ちょっとよくばりな子が好き。夢をかなえそうな気がするよ」

ニガテなタイプ
「ひかえめなのはいいけど、エンリョのしすぎはナシ。意見を教えてほしい」

究極の相性！

運命のカレ
2/24 3/2 5/1 5/2 5/3
7/2 10/26 11/2 11/3

キズナの友
1/3 3/1 3/5 7/2 7/3
9/2 9/3 11/2 12/26

ライバル！
2/2 3/1 4/3 4/4
4/9 6/3 6/4 8/2

うれしい！ひと言
ないしょだよ♡

イヤ！NGワード
どうでもいい

あなたに向いている仕事 ▶ アーティスト、スポーツ選手、先生、看護師、社会福祉士、介護福祉士

11月3日生まれ

さそり座

性格バランス
天然ボケ度 / コミュ力 / マジメ度 / パワフル度 / オシャレ度 / セクシー度

ラッキーアイテム
思い出の本

ラッキーカラー
♥ワインレッド

ラッキーナンバー
5、8

ラッキールーン
ᚾ アンスール

LOVE ラブ運
好きな人ができても、クールにふるまっちゃう。特別あつかいしてあげたほうが、男の子はうれしいはずだよ♪

FRIEND フレンド運
会話をもり上げたり、楽しく笑ったり……みんなを喜ばせる女の子。あなたと仲良くしたい友だちが大勢いそうだよ。

ラッキーファッション
ヴィジュアル系でカッコかわいく♥

好奇心でいっぱいの頭がいい子

天使のおくりもの
知識や情報を使う才能

頭が良くて、好奇心いっぱいの女の子。天使はそんなあなたに、自分が得た知識や情報をあっという間に身につける能力をあたえたよ。習ったことをすぐ覚えられるから、成績もいいはず！

天使のメッセージ
人の考えをみとめよう

自分に自信があるから、人の意見を聞くことがニガテかも。考え方はひとつじゃないよ。

うれしい！ひと言

大人っぽい

イヤ！NGワード
冷たそう

発極の相性！

運命のカレ
2/25 3/3 5/2 5/3 5/4
7/3 10/27 11/3 11/4

キズナの友
1/4 3/2 3/6 7/3 7/4
9/3 9/4 11/3 12/27

ライバル！
2/3 3/4 4/3 4/4 4/5
4/10 6/4 6/5 8/3

11/3生まれの BOY'Sホンネ

好きなタイプ
「頭が良くて、ちょっとダイタンなところのある子。何だか大人っぽいから」

ニガテなタイプ
「ガミガミ言ってくる子！そんな言い方しなくてもいのにって思うよ……」

あなたに向いている仕事 ▶ イラストレーター、マンガ家、発明家、通訳、外交官、政治家、哲学者

みんなにたよられる人気者！

さそり座
11月4日生まれ

性格バランス
天然ボケ度 / コミュ力 / マジメ度 / パワフル度 / オシャレ度 / セクシー度

天使のおくりもの
やさしさと会話の才能
こまっている人をほうっておけなくて、何でも相談に乗っちゃうやさしい子。天使はそんなあなたに、相手のホンネを引き出す会話力をあたえたよ。みんながあなたをたよりにしているよ。

天使のメッセージ
あれこれ考えすぎないこと
友だちを心配しすぎてつかれちゃうことがあるよ。自分のことを考える時間も大切だよ。

ラッキーファッション
女の子らしいナチュラルコーデ♪

ラッキーアイテム
お香

ラッキーカラー
♥チェリーピンク

ラッキーナンバー
0、6

ラッキールーン
R ラド

11月

ラブ運
あなたに見つめられると、男の子はドキドキしちゃう。好きな人の目をじっと見つめて告白すれば、成功するよ！

フレンド運
あなたが友だちに心を開いてつき合うから、みんなもホンネで接してくれるみたい。友だちを作るのがトクイなタイプ！

11/4生まれのBOY'Sホンネ

好きなタイプ
「いつも笑顔でいるけど、ときどきすごくマジメな顔をする子にキュン♡」

ニガテなタイプ
「明るくても、軽い子はニガテ。ふざけているだけなのはちょっとイヤだな」

究極の相性！
運命のカレ
2/26　3/4　5/4　5/5
7/4　10/28　11/4　11/5

キズナの友
1/5　3/3　3/7　7/4　7/5
9/4　9/5　11/4　12/28

ライバル！
2/4　2/5　3/5　4/4
4/11　6/5　6/6　8/4

うれしい！ひと言
聞いてほしいの

イヤ！NGワード
もうおそい

あなたに向いている仕事 ▶ アニメーター、カメラマン、占い師、俳優、発明家、作曲家、映画監督

11月5日生まれ

さそり座

周りと仲良く平和に過ごす笑顔の子

性格バランス
- 天然ボケ度
- コミュ力
- マジメ度
- パワフル度
- オシャレ度
- セクシー度

ラッキーアイテム　キャンドル
ラッキーカラー　♥マリンブルー
ラッキーナンバー　7、8
ラッキールーン　く ケン

天使のおくりもの
みんなを楽しませる力
とてもやさしい女の子。天使はそんなあなたに、人を楽しませる力をあたえたよ。あなたの笑顔につられて、みんなもニコニコしちゃう。みんなで仲良くしたいと願う平和的な考えの持ち主。

LOVE ラブ運
話し方や行動がかわいらしくて、男の子の目がくぎづけに♡　カレができたら、少しあまえるとカレもあなたにメロメロ！

FRIEND フレンド運
だれかを特別あつかいしないので、みんなはあなたと安心してつき合えるみたい。友だちをたくさん作れるよ！

ラッキーファッション
デートにさそいたくなるモテカジュアル♥

天使のメッセージ
意見をハッキリ言おう
自分勝手な人がニガテだけど、注意する勇気は出ないみたい。ときにはハッキリ伝えよう。

うれしい！ひと言
安心できる

イヤ！NGワード
いい子すぎ

究極の相性！
運命のカレ
2/27　3/5　5/4　5/5　5/6
7/5　10/29　11/5　11/6

キズナの友
1/6　3/4　3/8　7/5　7/6
9/5　9/6　11/5　12/29

ライバル！
2/5　2/6　4/5　4/6　4/12
6/5　6/6　6/7　8/5

11/5生まれのBOY'Sホンネ

好きなタイプ
「心に決めていることがある子ってカッコイイ。しっかりしたところが好き」

ニガテなタイプ
「人の意見にすぐ流されちゃう子がニガテ。本当はどう思っているの？」

あなたに向いている仕事　マンガ家、アニメーター、評論家、編集者、学芸員、銀行員、研究者

ピュアな中にしっかりした強さがある子

さそり座 **11月/6日生まれ**

天使のおくりもの
本質を見ぬく力

人をうたがわない、むじゃきでピュアな女の子。でも、しっかりした一面もあるよ。天使はそんなあなたに、何が本当で、何がウソなのかを見分ける能力もあたえたよ。正義感も強いはず。

天使のメッセージ
つらいときはガマンしない！

キズつきやすいから、文句を言われると大ショック！相手とキョリを置くのもありだよ。

ラッキーファッション
さわやかデニムにTシャツインが好き！

性格バランス

天然ボケ度／コミュ力／マジメ度／パワフル度／オシャレ度／セクシー度

- **ラッキーアイテム** ハサミ
- **ラッキーカラー** ♡アイボリー
- **ラッキーナンバー** 0、8
- **ラッキールーン** ×ギューフ

ラブ運
デリケートなあなたは、乱ぼうな男の子がニガテ。あなたに気を使ってくれる、やさしい男の子だとうまくいくよ♡

フレンド運
まっすぐで素直。いつも明るくて楽しいあなたの周りには、友だちが集まるよ。はげまし合える相手なら、親友に。

11/6生まれのBOY'Sホンネ

- **好きなタイプ**「素直でまっすぐないい子が一番だよ。そばで支えてあげたくなるんだー♡」
- **ニガテなタイプ**「ヘリクツばっかり言っている子は、言いわけしてるみたいでイヤな感じ」

究極の相性！
運命のカレ
2/28 3/6 5/5 5/6 5/7
7/6 10/30 11/6 11/7

キズナの友
1/7 3/5 3/9 7/6 7/7
9/7 10/31 11/6 12/30

ライバル！
2/6 2/7 4/6 4/7 4/13
6/6 6/7 6/8 8/6

うれしい！ひと言
だいじょうぶ

イヤ！NGワード
大げさだよ

あなたに向いている仕事▶ ビューティーアドバイザー、イラストレーター、クリエイター、美容師

11月7日生まれ

さそり座

もの作りのセンスがある努力家少女

性格バランス
天然ボケ度／コミュ力／マジメ度／パワフル度／オシャレ度／セクシー度

ラッキーアイテム 人形
ラッキーカラー ♥赤
ラッキーナンバー 8、9
ラッキールーン ｢ ウィン

ラブ運
やさしくて、あたたかいふんいきがあるのでモテるタイプ。男の子から「そばにいてほしい」と思われていそう♡

フレンド運
友だちの喜ぶ顔が見たくてアレコレとがんばっちゃう。そんなあなたを友だちも大切に思ってくれているよ！

ラッキーファッション
パンツをガーリーに着こなすのがトクイ♥

天使のおくりもの
人の役に立つ器用さ
コツコツと努力を重ねるがんばり屋さん。そんなあなたに天使は、手先の器用さをあたえたよ。何かを作って人の役に立ち、「ありがとう」と言われるのが何よりうれしいと思えるかも。

天使のメッセージ
がんばりすぎないこと
たよられるとうれしくて、つい張り切っちゃう。つらくなるほどがんばらないで。

うれしい！ひと言

上手だね！

イヤ！NGワード
たよりない

究極の相性！
運命のカレ
2/29 3/7 5/6 5/7 5/8
7/7 11/1 11/7 11/8

キズナの友
1/8 3/6 3/10 7/7 7/8
9/7 9/9 11/7 12/31

ライバル！
2/7 2/8 4/7 4/8 4/14
6/7 6/8 6/9 8/7

11/7生まれのBOY'Sホンネ

好きなタイプ
「どんな問題でもあきらめずに立ち向かっていく子はすごい。あこがれる！」

ニガテなタイプ
「友だちに助けてもらったのに、自分は助けない子がイヤ。ガッカリだよ……」

あなたに向いている仕事 ▶ モデル、ダイバー、マンガ家、占い師、小説家、研究者、水族館職員

人の心を安心させられるカウンセラー

さそり座
11月/8日生まれ

性格バランス
- 天然ボケ度
- コミュ力
- マジメ度
- パワフル度
- オシャレ度
- セクシー度

天使のおくりもの
みんなの心をいやす力

マジメでひかえめで、がんばり屋さん。そんなあなたに天使は、人がかかえている不安な気持ちをいやして、「安心」に変える力をあたえたよ。聞き上手でカウンセリングの才能も！

ラッキーアイテム
ブドウ
ラッキーカラー
♥オレンジ
ラッキーナンバー
1、8
ラッキールーン
▷ ウィン

11月

天使のメッセージ
ストレスをためないで

何でもひとりだけでやるのは大変だよ。自分自身をリラックスさせる時間も持とうね！

ラッキーファッション
メガネとサンダルではずした優等生コーデ☆

ラブ運
気になるカレがいても、なかなか積極的に動けないタイプ。あなたに恋する男の子は近くにいるので見のがさないで！

フレンド運
こまっている子を見ると、すぐに手を差しのべるやさしさがミリョク。その分、友だちからも助けられることが多いはず。

11/8生まれのBOY'Sホンネ

好きなタイプ
「つらくても、それを見せないクールな子がいい！ガチでファンになる♡」

ニガテなタイプ
「自分の苦労話とか、かわいそうジマンをする子。リアクションにこまる……」

究極の相性！
運命のカレ
3/1 3/8 5/7 5/8 5/9
7/8 11/2 11/8 11/9

キズナの友
1/8 1/9 3/7 3/11 7/8
7/9 9/7 9/8 9/9 11/8

ライバル！
2/8 2/9 4/8 4/9 4/15
6/8 6/9 6/10 8/8

うれしい！ひと言
やさしい♡

イヤ！NGワード
しつこい

あなたに向いている仕事 ▶ スポーツ選手、ミュージシャン、デザイナー、占い師、政治家、弁護士

11月9日生まれ さそり座

ハイセンスで会話上手な流行発信者♪

性格バランス
- 天然ボケ度
- セクシー度
- コミュ力度
- オシャレ度
- マジメ度
- パワフル度

11月
- **ラッキーアイテム**：メッセージカード
- **ラッキーカラー**：♥黒
- **ラッキーナンバー**：0、2
- **ラッキールーン**：ᚺ ハガル

LOVE ラブ運
たくさん話題を持っているので男の子とも楽しくおしゃべりできるタイプ！　たまには聞き役になると、恋がうまくいくよ。

FRIEND フレンド運
楽しい子として、グループの中で欠かせないそん在だよ。あなたがいると楽しい！と、みんなが思っているよ♪

ラッキーファッション
パステルカラーでファンシーなコーデ♥

天使のおくりもの
トーク力とセンスの良さ

カンが良く、おしゃべりが好き。いつも楽しそうな女の子。そんなあなたに天使は、流行をイチ早くキャッチするセンスをあたえたよ。あなたが気に入ったものはブームになるかも！

天使のメッセージ
うわさを立てないように

あなたの話は人に信じられやすいから、本当かどうかわからない話はしないほうが正解。

うれしい！ひと言
積極的！

イヤ！NGワード
負けずギライ

究極の相性！

運命のカレ
3/2　3/9　5/8　5/9　5/10
7/9　11/3　11/9　11/10

キズナの友
1/1　1/10　3/8　3/12　7/9
7/10　9/9　9/10　11/9

ライバル！
2/9　2/10　4/9　4/10　4/16
6/9　6/10　6/11　8/9

11/9生まれのBOY'Sホンネ

好きなタイプ
「いろんなシュミを持っている子が好きだな。知らないことを知っていそう」

ニガテなタイプ
「質問の多い子はニガテ。自分で調べればいいのにって思っちゃうんだよね」

あなたに向いている仕事 ▶ インテリアコーディネーター、記者、弁護士、裁判官、建築家、経営者

さそり座 **11月/10日生まれ**

感性豊かで ミステリアスな女の子

天使のおくりもの
豊かな感性と不思議なパワー

カンがするどく、魔法やおまじないなど神秘的なことが大好きな女の子。天使はあなたに、うらないなどがトクイなミラクルパワーをあたえたよ。ミステリアスなふんいきもミリョク。

天使のメッセージ
こだわりすぎないで！
一度決めたことをなかなか変えないガンコさがあるよ。ときには変化を楽しんでみて！

性格バランス
天然ボケ度／コミュ力／マジメ度／パワフル度／オシャレ度／セクシー度

ラッキーアイテム 妖精の絵
ラッキーカラー ベビーピンク
ラッキーナンバー 0、3
ラッキールーン ᚾ ニイド

ラブ運
いっしゅんで恋に落ちて、カレのことで頭がいっぱいになりそう！冷静になってから、アピールする方法を考えると◎。

フレンド運
トクイのうらないで、友だちのラブ運を見てあげると喜ばれるよ。それがきっかけで、何でも話せる関係になれそう！

ラッキーファッション
流行にビンカンなモテカジュアル☆

11/10生まれのBOY'Sホンネ

好きなタイプ
「ナゾを解くのが好き。女の子もミステリアスなところがあると興味がわく」

ニガテなタイプ
「わからないことをそのままにする子とは合わないかも。気にならないの？」

究極の相性！
運命のカレ
3/3 3/10 5/9 5/10 5/11
7/10 11/4 11/10 11/11

キズナの友
1/2 1/11 3/9 3/13 7/10
7/11 9/10 9/11 11/10

ライバル！
2/10 2/11 4/10 4/11 4/17
6/10 6/11 6/12 8/10

うれしい！ひと言
行動力 あるね

イヤ！NGワード
何かえらそう

あなたに向いている仕事▶ ダンサー、シェフ、タレント、コンシェルジュ、画家、映画監督、銀行員

11月11日生まれ

さそり座

正しい道を選べるがんばり屋

性格バランス

天然ボケ度／コミュ力／マジメ度／パワフル度／オシャレ度／セクシー度

11月
- **ラッキーアイテム**　レースのハンカチ
- **ラッキーカラー**　♥ボルドー
- **ラッキーナンバー**　4、8
- **ラッキールーン**　イス

ラッキーファッション
ワイドパンツにシャツでシックなお姉さん

天使のおくりもの
信じる力と直観力

高い理想に向かってがんばる女の子。天使はそんなあなたに、迷ったときに正しい道を選べる直感力をあたえたよ。自分を信じて進めば、あなたが思いえがく素敵な未来をゲットできるよ。

天使のメッセージ
ガマンせず伝えよう

人から何かを強制されると、イラッとしちゃう。ガマンしないで意見を伝えることが大切。

ラブ運
あなたと同じように、理想や目標を持つカレが現れるよ。友だち同士のようなさわやかなカップルになりそう。

フレンド運
心からわかり合える親友がほしいあなた。自分がそんけいできる相手を見つけたら、積極的に話しかけると仲良しに！

うれしい！ひと言
何でもできる

イヤ！NGワード
ひみつ主義

究極の相性！

運命のカレ
3/4　3/11　5/10　5/11　5/12
7/11　11/5　11/11　11/12

キズナの友
1/3　1/12　3/10　3/14　7/11
8/11　9/11　9/12　11/11

ライバル！
2/11　2/12　4/11　4/12　4/18
6/11　6/12　6/13　8/11

11/11生まれのBOY'Sホンネ

好きなタイプ
「おとなしいけど、しっかり考えのある子。個性的な面が見えるとドキドキ」

ニガテなタイプ
「大きい声でさわいだり、はしゃいだりする子がダメ。落ち着いてほしい……」

あなたに向いている仕事　▶　イラストレーター、カウンセラー、リサーチャー、研究者、薬剤師、医者

さそり座 **11月/12日生まれ**

毎日ワクワク トーク上手な 楽しい子

性格バランス
天然ボケ度 / コミュ力 / マジメ度 / パワフル度 / オシャレ度 / セクシー度

天使のおくりもの
楽しさを見つける力
楽しいことを見つけるのが上手で、いつもワクワクしている女の子。天使はそんなあなたに、ふつうの話をおもしろく話す会話のセンスをあたえたよ。周りの人を楽しませる天才！

天使のメッセージ
カッとならないように
思いっきり反対の意見を言われると、カチン！ときちゃいそう。冷静に話を聞いてみて。

ラッキーファッション
かたをチラ見せしてクールでセクシー☆

ラッキーアイテム ぬいぐるみ
ラッキーカラー ♥ミントグリーン
ラッキーナンバー 0、5
ラッキールーン 〈 〉ヤラ

11月

ラブ運
いつも楽しそうにしているあなたは、男の子から見てもミリョク的だよ。その気になればいつでもカレができるはず♡

フレンド運
友だちといっしょに買い物をしたり、イベントに参加したりして♪ 楽しい思い出を重ねてキズナが深まるはずだよ。

11/12生まれの **BOY'Sホンネ**

好きなタイプ
「時間をかけても最後までがんばる子が好き。やる気と元気をもらえるから」

ニガテなタイプ
「あきっぽい子ってニガテ。ひとつのことに打ちこんでるほうがかっこいい」

究極の相性！

運命のカレ
3/5　3/12　5/11　5/12　5/13
7/12　11/6　11/12　11/13

キズナの友
1/4　1/13　3/11　3/15　7/12
7/13　9/12　9/13　11/12

ライバル！
2/12　2/13　4/12　4/13　4/19
6/12　6/13　6/14　8/12

うれしい！ひと言
スケールが大きい

イヤ！NGワード
また失敗

あなたに向いている仕事 ▶ スポーツ選手、ジャーナリスト、外交官、政治家、先生、小説家、看護師

11月13日生まれ

さそり座

大きな夢に向かって努力する子

性格バランス
- 天然ボケ度
- セクシー度
- コミュ力
- オシャレ度
- マジメ度
- パワフル度

ラッキーアイテム お茶
ラッキーカラー ♥ローズピンク
ラッキーナンバー 5、6
ラッキールーン ♪ユル

11月

ラッキーファッション: スケ感スカートでオシャレガール

天使のおくりもの
ラッキーをつかむ強運力

大きな夢をひめた女の子。天使はそんなあなたに、困ったときにラッキーな出来事が起きたり、だれかが助けてくれたりする強運をあたえたよ。感謝をわすれなければ、夢はかなうよ！

天使のメッセージ
相手を許すおおらかさを

うらぎられると許せなくなっちゃう。でも、相手を許したほうが自分の気持ちが楽だよ。

LOVE ラブ運
自分から告白するなど、好きな人にはダイタンな行動を見せるかも。積極的に自分の力で恋をかなえていくよ。

FRIEND フレンド運
好きな子とはおしゃべりするけれど、あんまり話さない子もいるみたい。自分から話しかければ、友だち関係が広がるよ！

うれしい！ひと言
責任感がある

イヤ！NGワード
リクツっぽい

究極の相性！
運命のカレ
3/6　3/13　5/12　5/13　5/14
7/13　11/7　11/13　11/14

キズナの友
1/5　1/14　3/12　3/16　7/13
7/14　9/14　11/14　11/13

ライバル！
2/13　2/14　4/13　4/14　4/20
6/13　6/14　6/15　8/13

11/13生まれのBOY'Sホンネ

好きなタイプ
「いったんやると決めたら、あきらめない子がいい。ガッツにあこがれる！」

ニガテなタイプ
「同じことばっかり言っている子はつまんない。全然興味がわかないよ〜」

あなたに向いている仕事 ▶ パイロット、エンジニア、セラピスト、宇宙飛行士、政治家、公務員

素敵さがしで毎日キラキラかがやく子

さそり座

11月/14日生まれ

性格バランス

天然ボケ度／コミュ力／マジメ度／パワフル度／オシャレ度／セクシー度

天使のおくりもの

ミリョクをいかす力

好きなこと、楽しいことを見つけるのがうまくて、毎日がキラキラしている女の子。天使はそんなあなたに、自分のミリョクをアピールする力をあたえたよ。みんなあなたに引かれちゃう☆

天使のメッセージ

クールな態度はおさえて

好きキライがハッキリしていて、態度に出ちゃう。人をキズつけないように気をつけて。

ラッキーファッション
さりげない個性が光るカジュアル

ラッキーアイテム
好きな人の写真

ラッキーカラー
♥スカイブルー

ラッキーナンバー
5、7

ラッキールーン
ペオース

ラブ運
気まぐれなところが男の子から見てミリョク的だよ。おしゃれに少し気合いを入れると、急にモテモテになりそう☆

フレンド運
いつも楽しそうにしているあなたと話をしたい子はいっぱいいるはず！ あなたから声をかけると、すぐ友だちになれるよ。

11/14生まれのBOY'Sホンネ

好きなタイプ
「ナゾめいたふんいきの子にキュン♡ ナゾを知りたい！ 近づきたい！」

ニガテなタイプ
「たんじゅんな子は興味ないな〜。話さなくてもわかっちゃうんだもん！」

究極の相性！

運命のカレ
3/7 3/14 5/13 5/14 5/15
7/14 11/8 11/14 11/15

キズナの友
1/6 1/15 3/13 3/17 7/14
7/15 9/14 9/15 11/14

ライバル！
2/14 2/15 4/14 4/15 4/21
6/14 6/15 6/16 8/14

うれしい！ひと言
「楽しい！」

イヤ！NGワード
「冷たい」

あなたに向いている仕事 シェフ、ツアーコンダクター、プログラマー、編集者、外交官、通訳

11月15日生まれ

さそり座

頭の回転が速い行動派の理系女子☆

性格バランス
- 天然ボケ度
- コミュ力
- マジメ度
- パワフル度
- オシャレ度
- セクシー度

11月
- **ラッキーアイテム**　ダイアリー
- **ラッキーカラー**　♥ルビーレッド
- **ラッキーナンバー**　5、8
- **ラッキールーン**　エオロー

ラッキーファッション
女の子らしさが光るシンプルコーデ☆

ラブ運
自分とはタイプがちがう、おもしろい男の子といるとホッとできそう。トクイな勉強を教えてあげると恋が始まるよ。

フレンド運
友だちとはにぎやかに過ごすより、静かにおたがいの話をするのが好き。せい実な友だちとキズナを深めると◎。

天使のおくりもの
科学の世界に関する才能

かしこくて、物事を次々と進められる女の子。天使はそんなあなたに、発明や発見など、科学の世界にかかわる才能をあたえたよ。将来は理系女子として、活やくすることも!?

天使のメッセージ
周りとペースを合わせよう

あなただけ物事を進めるスピードが速すぎちゃうかも。周りの様子も見て合わせてね。

うれしい！ひと言
「個性的だね」

イヤ！NGワード
「思いこみが強い」

究極の相性！

運命のカレ
3/8　3/15　5/14　5/15　5/16
7/15　11/9　11/15　11/16

キズナの友
1/7　1/16　3/14　3/18　7/15
7/16　9/15　9/16　11/15

ライバル！
2/15　2/16　4/15　4/16　4/22
6/15　6/16　6/17　8/15

11/15生まれのBOY'Sホンネ

好きなタイプ
「チームワークを大切にする子って信らいできるよ。仲間思いがいいよね♡」

ニガテなタイプ
「人のヒミツをばらす子って絶対ダメでしょ。人をうらぎるのと同じだよ！」

あなたに向いている仕事▶ フローリスト、モデル、ビューティーアドバイザー、デザイナー、美容師

人をまとめる力を持つかしこい子

さそり座
11月16日生まれ

性格バランス
天然ボケ度／セクシー度／コミュ力／オシャレ度／マジメ度／パワフル度

天使のおくりもの
問題を解決する能力

物知りでかしこく、ひとつのことを深く考える女の子。天使はそんなあなたに、わからないことを解決する力をあたえたよ。人間関係をうまくまとめるのもとてもトクイなはず。

天使のメッセージ
考えすぎに注意して！

人の気持ちを深く想像して、つかれちゃうことがあるよ。考えるのはほどほどにね！

ラッキーファッション
やさしいカラーとロングスカートが定番♥

ラッキーアイテム
貝がら
ラッキーカラー
♡桜色
ラッキーナンバー
0、9
ラッキールーン
ϟ シゲル

11月

ラブ運
好きになるとカレのことで頭がいっぱい！　素直に気持ちをぶつけると、受け止めてもらえそう。勇気を出して！

フレンド運
トラブルが起きても、あなたが間に入ればすぐに解決できちゃう！　みんなに感謝されて、大切なそん在になっているよ。

11/16生まれのBOY'Sホンネ

好きなタイプ
「よく気がつく、思いやりのある子が好きだよ。お姉さんぽい子もいいよね」

ニガテなタイプ
「気を使ってもらってるのに、それに気づかないで文句言う子はイヤだなぁ」

究極の相性！
運命のカレ
3/9　3/16　5/15　5/16　5/17
7/16　11/10　11/16　11/17

キズナの友
1/8　1/17　3/15　3/19　7/16
7/17　9/16　9/17　11/16

ライバル！
2/16　2/17　4/16　4/17　4/23
6/16　6/17　6/18　8/16

うれしい！ひと言
センスがある

イヤ！NGワード
ホンネがわからない

あなたに向いている仕事 ▶ カウンセラー、アドバイザー、ミュージシャン、占い師、作曲家、画家

11月17日生まれ

さそり座 ♏

性格バランス
天然ボケ度 / コミュ力 / マジメ度 / パワフル度 / オシャレ度 / セクシー度

ラッキーアイテム
レース小物

ラッキーカラー
♡ピンクベージュ

ラッキーナンバー
1、5

ラッキールーン
↑ ティール

ラブ運
カレのハートをつかむための恋の上級テクを自然に使えるあなた。でも、じつはありのままでいるほうが、成功するよ。

フレンド運
学校のイベントで、いい思い出作りができそう。友だちと深いキズナで結ばれて、かけがえのない関係になるはず！

ラッキーファッション
クールでおすましかっこよくキメる！

みんなが注目 スマートに活やくする子

天使のおくりもの
人の注目を集める才能

頭が良く、人づき合いが上手な女の子。何でもスマートにこなしちゃうよ。天使はそんなあなたに、周りの人の注目を集める能力をあたえたよ。人の輪の中でかがやき、活やくするはず☆

天使のメッセージ
シットに注意

あなたは目立つのでシットされちゃうこともあるかも。でも気にしないことが一番だよ！

うれしい！ひと言
成功できる

イヤ！NGワード
しゅうねん深い

究極の相性！

運命のカレ
3/10　3/17　5/16　5/17　5/18
7/17　11/11　11/17　11/18

キズナの友
1/9　3/16　3/17　7/20　7/18
9/17　9/18　11/17　1/17

ライバル！
2/17　2/18　4/17　4/18　4/24
6/17　6/18　6/19　8/17

11/17生まれのBOY'Sホンネ

好きなタイプ
「頭が良くて、人のことを理解できる子が好き♡ 心を開いて話せそうだよ」

ニガテなタイプ
「人の話を聞かない子とか、すぐわすれる子。話す意味ないなって思っちゃう」

あなたに向いている仕事 ▶ コンサルタント、エコノミスト、ファイナンシャルプランナー、建築家

先頭に立って まとめる リーダー役

さそり座
11月/18日生まれ

天使のおくりもの
人の上に立って まとめる力

やさしくて、仲間思いの女の子。天使はそんなあなたに、先頭に立って友だちを引っぱるリーダーの才能をあたえたよ。いつも、みんなでいっしょに楽しむ方法を考えているよ♪

天使のメッセージ
友だちに 相談して

ときには、自分中心に考えてしまうことも。こんらんしたら、友だちに相談してみてね。

ラッキーファッション
シャツの首元は開けてリラックスコーデ

性格バランス
天然ボケ度／セクシー度／コミュ力／オシャレ度／マジメ度／パワフル度

ラッキーアイテム
ヘアケア剤

ラッキーカラー
♡シルバー

ラッキーナンバー
2、5

ラッキールーン
ᛒ ベオーク

ラブ運
カレにもフレンドリーに接してしまい、気持ちが伝わりにくいかも。ちょっぴりあまえれば、もっと好かれるはずだよ♡

フレンド運
みんなを引っぱるたのもしいところが素敵だけど、たまには友だちに弱音やなやみを聞いてもらってね。楽になるよ。

11/18生まれの BOY'Sホンネ

好きなタイプ
「周りの人のことを考える、やさしい子が一番でしょ。思いやりがあるよね」

ニガテなタイプ
「みんなにめいわくかけていることに気づかない、ドンカンな子はパスかな」

究極の相性！

運命のカレ
3/11 3/18 5/17 5/18 5/19
7/18 11/12 11/18 11/19

キズナの友
1/10 1/19 3/17 3/21 7/18
7/19 9/18 9/19 11/18

ライバル！
2/18 2/19 4/18 4/19 4/25
6/18 6/19 6/20 8/18

うれしい！ひと言
信じてるよ！

イヤ！NGワード
こわそう

あなたに向いている仕事 ▶ パティシエ、コンサルタント、エンジニア、俳優、ベンチャー企業経営者

11月19日生まれ

さそり座

自分の道をサッと決めてつき進む子

性格バランス
天然ボケ度／セクシー度／コミュ力／オシャレ度／マジメ度／パワフル度

ラッキーアイテム
ハーブキャンディ

ラッキーカラー
水色

ラッキーナンバー
3、5

ラッキールーン
M エオー

ラブ運
好きな人の前だとキンチョーしちゃう。自然にあいさつができたら、次は笑顔を見せられると、好感を持たれるよ♡

フレンド運
会話をすれば、あなたのまっすぐさがわかってもらえて、すぐ仲良しに。勇気を出して、自分から話しかけてみてね。

ラッキーファッション
ビックシャツをワンピとして着るのが好き！

天使のおくりもの
ブレない集中力

自分の中にブレない部分があって、信じる道をつき進むよ。天使はそんなあなたに、ひとつのことに集中する力をあたえたの。一度決めたら、けっして道を変えないがんばり屋さん！

天使のメッセージ
意地をはらないで！

意地をはって、素直な気持ちを表せないところがあるよ。後かいしないようにね。

うれしい！ひと言

話しやすい

イヤ！NGワード
大げさ……

究極の相性！

運命のカレ
3/12 3/19 5/18 5/19 5/20
7/19 11/13 11/19 11/20

キズナの友
1/11 1/20 3/18 3/22 7/19
7/20 9/19 9/20 11/19

ライバル！
2/19 2/20 4/19 4/20 4/26
6/19 6/20 6/21 8/19

11/19生まれのBOY'Sホンネ

好きなタイプ
「ボクを信じて、ついてきてくれる子が好きだな♡何があっても守るぜ！」

ニガテなタイプ
「意地っぱりで、自分が絶対って思っている子がダメ。かわいくないもん！」

あなたに向いている仕事 ▶ カウンセラー、ソーシャルワーカー、先生、政治家、看護師、介護福祉士

人の心の動きにビンカンな気配り上手

さそり座 11月20日生まれ

性格バランス
天然ボケ度／コミュ力／マジメ度／パワフル度／オシャレ度／セクシー度

ラッキーアイテム メモ帳
ラッキーカラー ♥コバルトブルー
ラッキーナンバー 4、5
ラッキールーン ᛗ マン

天使のおくりもの
いやしの力と楽しませる心

気まずくなったらジョークを言ってなごませるなど、気配り上手。そんなあなたは、人の心をいやし、楽しませる才能を天使にもらったの。いつも平和を願っている女の子だよ☆

天使のメッセージ
気を使いすぎないで!

人に気を使えるのは素敵だけど、つかれないようにしようね。たまには自分を一番に!

ラッキーファッション
カラフルコーデで明るさアピール

ラブ運
恋をすると受け身に。カレからのアプローチを待たず、あなたから笑顔で気持ちを伝えれば、すぐラブラブに♡

フレンド運
いつも気がつくとやさしい友だちに囲まれていて、トラブルもないみたい。親友とは家族みたいに大事に思い合っているよ。

11/20生まれのBOY'Sホンネ

- **好きなタイプ**:「人の気持ちをビンカンに感じ取る子がいい。ボクと同じ感覚だと思うんだ」
- **ニガテなタイプ**:「ヒントを出しているのに気づかなくて、空気を読めない子はざんねん……」

究極の相性!
運命のカレ
3/13 3/20 5/19 5/20 5/21
7/20 11/14 11/20 11/21

キズナの友
1/12 1/21 3/19 3/23 7/20
7/21 9/20 9/21 11/20

ライバル!
2/20 3/20 4/20 4/21 4/27
6/20 6/21 6/22 8/20

うれしい!ひと言
カリスマ!!

イヤ!NGワード
やきもち?

あなたに向いている仕事 ▶ カウンセラー、コンサルタント、俳優、調査員、研究者、鑑定士

11月21日生まれ さそり座

理想に向かい努力して夢をつかむ子

性格バランス
天然ボケ度／セクシー度／コミュ力／オシャレ度／マジメ度／パワフル度

ラッキーアイテム
記念メダル

ラッキーカラー
♥緑

ラッキーナンバー
0、5

ラッキールーン
ラーグ

ラッキーファッション
元気系カジュアルでスポーティにキメ♪

💗 ラブ運
片思いや別れ……いろいろな恋の経験がありそう。その分あなたは素敵な女の子になって、本当の恋に出会えるよ♡

フレンド運
仲がいいからこそ、負けたくないと争ってしまうときが。本気でぶつかった後、本当の友情を結ぶことができるよ！

天使のおくりもの
イメージを現実にする力

高い理想を持って、そのための努力をおしまない女の子。天使はそんなあなたに、イメージしたことを現実にできる力をあたえたよ。努力する分、少しずつ理想の自分に近づいていくはず。

天使のメッセージ
考えてから行動しよう

計画を立てないまま、物事を進めちゃうときが。家族や先生の意見も参考にしてみてね。

うれしい！ひと言
正直！

イヤ！NGワード
自信まんまん

究極の相性！

運命のカレ
3/14　3/21　5/20　5/21　5/22
7/21　11/15　11/21　11/22

キズナの友
1/13　1/22　3/20　3/24　7/21
7/22　9/21　9/22　11/21

ライバル！
2/21　2/22　4/21　4/21　4/28
6/21　6/22　6/23　8/21

11/21生まれのBOY'Sホンネ

好きなタイプ
「大きな夢を持っている子が好き。かなえるためにがんばっているのがいい」

ニガテなタイプ
「どうせムダだからとか言って、大人ぶる子がニガテ。やってみればいいのに」

あなたに向いている仕事▶ スポーツインストラクター、スポーツ選手、通訳、先生、翻訳家、政治家

みんなより先に行動して成功する子

さそり座 **11月22日生まれ**

天使のおくりもの
直観力と勝負強さ

「いいな！」と思ったことは、すぐにやってみる行動力のある女の子。天使はそんなあなたに、うまくいく方法がわかるカンのよさをあたえたよ。勝負強さがあり、本番で成功するタイプ。

天使のメッセージ
あわてずに落ち着いて

勢いだけで物事を進めがち。トラブルが起きないかどうか、少し考えてから行動しよう。

ラッキーファッション
ボーイッシュな服を女の子らしく着るよ

性格バランス
天然ボケ度／セクシー度／コミュ力／オシャレ度／マジメ度／パワフル度

ラッキーアイテム コミック本
ラッキーカラー ♥すみれ色
ラッキーナンバー 5、6
ラッキールーン ✕ イング

ラブ運
好きになってから両思いになるまでがとても早いよ！ でも気が変わるのもすぐかも。じっくり本当の恋をさがして。

フレンド運
楽しそうなことは何でも友だちといっしょに楽しみたいあなた。行動力があって、みんなのあこがれのそん在だよ！

11/22生まれのBOY'Sホンネ

好きなタイプ
「こわいもの知らずの勇かんな子が好き。いっしょに冒険の旅に出たいな」

ニガテなタイプ
「おせっかいばかりする子はニガテ。ありがたいけど、お母さんみたいだよ……」

究極の相性！

運命のカレ
3/15　3/22　5/21　5/22　5/23
7/22　11/16　11/22　11/23

キズナの友
1/14　3/21　3/22　7/25　7/23
9/22　9/23　11/22　1/22

ライバル！
2/22　2/23　4/22　4/23　4/29
6/22　6/23　6/24　8/22

うれしい！ひと言
「ウソを言わない」

イヤ！NGワード
「すぐ迷うよね」

あなたに向いている仕事 ▶ カフェオーナー、シェフ、エンジニア、オペレーター、司法書士、裁判官

11月23日生まれ

いて座

陽気な性格☆プラス思考でハッピーな子

性格バランス

- 天然ボケ度
- セクシー度
- コミュ力度
- オシャレ度
- マジメ度
- パワフル度

11月
- ラッキーアイテム：スポーツグッズ
- ラッキーカラー：♥ライトブラウン
- ラッキーナンバー：7、9
- ラッキールーン：⚭ オセル

天使のおくりもの
ポジティブに会話する力
いつでも前向きで何でも楽しめる女の子。天使はそんなあなたに、いろんな人と仲良くできるコミュニケーション能力をあたえたよ。落ちこんでいる友だちを元気にさせてあげる力も！

ラッキーファッション
ロゴ入りコーデで元気をプラス♥

LOVE ラブ運
ライバルのそん在やトラブルがあると、かえって情熱的に。こんなんを乗りこえれば、深いキズナが結べるよ。

FRIEND フレンド運
ニガテな子とも、ほどよくキョリを保って上手におつき合いできるよ。いいところを見てあげれば、仲良くなれるはず♪

天使のメッセージ
たよられて利用されないで
ピュアで明るいあなたに、たよりすぎる人も。あなたのパワーをすい取られないよう注意！

うれしい！ひと言
頭がいい

イヤ！NGワード
ちゅうとハンパ

究極の相性！
運命のカレ
3/16　3/23　5/22　5/23　5/24
7/23　11/17　11/23　11/24

キズナの友
1/15　1/24　3/22　3/26　7/23
7/24　9/23　9/24　11/23

ライバル！
2/23　3/24　4/23　4/24　4/30
6/23　6/24　6/25　8/23

11/23生まれのBOY'Sホンネ

好きなタイプ
「自信を持って行動する子っていいよね。見ていて気持ちがいいから好き♡」

ニガテなタイプ
「人のことをうらやましがっている子。自分もやればいいのにって思う」

あなたに向いている仕事▶ タレント、ジャーナリスト、コンサルタント、先生、翻訳家、銀行員

自由な心で進んでいくつき合い上手

11月24日生まれ いて座

天使のおくりもの
友だちを作る力
自由に生きたい女の子。そんなあなたに、天使はおつき合いの才能をあたえたよ。反対されても、決めた道を自由に進み、その中でたくさんの友だちができるよ！みんなから応えんされるよ。

天使のメッセージ
自分とちがう意見も参考に！
自分とちがう意見にも耳をかたむけてみよう。あなたの世界が広がるチャンスだよ。

ラッキーファッション
さわやかなトップスとミニスカが定番

性格バランス
天然ボケ度／セクシー度／コミュ力／オシャレ度／マジメ度／パワフル度

ラッキーアイテム おさいふ
ラッキーカラー ♥桃色
ラッキーナンバー 3、8
ラッキールーン ⋈ ダエグ

11月

ラブ運
こんな恋がしたい、という思いが強いあなた。カレの気持ちを大事にすれば、仲がぐっと深まってラブラブになれるよ♡

フレンド運
あなたと同じように、行動力のある友だちと気が合うよ。大人になっても、いっしょに楽しい経験ができそうだよ！

11/24生まれのBOY'Sホンネ

好きなタイプ
「自分のやり方をつらぬく子って好き♡ 意地っぱりなところがかわいい」

ニガテなタイプ
「人からどう思われているかを気にする子ってわからん。自分は自分だよ！」

究極の相性！
運命のカレ
3/17　3/24　5/23　5/24　5/25
7/24　11/18　11/24　11/25

キズナの友
1/16　1/25　3/23　3/27　7/24
7/25　9/24　9/25　11/24

ライバル！
2/24　3/24　4/24　4/25　5/1
6/24　6/25　6/26　8/24

うれしい！ひと言
オシャレだね

イヤ！NGワード
自分勝手

あなたに向いている仕事 ▶ デザイナー、カメラマン、ミュージシャン、俳優、外交官、画家、通訳

11月25日生まれ

いて座

心にひめた大きな夢をかなえる子

性格バランス
- 天然ボケ度
- セクシー度
- コミュ力度
- オシャレ度
- マジメ度
- パワフル度

ラッキーアイテム
外国のお菓子

ラッキーカラー
♥ターコイズブルー

ラッキーナンバー
3、9

ラッキールーン
ᚠ フェオ

LOVE ラブ運
ドラマチックな恋にあこがれるけど、幸せになれるのは身近な男の子との恋かも♡ あなたの良さを一番知ってるよ。

FRIEND フレンド運
遠足や学校のイベントなどで、いっしょにがんばった友だちと仲良くなれるよ。信らいし合って安心できる関係に。

ラッキーファッション
重ね着上手なファッショニスタ

天使のおくりもの
ダイタンな決断力

おとなしいけれど、大きな夢をいだいて、チャンスがあったら思い切った決断ができる女の子。天使があたえた夢を実現させる才能を使って、みんながおどろく大きな夢をかなえるよ。

天使のメッセージ
感謝の気持ちを大切に

自分の夢をかなえるために、周りの人が協力してくれるはずだよ。必ず感謝を伝えてね。

うれしい！ひと言

人にやさしい

イヤ！NGワード
よくばりだね

究極の相性！
運命のカレ
3/18　3/25　5/24　5/25　5/26
7/25　11/19　11/25　11/26

キズナの友
1/17　1/26　3/24　3/28　7/25
7/26　9/25　9/26　11/25

ライバル！
2/25　2/26　4/25　4/26　5/2
6/25　6/26　6/27　8/25

11/25生まれのBOY'Sホンネ

好きなタイプ
「ニコニコしているけど、じつはひそかにがんばってる子ってたまらない♡」

ニガテなタイプ
「がんばってるアピールをする子はパス。言わないほうがかっこいいよ！」

あなたに向いている仕事▶ タレント、コンサルタント、小説家、思想家、研究者、先生、医者、通訳

いて座

11月/26日生まれ

はなやかで注目を集めるアイドルっ子

性格バランス
天然ボケ度／コミュ力／マジメ度／パワフル度／オシャレ度／セクシー度

天使のおくりもの
人目を引くはなやかさ

いつもみんなの中心にいて、はなやかなムードや言動が目立つ女の子。天使はそんなあなたに、人の目を引きつける才能をあたえたよ。タレント性もあるから、将来は有名人かも！

天使のメッセージ
ひかえめをイシキ！

どうしても目立ってしまうあなた。親しみを感じてもらうためには、ひかえめなくらいが◎。

ラッキーファッション
トラッドコーデにキュートなバッグ♡

11月

- ラッキーアイテム：パスタ
- ラッキーカラー：♡エメラルド
- ラッキーナンバー：1、9
- ラッキールーン：ᚺ ウル

ラブ運
クラスの中でひときわ目立つそん在で、男子からも注目されるよ。恋のチャンスはいっぱいあるけど、いちずになろう！

フレンド運
モテるあなたにシットする子もいそう。ナチュラルな自分を見せると、相手も心を開いてくれて友だちになれるよ！

究極の相性！
運命のカレ
3/19 3/26 5/25 5/26 5/27
7/26 11/20 11/26 11/27

キズナの友
1/18 1/27 3/25 3/29 7/26
7/27 9/26 9/27 11/26

ライバル！
2/26 2/27 4/26 4/27 5/3
6/26 6/27 6/28 8/26

うれしい！ひと言
がんばり屋だね

イヤ！NGワード
ずるい

11/26生まれのBOY'Sホンネ

好きなタイプ
「はなやかでドラマティックな毎日を過ごしている子が理想。あきないから♡」

ニガテなタイプ
「カッコつけたり、気どったりする女の子はニガテ。ムリしてるのがイヤだな」

あなたに向いている仕事▶ショップオーナー、タレント、小説家、先生、弁護士、検事、不動産業

11月27日生まれ

いて座

性格バランス
- 天然ボケ度
- セクシー度
- コミュ力
- オシャレ度
- マジメ度
- パワフル度

11月
- ラッキーアイテム： 折りヅル
- ラッキーカラー： ラベンダー
- ラッキーナンバー： 2、3
- ラッキールーン： ソーン

こんなんにも負けない強い心の子

天使のおくりもの
前向きな心と進み続ける勇気

つらいことがあっても、「わたしはだいじょうぶ！」と信じて進む女の子。天使はあなたに、周りの人を前向きな気持ちにする才能をあたえたよ。どんなトラブルにも負けずにかがやく子。

ラブ運
クールなタイプより、明るいカレと気が合いそう。前向きなあなたを支えてくれる男の子なら、いっしょに成長できるよ。

フレンド運
気の合う友だちとは、クラスや学校が変わっても、つき合い続けよう。友情が深まり、一生の友だちになれるよ♪

ラッキーファッション
キャラもの好き！キュートな小悪魔

天使のメッセージ
他の人の意見も取り入れて

自分の考えに自信があるあなた。自分とちがう意見も聞けると、本当の強さを持てるよ。

うれしい！ひと言
「勇気がある」

イヤ！NGワード
「意地っぱり」

究極の相性！

運命のカレ
3/20 3/27 5/6 5/27 5/28
7/27 11/21 11/27 11/28

キズナの友
1/19 1/28 3/26 3/30 7/27
7/28 9/27 9/28 11/27

ライバル！
2/27 2/28 4/27 4/28 5/4
6/26 6/29 8/27

11/27生まれのBOY'Sホンネ

好きなタイプ
「いろいろ考えて、あれこれ工夫する子って楽しい。可能性を感じるよね♡」

ニガテなタイプ
「だれかに助けてもらえると思っている子はイヤ。自分でがんばろうよ！」

あなたに向いている仕事 ▶ コメディアン、スポーツ選手、エンジニア、俳優、医者、IT企業経営者

自分の道を切りひらいてつき進む子

いて座
11月/28日生まれ

性格バランス
天然ボケ度／コミュ力／マジメ度／パワフル度／オシャレ度／セクシー度

天使のおくりもの
自分らしさをつらぬく勇気
人と同じことは好まず、自分だけの道をさがして切りひらく女の子。天使はそんなあなたに、あなただけの個性と美しいものを感じるセンスをあたえたよ。自分を信じてつき進んで。

天使のメッセージ
人の結びつきを大切に
人に対して興味がなくなると、つき合いをやめちゃうところが。ねばり強くつき合って。

ラッキーファッション
ラブリーもクールもひとりじめ♥

ラッキーアイテム リング
ラッキーカラー ●黄緑
ラッキーナンバー 3、9
ラッキールーン ᚠ アンスール

11月

ラブ運
恋するあなたは、だれにも止められないほど一直線に進んじゃう♡ 冷静な心でカレに向き合うと、思いが伝わるよ!

フレンド運
ハッキリした性格のあなたは、似たタイプの友だちとうまくいくよ。たとえぶつかっても、深くわかり合える仲に。

11/28生まれのBOY'Sホンネ

好きなタイプ
「しっかり計画を立てられるクールな子はそんけいする。何でもできそう♡」

ニガテなタイプ
「おっとりしてる子は×。ペースがおそめの子はかみ合わなさそう……」

究極の相性!
運命のカレ
3/21　3/28　5/27　5/28　5/29
7/28　11/22　11/28　11/29
キズナの友
1/20　1/29　3/27　3/31　7/28
7/29　9/28　9/29　11/28
ライバル!
2/28　2/29　4/28　4/29　5/5
6/28　6/29　6/30　8/28

うれしい!ひと言
自由で楽しい

イヤ!NGワード
言うことが変わる

あなたに向いている仕事 ▶ ミュージシャン、マンガ家、作詞家、発明家、研究者、通訳、企画開発

11月29日生まれ

いて座

自分の実力で夢をかなえるスターガール

性格バランス
- 天然ボケ度
- セクシー度
- コミュ力
- オシャレ度
- マジメ度
- パワフル度

11月
- ラッキーアイテム：紅茶
- ラッキーカラー：♥ダークブラウン
- ラッキーナンバー：4、9
- ラッキールーン：R ラド

天使のおくりもの
信念とタレント性

自分の実力で夢をかなえると信じて進む女の子。そんなあなたに天使は、はなやかさとタレント性をあたえたよ。注目されるのが好きで、人前でも自分を表現できる力があるよ。

ラブ運
好きな人に自分のことを知ってほしくて、アピールしすぎちゃう。カレの話をじっくり聞いたほうがうまくいくよ♪

フレンド運
友だちのためになることは、何でもするあなた。みんながあなたに感謝する気持ちが、深い友情を育てるよ。

ラッキーファッション
シャツは太めのソデでうでの細さをアピール♪

天使のメッセージ
ひとりで決めないで！

自分の考えだけでつっ走っちゃうときが。友だちや家族のアドバイスも大切にしよう。

うれしい！ひと言
公平だね

イヤ！NGワード
オーバー

究極の相性！

運命のカレ
3/22　3/29　5/28　5/29　5/30
7/29　11/23　11/29　11/30

キズナの友
1/21　1/30　3/28　4/1　7/29
7/30　9/29　9/30　11/29

ライバル！
2/28　2/29　4/29　4/30　5/6
6/29　6/30　7/1　8/29

11/29生まれのBOY'Sホンネ

好きなタイプ
「決めたことをつらぬく、まっすぐなしっかり者が好き♡ マジメさがいい」

ニガテなタイプ
「すぐにくじける子がニガテだなー。もう少しがんばれって思っちゃう……」

あなたに向いている仕事　タレント、ツアーコンダクター、プランナー、コンサルタント、先生

ウソやズルは許せない正義の味方

11月30日生まれ
いて座

天使のおくりもの
正しいことを判断する力

曲がったことやウソがキライで、人に注意もできる女の子。そんなあなたに、天使は勝負運の強さをあたえたよ。大事な場面でも自信を持って堂々と意見して、勝利をおさめるよ。

天使のメッセージ
正義もほどほどに

正義感から、相手を追いつめすぎないようにしてね！ 人を許してあげることも大切だよ。

ラッキーファッション
デートにさそいたくなるお嬢様コーデ♥

性格バランス
天然ボケ度／コミュ力／マジメ度／パワフル度／オシャレ度／セクシー度

ラッキーアイテム パスケース
ラッキーカラー ♥紫
ラッキーナンバー 5、9
ラッキールーン く ケン

ラブ運
恋にはオクテで片思いが多くなりそう。好きな気持ちが伝わるように、カレの目を見つめてドキドキさせてみて！

フレンド運
ハッキリ意見を言ってクラスを引っぱっていくリーダーなので、人気は絶大！ 多くの友だちに囲まれて楽しく過ごすよ。

11/30生まれのBOY'Sホンネ

好きなタイプ
「熱血タイプってじつはかなり好みなんだ♡ 絶対気が合うと思うんだよね」

ニガテなタイプ
「冷めてる子ってつき合いにくい。自分が子どもに思えてきてヤダ〜！」

究極の相性！

運命のカレ
3/23　3/30　5/29　5/30　5/31
7/30　11/24　11/30　12/1

キズナの友
1/22　2/1　3/29　4/2　7/30
8/1　9/30　10/1　11/30

ライバル！
2/29　4/1　4/30　5/1　5/7
6/30　7/1　7/2　8/30

うれしい！ひと言
大物！

イヤ！NGワード
大ざっぱ

あなたに向いている仕事 ▶ フライトアテンダント、タレント、カウンセラー、冒険家、通訳、記者

バースデー 5 幸運を運ぶ!? ジンクス♡

誕生日には、昔から言い伝えられてきた、さまざまなジンクスがあるんだ。ここでは、代表的なものをしょうかいするよ。どこから伝えられてきたのか、真実かどうかはわからないけれど、信じるものは救われる……かも!?

Jinx バースデーケーキのろうそくの火を一息で消せると、願いごとがかなう!?

Jinx 19才の誕生日に、シルバーの指輪をプレゼントしてもらうと、将来幸せなケッコンができちゃう!?
※20才でゴールドのアクセサリー、21才でプラチナのアクセサリーという説も。

Jinx 自分の生まれた年に作られたお金を、白い紙に包んで、サイフに入れて持ち歩くと幸運が訪れる!?

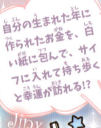

Jinx 誕生日に古い下着をすてて、すべて新品のものに交かんすると、悪いえんが切れて、新しくイイ出会いをよび寄せる!?

Jinx たまたま時計を見たときに、自分の誕生日の数字と同じ時間だと、イイことがある!?
※4月1日生まれなら4時1分。

Jinx 誕生日よりも前に誕生日パーティーをすると、誕生日当日にカゼを引く!?

12月生まれ
December
師走

12月生まれのキミへ

いろんなことに興味を持って、「やってみようよ」と友だちをまきこむキミ。クラスでも注目されてるぞ。

12月の幸せおまじない

クリスマスのリースなどで使うヒイラギの葉っぱを1枚用意して。トゲのあるヒイラギは、世界中で「魔よけの葉」と言われているよ。何となく落ちこむ日が続いたら、この葉っぱを金色のマーカーペンでぬりつぶし、それをお守りにして、仲良しの友だちに会いにいこうね。すると、友だちがあなたの元気を引き出して、イヤなことをみんなわすれさせてくれるよ。

12月の行事

冬至

「冬至」は毎年12月22日ごろ。この日を境に「運が変わる」と言われているよ。元気がない人、ついてないなと思う人は、この日から気持ちを切りかえてがんばろうね。

12月1日生まれ

いて座

いつでもフェア 正義感ある 明るい子

性格バランス
- 天然ボケ度
- セクシー度
- コミュ力
- オシャレ度
- マジメ度
- パワフル度

ラッキーアイテム
辞書

ラッキーカラー
♥コバルトブルー

ラッキーナンバー
3、9

12月のラッキールーン
×ギューフ

天使のおくりもの
友だち作りの才能と正義感

明るい性格で、だれとでも公平に、ホンネでつき合う女の子。天使からもらった友だち作りの才能を生かしておつき合いを広げ、みんなから信らいされているよ。正義感の強さもミリョク。

ラッキーファッション
ピュアでキュートなガーリースタイル♡

LOVE ラブ運
見た目に左右されず、性格で相手を選ぶので、幸せな恋ができるよ。あなたが選んだカレは、あなたを大切にしてくれるよ♡

FRIEND フレンド運
いろんなタイプの友だちと上手につき合える子。うわべだけでなく、心からわかり合える相手が近くにいるよ！

天使のメッセージ
小さなことは気にしないで

気になったら、とことん調べないと気がすまないけど、気にしすぎるとつかれちゃうよ。

うれしい！ひと言
信じてる！

イヤ！NGワード
移り気だね

究極の相性！
運命のカレ
3/24 4/1 5/30 6/1 6/2
8/1 11/25 12/1 12/2

キズナの友
1/23 2/2 3/30 4/3 8/1
8/2 10/1 10/2 12/1

ライバル！
3/1 3/2 5/1 5/2 5/8
7/1 7/2 7/3 9/1

12/1生まれのBOY'Sホンネ

好きなタイプ
「好きキライがなくてだれにでも親切な子がいい。仲良くなりたいって思う」

ニガテなタイプ
「ちょっとでもイヤなことがあると、周りに八つ当たりする子はかんべん！」

あなたに向いている仕事▶ タレント、コンサルタント、ディレクター、俳優、政治家、司会者、通訳

12月2日生まれ

いて座

自分を信じる シンの強い しっかり者

天使のおくりもの
心の強さと愛され力

自分の考えをしっかり持って、人の意見には流されない女の子。天使はそんなあなたに、人を引きつけて愛されるミリョクをあたえたよ。家族や友だちに支えられる運も持っているみたい。

天使のメッセージ
マイナスに考えないこと

物事を勝手に悪いほうに考えてユウウツになるクセが。ひとりで考えすぎないようにね。

ラッキーファッション
さらりとカッコイイ ボーイッシュコーデ☆

性格バランス
天然ボケ度／セクシー度／コミュ力／オシャレ度／マジメ度／パワフル度

- **ラッキーアイテム**：自分の写真
- **ラッキーカラー**：桃色
- **ラッキーナンバー**：5、9
- **ラッキールーン**：ᛩ ウィン

ラブ運
好きな人の前だと、照れてしまって自分を出せないみたい。かざらないありのままが、じつは一番ミリョク的だよ！

フレンド運
争うのがキライなあなた。友だち同士のトラブルを防ぎ、仲直りの手伝いも。あなたをそんけいする子はたくさんいるよ！

12/2生まれのBOY'Sホンネ

- **好きなタイプ**：「ベストを目指してがんばる、けなげ子が好き。応えんして助けたくなる♡」
- **ニガテなタイプ**：「いそがしいとか大変とかばっかり言う子。みんなもいそがしくて大変だし」

究極の相性！

運命のカレ
3/25　4/2　6/1　6/2　6/3
8/2　11/26　12/2　12/3

キズナの友
1/24　2/3　4/1　4/4　8/2
8/3　10/2　10/12　12/2

ライバル！
3/2　3/3　5/2　5/3　5/9
7/2　7/3　7/4　9/2

うれしい！ひと言
あたたかいね

イヤ！NGワード
ひがみじゃん

あなたに向いている仕事 ▶ コンサルタント、ケアマネージャー、カウンセラー、看護師、介護福祉士

12月3日生まれ

いて座

性格バランス
天然ボケ度 / コミュ力度 / マジメ度 / パワフル度 / オシャレ度 / セクシー度

ラッキーアイテム 携帯電話
ラッキーカラー ♥黒
ラッキーナンバー 1、6
ラッキールーン 12月 N ハガル

LOVE ラブ運
キズつくのをこわがらずに、好きになった人へアプローチできるタイプ。思いはカレに届いてうまくいく可能性が高いよ♡

FRIEND フレンド運
みんなに何かしてもらったら、「ありがとう」や「ごめんね」をわすれないあなた。友だちに大事にされるはずだよ！

ラッキーファッション
さわやかキレイなお姉さん風コーデ！

だれにでも やさしくて 明るい人気者

天使のおくりもの
やさしさと陽気さ
おもしろいことが大好きな、陽気で明るい女の子。天使はあなたに、だれにでもやさしくできる才能をあたえたよ。あなたにやさしさをもらった人は、みんなあなたを大好きになるよ♪

天使のメッセージ
キツいひと言はタブー！
ウソがつけず、正直に言ったひと言がキツいときがあるよ。言う前にちょっと考えよう。

うれしい！ひと言
カッコイイ！

イヤ！NGワード
どうせムリ

究極の相性！
運命のカレ
3/26 4/3 6/2 6/3 6/4
8/3 11/27 12/3 12/4

キズナの友
1/25 2/4 4/2 4/5 8/3
8/4 10/3 10/4 12/3

ライバル！
3/3 3/4 5/3 5/4 5/10
7/3 7/4 7/5 9/3

12/3生まれのBOY'Sホンネ

好きなタイプ
「ウラオモテのない子ってものすごくミリョク的♡絶対大事にしなきゃ！」

ニガテなタイプ
「話がもり上がらない子。いっしょに楽しめないとだんだんつらくなる……」

あなたに向いている仕事 ▶ コメディアン、スポーツ選手、ファッション業界、飲食店経営者、発明家

いて座 12月/4日生まれ

しっかり者で
せい実な
知的ガール

天使のおくりもの
真けんさとねばり強さ

曲がったことがキライなマジメな性格で、勉強やクラスの仕事もきちんとやる女の子。天使はあなたに、物事にせい実に向き合う才能をあたえたよ。真けんさとねばり強さはピカイチ！

天使のメッセージ
休みながらがんばろう

やりたいことがありすぎて、いそがしくなりがち。少し休むと、またがんばれるよ！

ラッキーファッション
トラッドスタイルで優等生気分♪

性格バランス
天然ボケ度／セクシーど度／コミュ力／オシャレど度／マジメど度／パワフル度

ラッキーアイテム
フルーツタルト
ラッキーカラー
サーモンピンク
ラッキーナンバー
3、7
ラッキールーン
ニイド

12月

ラブ運 LOVE
男の子の友だちとは自然につき合えるけど、好きな人だと冷たくしがち。素直になればうまくいくからがんばって！

フレンド運 FRIEND
まちがっていると思ったら、相手がだれでもハッキリ言うあなた。その勇気が信らいされて、ファンになる子が多いよ。

 12/4生まれの BOY'Sのホンネ

好きなタイプ
「周りなんて気にしないで自分のシュミをつらぬいている子。いさぎよい！」

ニガテなタイプ
「めんどう見がいい子は好きだけど、おせっかいまでいくとパス！」

究極の相性！
運命のカレ
3/27　4/4　5/6　6/4　6/5
8/4　11/28　12/4　12/5
キズナの友
1/26　2/5　4/3　4/6　8/4
8/5　10/4　10/5　12/4
ライバル！
3/4　3/5　5/4　5/5　5/11
7/4　7/5　7/6　9/4

うれしい！ひと言
頭がいい

イヤ！NGワード
ひとりよがり

あなたに向いている仕事 ▶ スポーツ選手、プロデューサー、プログラマー、研究者、発明家、経営者

12月5日生まれ

いて座

流行大好き！オシャレで目立つ女の子

性格バランス
- 天然ボケ度
- コミュ力
- マジメ度
- パワフル度
- オシャレ度
- セクシー度

ラッキーアイテム 帽子
ラッキーカラー ♡オフホワイト
ラッキーナンバー 1、8
ラッキールーン イス

12月

天使のおくりもの
好奇心と情報力

新しいことやめずらしいものに興味を持つ女の子。天使があたえた、流行をイチ早くキャッチする才能と情報力を生かして、個性的なオシャレをするはず。どこにいても目立つタイプ！

ラッキーファッション
流行にビンカンで大人っぽいコーデ☆

LOVE ラブ運
恋をしたら、いちずになるタイプ。その一生けん命さでカレのハートをつかんで、ラブラブなおつき合いができそうだよ♡

FRIEND フレンド運
楽しい話題がいっぱいなので、友だちから大人気だよ。オシャレで行動的なところにあこがれている子も多いはず☆

天使のメッセージ
かんたんに目移りしないで

一度経験したら興味がなくなるタイプ。たまにはひとつのことにじっくり向き合おう。

究極の相性！

運命のカレ
3/28 4/5 6/4 6/5 6/6
8/5 11/29 12/5 12/6

キズナの友
1/27 2/6 4/4 4/7 8/5
8/6 10/5 11/6 12/5

ライバル！
3/5 5/5 5/11 5/12
7/5 7/6 7/7 9/5

うれしい！ひと言
するどい

イヤ！NGワード
気まぐれ

12/5生まれのBOY'Sホンネ

好きなタイプ
「初めてのことにちょうせんしてみる子が好き♡ 見ていてワクワクする♡」

ニガテなタイプ
「自分から動かないで、人がやってくれるのを待っている子はニガテです」

あなたに向いている仕事 ▶ ファイナンシャルプランナー、探偵、小説家、考古学者、薬剤師、研究者

チームの中でリーダーとしてかがやく子

12月/6日生まれ　いて座

性格バランス
- 天然ボケ度
- セクシー度
- コミュ力
- オシャレ度
- マジメ度
- パワフル度

ラッキーアイテム
友だちとの写真

ラッキーカラー
♥ルビーレッド

ラッキーナンバー
1、9

ラッキールーン
〈〉ヤラ

12月

天使のおくりもの
行動力と見きわめる力

物事を判断する力と行動力にめぐまれた女の子。天使があたえた、人をまとめる能力を生かして、ひとりよりチームプレイで活やくするはず。リーダーとしてたよられるそんざいだよ。

天使のメッセージ
自信があっても油断しないで

自分は失敗しないと思って油断すると、トラブルにまきこまれるよ。気を引きしめて！

ラッキーファッション
カジュアルスタイルで元気いっぱい！

ラブ運
行動力のあるところがミリョクで、男の子から大人気♡ やさしいお兄さんタイプの男の子と、相性バツグンみたい！

フレンド運
恋より友情をゆう先することがあるくらい、友だちと過ごすのが好き。気が合う仲間と笑える時間が何より大事なタイプ。

12/6生まれのBOY'Sホンネ

好きなタイプ
「仲間思いの子が好き。自分のことより友だちのことを考えるってすごいよ」

ニガテなタイプ
「自分勝手な文句ばっかり言っている子には、近よりたくなくなるなぁ……」

究極の相性！

運命のカレ
3/29　4/6　6/5　6/6　6/7
8/6　11/30　12/6　12/7

キズナの友
1/28　2/7　4/5　4/8　8/6
8/7　10/6　10/7　12/6

ライバル！
3/6　3/7　5/6　5/7　5/13
7/6　7/7　7/8　9/6

うれしい！ひと言
個性的

イヤ！NGワード
遊び好き

あなたに向いている仕事 ▶ デザイナー、イラストレーター、フローリスト、料理研究家、研究者

12月7日生まれ

いて座

みんなの和をつなげる心の広い子

性格バランス
- 天然ボケ度
- コミュ力
- マジメ度
- パワフル度
- オシャレ度
- セクシー度

ラッキーアイテム ペンポーチ
ラッキーカラー ♥オレンジ
ラッキーナンバー 1、3
12月 ラッキールーン ユル

LOVE ラブ運
かわいらしいふんいきで、特に年上の男の子から人気！ 少しだけ勇気を出して好意を伝えられれば、すぐ両思いに♡

FRIEND フレンド運
性格のいい子やしっかりした子と仲良くなって、楽しい学校生活を送れるよ。いろんな場面で仲間に助けられるはず！

ラッキーファッション
せいそかわいいオトメファッション♡

天使のおくりもの
人の和をつなぐ才能
だれに対してもやさしくて、心の広い女の子。天使はあなたに、人と人をつなぐ力をあたえたよ。みんなを仲良しにさせる力があるみたい。あなたの周りは不思議とみんな仲がいいはず！

天使のメッセージ
やさしい言葉を選んで
おこると冷たい言い方になっちゃう。相手の気持ちになって、言葉を選んであげようね！

うれしい！ひと言
感謝してる

イヤ！NGワード
たんじゅん～

究極の相性！
運命のカレ
3/30 4/7 6/6 6/7 6/8
8/7 11/31 12/7 12/8

キズナの友
1/29 2/8 4/6 4/9 8/7
8/8 10/7 10/8 11/8 12/7

ライバル！
3/7 3/8 5/7 5/8 5/14
7/7 7/8 7/9 9/7

12/7生まれのBOY'Sホンネ
好きなタイプ
「いつもおとなしいのに、キメるときはキメるって子はカッコよすぎるし！」

ニガテなタイプ
「一番こまるのは、かんたんにウソをつく子。信用できないから不安になる」

あなたに向いている仕事 ▶ カウンセラー、サービス業、医者、看護師、介護福祉士、国際機関職員

信じた道を まっすぐ歩み 夢をかなえる

12月/8日生まれ いて座

天使のおくりもの
ねばり強さと勇気

あなたは信じるものに向かってまっすぐに進む女の子。そんなあなたに、天使は興味のあることにチャレンジする力をあたえたよ。あきらめなければ、かならず夢をかなえられるよ。

天使のメッセージ
ときには一歩引いてみよう

意見がぶつかると、ケンカになっちゃうことも。一歩引くと、うまくまとまるよ！

性格バランス
天然ボケ度／コミュ力／マジメ度／パワフル度／オシャレ度／セクシー度

ラッキーアイテム
英語の本
ラッキーカラー
♥シルバー
ラッキーナンバー
2、3
ラッキールーン
ペオース

ラッキーファッション
シャツ×ニットでオシャレな重ね着☆

ラブ運
モテるので、たくさんの恋を経験しそう。そして最後は大恋愛に！ やさしいカレと幸せになる運命が待っているよ♡

フレンド運
ひとりで過ごすのも気楽で好きなあなた。でもいったん友だちの輪に入れば、中心的な人物として活やくできる女の子だよ♪

12/8生まれのBOY'Sホンネ

好きなタイプ
「チャレンジする子がまぶしい。うまくいくといいねって、いのっちゃう♡」

ニガテなタイプ
「こわがってばかりの子はフォローが大変！ しっかりしてよって思っちゃう」

究極の相性！

運命のカレ
3/31 4/8 5/7 6/8 6/9
8/8 12/1 12/8 12/9

キズナの友
1/30 2/9 4/7 4/10 8/8
8/9 10/8 10/9 12/8

ライバル！
3/8 3/9 5/8 5/9 5/15
7/8 7/9 7/10 9/8

うれしい！ひと言
アイデアがすごい

イヤ！NGワード
大げさ

あなたに向いている仕事 ▶ コンサルタント、ファイナンシャルプランナー、発明家、政治家、弁護士

12月9日生まれ

いて座

夢に向かってつき進む！行動的な子

性格バランス
- 天然ボケ度
- コミュ力
- マジメ度
- パワフル度
- オシャレ度
- セクシー度

ラッキーアイテム
マグネット

ラッキーカラー
♥ショッキングピンク

ラッキーナンバー
1、3

12月 ラッキールーン
エオロー

ラッキーファッション
アクティブに動けるパンツスタイル！

天使のおくりもの
えがいた夢を実現する力
夢や理想に向かってがんばり、思い立ったらすぐに行動する女の子。天使はあなたに、心に決めたことを実現する能力をあたえたよ。一度始めたことはあきらめない、ねばり強さもあるよ。

天使のメッセージ
ひとりで進めないこと
決断力がありすぎて、何でも自分だけで決めがち。人のアドバイスも役に立つはずだよ。

LOVE ラブ運
好きな人を追いかけるけど、トラブルがあるとあっさり引いてしまいそう。ねばり強さがあれば、恋はかなうよ♡

FRIEND フレンド運
たよりにされがちだけれど、本当は自分がたよりたいと思っているはず。落ちついたお姉さんタイプの子に相談してみて！

うれしい！ひと言
勇気ある！

イヤ！NGワード
あきっぽい

究極の相性！

運命のカレ
4/1　4/9　6/8　6/9　6/10
8/9　12/2　12/9　12/10

キズナの友
1/31　2/10　4/8　4/11　8/9
8/10　10/9　10/10　12/9

ライバル！
3/9　3/10　5/9　5/10　5/16
7/9　7/10　7/11　9/9

12/9生まれのBOY'Sホンネ

好きなタイプ
「ちょっとドジでも、マジメでがんばり屋な子！一生けん命でかわいい♡」

ニガテなタイプ
「その場のふんいきをこわすような、冷めたことを平気で言う子。やめてよ～」

あなたに向いている仕事 ▶ スポーツ選手、俳優、建築家、小説家、翻訳家、政治家、先生、弁護士

いちずに夢を形にするピュアガール

12月/10日生まれ いて座

性格バランス
天然ボケ度 / セクシー度 / コミュ力 / オシャレ度 / マジメ度 / パワフル度

天使のおくりもの
素直な心と豊かな感受性

あなたはとても素直な、がんばり屋の女の子。天使はあなたに、豊かな感受性をさずけたよ。心に思いうかんだイメージを形にすることで、人に感動をあたえられる才能があるみたい！

天使のメッセージ
あわてないでよゆうを持って

せっかちで、話を聞かないところがあるよ。話は最後まで聞くようにしようね。

ラッキーアイテム
外国のコイン
ラッキーカラー
♥ターコイズブルー
ラッキーナンバー
3、4
ラッキールーン
シゲル

ラッキーファッション
リボンがキュートなワンピースコーデ♡

ラブ運
好きな気持ちは言葉より、笑顔や態度で何となく示すほうがかわいく思われるみたい。告白はカレのほうから♡

フレンド運
おもしろいことを見つけて、友だちと楽しむのが好き。あなたの行動力に、みんなもいいシゲキを受けているはず。

12/10生まれのBOY'Sホンネ

 好きなタイプ
「ていねいな言葉使いの子が好き！　何でもしてあげたくなるんだよね」

 ニガテなタイプ
「キンチョーしすぎるのはかんべんして。こっちもキンチョーしちゃうから」

究極の相性！

運命のカレ
4/2　4/10　6/9　6/10　6/11
8/10　12/3　12/10　12/11

キズナの友
2/1　2/11　4/9　4/12　8/10
8/11　11/10　11/11　12/10

ライバル！
3/10　3/11　5/10　5/11　5/17
7/10　7/11　7/12　9/10

うれしい！ひと言
おおらか

イヤ！NGワード
雑！

あなたに向いている仕事▶ タレント、コメディアン、エンジニア、スポーツ選手、俳優、経営者

12月11日生まれ

いて座

性格バランス
天然ボケ度／コミュ力／マジメ度／パワフル度／オシャレ度／セクシー度

- **ラッキーアイテム**　LEDライト
- **ラッキーカラー**　♥チェリーピンク
- **ラッキーナンバー**　3、5
- **ラッキールーン**　↑ ティール

ラブ運
好きな人には笑顔であいさつをしてみて。感じのいいあいさつを返してくれたら、ロマンティックな恋が始まるよ♡

フレンド運
やさしいあなたのことを、近くにいる友だちはよくわかってくれているよ。何でも話せる子とは、長い友情が続くはず。

ラッキーファッション
レトロでオシャレなふんわりスタイル！

人の意見を大切にする素直な子

天使のおくりもの
素直な心と決断する力

親しみやすくて、自分をかざらないところがミリョク。天使はそんなあなたに、人の意見に耳をかたむける素直な心をあたえたの。でも最後の決断は必ず自分で行う、勇かんな女の子だよ。

天使のメッセージ
いつも目標を持とう

情熱をそそぐものがないとたいくつしちゃいそう。目標があると、いつもかがやけるはず。

うれしい！ひと言
ナチュラル☆

イヤ！NGワード
人見知り

究極の相性！

運命のカレ
4/3　4/11　6/10　6/11　6/12
8/11　12/4　12/11　12/12

キズナの友
2/2　2/12　4/10　4/13　8/11
8/12　10/11　10/12　12/11

ライバル！
3/11　3/12　5/11　5/12　5/18
7/11　7/12　7/13　9/11

12/11生まれのBOY'Sホンネ

好きなタイプ
「細かいことを言わないで、見守ってくれる子がいい♡やさしい子が一番！」

ニガテなタイプ
「いじわるな子は本当に×。少しでもイヤなことされたらもう近づきたくない！」

あなたに向いている仕事　デザイナー、スポーツ選手、ミュージシャン、銀行員、公務員、経営者

こだわらない サッパリ感が ミリョクの子

いて座
12月12日生まれ

天使のおくりもの
ねばり強さと がんばる力

明るくサッパリした性格で、自分をより良くしたいという向上心がある子。天使はあなたに、つらいことに負けない根性とスタミナをあたえたよ。失敗をバネに大きくジャンプできるタイプ。

天使のメッセージ
落ち着く時間も作ろう

たまには立ち止まってゆっくりして。自分で思うよりつかれていることがあるよ。

ラッキーファッション
スポーツMIXで元気っ子アピール

性格バランス
天然ボケ度／コミュ力／マジメ度／パワフル度／オシャレ度／セクシー度

ラッキーアイテム
アロマランプ

ラッキーカラー
水色

ラッキーナンバー
3、6

ラッキールーン
ᛒ ベオーク

12月

ラブ運
どんな男の子とも気軽におしゃべりできるあなた。意識していなかった相手と、とつぜん本物の恋が始まりそう♡

フレンド運
社交的で、友だちはいっぱいいるはず。自分とよく似た、楽しいことが大好きな友だちとアツい友情をきずくよ！

12/12生まれの BOY'Sホンネ

 好きなタイプ
「思い立ったらすぐ行動する子。カッコイイし、見ていて気持ちいい！」

 ニガテなタイプ
「お母さんみたいに何でもやってくれる子。自分でやりたいタイプなんだ」

究極の相性！
運命のカレ
4/4 4/12 6/11 6/12 6/13
8/12 12/5 12/12 12/13

キズナの友
2/3 2/13 4/11 4/14 8/12
8/13 10/12 10/13 12/12

ライバル！
3/12 3/13 5/12 5/13 5/19
7/12 7/13 7/14 9/12

うれしい！ひと言
行動力がある

イヤ！NGワード
気まぐれ

あなたに向いている仕事 ▶ プロデューサー、スポーツ選手、俳優、冒険家、記者、発明家、映画監督

12月13日生まれ

いて座

チャンスを生かせる幸運ガール

性格バランス
- 天然ボケ度
- セクシー度
- コミュ力
- オシャレ度
- マジメ度
- パワフル度

ラッキーアイテム
携帯ゲーム機

ラッキーカラー
♡桜色

ラッキーナンバー
1、7

ラッキールーン
M エオー

天使のおくりもの

強運を招く才能

冒険が大好きで、新しいことにちょうせんする勇気がある女の子。天使はあなたに、ここぞというときに強運を招きよせる才能をあたえたの。自分の力で人生をプラスに変えていくよ。

ラッキーファッション
ビタミンカラーでアクティブコーデ♪

天使のメッセージ

ゴール手前であきらめないで

夢中になったことも、だんだんあきてしまうところが。がんばってやりとげよう！

LOVE ラブ運

せっかく恋を手に入れても、急に気持ちが冷めてしまうところが。相手のいいところを見つけていく努力が長続きのコツだよ。

FRIEND フレンド運

勉強や習い事も、友だちといっしょならがんばれる♪　はげまし合いながら、友情を深めていくかたちがよさそう。

うれしい！ひと言
「たよりになる」

イヤ！NGワード
「ジマンっぽい」

究極の相性！

運命のカレ
4/5　4/13　6/12　6/13　6/14
8/13　12/6　12/13　12/14

キズナの友
2/4　2/14　4/12　4/15　8/13
8/14　10/13　10/14　12/13

ライバル！
3/13　3/14　5/13　5/14　5/20
7/13　7/14　7/15　9/13

12/13生まれのBOY'Sホンネ

好きなタイプ
「頭が良くて、きれいで、個性的な子。とにかく自立つ子が好きなんだよね」

ニガテなタイプ
「やさしくない子。どんなにかわいくても、思いやりがない子はNGだよ」

あなたに向いている仕事 ▶ デザイナー、エンジニア、カウンセラー、俳優、先生、研究者、建築家

いて座 **12月/14日生まれ**

プラス思考で自分も周りも明るくする子

天使のおくりもの
人を元気にする力

いつも前向きで、失敗してもくじけないプラス思考の女の子。天使はあなたに、キズついた人を笑顔や言葉でなぐさめる才能をあたえたよ。明るいあなたは、みんなを元気にできる子！

天使のメッセージ
落ち着いて周りを見よう

元気なあなただけど、ときには落ち着いて深こきゅうして。周りの様子が見えるよ！

ラッキーファッション
ワイドパンツで上級者オシャレ☆

性格バランス
天然ボケ度・セクシー度・コミュ力・オシャレ度・マジメ度・パワフル度

- **ラッキーアイテム** ガイドブック
- **ラッキーカラー** ♥ブラウン
- **ラッキーナンバー** 3、8
- **ラッキールーン** ᛗ マン

ラブ運
友だちみたいにつき合えるカレとなら、うまくいきそう。何でも話し合える親友みたいなそん在で、かけがえのない相手に。

フレンド運
友だちを元気づける名人。あなたといっしょだと、落ちこんでいた友だちもいつのまにか笑顔を取りもどすみたい！

12/14生まれのBOY'Sホンネ

好きなタイプ
「夢を追いかけてまっすぐ進む子が好きだな。いっしょにがんばれそう！」

ニガテなタイプ
「自分の話ばっかりする子。ボクの話も聞いてくれないと、楽しくないよ〜」

究極の相性！

運命のカレ
4/6　4/14　6/13　6/14　6/15
8/14　12/7　12/14　12/15

キズナの友
2/5　2/15　4/13　4/16　8/14
8/15　10/14　10/15　12/14

ライバル！
3/14　3/15　5/14　5/15　5/21
7/14　7/15　7/16　9/14

うれしい！ひと言
「ていねい！」

イヤ！NGワード
「比べないで」

あなたに向いている仕事 ▶ デザイナー、占い師、研究者、医者、学芸員、薬剤師、公務員、先生

12月/15日生まれ

いて座

性格バランス
- 天然ボケ度
- セクシー度
- コミュ力
- オシャレ度
- マジメ度
- パワフル度

ラッキーアイテム 海外のおみやげ
ラッキーカラー ♥ライムグリーン
ラッキーナンバー 1、9
ラッキールーン ↑ ラーグ（12月）

ラッキーファッション：大きめパーカーでだぼっとかわいい♡

スポーツ万能 アクティブで 明るい人気者

天使のおくりもの
頭の良さと運動能力
パッと人目を引く明るさがあり、頭が良くてアクティブなので人気者。天使はあなたに、バツグンの運動神経をあたえたの。夢中になれるものを見つけたら、大活やくしそうだよ！

天使のメッセージ
予想して計画を立てよう
いいなと思ったら、とりあえず始めちゃう。少ししんちょうになると失敗も減るよ！

LOVE ラブ運
モテるので、恋のチャンスはいっぱいあるはず。本物の恋に出会うには、外見より性格で相手を見るのが大事だよ☆

FRIEND フレンド運
にぎやかで楽しいことが好きで、自然とグループ行動が多くなりそう。心を開いて何でも話せる仲間にめぐまれるよ。

うれしい！ひと言
「話しやすい」

イヤ！NGワード
「すぐほしがる」

究極の相性！
運命のカレ
4/7 4/15 6/14 6/15 6/16
8/15 12/8 12/15 12/16

キズナの友
2/6 2/16 4/14 4/17 8/15
8/16 10/15 10/16 12/15

ライバル！
3/15 3/16 5/15 5/16 5/22
7/15 7/16 7/17 9/15

12/15生まれのBOY'Sホンネ

好きなタイプ
「何かひとつでも、人よりすごい才能を持っている子。カッコイイじゃん！」

ニガテなタイプ
「人のうわさ話ばっかりする子はパス。うわさされてる子がかわいそうだよ」

あなたに向いている仕事 ▶ パフューマー、シェフ、パタンナー、デザイナー、研究者、弁護士、詩人

何でもうまく こなせちゃう 才能豊かな子

いて座

12月16日生まれ

性格バランス
天然ボケ度 / コミュ力 / マジメ度 / パワフル度 / オシャレ度 / セクシー度

天使のおくりもの
強い心と身体能力

才能豊かで、特に努力しなくても何でもできちゃう女の子。天使はあなたに、すぐれた身体能力と強い精神力をあたえたよ。パワフルに人生を歩んでいき、根性で夢をかなえるよ！

天使のメッセージ
ときには力をぬいて

何でも全力で取り組んじゃうから、ストレスも。力の入れ方は物事によって変えてみて。

ラッキーアイテム
チケット

ラッキーカラー
♥朱色

ラッキーナンバー
1、3

ラッキールーン
✕ イング

ラッキーファッション
ふんわりブラウスでお姉さんコーデ☆

ラブ運
好きな人の心を自然につかめちゃうあなた。ひとりの人をずっと大切にするから、相手からも大切にされるタイプ。

フレンド運
おしゃべり上手で、聞くのも上手だから、いつもたくさん友だちがいるよ。ホンネを話せる子とは一生の友だちに☆

12/16生まれのBOY'Sホンネ

好きなタイプ
「さっぱりした、行動的な子がいい。興味を持ったことに飛びこむ子が好き」

ニガテなタイプ
「うじうじとおくびょうな子は見ていて心配で落ち着かないからニガテ」

究極の相性！

運命のカレ
4/8　4/16　6/15　6/16　6/17
8/16　12/9　12/16　12/17

キズナの友
2/7　2/17　4/15　4/18　8/16
8/17　10/16　10/17　12/16

ライバル！
3/16　3/17　5/16　5/17　5/23
7/16　7/17　7/18　9/16

うれしい！ひと言
思いやりがある

イヤ！NGワード
カンにたよりすぎ

あなたに向いている仕事 ▶ ミュージシャン、カメラマン、ケアマネージャー、看護師、獣医師、先生

12月17日生まれ いて座

情熱いっぱい夢を追うファイター!

性格バランス
天然ボケ度／コミュ力／マジメ度／パワフル度／オシャレ度／セクシー度

ラッキーアイテム スポーツウェア
ラッキーカラー ♥ローズピンク
ラッキーナンバー 1、2
ラッキールーン オセル

天使のおくりもの
ねばり強くつき進む力

やると決めたことにまっすぐ取り組んで、とちゅうであきらめることがない女の子。天使はあなたに、だれにも負けないファイトをあたえたよ。失敗しても、それをバネにがんばるよ!

ラッキーファッション
セクシーオシャレなヒョウ柄がポイント

天使のメッセージ
自分にごほうびを

たまには好きなおかしを食べてダラダラするなど、自分をあまやかすとパワーがたまるよ。

ラブ運
好きになったらいちず。カレのことしか見えなくなっちゃうかも。落ち着いた大人っぽいタイプのカレが相性バツグン♡

フレンド運
クラスのリーダーとして、たよりにされているよ。支えてくれる友だちがいるからがんばれるの。感謝をわすれずにね。

うれしい!ひと言 がんばりや
イヤ!NGワード 決められない

究極の相性!
運命のカレ
4/9 4/17 6/16 6/17 6/18 8/17 12/10 12/17 12/18

キズナの友
2/8 2/18 4/16 4/19 8/17 8/18 10/17 10/18 12/17

ライバル!
3/17 3/18 5/17 5/18 5/24 7/17 7/18 7/19 9/17

12/17生まれのBOY'Sホンネ
好きなタイプ
「おもしろくて、でもしっかりした子が好きだな♡いっしょにいてあきない」

ニガテなタイプ
「ちゅうとハンパな子がニガテ。最後までやらなかったり、手をぬいたり……」

あなたに向いている仕事 ▶ ネイリスト、スポーツ選手、小説家、弁護士、先生、美容師、建築家

独自の感性で活やくする行動的な子

いて座
12月18日生まれ

天使のおくりもの
行動力と芸術的センス

あなたは、じっと待っているより行動するのが好きな女の子。天使はそんなあなたに、クリエイターの才能をあたえたよ。歌や楽器演奏、ダンスなど、トクイな分野で活やくするよ。

天使のメッセージ
人の目を気にしないで

あなたは注目を集めるから大変。でも、周りの目は気にせずその才能を楽しんで!

性格バランス
天然ボケ度／セクシー度／コミュ力度／オシャレ度／マジメ度／パワフル度

ラッキーアイテム ヘアアクセ
ラッキーカラー ♥すみれ色
ラッキーナンバー 1、3
ラッキールーン ダエグ

ラッキーファッション
お嬢様風の上品ファッション♪

ラブ運
好きな人のハートをつかんだとたん、急に気持ちが冷めてしまうことが。じっくり相手と向き合う恋をすると楽しいよ!

フレンド運
こまっている人を見たらほうっておけないあなた。そんなあなたがミリョク的で、たくさんの友だちが集まるはず。

12/18生まれの BOY'Sホンネ

好きなタイプ
「ガマン強さとやる気のある子が好きだな。そういう子は信用できるから♡」

ニガテなタイプ
「すぐにあきらめる子って理解できないんだよね。もっとがんばろうよ……」

究極の相性!
運命のカレ
4/10 4/18 6/17 6/18 6/19
8/18 12/11 12/18 12/19

キズナの友
2/9 2/19 4/17 4/20 8/18
8/19 10/11 10/19 12/18

ライバル!
3/18 5/18 5/19 5/25
7/18 7/19 7/20 9/18

うれしい!ひと言
「勇かん!」

イヤ!NGワード
「強引」……

あなたに向いている仕事 ▶ スポーツ選手、タレント、冒険家、美容師、政治家、経営者、広告業界

12月/19日生まれ

いて座

幸せオーラあふれるやさしい子

性格バランス
- 天然ボケ度
- セクシー度
- コミュ力
- オシャレ度
- マジメ度
- パワフル度

ラッキーアイテム
キーホルダー

ラッキーカラー
♥ミントグリーン

ラッキーナンバー
3、4

12月 ラッキールーン
ᚠ フェオ

天使のおくりもの
あたたかさと人をいやす力

やさしくてふんわりとした、みんなに好かれる女の子。天使はあなたに、人の苦しみをそっと取りのぞくことができる力をあたえたよ。みんなをいやす才能を持っているみたい。

ラッキーファッション
オフショルダーでクール&かわいい♡

ラブ運
恋多きオトメだから、ひとりに決められないかも!? もっと大人になったら、本物の恋をして愛する人と結ばれるよ♡

フレンド運
友だちにたのまれたら、ノーと言えず、何でも引き受けてつかれちゃう。断っても友だちは仲良しのままだからムリしないで。

天使のメッセージ
落ち着いて周りも見よう

夢中になると、その世界に入りこんじゃう。一度落ち着いて、周りを見てみよう。

うれしい!ひと言
新せん!

イヤ!NGワード
大げさ

究極の相性!

運命のカレ
4/11 4/19 6/18 6/19 6/20
8/19 12/12 12/19 12/20

キズナの友
2/10 2/20 4/18 4/21 8/19
8/20 10/19 10/20 12/19

ライバル!
3/19 3/20 5/19 5/20 5/26
7/19 7/20 7/21 9/19

12/19生まれのBOY'Sホンネ

好きなタイプ
「笑顔の素敵な、いやし系の女の子が好きだよ。元気と勇気をもらえるね♡」

ニガテなタイプ
「親切にされて、お礼もしない子は×。ありがとうを言うだけでいいのに〜」

あなたに向いている仕事 ▶ アルピニスト、タレント、デザイナー、俳優、映画監督、先生、金融業

笑顔で前向き
人の長所を
見ぬく子！

いて座 **12月/20日生まれ**

天使のおくりもの
前向きな心と幸運を呼ぶ力

いつも笑顔で前向き。人のいいところをさがすのが上手な女の子。天使がさずけた、幸運を引きよせる力を使って、つらいことがあっても、それをプラスに変えて幸せになれるよ。

天使のメッセージ
ときには相手に説明をしてね

いさぎよい性格なので、言いわけをしないよ。でも説明すればわかり合えることも！

ラッキーファッション
ピンク×シャツでカジュアルタウン♪

性格バランス
- 天然ボケ度
- コミュ力
- マジメ度
- パワフル度
- オシャレ度
- セクシー度

ラッキーアイテム
風船

ラッキーカラー
♥エメラルド

ラッキーナンバー
1、5

ラッキールーン
ᚢ ウル

12月

ラブ運
男の子を選ぶときは、見た目より性格を見て。あなたに似た、せい実なタイプの男の子なら必ずうまくいくはずだよ♡

フレンド運
友だちが失敗したら、やさしくフォローできるあなた。そんな積み重ねが信らいされて、人が集まってくるみたい。

12/20生まれのBOY'Sホンネ

好きなタイプ
「どんなときでも明るく元気な子が好きだな。思わず笑顔になっちゃうぞ！」

ニガテなタイプ
「悪い結果ばかり想像して、なかなか行動しない子って、モヤモヤしちゃう」

究極の相性！

運命のカレ
4/12　4/20　6/19　6/20　6/21
8/20　12/13　12/20　12/21

キズナの友
2/11　2/21　4/19　4/22　8/20
8/21　10/20　10/21　12/20

ライバル！
3/20　3/21　5/20　5/21　5/27
7/20　7/21　7/22　9/20

うれしい！ひと言
やさしい

イヤ！NGワード
おせっかい

あなたに向いている仕事▶ カウンセラー、コピーライター、リサーチャー、セラピスト、企画開発

12月21日生まれ いて座

直感と努力を武器にして成功する子!

性格バランス
- 天然ボケ度
- コミュ力
- マジメ度
- パワフル度
- オシャレ度
- セクシー度

ラッキーアイテム ミニリュック
ラッキーカラー ♥ボルドー
ラッキーナンバー 3、6
12月 ラッキールーン ᛋ ソーン

LOVE ラブ運
ひと目ぼれすることが多いあなた。持ち前のカンの良さで相手の気持ちがわかるから、恋も成功しやすいみたい♡

FRIEND フレンド運
だれとでも仲良くできるけど、自分と似た性格やシュミの子とは、すぐに分かり合えるみたい。深いキズナを結べるよ。

ラッキーファッション ガーリーラブリーなスカートスタイル♡

天使のおくりもの
幸運な道を選ぶ目
カンが良くて、迷ったときにどの道を選べばいいか、自然にわかる女の子。天使はあなたに、努力したことは必ずうまくいく運の強さもあたえたよ。直感力と運で将来成功しそう!

天使のメッセージ
正直すぎてソンすることも
ウソがつけなくてソンをすることも。でもそのほうが信用されるから、そのままでいて!

うれしい!ひと言
可能性を感じる

イヤ!NGワード
きびしい

究極の相性!
運命のカレ
4/13 4/21 6/20 6/21 6/22
8/21 12/14 12/21 12/22

キズナの友
2/12 2/22 4/22 5/25 8/21
8/22 10/21 10/22 12/21

ライバル!
3/21 3/22 5/21 5/25 5/28
7/21 7/22 7/23 9/21

12/21生まれのBOY'Sホンネ

好きなタイプ
「カンのするどい、たよりがいのある子が好きだな。相談しやすいから♡」

ニガテなタイプ
「ウソをつくイジワルな子は絶対イヤだ! ズルすぎて、信じられない!」

あなたに向いている仕事 ▶ エンジニア、スポーツ選手、イラストレーター、小説家、発明家、研究者

全力をつくし あきらめない 強運ガール

やぎ座

12月22日生まれ

天使のおくりもの
ほしいものを引きよせる力

おとなしそうだけど、物事を最後までやりとげるパワーをひめた女の子。天使はあなたに、ほしいものを必ず手に入れる強運をあたえたよ。マジメで、強い責任感も持っているはず。

天使のメッセージ
休むのも大事なこと

がんばることではだれにも負けないけれど、くつろぐ時間があればもっとがんばれるよ。

性格バランス
天然ボケ度／コミュ力／マジメ度／パワフル度／オシャレ度／セクシー度

ラッキーアイテム
イチゴ柄のグッズ

ラッキーカラー
♥モスグリーン

ラッキーナンバー
7、8

ラッキールーン
ソーン

ラッキーファッション
ちょっぴりセクシーなシンプルコーデ！

ラブ運
好きになると、気持ちが表情にも表れるタイプ。そんなあなたの気持ちに気づいたカレが、うまくリードして両思いに♡

フレンド運
しっかりしているので信らいされているよ。あなたから声をかければ、どんどん友だちが増えるはず！ 話しかけてみて♪

12/22生まれの BOY'Sホンネ

好きなタイプ
「するどくてしっかりした子が好き。いろいろ知っていそうで、安心できる」

ニガテなタイプ
「わかんないって言ってそのままにしちゃう子。解決しなくて平気なのかな？」

究極の相性！

運命のカレ
4/14　4/22　6/21　6/22　6/23
8/22　12/15　12/22　12/23

キズナの友
2/13　2/23　4/21　4/24　8/22
8/23　10/22　10/23　12/22

ライバル！
3/22　3/23　5/22　5/23　5/29
7/22　7/23　7/24　9/22

うれしい！ひと言
絶対正しい

イヤ！NGワード

意地っぱり

あなたに向いている仕事 ▶ クリエイター、エンジニア、ディーラー、コンサルタント、俳優、先生

12月/23日生まれ

やぎ座

強運と努力で勝利するチャレンジャー

性格バランス
- 天然ボケ度
- セクシー度
- コミュ力
- オシャレ度
- マジメ度
- パワフル度

ラッキーアイテム
お茶

ラッキーカラー
♥ココアブラウン

ラッキーナンバー
1、8

12月 ラッキールーン
↑ アンスール

天使のおくりもの
情熱と勝負強さ

自分の気持ちに正直で、ほしいものを手に入れるために努力する女の子。天使はあなたに、だれにも負けない力と情熱をあたえたよ。スポーツなどの勝負でも力をハッキできるはず。

ラッキーファッション
エネルギッシュなスポーティースタイル

天使のメッセージ
言いすぎないで

負けたくない気持ちから言葉で戦うことも。よけいなひと言にだけは注意しようね。

LOVE ラブ運
クールビューティーなあなたは、男の子のあこがれ。近よりがたいと思われているかも。あなたから声をかけてあげてね♡

FRIEND フレンド運
いつもがんばっているあなたを、みんなたよりにしているよ。リーダータイプだから、いろいろな人をサポートしてあげてね。

究極の相性！

運命のカレ
4/15　4/23　6/22　6/23　6/24
8/23　12/16　12/23　12/24

キズナの友
2/14　2/24　4/22　4/23　8/23
8/24　10/23　10/24　12/23

ライバル！
3/23　3/24　5/23　5/24　5/30
7/23　7/24　7/25　9/23

うれしい！ひと言
情報教えて！

イヤ！NGワード
細かい！

12/23生まれのBOY'Sホンネ

好きなタイプ
「いろいろと考えている子が好きだよ。自分の考えを持っている子が最高♡」

ニガテなタイプ
「ズルをする子にモヤモヤするよ。小さいことでも、ダメなものはダメだよ！」

あなたに向いている仕事 ▶ タレント、ファイナンシャルプランナー、先生、建築家、起業家、政治家

親しみやすい 明るく元気な リーダー

やぎ座 **12月/24日生まれ**

天使のおくりもの

ユーモアとリーダー性

明るく元気。ユーモアもあって親しみやすいところが最大のミリョクの子。天使はあなたに、グループをまとめるリーダーの能力をあたえたよ。あなたがいると、みんなもがんばれる！

天使のメッセージ

自分を客観的に見よう

自分は正しいと思いこむところがあるよ。周りの人の意見も参考に聞いてみよう！

性格バランス
天然ボケ度／コミュ力／マジメ度／パワフル度／オシャレ度／セクシー度

ラッキーアイテム 折り紙
ラッキーカラー ♥赤
ラッキーナンバー 8、9
ラッキールーン R ラド

ラッキーファッション アクセがポイントの上級者コーデ☆

ラブ運

強気のアプローチで恋をかなえるあなた。明るく、さわやかな男の子との相性がいいよ。友だちみたいにさっぱりした関係に。

フレンド運

あなたの笑顔が友だちを引きよせるの。こまったときに助け合える仲間がいっぱい。「ありがとう」をわすれずにね。

12/24生まれのBOY'Sホンネ

好きなタイプ「ポジティブで明るい子が好きだなー。パワーをいっぱい持っていそう♡」

ニガテなタイプ「だれかにやってもらうのがあたりまえになって、何にもしない子はパス！」

究極の相性！

運命のカレ
4/16　4/24　6/23　6/24　6/25
8/24　12/17　12/24　12/25

キズナの友
2/15　2/25　4/23　4/26　8/24
8/25　10/24　10/25　12/24

ライバル！
3/24　3/25　5/24　5/25　5/31
7/24　7/25　7/26　9/24

うれしい！ひと言「いやされる〜」

イヤ！NGワード「かた苦しい」

あなたに向いている仕事 ▶ ミュージシャン、エンジニア、俳優、先生、検察官、経営者、公務員

12月25日生まれ

やぎ座

だれとでも仲良くなれる愛されガール

性格バランス
天然ボケ度 / コミュ力 / マジメ度 / パワフル度 / オシャレ度 / セクシー度

ラッキーアイテム
おはし

ラッキーカラー
♡ライトベージュ

ラッキーナンバー
1、8

12月 ラッキールーン
ㄑ ケン

天使のおくりもの
人に愛されるミリョク

だれとでも仲良くできて、友だちがたくさんいる子。天使はあなたに、人から好かれるミリョクとおつき合いの才能をあたえたよ。ほしいものを手に入れられるラッキーも持っているよ☆

ラッキーファッション
キュートでオシャレなお姉さんスタイル！

天使のメッセージ
しっかり説明しよう

ゴカイされるとガッカリして、キョリを置いちゃう。ちゃんと説明すればわかり合えるよ。

LOVE ラブ運
カレを選ぶときは、相手をよく見きわめてね。外見より性格で選ぶのが幸せになるヒケツ。友だちの意見も参考に！

FRIEND フレンド運
友だち作りが上手。あなたが積極的に声をかけるので、相手もうれしくなって、あっというまに仲良くなれるよ♪

うれしい！ひと言
信じてる！

イヤ！NGワード
ハッキリ言って！

究極の相性！

運命のカレ
4/17　4/25　6/24　6/25　6/26
8/25　12/18　12/25　12/26

キズナの友
2/16　2/26　4/24　4/27　8/25
8/26　10/25　10/26　12/25

ライバル！
3/25　3/26　5/25　5/26　6/1
7/25　7/26　7/27　9/25

12/25生まれのBOY'Sホンネ

好きなタイプ
「いいと思ったことをすぐ実行できる子はそんけいする。さすがだよね♡」

ニガテなタイプ
「あんまり笑わない子。暗い感じの子もちょっとナゾすぎて、こわいかも」

あなたに向いている仕事 ▶ アーティスト、デザイナー、タレント、秘書、映画監督、研究者、先生

みんなの幸せを願うやさしい子

12月26日生まれ やぎ座

天使のおくりもの
やさしさと人を助ける力

夢に向かってゆっくりと、着実に進んでいく女の子。天使はあなたに、こまっている人の力になろうとするボランティア精神をあたえたの。人の幸せを自分の幸せと思えるやさしい子だよ。

天使のメッセージ
話し合いを大切に

自分の意見を曲げないガンコな一面も。ちゃんと話し合うと相手を理解できるよ。

ラッキーファッション
制服っぽさがキュートいい子風コーデ

ラッキーアイテム
アロマグッズ

ラッキーカラー
♥ダークグレー

ラッキーナンバー
2、8

ラッキールーン
✗ ギューフ

ラブ運
イケメンタイプに引かれるあなた。後でガッカリしないよう、中身もよく見てやさしくてせい実な男の子を選ぼうね！

フレンド運
友だちと考えがぶつかったら、素直になって話し合おう。絶対にわかり合えるし、それがきっかけで友情も深まるよ！

12/26生まれのBOY'Sホンネ

好きなタイプ
「しっかりした、お姉さんタイプの子がいいなぁ♡ あまえてみたーーい♡」

ニガテなタイプ
「やさしく言ってくれるならいいけど、ガミガミと口うるさい子はお断り！」

究極の相性！

運命のカレ
4/18 4/26 6/25 6/26 6/27
8/26 12/19 12/26 12/27

キズナの友
2/17 2/27 4/25 4/28 8/26
8/27 10/26 10/27 12/26

ライバル！
3/26 3/27 5/26 5/27 6/2
7/26 7/27 7/28 9/26

うれしい！ひと言
しっかりしてる

イヤ！NGワード
ガンコ

あなたに向いている仕事 ▶ タレント、エンジニア、ミュージシャン、俳優、先生、弁護士、経営者

12月27日生まれ やぎ座

頭がよくて人を助ける愛情深い子

性格バランス
- 天然ボケ度
- コミュカ
- マジメ度
- パワフル度
- オシャレ度
- セクシー度

ラッキーアイテム 和小物
ラッキーカラー 黄緑
ラッキーナンバー 1、3
ラッキールーン 12月 ウィン

LOVE ラブ運
好きな人のうわさ話ばかりしていると、カレの耳に入って恋がかなわなくなっちゃう。熱い思いはむねにひめてね♡

FRIEND フレンド運
人がイヤがることも進んでやるあなたはそんけいされているよ。いっしょに努力する友だちとは親友になれるはず！

ラッキーファッション
キレイで大人っぽい上品スタイル！

天使のおくりもの
人を助ける力と学習能力
人の役に立てたときに、幸せを感じる女の子。天使はあなたに、高い学習能力をあたえたよ。一度経験したことは必ず自分のものにできるはず。アートやスポーツの上達も早いみたい。

天使のメッセージ
自分の才能に気がついて
才能が豊かなのに、自信を持ってないみたい。堂々とふるまったほうがミリョク的だよ。

うれしい！ひと言
そんけいしてる

イヤ！NGワード
短気

究極の相性！
運命のカレ
4/19　4/27　6/26　6/27　6/28
8/27　12/20　12/27　12/28

キズナの友
2/18　2/28　4/26　4/29　8/27
8/28　10/27　10/28　12/27

ライバル！
3/2　3/28　5/27　5/28　6/3
7/27　7/28　7/29　9/27

12/27生まれのBOY'Sホンネ

好きなタイプ
「人を喜ばせようとする子はいいと思うよ。やさしくて、いい子だよね♡」

ニガテなタイプ
「人のジャマをする子。人をねたんで悪口言う子も×。幸せになれないよ！」

あなたに向いている仕事 ▶ コンサルタント、タレント、俳優、美容師、演出家、経営者、公務員

人をいやす 笑顔あふれる おだやか少女

12月28日生まれ

天使のおくりもの
おだやかさとサポート力

おだやかな性格で、いつもニコニコしている女の子。天使はあなたに、人のストレスを取ることができる、いやしの能力をあたえたよ。幸せな気分になれるから、ファンも多いみたい♡

天使のメッセージ
つらいときはガマンしないで

つらいときでも笑顔を作ると、もっとつらくなるよ。そんなときはひとりになろうね。

性格バランス
- 天然ボケ度
- セクシー度
- コミュ力
- オシャレ度
- マジメ度
- パワフル度

ラッキーアイテム: 黒糖キャンディ
ラッキーカラー: ♥オリーブ色
ラッキーナンバー: 4、8
ラッキールーン: ハガル

ラッキーファッション: ふんわりかわいい♪ナチュラルコーデ

ラブ運
好きな人の前だと、自然にふるまえないみたい。自信を持って、まずはあいさつを。そこから恋が動き出すはずだよ♡

フレンド運
心が広いので、むやみにおこるようなことはしないあなた。いっしょにいると安心！と思っている友だちがいっぱい☆

12/28生まれのBOY'Sホンネ

好きなタイプ: 「根はマジメなんだけど、おおらかで自由な心を持っている子が理想なんだ」

ニガテなタイプ: 「ドンカンな子って、心配になるよ。空気を読めないときハラハラする」

究極の相性！

運命のカレ
4/20 4/28 6/27 6/28 6/29
8/28 12/21 12/28 12/29

キズナの友
2/19 2/28 4/27 4/30 8/28
8/29 10/28 10/29 12/28

ライバル！
3/28 5/28 5/29 6/4
7/28 7/29 7/30 9/28

うれしい！ひと言
友だち思い

イヤ！NGワード
目立たない

あなたに向いている仕事 ▶ タレント、ショップオーナー、カウンセラー、俳優、保育士、先生、秘書

12月29日生まれ

やぎ座

ナチュラルでサッパリした公平な子！

性格バランス

- 天然ボケ度
- コミュ力
- マジメ度
- パワフル度
- オシャレ度
- セクシー度

ラッキーアイテム
お守り

ラッキーカラー
♥ダークブラウン

ラッキーナンバー
5、8

12月 ラッキールーン
ニイド

ラッキーファッション
アメリカン風！さわやかカジュアル

天使のおくりもの
人に好かれるミリョク

いつもありのままで、ムリに自分をよく見せようとしない女の子。天使はあなたに、愛される力、好感を持たれるミリョクをあたえたよ。やさしくて責任感もあるステキな子だよ。

天使のメッセージ
女の子のシットに注意

サッパリした性格で、男女どちらともフレンドリー。その分、ゴカイされることも。

ラブ運
ミリョクたっぷりだから、恋の理想を高く持つと、そのとおりの人と出会えそう！　リアルなイメージを追求してね♡

フレンド運
友だちとは平和につき合いたいタイプ。ウラオモテがなく、だれにでも公平。そんなあなたをサポートする子が親友に。

うれしい！ひと言
素敵なアイデア

イヤ！NGワード
好きキライがはげしい

究極の相性！

運命のカレ
4/21　4/29　6/28　6/29　6/30
8/29　12/22　12/29　12/30

キズナの友
2/20　2/29　4/28　5/1　8/29
8/30　10/29　10/30　12/29

ライバル！
3/29　3/30　5/29　5/30　6/5
7/29　7/30　7/31　9/29

12/29生まれのBOY'Sホンネ

好きなタイプ
「きちんとあいさつのできる、礼儀正しい子って、そんけいする。クール！」

ニガテなタイプ
「キャーキャー言って、すぐにさわぐ子。ホント、つき合い切れないよ〜」

あなたに向いている仕事 ▶ コメディアン、ミュージシャン、サービス業、作曲家、小説家、秘書

ウソがなく心の広いピュアガール

12月30日生まれ やぎ座

性格バランス
天然ボケ度／コミュ力／マジメ度／パワフル度／オシャレ度／セクシー度

天使のおくりもの
ピュアな心と勇気

とてもやさしくて、人をうたがうことのないピュアな心の女の子。天使はあなたに、いつでも自分らしさをつらぬく勇気をあたえたよ。小さなことにクヨクヨしない心の広いところも素敵。

天使のメッセージ
つかれたらムリしない！

つかれると気分が不安定になっちゃう。ゆっくり休めば、すぐにリフレッシュできるよ！

ラッキーファッション
ラブリーキュートなおとぎ話コーデ♡

- **ラッキーアイテム** 入浴剤
- **ラッキーカラー** ベビーピンク
- **ラッキーナンバー** 6、8
- **ラッキールーン** イス

ラブ運
好きな気持ちを思い切って伝えると、恋がすんなりスタートしそう。おだやかなタイプのカレなら相性バツグンだよ♡

フレンド運
友だちの話をじっくり聞いてあげるあなたには、だれもが安心してなやみを話せるの。深い友情に発展していくよ。

12/30生まれのBOY'Sホンネ

好きなタイプ
「好きなのは、勉強ができる頭のいい子！　自信のある感じがいいよね♡」

ニガテなタイプ
「話の通じない子はニガテ。オレも上手に説明できないから大変なんだもん」

究極の相性！

運命のカレ
4/22　4/30　6/29　6/30　7/1
8/30　12/23　12/30　12/31

キズナの友
2/21　2/29　4/29　5/2　8/30
8/31　10/30　10/31　12/30

ライバル！
3/30　4/30　5/30　5/31　6/6
7/30　7/31　8/1　9/30

うれしい！ひと言
ポジティブ★

イヤ！NGワード
プライドが高い

あなたに向いている仕事 ▶ クリエイター、エンジニア、俳優、小説家、法律家、企画開発、発明家

12月31日生まれ

やぎ座

仲間と共に夢をかなえるはなやかな子

性格バランス
- 天然ボケ度
- セクシー度
- コミュ力
- オシャレ度
- マジメ度
- パワフル度

ラッキーアイテム
革のくつ

ラッキーカラー
♥マリンブルー

ラッキーナンバー
1、7

ラッキールーン
ヤラ

天使のおくりもの
芸術を表現する才能

夢や理想に向かって、仲間といっしょにがんばる女の子。天使はあなたに、演技や歌などパフォーマンスの才能をあたえたよ。豊かな表現力で、周りの人から注目される存在だよ。

ラッキーファッション
エレガントスカートでお嬢様風♪

ラブ運
頭のいい人が好き。そんなカレにふさわしくなりたくて、自分も努力するよ！　勇気を出せば、きっと思いが通じるはず♡

フレンド運
自分とちがうタイプの子とつき合うと、予想以上に楽しいよ。学ぶところもたくさんあるから、シゲキも受けそう。

天使のメッセージ
人の意見も聞こう

物事を、ひとりでやりたい子。でも、自分にはないアイデアを人にもらうと楽しいよ！

うれしい！ひと言
カリスマ！

イヤ！NGワード
ガンコ

究極の相性！

運命のカレ
1/1　4/23　5/1　6/30　7/1
7/2　8/31　12/24　12/31

キズナの友
2/22　3/1　4/30　5/3　8/31
9/1　10/31　11/1　12/31

ライバル！
3/31　4/1　5/31　6/1　6/7
7/31　8/1　8/2　10/1

12/31生まれのBOY'Sホンネ

好きなタイプ
「きっちり計画を立てて、サッと行動に移せる子が好き。スマートだよね♡」

ニガテなタイプ
「何でもテキトーにすませる子はニガテだなぁ……ごまかされそうだからね！」

あなたに向いている仕事 ▶ セラピスト、タレント、カウンセラー、先生、研究者、発明家、経営者

エレメントで見る相性うらない

366の誕生日はタイプによって、4つのグループ＝エレメントに分けられるよ。4つのエレメントはおたがいにえいきょうし合う関係。あなたのまわりにも、リラックスできる相手ときんちょうする相手がいない？　それはじつはエレメントの強弱関係のせいかも!?

誕生月でわかる

自然界を作っているのは4つのエレメント

エレメント相性

エレメントは性格によって「火」「地」「風」「水」の4タイプに分けられているの。古代ギリシャでは、この4つが「世界を作っている4つのもと」と考えられていたよ。

燃えあがる火のような情熱でつき進む

このグループに生まれた人は、情熱的な性格と行動力にめぐまれているよ。何かに夢中になりやすく、明るく、元気で、細かいことは気にしない！　勝ち負けにこだわる負けずギライなところと、すぐにコーフンするところもあるみたい。

大地のようにどっしりとかまえて努力する

このグループに生まれた人は、しっかり者で用心深く、どんなこともきちんと最後までやりとげるよ。ねばり強い努力家だから、周りからの信用もバツグン。目標を達成する力は一番かも★　いったん決めたら後に引かないガンコさも。

エレメント

のエレメント　　4月生まれ・8月生まれ・12月生まれ

地のエレメント　　1月生まれ・5月生まれ・9月生まれ

風のエレメント　　2月生まれ・6月生まれ・10月生まれ

水のエレメント　　3月生まれ・7月生まれ・11月生まれ

エレメント相性

風

風のように軽やかに新しさを求める

　このグループに生まれた人は、頭がよく、人の気持ちや動きにビンカン。公平でさっぱりした性格でおしゃべりが大好き♪ ステキな計画をひらめいたり、新しい情報をつかんだりして人気があるよ！　ただ、話しだしたら止まらない面も。

水

あふれ出す水のように豊かな感受性

　このグループに生まれた人は、すがたを変えながら世界をうるおす水のよう。やさしくふる雨も、急な川の流れも、広くおだやかな海も、冷たく固い氷も全部「水」。周りによって変化しやすく、ゆれやすい感情を持つアーティストタイプだよ。

エレメントの強弱関係

エレメント相性

それぞれに大事な役目がある

「火」「地」「風」「水」の間には、
自然界のルールと同じような関係があるの。

風は火が燃えるのを助け、火が燃えることで水が温まる。でも熱しすぎると水はじょう発しちゃうから、火の上に土のかまどを置いて、その中に水を入れて温めるの。

それぞれに役目があって、支え合っているというわけ。

たとえばこの役目をおかし作りに当てはめると、もっとわかりやすいはず。

リーダータイプの火が「おかしを作ろうよ！」と決めると、センスのある風が「どんなおかしにする？」といろいろアイデアを出していく。その中からしっかり者の地が「材料は？　作り方は？」と、自分たちで作れるものをえらぶ。やさしい水が、「せっかくだから、ステキにしよう♥」と愛をこめて、デコレーションするの！

ほら、チームには全員必要でしょう？

から見た

エレメント相性

メラメラ
相性 □

似た者同士で、おたがいの欠点がわかっちゃう。特に仕切りたがりな面がぶつかると、かなりヤバイかも。どちらもゆずらず、大ゲンカになることもあるよ。

♡仲良くなりた〜い♪♡
言葉よりも行動でわかり合えるふたり。スポーツや遊びにさそえば、すぐに仲良しになれちゃう。

ケンカしちゃったら
冷静な話し合いはムリそうなふたり。いっそガマンしないで言い合えば、後はスッキリ！

サポート
相性 ◎

しんちょうで細かいところに気がつく地は、そそっかしい火にとって安心のサポーター。地はいつも冷静だから、アクシデントのときもたよれるそんざい。

♡仲良くなりた〜い♪♡
地が本音を言うまでには時間がかかりそう。せっかちな火だけど、根気よく地に話しかけてね。

ケンカしちゃったら
いかりがすぐ冷める火に対して、ガンコな地。おこらせたら時間を置いてから、謝ってみて。

4 相性

マークの見方
◎ とてもよい
○ よい
□ ふつう
▽ わるい

エレメント相性

コンビ
相性 ◎

リクツっぽい風と、考えるより先に身体が動く火。正反対のようでじつは欠点をおぎない合える相性。部活や勝負ごとなどでコンビを組むと最強のふたりだよ！

仲良くなりた〜い♪

自分の情報を話したくてたまらない風には「おもしろいこと教えて？」のひと言が一番♪

ケンカしちゃったら

言いわけをされるのがキライな風。いさぎよい火らしく、「ごめん！」と頭を下げるのが◎。

そっぽ向き
相性 ▽

すぐに決める火と、迷って答えを出せない水。リズムがちがうから、いっしょの行動では火がつかれちゃうことも。水に合わせてあげるカクゴが必要かも。

仲良くなりた〜い♪

水は火を「おこりっぽい人」とゴカイしているかも。水には、やさしい笑顔で話しかけてあげて。

ケンカしちゃったら

電話やメールではなく、会って謝ること。水はマジメで真けんな態度しかみとめないよ！

地から見た

地 ➡ 火

信らい
相性 ◯

マジメだけどのんびり屋の地にとって、情熱もスピードもある火はとても信らいできる人。あきらめていたことも、火といっしょならがんばれそうな気がするの！

仲良くなりた〜い♪
エンリョしていると火はかえってイライラするから、最初から本音でぶつかっていこう！

ケンカしちゃったら
おこる火の前では、地はオロオロしちゃう。だれか、風の子に間に入ってもらうとベスト。

地 ➡ 地

ストップ
相性 □

共通点が多く、だまっていてもわかり合える相性。ただどちらもあまり冒険心がないので、積極的な行動は取れないみたい。ほうっておくと何も進まないかも。

仲良くなりた〜い♪
身体を動かして遊ぶより、おしゃべりを楽しみたいふたり。シュミの話でもり上がろう！

ケンカしちゃったら
時間がたつと関係が直せなくなる相性。だから早いうちに仲直りの電話がおすすめだよ！

エレメント相性

4 相性

マークの見方
◎ とてもよい
○ よい
□ ふつう
▽ 悪い

エレメント相性

地 ⇒ 風

コンプレックス

相性 ▽

人気のある風に対して、口ベタなタイプの地はコンプレックスを感じてしまいがち。1対1よりもグループのメンバーとしてのつき合いのほうがうまくいきそう。

仲良くなりた～い♪

クルクル変わる風にふり回されて、地は混らん。表向きのノリだけ合わせておくのが正解。

ケンカしちゃったら

小さな声でだらだら言いわけしているとおこらせちゃう。メールでひと言「ごめん」が◎。

地 ⇒ 水

いやし

相性 ◎

シャイな地にとって、人なつっこい水はとてもつき合いやすい相手。特に落ちこんでいるときは、水のやさしさが何よりのなぐさめだよ。真の心の友に！

仲良くなりた～い♪

水は落ちこみやすいタイプ。思いやりのある地がはげまし役になると、すぐに仲良しになれるよ。

ケンカしちゃったら

地とちがってすぐにいかりが冷める水。地のほうが落ち着けば、自然に仲直りできるはず。

から見た

フォロー
相性 ◎

行動力はバツグンだけど、大ざっぱな火を、気がきく風が細かくフォローするよ。つき合いが長くなるほど、火は風を、なくてはならない大切なそん在と思うの！

仲良くなりた〜い♪
動き回りたい火は、遊びにさそうのが一番。風のトクイな情報集め＆計画がお役立ち。

ケンカしちゃったら
すぐ謝るとかえって意地になっちゃう火。たっぷり時間を置いてから、ふつうに話しかけて。

イライラ
相性 ▽

好奇心のある風にとって、初めてのことにはチャレンジしたがらない地に、イライラがつのるかも。遊び相手というよりは、いっしょに努力する部活や勉強の仲間。

仲良くなりた〜い♪
マジメな地は、風のことをいいかげんだとゴカイしがち。勉強や本の話題をふってみて。

ケンカしちゃったら
いったんおこるとガンコな地。1対1よりグループで遊ぶなど、少しずつ近づくしかない！

◎ とてもよい
○ よい
□ ふつう
▽ わるい

マークの見方

エレメント相性

シゲキ
相性 ◎

どちらも新しいことやモノが大好き♥ 情報交かんしていっしょに行動すると、毎日がワクワク！遊び仲間としてはこれ以上はありえないってくらい、息ピッタリ！

仲良くなりた〜い♪
最新情報が好きだから、オープンしたお店にさそったり、新製品をしょうかいしてみて。

ケンカしちゃったら
何事もなかったふりをして遊びにさそっちゃうのが一番。友だちも合わせてくれるはず！

気まぐれ
相性 □

頭の回転が速い風は、気持ちがコロコロ変わる水に合わせているとつかれちゃう。それでついイライラ。水の気げんがいいときだけ限定でつき合うのが◎。

仲良くなりた〜い♪
キズつきやすい水は、クールな風にビクビクしているよ。もう少しやさしくせっしてね。

ケンカしちゃったら
ケンカの原因は風の冷たさかも。思いやりを持って、風から「ごめんね」と言えばすぐ解決！

から見た

エレメント相性

あこがれ
相性 ◎

少し弱気なところのある水にとって、積極的な火はあこがれ。友だちになりたいナンバーワンと言えそう。ただ、つき合ってみると気まぐれな火にふり回されるかも。

♥仲良くなりた〜い♪♥

1対1ではぎくしゃくするかも。地の友だちを間に入れて3人のトリオでいるとベスト！

ケンカしちゃったら

後でメールや手紙で謝るのがよさそう。ケンカの直後だと火はまだカッカと燃えているから。

ほっこり
相性 ○

人の言うことを信じやすい水にとって、うそをつかない地は安心な相手。なかなか決断できない水のことも、地はよくわかっていて、ねばり強く待ってくれるよ。

♥仲良くなりた〜い♪♥

するどい地に、おせじはいらないよ。素直に「仲良くなりたい」と伝えればいいの。

ケンカしちゃったら

あまえられると弱いのが地。なるべくかわいくあまえてたよって、ゆるしてもらっちゃお♡

4 相性

マークの見方
◎ とてもよい
○ よい
□ ふつう
▽ わるい

水 ➡ 風

ぎくしゃく
相性 ▽

風はリクツっぽいところがあるので、ときどきめんどうに思うかも。リクツより正直な気持ちを大事にする水は、風のキツイ言い方もニガテ。ベッタリはさけよう。

仲良くなりた〜い♪

風の気まぐれにふり回されそうな水。水のほうはマイペースでせっしたほうがうまくいくよ。

ケンカしちゃったら

おせじも、泣きもきかない風。ひとまずほうっておいて、時間がたってから話しかけてみて。

水 ➡ 水

そっくり
相性 □

エレメント相性

好みが似ていて、テンポも同じだから気楽なふたり。ところが何でも同じだから、どっちかが落ちこむと、もう一方も……。えいきょうを受けやすい面も。

仲良くなりた〜い♪

初対面から気が合う水同士。近くにいるだけで、安心できて、自然と仲良くなれるはず。

ケンカしちゃったら

いかりが続かない者同士だから、すぐに謝っちゃったほうが、じつはスムーズにいくよ！

相手が 火 の場合

あなたが

ガマンしないで言い返して。ケンカになってもOK。言いたいことを言い合うほうがスムーズになる者同士。

弱い相手だと、つい調子に乗っちゃう火。火に何か言われたら、負けずにすぐに言い返す強気が有効ワザ。

ガキだいしょうみたいな火の態度には、クールにムシが正解。言い返すとおもしろがってますます燃えるから。

ふだんやわらかい言い方の水でも、このときばかりはハッキリ言ってOK。「おこるとこわい」と思わせなきゃね！

エレメント相性

相手が 地 の場合

あなたが

火は人集めがトクイだから、味方を作って、地に向き合おう。地は作戦ベタだからタジタジになりそう。

いじってきたとしても、こわがらないで。気づかないふりで、ふつうに話して。さわぐとムキになるかも。

地はカッコつけるタイプなので、他の人に見られたくないはず。男子がいる前で「やめて」というのも◎。

目上の人にはさからえない地。兄や姉、先ぱいや先生に相談して、サポートしてもらうのが一番だよ。

ブルになったら!?

相手が風の場合

あなたが

口がうまくて、頭のいい風には、行動を起こされる前に正々堂々と正面から立ち向かう！ 声も大きくね！

頭のいい風にひとりで立ち向かうのはムリ。火の友だちの力を借りて、ふたり以上でタッグを組んで。

うわさや情報にビンカンな者同士。他の人も仲間だ、と思わせるような態度を取れば、あわてるかも。

風が言うこと、やることをそっくりそのままお返しして。ひどいことをされたと思えば、風は反省するよ。

エレメント相性

相手が水の場合

あなたが

根は気弱な水だから、ひとりのときをつかまえて、しっかり聞こう。強気でせまればたちまちギブアップだよ。

水はからかっているつもりはなさそう。ふだんおとなしい地がキッパリ「やめて」と言えば、効果的なはず。

風のトクイわざ「まともな意見」で、水のまちがった考えをするどく追求。リクツに弱い水はがっくり。

面と向かうとどちらも感情的になってしまうから、言いたいことは冷静になって手紙にするのが◎。

パワーをもらおう！
エレメント別 お守りアイテム

エレメント相性

火

シール
お気に入りのシールは友だちを増やしてくれるよ。交かんするのも◎。

ミニライト
カギにつけるような小さなキーホルダー型ライトは火の力をアップ！

地

リップクリーム
くちびるケアを心がけると、コミュニケーション運がアップするよ！

ハンカチ
コットン100パーセントのものがおすすめ。地を守ってくれるよ。

風

ストラップ
ユラユラゆれるアイテムは、風にハッピーを運んでくれるもの♪

ハーブキャンディー
悪い気を追いはらって、やさしさや安心を取りもどしてくれるよ。

水

手鏡
ピカピカにみがいて大切にしてね。水にラッキーを引きよせるよ！

コロン
ハンカチにひとふき。いいかおりは友だち運アップと魔よけのW効果。

ルーン うらない & おまじない

ルーン文字ともよばれる「ルーン」は、強い魔力をひめた、不思議な24種類のシンボルのこと。古代の北ヨーロッパで生まれたと伝えられているよ。うらないたいことや強い願いがあったら、力を借りよう！ この本の最後のページにあるルーンカードを切りぬくか、コピーして使ってね！

ルーンは北の国の神話から生まれた文字

ルーンうらない

　不思議な形のルーンは、古代の北ヨーロッパに伝わる古い文字。北の国の神話に登場する**オーディン神**が発見した、魔力を持つ特別な文字と言われています。オーディン神は、永遠の命を得るために、九日九夜の間、天と地の世界をつなぐおおきな木**「ユグドラシル」**に逆さづりになり、飲まず食わずの修行をして、ルーンを見つけました。ルーンには、ユグドラシルにひめられた世界中の知恵がこめられ、神様が宿っているのです。
　オーディン神は弟子たちに、ルーンの魔力と使い方を伝えました。それが、私たちのいる現代にまで伝わったのでした。

魔法文字とよばれる力のひみつとは

ルーンうらない

「ルーン」は、古代の北の国で「ひみつ」をあらわす言葉です。ルーン文字の不思議な力は、昔から、うらないやおまじないに使われてきました。北のバイキングたちは、戦に勝つために、武器に勝利のルーンをほり、家の入口には、魔よけのためのルーンをかざりました。ルーンは、病気でねている人のベッドにもほられ、回復をいのったり、神様からのお告げを聞くためのうらないにも使われたりしたそうです。北の国では今でも、人々から、お守りとして大切にされています。

古代の北の国では、魔力の強いルーンをほることは、特別な才能を持った「ルーン・マスター」にしか許されていませんでした。使い方をまちがうと、魔力が良くない結果を生んでしまうことがあったからだそうです。

ルーンの力は、悪いことに使ってはいけません。ルーンの力は、みんなの幸せのために使うのが神様との約束です。

いつでもどこでもサッと！うらない

うらなう前の準備

1. 巻末付録のルーンカードを、ハサミで切り取って使うよ。コピーしてもOK。
2. ルーンカードを全部、中が見えないふうとうや紙ぶくろに入れてね。手が入るくらいの大きさのものがいいよ。

準備ができたら、さっそくうらなってみよう！

ルーンを使うときの3つのやくそく

1 きれいな手であつかう
ルーンには神様が宿っています。手をあらい、せいけつな手でさわりましょう。

2 落ち着いてうらなう
「いい答えがほしい」とあせるのはダメ。心を落ち着かせて、うらないましょう。

3 1つの質問に1つの答え
同じことを何回もうらなうのはダメ。答えに不満を持つのは、神様をうたがうのと同じ。

うらない方

1. うらないたいことを決めましょう。
2. 質問を思いうかべながら、ふくろの中に手を入れ、1枚のカードを引き出します。
3. カードにかかれたルーンのキーワードとお告げ（P424〜）を読んで、神様からの答えを自分なりに考えましょう。

好きなカレは、私のことをどう思ってる？

引いたルーンは「ユル」

お告げは「新しく生まれ変わる」だから、カレのあなたへの気持ちが変わってきたのかも。カレの態度がいつもとちがう気がしたら、あなたも気持ちを入れ替えて、さわやかにあいさつしてみよう♥

引いたルーンは「フェオ」

お告げは「財産や宝物を育てる」。小さな思い出がどんどん増えて、カレのあなたへの気持ちが育っていくのかも！ あなたのことをもっとたくさん知ってもらって、もっと好きになってもらおう♪

ケンカした友だちと仲直りしたい。どうしたらいい？

引いたルーンは「イング」

お告げは「すくすく伸びる、命のタネ」だから、ふたりはもっと仲良くなれる！ ケンカ→仲直りをくり返してキズナを深めていくのかも。どっちが悪いかなんてこだわらないで、あなたから声をかけよう。

引いたルーンは「ラド」

お告げは「回さなければ動かない、車輪」。勇気を出して、あなたから話しかけて運命の車輪を動かそう！ 新しい情報やいっしょに何かにチャレンジするのが、仲直りのきっかけになりそうだよ。

不思議パワーで守られる！
お守り＆おまじない

ルーンうらない

ルーンを持ち歩いて、魔法の力を味方にしよう！

　うらないで引いたルーンカードを、そのまま持ち歩けば、お守りに。別の紙やカード、ノートなどに同じルーンを書き写して持ち歩くのもOK！　うれしい意味のルーンのときは、そのままルーンを味方につけちゃおう。あまりうれしくないルーンのときは、乗りこえることをちかおう。

ルーンで名前を書いて、才能とミリョクを高めよう！

　自分の名前をルーンで書こう。名前をローマ字に直して、使うアルファベットに合うルーンを書けば、ひみつの力を持ったサインのできあがり。書くときは書き順をしっかり守ってね。名前にひめられた力を、ルーンの魔力で強めて、あなたの才能やミリョクをアップ！　自信がないときや、あなたの気持ちが相手に伝わっていないと思ったときにやってみて。こまっている子の名前を書いて、助けてあげるのも素敵だね！　魔法のおまじないだよ。
※複数のアルファベットを持つルーンもあるよ。それは全部当てはまるということ。

ルーンを食べて、魔力を自分の力にしよう！

キーワードやお告げを見て、自分に必要だと思うルーンや、引いたルーンを食べものにきざんで、それを食べちゃえば、身体に魔力が入ってパワーアップ。たとえばオムライスにケチャップで、クッキーやトーストにジャムやチョコレートで書けばOK。ルーンの書き順は守ってね。元気をあげたい子に食べてもらうのもいいね！

幸運をよぶルーンはこれ！

「ギューフ」
才能やミリョクをアップ！

「ペオース」
くじ運や勝負運をアップ！

「シゲル」
夢をかなえる！

ルーンうらない

不幸がよってこないように魔よけをしよう！

自分やだれかを守りたいときには、魔よけのルーンをかざるよ。ルーンカードをつくえの上やベッドなど、いつもあなたがいるところに置くか、ルーンを書き順どおりに書いて置いておこう。置いたら、ルーンの名前を3回唱えれば、魔よけ完成！

強い魔よけのルーンはこれ！

「ハガル」
乗りこえる！

「エオロー」
守ってもらう！

「ティール」
負けない！

ルーンの意味

ルーンうらない

フェオ

アルファベット
F

キーワード
お金、豊か、増やす、
準備OK、ペット、マジメ

お告げ
財産や宝物を育てる

ウル

アルファベット
U/V

キーワード
野生、パワー、わかさ、
たくましさ、ガンコ、体力

お告げ
力強いエネルギーで、なしとげる

ソーン

アルファベット
th

キーワード
きびしい、守る、
とじた門、しんちょう、アドバイス

お告げ
武器を持って戦い、自分を守る

アンスール

アルファベット
A

キーワード
口、神、言葉、声、
知恵、会話、手紙、メール、いのり

お告げ
まめにコミュニケーションを取る

ルーンには書き順があるので、→にそって書きましょう。
それぞれのルーンにはアルファベットが当てはめられています。
名前を書くときに活用してね。

ルーンうらない

ラド

キーワード
乗りもの、旅、移動、順調、かん境が変わる、出会い

アルファベット: R

お告げ
回さなければ動かない、車輪

ケン

キーワード
火、ほのお、燃え上がる、始まり、情熱、ひらめき

アルファベット: C/K/Q

お告げ
情熱をむねに、立ち上がるとき

ギューフ

キーワード
自分自身、才能、ミリョク、個性、愛、自由、お礼

アルファベット: G

お告げ
自分でできることはすぐおこなう

ウィン

キーワード
喜び、幸せ、実力、努力、満足、成功、いわう

アルファベット: W

お告げ
がんばったことはむくわれる

ルーンうらない

ハガル

アルファベット **H**

キーワード
ショック、試される、
こわれる、アクシデント

お告げ
トラブルを乗りこえる方法を学ぶ

ニイド

アルファベット **N**

キーワード
ガマン、苦労、
残り少ない、わがまま、よくばり

お告げ
足りなくて、もっとほしがる

イス

アルファベット **I**

キーワード
止まる、待つ、休む、
ふり返る、氷、冷たい

お告げ
動くのをやめて、よく考えてみる

ヤラ

アルファベット **J**

キーワード
やり方、準備する、
1年、季節、続ける、根気、実る

お告げ
次に備えて、準備を始める

ルーンの意味

ユル

アルファベット **Y**

キーワード
守る、始まりと終わり、変わり目、けじめ、復活、再生

お告げ
新しく生まれ変わる

ペオース

アルファベット **P**

キーワード
選ぶ、チャレンジ、発見、チャンス、勝負、ぐうぜん

お告げ
ラッキーやツキにめぐまれる

ルーンうらない

エオロー

アルファベット **Z**

キーワード
友情、仲間、協力、周りの助け、チームワーク

お告げ
助け合って、みんなで守る

シゲル

アルファベット **S**

キーワード
真実の光、健康、成功、命、自信、正義、リーダー

お告げ
人には平等に、公平にせっする

ルーンうらない

ティール

キーワード
勇気、意志、やる気、
計画、決める、考える、勝つ

アルファベット
T

お告げ
目標に向かって進んでいく

ベオーク

キーワード
成長、親の愛、豊かさ、
やさしさ、きっかけ、めぐみ

アルファベット
B

お告げ
あたたかい愛で包み、守る

エオー

キーワード
まとめる、出会い、
ライバル、協力者、スピード

アルファベット
E

お告げ
仲間を信じて、変えていく

マン

キーワード
話し合い、助け合い、
自分の考え、自由、人間関係

アルファベット
M

お告げ
おたがいにうやまい、みとめる

ルーンの意味

ラーグ

アルファベット: **L**

キーワード
変化、流れ、想像力、
心、水、海、アート、感性、恋

お告げ
止まっていたことが動き出す

イング

アルファベット: **ing**

キーワード
向上する、新しい命、
誕生する、良い結果を生む

お告げ
すくすく伸びる、命のタネ

ルーンうらない

オセル

アルファベット: **O**

キーワード
古いもの、伝統、先祖、
過去、家族、責任、くせ

お告げ
受けつぎ、伝えていく役目

ダエグ

アルファベット: **D**

キーワード
昼間、明るい場所、
今日、1日、毎日、平和、くり返し

お告げ
何度でもくり返して続く

監修者プロフィール

マーク・矢崎治信(やざきはるのぶ)

子どもの頃から神秘的なものに興味を持ち、20才で月刊ティーン誌『MyBirthday』に連載を開始し、人気占い師に。おまじないブームを作った仕掛け人として注目される。テレビ、雑誌、新聞を中心に活躍中。『ねこ占い』(PHP研究所)、『ハッピーになれるトランプ占い』(金の星社)など著書多数。

LUA(るあ)

グラフィックデザイナーを経て占星術、数秘術、タロットカード、ルーン、ダウジングを習得。Web、雑誌、書籍などの各メディアで人気占い師に。著書に『78枚のカードで占う、いちばんていねいなタロット』(日本文芸社)、監修書に『四大占術でみる誕生日大事典』(成美堂出版)などがある。

執筆協力◆星野りかこ、高橋真由美
カバーイラスト◆かわぐちけい、池田春香、花村マリンカ
本文イラスト◆池田春香、篠田鉱平、ちょこまい、ナカムラアヤナ、クルスン、おおもりあめ、おうせめい、いしいゆか、水玉子、菊地やえ、山下しーな、うみのなぎさ、naoto、オチアイトモミ、ミニカ、ひなことり
カバーデザイン◆菅野涼子(説話社)
本文デザイン・DTP◆説話社デザイン室(菅野涼子、根本直子)
編集・制作◆説話社(長澤慶子、村山佳代、仲川祐香、宇内恵子)
企画・編集担当◆遠藤やよい(ナツメ出版企画株式会社)

本書に関するお問い合わせは、書名・発行日・該当ページを明記の上、下記のいずれかの方法にてお送りください。電話でのお問い合わせはお受けしておりません。
・ナツメ社webサイトの問い合わせフォーム
　https://www.natsume.co.jp/contact
・FAX(03-3291-1305)
・郵送(下記、ナツメ出版企画株式会社宛て)
なお、回答までに日にちをいただく場合があります。正誤のお問い合わせ以外の書籍内容に関する解説・個別の相談は行っておりません。あらかじめご了承ください。

恋★友ぜ～んぶわかる!
誕生日(たんじょうび)うらないスペシャル

2018年10月1日　初版発行
2024年9月10日　第7刷発行

監修者	マーク・矢崎治信(やざきはるのぶ)	Mark Yazaki Harunobu,2018
監修者	LUA(るあ)	LUA,2018
発行者	田村正隆	

発行所	株式会社ナツメ社
	東京都千代田区神田神保町1-52　ナツメ社ビル1F　(〒101-0051)
	電話　03-3291-1257(代表)　FAX　03-3291-5761
	振替　00130-1-58661
制　作	ナツメ出版企画株式会社
	東京都千代田区神田神保町1-52　ナツメ社ビル3F　(〒101-0051)
	電話　03-3295-3921(代表)
印刷所	TOPPANクロレ株式会社

ISBN978-4-8163-6535-5　　　　　　　　　　　　　　　　Printed in Japan
＜定価はカバーに表示してあります＞
＜落丁・乱丁本はお取り替えいたします＞
本書の一部または全部を著作権法で定められている範囲を超え、ナツメ出版企画株式会社に無断で複写、複製、転載、データファイル化することを禁じます。

ナツメ社Webサイト
https://www.natsume.co.jp
書籍の最新情報(正誤情報を含む)はナツメ社Webサイトをご覧ください。